Econometrics

44の例題で学ぶ

計量経済学

唐渡 広志［著］ Koji Karato

Ohmsha

はじめに

本書は，大学で経済学・経営学などを学ぶ学部学生を対象とした計量経済学の入門的なテキストです。理論的に精緻な解説に重点を置くよりも，表計算ソフトを使用して自らの手で分析していけるように配慮しました。44 の例題を通じて計量経済学の入門的な内容を理解できるようになることが本書の目標です。

近年，計量経済学に関する多種多様なテキストが出版されていますが，本書の特長は，多数のデータセットを用意して，できるだけ実践に近い形で分析方法を学べるように工夫している点にあります。学生がインターネットで検索して利用できる官庁統計や企業の公開情報を中心にしています。また，特定の計量経済学用のパッケージソフト（TSP，R，STATA，Matlab，Eviews など）を用いて学んでいけるテキストの中にも多数の良書があります。本書では，使用ハードルが最も低いと考えられる表計算ソフト Microsoft Excel を分析道具として利用します。学習者が計量経済学の勉強を自ら進めていく上で，ソフトウェアの分厚いマニュアルを見ながらの作業は学習意欲を消沈させかねません。ソフトウェア自体の細かい使い方に関して，Excel はその他のパッケージよりも情報量が豊富であり，学習者の助けになることが期待されます。

本書では，取り扱う計量経済学の範囲をさほど広げずに，その分，分析の意義や結果の解釈をできるだけていねいに記述しました。時系列分析，パネルデータ分析については，ごく初歩的な入口の部分だけを扱っています。離散選択や個票を用いたミクロ計量経済的な分析は扱っていません。Execl というと初歩的な計算や「分析ツール」に頼った学習を想像するかもしれませんが，人工的なデータを用いた統計実験を通じて標本データの奥深いところまで理解できるような教材も用意しました。専用パッケージソフトで分析するのと異なり，Excel に式を手入力しなければならない検定を含んだ例題もあります。これは，面倒な手計算が検定の意味を理解する近道になるからです。

本書は富山大学経済学部および金沢大学経済学部での「計量経済学」「経済情報処理」「統計学」の講義資料がもとになっています。例題の多くは大学のパソコン実習で利用したものであり，章末の練習問題は授業終了 20 分前に毎回受講者に解いてもらった確認問題や期末試験の問題がもとになっています。本書を授業に使う場合，講義回数が 30 回（4 単位）であれば，解説に加えて，すべての章について例題に実習形式でじっくり取り組むことができると思われます。講義回数が15回（2単位）でも，適宜例題を限定することで対応できるはずです。

計量経済学とはどんな学問だろうか？

計量経済学とは，主に観測データを利用して統計学的に経済理論仮説を検証し，観測データから新しい事実発見を行うことを目的とした学問分野です。特に計量経済学的手法を用いた分析のことを「計量経済分析」とよぶことがあります。

経済理論の多くは，何らかの経済変数間の関係（方程式）で記述されています。たとえば，所得が増えると消費に占める食費の割合が減る，為替レートが円安になると金利が上昇する，補完財の価格が上昇すると当該財の需要が減少するなど，経済変数間の因果関係に注目します。したがって，経済変数を特徴付ける観測データの扱いが重要になってきます。

観測データとは，ある観察対象について調査や実験などによって得られる情報の総称です。自然科学分野では実験室内でていねいに制御されたデータを生成することができるのに対して，経済学を含む社会科学分野では，実験がそもそも困難である場合がほとんどです。そのため，アンケート調査や聞き取り調査から得られる情報や，過去に起こった事実，それらを加工した統計が，計量経済学においてはよく用いられます。

経済に関する観測データには，価格，所得，消費，貯蓄など個人に関するものと，GDP，失業率，物価上昇率，貿易収支などのように地域や国家単位で集計されたものがあります。これらのデータは，実験室のような場所で繰り返し発生させることができる類のものではありません。きわめて多くのノイズを含み，可変性を伴っていると言ってよいでしょう。計量経済学は，そのようなノイズがある中で正確に経済変数間の関係を見出す手法を確立するために発展してきた学問です。

経済変数間の関係は，統計的仮説という形で表現されます。ある変数が別の変数に影響するのかしないのか，影響するとすればどの程度の効果を持つのか，といった仮説を回帰式とよばれる方程式で表します。回帰式は結果と原因の関係を示しています。Y という結果に対して $X_1, X_2, X_3, \cdots$ という原因が想定され，回帰分析という手法でその信憑性が検討されます。Y は被説明変数（従属変数），$X_1, X_2, X_3, \cdots$ は説明変数（独立変数）とよばれます。X_1 が増えると Y も増える，あるいは X_2 が増えると Y は減る，などが仮説に相当します。

仮説を提示して次に行う作業がデータの収集です。たとえば人々の消費と所得の関係を考える場合，個人または世帯の1か月あたりの可処分所得と消費支出のデータの収集は，重要なステップとなります。多数の個人や世帯に関する情報や，1個人，1 世帯の長期にわたる毎月の情報が必要になったりします。実際には経済変数に合致したデータを見つけることが難しい場合もあります。観察対象全体を網羅していないデータや，個人ではなくグループ単位の集計データしか利用できないかもしれません。計量経済学では，与えられたデータの整備状況に応じて適切な分析手法を選択します。

回帰分析における推定モデルの選択も重要です。理論経済学の多くは，具体的な関数型までは特定していません。最もシンプルな推定モデルは $Y = \alpha + \beta X$ という線形の式です。しかし，これも統計的仮説を検証していく過程で成り立たなくなることもあります。その場合，より良い関数型が提案されなければなりません。ただし，分析者が観察できるデータの範囲はきわめて限定的です。すると，$Y = \alpha + \beta X$ という関係式が観察対象全体のほんの一部についてなら十分に成り立っているということもあります。計量経済学は，そのような限定的な部分においてのみ，経済変数間の関係を主張することもできます。

統計学はデータを扱う科学における共通の分析道具です。経済学をはじめとする社会科学においても同様です。したがって，経済変数間の関係を明らかにする仮説検定の手法は統計学に基づきます。とは言っても，統計学のあらゆる検定の知識を理解しておかないと計量経済学は理解不能かというと，必ずしもそうではありません。本書のような入門書で最初に取り上げるのも回帰分析のやり方です。必要に応じて統計学の復習をするという進め方ではじめは十分です。

経済変数間の関係を具体的な方程式で表現できると，将来の予測値や政策の効果を示す強力な証拠になります。政府の公共投資はマクロ経済にどのような影響を与えるのか，競争的でない市場での規制緩和は需要者と供給者にどう影響するのかなど，計量経済学が示さなければならない仕事は数多くあります。予測や政策効果のアナウンスは社会にとって重大です。特に，責任ある立場の人々こそ計量経済学の知識は不可欠です。このように，計量経済学は私たちの社会にとって，意義深い学問であると言えます。

本書の概要

本書は第 1 章から第 7 章までで構成されています。第 1 章と第 2 章では，計量経済分析のための予備的な知識（データの種類や記述統計の方法）を学習します。第 3, 4, 5 章では，回帰分析の基本的な使い方，結果の解釈，仮説検定の方法を，さまざまなデータを利用して学びます。第 6, 7 章は確率変数の考え方を利用して，計量経済学におけるいくつかの問題点と解決手法について勉強します。各章を簡単に紹介しましょう。

第1章では，経済データの特徴や使い方について学びます。データの種類や加工方法に関する説明に加えて，対数変換，複利計算，物価指数，寄与度など，経済分析で必要となる概念についても解説します。

第2章では，平均，標準偏差，相関係数などの記述統計について，具体的な数字を使いながら学びます。統計学で頻繁に出てくる和の記号 $\sum$ の使い方についても詳細に説明します。統計学を十分に学習したことのある方は，この章を飛ばしても差し支えありません。

第3章では，回帰分析の基本的な方法について解説します。回帰式が線形でない場合や，説明変数が複数ある場合の多重回帰分析についても理解します。

第4章では，仮説検定の概念，使い方を学習します。

第5章では，ダミー変数を用いたさまざまな分析方法を学習します。ダミー変数の使い方を理解すると，分析方法の幅が広がるのとともに，分析対象とするデータの幅も広がります。

第6章では，確率変数の考え方を利用して，最小2乗推定量の詳細を理解します。特に，表計算ソフトを用いた統計実験を行うことで，標本の意味が理解できるように配慮しました。

第7章では，初歩的な分析方法を理解した分析者が直面する次の問題点，すなわち説明変数の内生性，分散不均一，系列相関について，代表的な計量経済学の成果を解説します。

授業に参加してくれた学生諸氏の質問は，いくつかの点で本書に活かされています。この場を借りてお礼を申し上げます。また，辛抱強く執筆を待っていただいたオーム社の皆さまにも感謝いたします。もちろん，本書に含まれる誤りについての責任は，すべて筆者にあります。

2013年9月

唐渡　広志

目次

第1章 経済データの扱い方

経済学に関連するデータにはさまざまなものが存在します。本章で説明するデータの多くは統計学の入門的な教科書で扱われているものと基本的には同じですが，第2章以降の学習で特に必要となる経済データの特徴や使い方について若干の力点を置いています。1.1 節では，データの種類について説明します。1.2 節では，データの代表的な加工方法について例示します。1.3 節では，時間の順序に従って並べられた経済データの独特な扱い方を解説します。例題では，必要に応じて Microsoft Excel を用いた分析例を解説します。

（キーワード） 質的データ，量的データ，クロスセクションデータ，時系列データ，クロス集計表，変化率，対数変換，複利計算，物価指数，実質化，寄与度，寄与率

1.1 経済データの種類

1.1.1 尺度

計量経済学ではさまざまな種類のデータあるいは情報を取り扱います。表 1.1 の既婚女性の就業状況に関する架空のアンケート調査結果を利用して，データにはどのような種類があるのかを説明します。データ表において，観察されたデータには識別のための個体番号が連番で割り当てられています。質問項目には，選択肢の中から番号を選ぶものと，「a. 年齢」や「g. 婚姻時期（西暦）」のようにそのままの数値で回答するものがあります。また，「b. 就業状況」で「2. 仕事をしていない」を選んだ個体は，「c. 仕事の満足度」と「d. 職種」には回答できないので，欠損値にしています。

統計分析で扱うデータは，数や量で測ることができないものとできるものに大別されます。前者を**質的データ**，後者を**量的データ**とよびます。表 1.1 では，「b. 就業状況」「c. 仕事の満足度」「d. 職種」が質的データに該当し，他は量的データです。

表 1.1　既婚女性の就業状況に関するアンケート調査のデータ表（20xx 年）

個体番号	a 年齢	b 就業状況	c 仕事の満足度	d 職種	e 18 歳未満の子供の数	f 夫の年収〔万円〕	g 婚姻時期〔年〕
1	39	1	2	1	0	530	2004
2	30	1	3	5	2	460	2007
3	52	2	-	-	0	880	1987
4	36	1	2	5	2	750	2002
5	44	1	3	2	1	480	1997
6	66	2	-	-	0	230	1971
7	27	1	2	3	0	390	2008
8	29	2	-	-	3	540	1999
9	54	1	1	4	0	650	1986
10	25	1	1	5	1	340	2009

○ 質問項目

a. 年齢

b. 就業状況

　1. 仕事をしている，2. 仕事をしていない

c. 現在の仕事についての満足度（仕事をしている人のみ）

　1. 満足していない，2. どちらともいえない，3. 満足している

d. 職種（仕事をしている人のみ）

　1. 専門・技術職，2. 管理職，3. 事務職，4. 販売職，5. サービス職，
　6. 生産・労務職，7. その他の職

e. 18 歳未満の子供の数

f. 夫の昨年の年収〔万円〕

g. 婚姻時期（西暦）

♦ 質的データ

質的データはそのままでは分析に不向きですので，何らかの基準に従って分類し，順序を与えます。一般に質的データは，**名義尺度**データと**順序尺度**データに分けることができます。「b. 就業状況」や「d. 職種」のように数字が分類番号としての意味しか持たないものを名義尺度データとよびます。このようなデータは数字の違いに分類すること以上の本質的な意味はなく，大小比較や何らかの演算を行うこと自体は無意味です。

「c. 仕事の満足度」は，小さい値より大きい値のほうがより肯定的な回答になっており，数字の順序にも分類の意味があります。このようなデータを順序尺度データとよびます。しかしながら，順序に意味があるだけであって，「満足している」ことを示す番号 3 から「満足していない」番号 1 を引いた差の値 2 には意味がありません。

以上のように，質的データは情報を分類する（categorize）ことに主眼を置いているので，**カテゴリカルデータ**（categorical data）ともよばれます。「b. 就業状況」には二つの，「d. 職種」には七つのカテゴリーが存在することになります。

♦ 量的データ

量的データは，データ間の比率に意味があるかどうかで 2 種類の尺度に分類できます。「g. 婚姻時期」は数値の順序と差に意味がありますが，比率は無意味です。個体番号 2 は 1 よりも結婚した時期が遅く，その差は 3 年です。しかし，2007/2004 倍だけ結婚が遅れたという表現は意味をなしません。数値の並び方と差に意味があるので，これを**間隔尺度**データとよびます。

これに対して，「a. 年齢」「e. 18 歳未満の子供の数」「f. 夫の年収」は，数値の順序と差に加えて比率にも意味があります。これを**比尺度**データとよびます。たとえば，「f. 夫の年収」では個体番号 1 は 2 よりも 70 万円だけ多く，かつ比率ではおよそ 1.15 倍（= 530/460）の大きさになります。

1.1.2　クロスセクションデータと時系列データ

表 1.1 のデータ表は，20xx 年のある時点での調査結果を示しています。このように，同じ期間・時期に発生した情報を個人，世帯，企業などの個体ごとに並べたものを**クロスセクションデータ**（cross-section data; 横断面データ）とよびます。個体番号は個体を識別しているだけで，並び方に本質的な意味はありません。

これに対して，個体が持っている情報が時間の推移とともにどのように変化したのかを観察したデータを**時系列データ**とよびます。時系列データは時間の推移に関心があるので，時間の順序に従って情報が並べられます。時間の単位は年，四半期，月，週，日，時間，分，秒など，分析対象によって異なります。

表 1.2 は年単位の時系列データの例として，2001 年から 2010 年までの日本の

表 1.2　時系列データ[*1]

年次	GDP〔兆円〕	債務残高〔兆円〕	消費者物価指数
2001	501.7	582.5	101.5
2002	498.0	643.2	100.6
2003	501.9	670.1	100.3
2004	502.8	751.1	100.3
2005	505.3	813.2	100.0
2006	509.1	832.3	100.3
2007	513.0	838.0	100.3
2008	489.5	846.7	101.7
2009	473.9	871.5	100.3
2010	479.3	919.2	99.6

[*1] GDP は暦年の名目値（内閣府），国の債務残高は各年次 12 月末の国債および借入金現在高（財務省），消費者物価指数は 2005 年を基準（100）とする物価水準の指標（総務省）を示します。

GDP（国内総生産），債務残高，消費者物価指数を示しています。すべて量的データであり，比尺度データです。

♦ フローとストック

GDP は日本国内で 1 年間に生み出された付加価値額の総和を示します。このように，ある一定期間に生じた値を**フロー**とよびます。世帯が働いて得る毎月の賃金や財・サービスへの支出額などもフローです。

国の債務残高は，過去から蓄積された借金の総額を示します。このように，ある時点において現存している量を**ストック**とよびます。国全体の就業者の数，さまざまな用途に使用される土地や建物，世帯が毎月積み上げてきた銀行の預金残高などもストックです。しかし，ある月において世帯が収入のうち消費せずに預金に回した金額はフローになります。別の例で説明すると，蛇口から流れ出る瞬間的な水の量はフローであり，バスタブに溜まった水の量はストックということになります。

♦ 指数データ

消費者物価指数とは，家計が購入する財・サービスの価格などを総合した物価の変動を時系列的に測定した統計です。表 1.2 は 2005 年の総合的な価格を 100 に基準化しています。このように，ある時点の値を基準にして，比較対象となる他の時点の値を基準値に対する比で表した値のことを**指数データ**とよびます。

指数データは次のように読んでいきます。たとえば，2006 年の消費者物価指数は 100.3 ですから，2005 年に比べて物価水準は全体的に見て上昇しています。また，2010 年の消費者物価指数は 99.6 なので，2005 年あるいは前年の 2009 年に比べても物価水準は下落していることがわかります。なお，物価水準が持続的に下落し続ける状態のことをデフレ（deflation），上昇し続ける状態のことをインフレ（inflation）とよびます。

財・サービスの価格以外にも指数データは利用されています。細かな計算方法は統計によって異なりますが，株の値動きを示す東証株価指数，景気の現状を把握する景気動向指数など，さまざまな領域に存在します。

1.2　経済データの加工

1.2.1　クロス集計

♦ 2 値変数

観察されたデータは，分析目的に応じて加工することでより使いやすくなります。まず，**2 値変数**を用いた質的データの代表的な加工方法について説明します。表 1.3 は表 1.1 の「b. 就業状況」だけを抜粋したデータ表です。ここで，次の新し

表 1.3 2 値変数

個体番号	就業状況	2 値変数 x
1	仕事をしている	1
2	仕事をしている	1
3	仕事をしていない	0
4	仕事をしている	1
5	仕事をしている	1
6	仕事をしていない	0
7	仕事をしている	1
8	仕事をしていない	0
9	仕事をしている	1
10	仕事をしている	1
合計		7
平均		0.7

い変数 x を定義します。

$$2 \text{ 値変数 } x = \begin{cases} 1 & \text{仕事をしている} \\ 0 & \text{仕事をしていない} \end{cases} \tag{1.1}$$

2 値変数の利点は，該当するデータの総数を合計値で示し，その割合を平均値で示してくれる点にあります。表 1.3 から，仕事をしている人は 7 人いて，その割合は 0.7 であることがわかります。

表 1.1 の「d. 職種」についても，2 値変数を考えることができます。ここでは，仕事をしている人について 1 番から 5 番までの職種が観察されています（実際には表 1.1 の質問項目に示しているとおり，選択肢は七つです）。式 (1.1) の方法を用いれば，カテゴリーの数だけ 2 値変数を定義することになります。表 1.4 において，「専門・技術職」は，「職種」番号が 1 ならば 1，それ以外ならば 0 となる 2 値変数です。また，「管理職」は「職種」番号が 2 ならば 1，それ以外ならば 0 となる 2 値変数です。他の職種についても同様に加工を行うことができます。すなわち，質的データからカテゴリー数に応じた種類の 2 値変数を作成します。

♦ クロス集計表の作成

二つの質的データの関係性を調べるとき，クロス集計表を作成しておくと便利です。そのために，まず表 1.5 のような表を作ります。表 1.5 では仕事をしている人の合計値（$A = 7$）と 18 歳未満の子供がいる人の合計値（$B = 5$）に加えて，仕事をしていて，かつ 18 歳未満の子供がいる人の合計値（$C = 4$）が 2 値変数を利用して求められています。

合計値 A, B, C だけを情報としてクロス集計表を作成すると，図 1.1 のようにな

表 1.4　職種番号に対応した 2 値変数

個体番号	職種	職種番号 1 専門・技術職	職種番号 2 管理職	職種番号 3 事務職	職種番号 4 販売職	職種番号 5 サービス職
1	1	1	0	0	0	0
2	5	0	0	0	0	1
4	5	0	0	0	0	1
5	2	0	1	0	0	0
7	3	0	0	1	0	0
9	4	0	0	0	1	0
10	5	0	0	0	0	1
合計		1	1	1	1	3
平均		1/7	1/7	1/7	1/7	3/7

表 1.5　就業状況と子供の数

個体番号	就業状況（仕事をしている = 1）	18 歳未満の子供の有無（いる場合 = 1）	仕事をしていて，かつ 18 歳未満の子供がいる
1	1	0	0
2	1	1	1
3	0	0	0
4	1	1	1
5	1	1	1
6	0	0	0
7	1	0	0
8	0	1	0
9	1	0	0
10	1	1	1
合計	$A = 7$	$B = 5$	$C = 4$

ります。この図には，仕事をしている人の合計値だけでなく，そのうち 18 歳未満の子供がいる人といない人の数も分割して表示されます。同様に，18 歳未満の子供がいる人の合計値だけでなく，そのうち仕事をしている人と仕事をしていない人の数も分割されています。したがって，表を行方向（横）に見ると，

仕事をしている人の合計値は $C + D = A$

仕事をしていない人の合計値は $E + F = G$

となります。また，列方向（縦）に見ると，

18 歳未満の子供がいる人の合計値は $C + E = B$

18 歳未満の子供がいない人の合計値は $D + F = H$

となります。$I = 10$ は観測値の数になるので，$A + G = I$（仕事をしている人と仕

事をしていない人の合計値）および $B+H=I$（18 歳未満の子供がいる人といない人の合計値）となります。これらの関係式により，図 1.1 に値が記述されていない空欄 D から I はそれぞれ次のように計算できます。

$$D = A - C = 7 - 4 = 3$$
$$E = B - C = 5 - 4 = 1$$
$$G = I - A = 10 - 7 = 3$$
$$H = I - B = 10 - 5 = 5$$
$$F = G - E = 3 - 1 = 2$$

以上の値を記述したものが図 1.2 です。このように二つの異なる質的データに含まれるカテゴリーを互いに交差させて集計したものを**クロス集計表**（または分割表）といいます。

		18 歳未満の子供		
		いる	いない	合計
就業状況	仕事をしている	$C=4$	D	$A=7$
	仕事をしていない	E	F	G
	合計	$B=5$	H	$I=10$

図 1.1　クロス集計表 1

		18 歳未満の子供		
		いる	いない	合計
就業状況	仕事をしている	4	3	7
	仕事をしていない	1	2	3
	合計	5	5	10

図 1.2　クロス集計表 2

それぞれ二つのカテゴリーを持つ質的データのクロス集計表を作成するには，周辺の合計値 A, B, G, H, I を除くと，カテゴリーが交差する $2 \times 2 = 4$ のマス目に対応した情報を求める必要があります。しかしながら，図 1.1 ではそのうちの一つしか求めていません。実は，カテゴリーが交差する四つのマス目を作るには，そのうち $(2-1) \times (2-1) = 1$ だけわかっていればよいことが知られています。これは周辺の合計値がわかっているからです。たとえば，カテゴリー数が 3 の質的データとカテゴリー数が 4 の質的データのクロス集計表は 12 のマス目でカテゴリーが交差しますが，最低限必要な情報は $(3-1) \times (4-1) = 6$ ということになります。

1.2.2　変化率と対数変換

◆ 変化率

時系列データでは，観察されたデータが一定期間でどの程度変化したのかが重要な情報になります。表 1.2 の GDP を例にすると，2009 年（GDP 473.9 兆円）から 2010 年（GDP 479.3 兆円）の変化は次の 3 種類の計算で表すことができます。

$$\text{対前期差：}\quad 479.3 - 473.9 = 5.4 \text{〔兆円〕}$$

$$\text{対前期比：}\quad \frac{479.3}{473.9} = 1.011 \text{〔倍〕}$$

$$\text{対前期変化率：}\quad \frac{479.3 - 473.9}{473.9} \times 100 = 1.1 \text{〔\%〕}$$

GDP は期末の値を示しています。2010 年は 2009 年に比べて 5.4 兆円多く，1.011 倍だけ大きくなっています。また，1 年間で 1.1 % だけ経済が成長したことがわかります。第 t 期の対前期変化率 g_t は次の式で計算します。

$$g_t = \frac{(t\text{ 年の値}) - (t-1\text{ 年の値})}{(t-1\text{ 年の値})} = \frac{(t\text{ 年の値})}{(t-1\text{ 年の値})} - 1 \tag{1.2}$$

すなわち，前期の値を基準にして対前期差の割合を求めているのが**変化率**（または**成長率**）の式であり，それは対前期比の値から 1 を引いた値にも等しくなっています（表 1.6）。

表 1.6　GDP の変化率と対数差分

年次	GDP	log GDP	GDP 変化率	対数差分
2001	501.7	6.2180	-	-
2002	498.0	6.2106	−0.0074	−0.0074
2003	501.9	6.2184	0.0078	0.0078
2004	502.8	6.2202	0.0018	0.0018
2005	505.3	6.2252	0.0050	0.0050
2006	509.1	6.2326	0.0075	0.0075
2007	513.0	6.2403	0.0077	0.0076
2008	489.5	6.1934	−0.0458	−0.0469
2009	473.9	6.1610	−0.0319	−0.0324
2010	479.3	6.1723	0.0114	0.0113

データ出所：『国民経済計算』（内閣府）

◆ 対数差分

変化率を計算する代わりに，**対数の差分** LD（log difference）を利用することがあります。このことを理解するために，変化率の式である式 (1.2) を t 年の値について解いてみましょう。

$$(t\ 年の値) = (1 + g_t) \times (t - 1\ 年の値) \tag{1.3}$$

すなわち，t 年の値は t–1 年の値を $1 + g_t$ 倍したものに等しいことがわかります。式 (1.3) の両辺の対数をとって整理すると

$$LD_t = \log[t\ 年の値] - \log[t - 1\ 年の値] = \log(1 + g_t)$$

となります。対数の底には 10 や後述する**ネイピア数**（Napier's constant）e がよく利用されます。変化率 g_t が十分に小さいならば，多項式近似の考え方を利用すると $\log(1 + g_t)$ は g_t に近似できることが知られています。すなわち，g_t が経済成長率のような小さい値の場合では，

$$\log(1 + g_t) \approx g_t$$

と考えて差し支えないのです。このことを考慮すると，対数差分を変化率の近似値として，次のように表現できます。

$$LD_t = \log[t\ 年の値] - \log[t - 1\ 年の値] = \log(1 + g_t) \approx g_t \tag{1.4}$$

表 1.6 は GDP の変化率と対数差分を計算した結果を示しています。2001 年からのデータを利用しているので，2001 年の変化率は欠損値にしています。対数値を計算するには，関数電卓やパソコンの表計算ソフトなどを利用します。2009 年から 2010 年の対数差分で計算すると，

$$LD = \log\underbrace{(479.3)}_{2010\ 年} - \log\underbrace{(473.9)}_{2009\ 年} = 6.1723 - 6.1610 = 0.0113$$

となり，式 (1.2) を用いて計算した結果とほとんど違いがないことがわかります。図 1.3 は，横軸に式 (1.2) で計算した GDP 変化率，縦軸に式 (1.4) で計算した GDP の対数差分をとった散布図を示しています。描かれている直線は原点を通る傾きが 45 度の線です。観測点はほぼ 45 度線上にあり，二つの計算方法の違いが非常に小さいことを示しています。

なお，式 (1.4) は対数差分が変化率の近似値であることを示していますが，対数の底が e（ネイピア数）の場合は，

$$e^{LD_t} = 1 + g_t \quad \leftrightarrow \quad g_t = e^{LD_t} - 1$$

から正確な変化率を計算することができます。

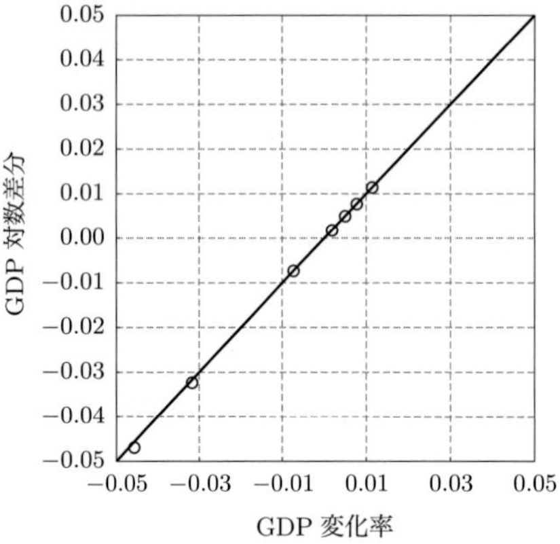

図 1.3　GDP の変化率と対数差分

♦ 変化率の平均と幾何平均

変化率の計算方法をしっかり理解しておくと，「国の経済規模が 10 年間で 2 倍になるには，1 年あたり何 % の経済成長を続けていけばよいのか」という問いに対する答えを正確に導き出せます。たとえば，ある国の現在の GDP が X_0 であるとしましょう。年あたりの経済成長率が $\bar{g} \times 100\,\%$（$\bar{g}$ は g バーと読みます）で一定だとすると，1 年後の GDP $= X_1$ は式 (1.3) を利用して，$X_1 = (1 + g)\,X_0$ と計算できます。その後の経済成長率も $\bar{g} \times 100\,\%$ だとすると，GDP は次のように成長します。

$$
\begin{aligned}
1\text{ 年後 } X_1 &= (1+\bar{g})\,X_0 \\
2\text{ 年後 } X_2 &= (1+\bar{g})\,X_1 \\
3\text{ 年後 } X_3 &= (1+\bar{g})\,X_2 \\
&\vdots \\
t\text{ 年後 } X_t &= (1+\bar{g})\,X_{t-1}
\end{aligned}
$$

2 年後の式に 1 年後の式を代入すると，$X_2 = (1 + \bar{g})^2\,X_0$ になります。さらに，これを 3 年後の式に代入すれば，$X_3 = (1 + \bar{g})^3\,X_0$ です。このような代入計算を t 年後まで繰り返すと，次の結果が得られます。

$$
X_t = (1+\bar{g})^t\,X_0 \tag{1.5}
$$

式 (1.5) は，現在の GDP $= X_0$ が年あたり $\bar{g} \times 100\,\%$ で経済成長するならば，t 年後の GDP は X_t であり，その倍率は $(1 + \bar{g})^t$ 倍であることを示しています。式

(1.5) を一定の変化率 $\bar{g}$ について解くと，次が得られます。

$$\bar{g} = GM - 1 \tag{1.6}$$

ここで，GM は**幾何平均**（geometric mean; 相乗平均ともいいます）とよばれている指標で次のように定義されています。

$$［幾何平均］\quad GM = \left(\frac{X_t}{X_0}\right)^{1/t} = \sqrt[t]{\frac{X_t}{X_{t-1}} \times \frac{X_{t-1}}{X_{t-2}} \times \cdots \times \frac{X_2}{X_1} \times \frac{X_1}{X_0}}$$

幾何平均とは n 個のデータを掛け合わせて n 乗根（$1/n$ 乗）をとった値のことです。この場合，第 0 期から第 t 期までの対前期比は，第 0 期の値に対する第 t 期の比 $\dfrac{X_t}{X_0}$ に簡略化できます。したがって，$\bar{g}$ は対前期比の幾何平均に基づいた平均的な変化率とみなせます。

式 (1.6) を利用すると，10 年間で GDP を 2 倍にする平均成長率 $\bar{g}$ が計算できます。$t = 10$，$\dfrac{X_{10}}{X_0} = 2$ とおくと，$GM = 2^{1/10} \approx 1.072$ なので

$$\bar{g} = 2^{1/10} - 1 \approx 0.072$$

です。すなわち，毎年 7.2％ずつ経済成長すると，10 年後には GDP が 2 倍になるということです。たとえば，中国の 2001 年の GDP は 3.3 兆ドル（名目値，OECD Factbook 2010）でしたが，毎年平均で 13％の経済成長をしたため，わずか 6 年で 2 倍を超える 7.1 兆ドルになりました。

日本の 2000 年代の（名目）経済成長率は 1％にも満たないのですが，仮に毎年 1％だけ成長するとしても，GDP が 2 倍になるには $t = \dfrac{\log 2}{\log 1.01} \approx 69.7$ となり，70 年の時間が必要になることがわかります。

♦ 四半期データの季節性

時系列データの中には，**四半期データ**や月次データのように，季節によって大きな違いが生じるものがあります。図 1.4 は 2006 年第 1 四半期（2006.I）から 2011 年第 4 四半期（2011.IV）までの期間の「はくさい」と「すいか」の世帯あたり月平均支出額を示しています。「はくさい」は秋（第 4 四半期，10〜12 月）に，「すいか」は夏（第 3 四半期，7〜9 月）にそれぞれ消費のピークがあります。このように**季節性**のあるデータの変化を観察するには，前年の同時期との差分，比率，変化率

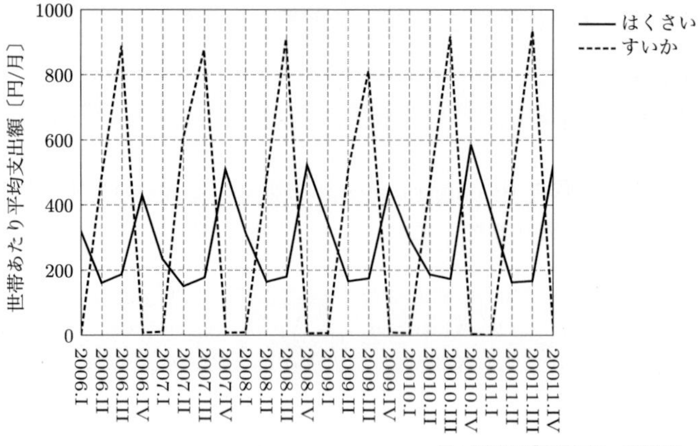

データ出所：『家計調査』（総務省）

図 1.4　四半期データ

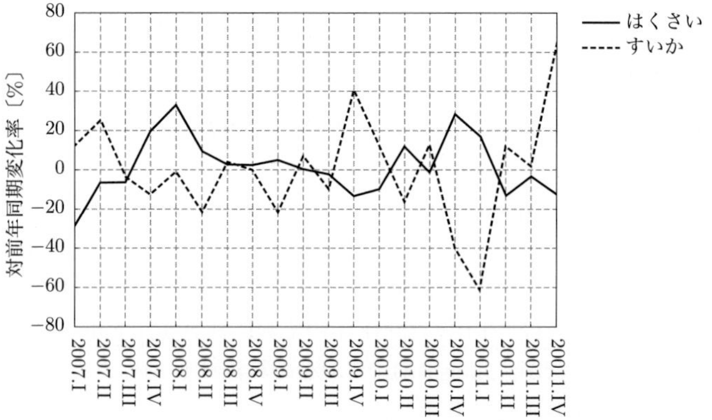

図 1.5　対前年同期変化率

（図 1.5）などをとります。たとえば，2011 年第 4 四半期の対前年変化率は

$$\frac{2011.\mathrm{IV}\text{ の値} - 2010.\mathrm{IV}\text{ の値}}{2010.\mathrm{IV}\text{ の値}} \times 100\ 〔\%〕$$

から計算します。図 1.4 の時系列グラフでは季節ごとの動きが顕著であることは一目瞭然ですが，1 年ごとの変動は捉えにくくなっています。しかし，図 1.5 の前年同期との比較では，かなり大きな変動が生じていることがわかります。

♦ 複利計算と変化率

変化率の利用について別の例を紹介します。銀行預金で生じる金利は預けた元金の成長率を示しています。銀行に年 1% の金利で 100 万円を元金として預けたときの 1 年後の預金額は，式 (1.3) を利用すると，

$$(1+0.01)\times 100 = 101 \text{〔万円〕}$$

となります。すなわち，元金 100 万円に 1% の利息 1 万円を加えたものが 1 年後の預金額ということです。銀行に預けたままにしておけば，2 年後にはどうなるでしょうか。やはり式 (1.3) を利用して次のように計算します。

$$(1+0.01)\times 101 = 102.01 \text{〔万円〕}$$

1 年後の預金額 101 万円にその利息分（$0.01\times 101 = 1.01$〔万円〕）を加えたものが 2 年後の預金額になります。このように計算していくと，3 年後は 103.0301 万円，4 年後は 104.0604 万円というように，逐次的に計算することができます。このような計算方法を**複利法**とよびますが，その構造は経済成長を示した式 (1.5) とまったく同じです。言い換えれば，金利とは預金の変化率を示していると言えます。

利息を支払う回数が年に 1 回ではなく，2 回もしくはそれ以上の場合はどのように複利を計算していくのでしょうか。1 年預けたときの利息は 1% のままで，最初の半年に 1% の半分の 0.5% を支払い，次の半年に残り 0.5% を支払う（1 年間に 2 回利息を支払う）場合を考えます。最初の半年では，預金額は

$$\left(1+\frac{0.01}{2}\right)\times 100 = 100.5 \text{〔万円〕}$$

であり，次の半年は 100.5 万円に 0.5% 分の利息を上乗せして支払われますので，

$$\left(1+\frac{0.01}{2}\right)\times 100.5 = 101.0025 \text{〔万円〕}$$

となります。すなわち，1 年後の預金額は次の式から計算していることになります。

$$\left(1+\frac{0.01}{2}\right)\times 100.5 = \left(1+\frac{0.01}{2}\right)\times\left(1+\frac{0.01}{2}\right)\times 100 = 101.0025 \text{〔万円〕}$$

この関係を記号で次のように書き直します。

$$X_1 = \left(1+\frac{r}{2}\right)^2 X_0 \tag{1.7}$$

預金金利が $r \times 100\,\%$ のとき，1 年後の預金 X_1 は元金 X_0 を $\left(1+\dfrac{r}{2}\right)^2$ 倍したものに等しくなっています。固定金利 r で 1 年間に 2 回利息を支払うとき，t 年後の預金額は，式 (1.7) を利用して次のように書くことができます。

$$
\begin{aligned}
&[1\text{ 年後}]\quad X_1 = \left(1+\frac{r}{2}\right)^2 X_0\\
&[2\text{ 年後}]\quad X_2 = \left(1+\frac{r}{2}\right)^2 X_1\\
&\qquad\qquad\quad \vdots\\
&[t\text{ 年後}]\quad X_t = \left(1+\frac{r}{2}\right)^2 X_{t-1}
\end{aligned}
$$

これらの式に式 (1.5) を求めたときと同じ代入計算を繰り返すと，次が得られます。

$$X_t = \left(1+\frac{r}{2}\right)^{2t} X_0 \tag{1.8}$$

3 か月おきに支払われる（年に 4 回支払われる）場合は，式 (1.8) から簡単に $X_t = \left(1+\dfrac{r}{4}\right)^{4t} X_0$ となることがわかります。一般に，年に s 回支払われるときの複利計算式は，次のように書くことができます。

$$X_t = \left(1+\frac{r}{s}\right)^{st} X_0 \tag{1.9}$$

利息の支払い回数を極限まで細かくしていくと，複利計算式は，数学で大変よく利用される e という指数（ネイピア数あるいは自然対数の底）を使って記述できることが知られています。指数 e は次の式において整数 m が十分に大きいときの値として定義されます。

$$e \approx \left(1+\frac{1}{m}\right)^m = 2.718\cdots$$

式 (1.9) において $\dfrac{r}{s} = \dfrac{1}{m}$ とおくと，次が得られます。

$$X_t = \left(1+\frac{1}{m}\right)^{mrt} X_0 = \left\{\left(1+\frac{1}{m}\right)^m\right\}^{rt} X_0 = X_0 e^{rt} \tag{1.10}$$

すなわち，支払い回数を極限まで細かくしていくと，複利計算式は一定の金利 r に対して，時間 t の指数関数で表現できます。これを**連続型の複利計算式**といいます。

式 (1.4) において，変化率の近似値を対数差分で示しました。式 (1.10) の底を e として両辺の対数をとると，$\ln X_t = \ln X_0 + rt$ となります。ただし，ln は底を e とする自然対数の記号で $\ln X_t = \log_e X_t$ を意味します。この式は t と $\ln X_t$ の関係を示した直線（切片が $\ln X_0$，傾きが r）にほかなりません。$t-1$ 期では，$\ln X_{t-1} = \ln X_0 + r(t-1)$ ですので，1 期間の対数差分を計算すると

$$\ln X_t - \ln X_{t-1} = r$$

が得られます。すなわち，変化を測るタイミングを細かくすると，対数差分はまさに変化率（金利）に等しくなるわけです。

♦ まとめ：変化率と対数変換

第 t 期の時系列データを X_t とするとき

［変化率］ $g_t = \dfrac{X_t - X_{t-1}}{X_{t-1}}$

［対数差分と変化率の近似］ $LD_t = \ln X_t - \ln X_{t-1} = \ln(1+g_t) \approx g_t$

［対数差分と変化率の関係］ $g_t = e^{LD_t} - 1$

［対前期比の幾何平均］ $GM = \left(\dfrac{X_t}{X_0}\right)^{1/t}$

［変化率の平均］ $\bar{g} = GM - 1$

［連続型の複利計算式］ $X_t = X_0 e^{rt}$

1.3 経済データの分解

1.3.1 実質と名目

所得や支出の値を異なる時点間や異なる地域間で比較する場合には，物価の影響を考える必要があります。たとえば，購入する財・サービスの価格がすべて上昇すると，所得に変化がなければ購入できる数量は減少します。1 か月の所得が 50 万円の人にとって，物価上昇後の所得は 50 万円の価値はないことになります。逆に，物価が下落している場合には，50 万円以上の価値になります。名目的な価値を物価水準で評価することを**実質化**といいます。50 万円という名目上の数字は，物価水準によって実質的な価値に置き換えられると考えることができます。

♦ 価格指数と実質化

まず，物価水準を定義する際に重要な概念となる**価格指数**について説明し，実質化の基本的な考え方を示します。表 1.7 は，1990 年から 2010 年までの日本のコメ

表 1.7 コメの数量で測った所得

年次	コメ価格〔円/kg〕	名目所得〔万円/月〕	1か月に買えるコメの数量〔kg〕	1か月に買えるコメの数量の変化率〔%〕
1990	520	50	962	-
1995	540	55	1,019	5.9
2000	490	53	1,082	6.2
2005	470	48	1,021	−5.6
2010	420	48	1,143	11.9

データ出所：『家計調査』（総務省），『消費者物価指数』（総務省），『国内産米穀の卸小売価格の概況』（農林水産省）

価格と世帯の1か月あたり名目所得を5年おきに示し，次に，コメ価格を基準にして所得の貨幣価値を測るために，1か月に買えるコメの数量を計算しています。1990年の所得が50万円であるのに対して，2010年の所得は48万円ですから，名目上の所得は低下していますが，コメ価格も520円から420円に低下しています。実際に買うかどうかは別として，50万円の所得では1kgあたり520円のコメを962kgだけ買うことができます。また，48万円の所得では1kgあたり420円のコメを1,143kg買うことができます。したがって，1990年に比べて2010年のほうがコメをより多く購入できるので，実質的な所得は高まっていると考えることができます。

次に，価格指数を定義して実質化する方法を説明します。表1.8は各年次のコメ価格を1990年のコメ価格で割った値であるコメ価格指数を計算しています。たとえば，2010年の価格指数は $0.81 = 420/520$，2005年の価格指数は $0.90 = 470/520$ などのように計算しています。一般に，t 年の商品価格指数 P_t は，t 年の価格 p_t を基準時点の価格 p_0 で割った値で定義します。

$$P_t = \frac{p_t}{p_0} \tag{1.11}$$

表 1.8 価格指数と実質所得

年次	コメ価格〔円/kg〕	コメの価格指数（1990年 = 1）	名目所得〔万円/月〕	実質所得〔万円/月〕	実質所得変化率〔%〕
1990	520	1.00	50	50.0	-
1995	540	1.04	55	53.0	5.9
2000	490	0.94	53	56.2	6.2
2005	470	0.90	48	53.1	−5.6
2010	420	0.81	48	59.4	11.9

注：実質所得は $\dfrac{\text{名目所得}}{\text{コメの価格指数}}$ により計算

データ出所：『家計調査』（総務省），『消費者物価指数』（総務省），『国内産米穀の卸小売価格の概況』（農林水産省）

実質所得は，**名目所得**をこの価格指数で割った値で定義します。たとえば，2010年の実質所得は

$$\text{実質所得} = \frac{\text{名目所得}}{\text{価格指数}} = \frac{48}{0.81} = 59.4\text{〔万円〕}$$

となります。2005年の名目所得は2010年と同じ48万円ですが，コメ価格が下落しているので，実質所得は11.9％上昇しています。表1.8の「実質所得変化率」と表1.7の「1か月に買えるコメの数量の変化率」が等しいのは，本質的に同じ計算をしているからです。表1.7の「1か月に買えるコメの数量」に1990年のコメ価格520円を乗じたものが実質所得であると言い換えることもできます。

♦ 消費者物価指数とGDPデフレータ

上述の例の問題点は，評価する価格指数がコメという単一の商品だけである点です。コメは主食の一つには違いありませんが，ほとんどの人々はもっとさまざまな種類の財・サービスを購入しており，それらすべての価格が実質所得に影響していると考えるべきです。

「消費者物価指数」は500品目以上の商品からなる総合的な価格指数であり，家計の所得や支出を実質化する場合によく利用されます。消費者物価指数はさまざまな商品価格指数の加重平均であり，その場合の重みは基準時点における各商品の支出割合で決まります。つまり，支出額（価格 $\times$ 数量）全体に占める割合の高い支出ほど，その価格指数が重く評価されるようになっています。重みである支出割合を定義するとき，基準時点の価格と数量を利用している点がポイントです。この方式で求められる指数を**ラスパイレス指数**（Laspeyres index）とよびます。他の先進国でも同様の統計がとられており，おおむね500から700品目程度の商品を対象として物価指数を計算しています。

GDPはある一定期間に生産された最終消費・投資財の価値から中間投入財の価値を引いた付加価値の集計値であり，一国経済の生産だけでなく所得や支出も示しています。消費者物価指数では家計に関連する価格が対象でしたが，GDPを実質化するには，家計だけでなく企業や政府も含む経済全体で取引されている財・サービスの物価水準を測る別の指標が必要になります。ある t 時点のGDPを定義するとき，t 時点の財・サービスの数量を基準時点の価格で評価したGDPを**実質GDP**（Y_t），比較時点（t 時点）の価格で評価したものを**名目GDP**（X_t）とよびます。実質GDPと名目GDPを利用すると，GDPに関する物価指数である**GDPデフレータ**（GDP deflator）P_t が定義できます。

$$P_t = \frac{\text{名目 GDP}}{\text{実質 GDP}} = \frac{X_t}{Y_t} \tag{1.12}$$

GDP デフレータも，実はさまざまな財・サービスの価格指数の加重和になっています。消費者物価指数とは対象が異なるだけでなく，加重平均を形成するときの重み（支出割合）に基準時点の価格と比較時点の数量を利用している点でも大きく異なります。この方式で求められる指数を**パーシェ指数**（Paasche index）とよびます。

♦ 実質経済成長率の分解

t 年の GDP デフレータの定義式 (1.12) は，$Y_t = \dfrac{X_t}{P_t}$ と書き換えることができます。やはり，名目値を物価指数で割った値が実質値になります。さらに両辺の対数をとると次が得られます。

$$\ln Y_t = \ln X_t - \ln P_t \tag{1.13}$$

すなわち，実質 GDP の対数値は名目 GDP の対数値と物価水準の対数値の差であることがわかります。同様にして，$t-1$ 年の場合は次のように書けます。

$$\ln Y_{t-1} = \ln X_{t-1} - \ln P_{t-1} \tag{1.14}$$

式 (1.13) から式 (1.14) を差し引くと，

$$\ln Y_t - \ln Y_{t-1} = (\ln X_t - \ln X_{t-1}) - (\ln P_t - \ln P_{t-1})$$

が得られます。左辺は実質 GDP の対数差分なので，式 (1.4) で示されたように実質 GDP 変化率の近似値とみなすことができます。右辺は名目 GDP の対数差分と GDP デフレータの対数差分の差になっていますので，名目 GDP 変化率と物価上昇率の差の近似値になっていることがわかります。変化率は $g = \dfrac{Y_t - Y_{t-1}}{Y_{t-1}}$ であり，これを書き換えると $\ln Y_t - \ln Y_{t-1} = \ln(1+g)$ ですが，多項式近似の考え方を利用すると $\ln(1+g) \approx g$ となります。したがって，

$$\text{実質 GDP 変化率} \approx \text{名目 GDP 変化率} - \text{物価上昇率} \tag{1.15}$$

が成立します。つまり，名目上の GDP が成長しても，物価が同じように上昇すると実質的な GDP は変化しないことになります。物価が下落しているときは物価上昇率が負なので，たとえ名目 GDP が変化していなくても，実質 GDP は増大します。

1.3.2　GDP の分解

♦ 人口の側面から見た一人あたり GDP の分解

国の統計である『労働力調査』（総務省）では労働力を定義するために人口を表 1.9 (a) のように分類しています。15 歳以上人口は**労働力人口**と**非労働力人口**に分

表 1.9　労働力の定義

(a)　労働力としての人口の分類〔万人〕

年次	2000	2005	2010
15 歳以上人口	10,836	11,007	11,049
・労働力人口	6,766	6,650	6,591
- 就業者	6,446	6,356	6,257
- 完全失業者	320	294	334
・非労働力人口	4,070	4,357	4,458
人口	12,693	12,777	12,806

データ出所：『労働力調査』（総務省）

(b)　実質 GDP〔億円〕

年次	2000	2005	2010
実質 GDP	4,748,472	5,039,210	5,117,802

データ出所：『国民経済計算』（内閣府）

けられます。労働力人口は**就業者**と**完全失業者**に分かれます。非労働力人口は就業者と完全失業者以外の人を指しますが，これには退職した高齢者，専業主婦，学生，職探しをあきらめた人などが含まれます。以下の分析は例題 3 も参考にしてください。

就業者数や労働力人口を用いると，一人あたり GDP は四つの式（説明の便宜上，これらを A, B, C, D で表します）の掛け算に分解して書き直すことができます。

$$
\begin{aligned}
&\text{一人あたり GDP}\\
&= \frac{\text{GDP}}{\text{人口}} = \underbrace{\frac{\text{GDP}}{\text{就業者数}}}_{\text{労働生産性}} \times \underbrace{\frac{\text{就業者数}}{\text{労働力人口}}}_{\text{就業率}} \times \underbrace{\frac{\text{労働力人口}}{\text{15 歳以上人口}}}_{\text{労働力率}} \times \underbrace{\frac{\text{15 歳以上人口}}{\text{人口}}}_{\text{生産・高齢人口割合}}\\
&= A \times B \times C \times D \qquad (1.16)
\end{aligned}
$$

A, B, C, D は以下のように説明できます。

- A（GDP/就業者数）は，就業者一人あたりが生み出す付加価値額なので，**労働生産性**に対応しています。
- B（就業者数/労働力人口）は，完全失業率が低下（上昇）すれば上昇（低下）する割合を示しています。
- C（労働力人口/15 歳以上人口）は，労働力率とよばれる労働供給の指標です。

- D（15歳以上人口/人口）は，15歳未満の子供を除く生産年齢人口（15〜64歳）と高齢者人口（65歳以上）の和の全人口に占める割合です。

式(1.16)を2000，2005，2010年の3時点について計算した結果が表1.10です。たとえば，2000年の一人あたりGDPは

$$374 = 737 \times 0.953 \times 0.624 \times 0.854$$

と乗法の式で分解されます。経済的豊かさの指標と考えられる一人あたりGDPが上昇するには，労働生産性や労働力率の向上が必要であることがわかります。3時点において一人あたりGDPは労働生産性の上昇とともに高まっています。また，社会の高齢化によって生産年齢・高齢者人口割合が上昇し，労働力率が低下しています。

表1.10　一人あたりGDPの分解（GDPは実質値）

年次	$A \times B \times C \times D$ 一人あたりGDP〔万円〕	A 労働生産性〔万円〕	B 就業率	C 労働力率	D 生産年齢・高齢者人口割合
2000	374	737	0.953	0.624	0.854
2005	394	793	0.956	0.604	0.861
2010	400	818	0.949	0.597	0.863
		対数値			
2000	5.925	6.602	−0.048	−0.471	−0.158
2005	5.977	6.676	−0.045	−0.504	−0.149
2010	5.991	6.707	−0.052	−0.517	−0.148
		対数差分〔%〕			
2005 − 2000	5.3	7.3	0.3	−3.3	0.9
2010 − 2005	1.3	3.1	−0.7	−1.3	0.2

式(1.16)の両辺の対数をとると，乗法の式は和の式で示すことができます。

$$\ln 一人あたり\mathrm{GDP} = \ln A + \ln B + \ln C + \ln D \tag{1.17}$$

これを3時点について計算し，2005年と2000年の差，2010年と2005年の差をそれぞれ求めた結果を表1.10の下段に示しています。式(1.4)より，時系列の対数差分はその期間の変化率（の近似値）に対応しています。2000年から2005年の5年間で一人あたりGDPはおよそ5.3%上昇しています。この内訳はA, B, C, Dの変化率で構成されています（$5.3\% = 7.3\% + 0.3\% - 3.3\% + 0.9\%$）。すなわち，労働生産性の上昇が豊かさに大きく貢献していることがわかります。

♦ 支出面から見た経済成長の寄与度

GDP が増えたとき，それがどのような要因で増えたのかを分析する手法として，寄与度を用いるものがあります。支出面から見た GDP は次のようになっています。

$$Y_t = C_t + I_t + G_t + X_t \tag{1.18}$$

ここで，Y_t は t 年の GDP，C_t は消費支出，I_t は投資支出，G_t は政府支出，X_t は純輸出です。$t-1$ 年の場合，$Y_{t-1} = C_{t-1} + I_{t-1} + G_{t-1} + X_{t-1}$ なので，1 年間の GDP 変化は $Y_t - Y_{t-1} = C_t - C_{t-1} + I_t - I_{t-1} + G_t - G_{t-1} + X_t - X_{t-1}$ と書けます。この差分式の両辺を $t-1$ 年の GDP である Y_{t-1} で割ると，次が得られます。

$$\frac{Y_t - Y_{t-1}}{Y_{t-1}} = \frac{C_t - C_{t-1}}{Y_{t-1}} + \frac{I_t - I_{t-1}}{Y_{t-1}} + \frac{G_t - G_{t-1}}{Y_{t-1}} + \frac{X_t - X_{t-1}}{Y_{t-1}} \tag{1.19}$$

ここで，左辺は GDP の対前年変化率（経済成長率）です。また，右辺第 1 項の $\frac{C_t - C_{t-1}}{Y_{t-1}}$ は，経済成長率に対する消費支出の**寄与度**とよばれるものです。すなわち，経済成長は，消費支出や投資支出などの支出項目の寄与度に分解することができます。

表 1.11 は 2002 年から 2010 年までの GDP 統計を利用して計算した寄与度です。たとえば 2010 年の対前年経済成長率は 4.8％ ですが，その内訳を寄与度で見ると，消費支出 1.6％，投資支出 0.7％，政府支出 0.5％，純輸出 2.0％ となっています（4.8％ = 1.6％ + 0.7％ + 0.5％ + 2.0％）。2008 年 9 月に起こったリーマンショックが世界金融危機の引き金になりましたが，2009 年の大きなマイナス成長は，直接的には投資支出や純輸出の大幅な減少によるものであることがわかります。

表 1.11 需要面から見た経済成長率の寄与度

年次	経済成長率〔%〕	寄与度〔%〕			
		消費支出 C	投資支出 I	政府支出 G	純輸出 X
2002	0.3	0.7	−1.3	0.1	0.8
2003	1.6	0.3	0.9	−0.3	0.6
2004	2.3	0.7	1.0	−0.1	0.8
2005	1.3	0.9	0.4	−0.4	0.3
2006	1.7	0.6	0.5	−0.2	0.8
2007	2.2	0.5	0.7	−0.1	1.0
2008	−1.1	−0.5	−0.4	−0.3	0.2
2009	−5.7	−0.4	−4.0	0.7	−2.0
2010	4.8	1.6	0.7	0.5	2.0

GDP および支出項目それぞれの対前年変化率を

$$g_t^Y = \frac{Y_t - Y_{t-1}}{Y_{t-1}}, \quad g_t^C = \frac{C_t - C_{t-1}}{C_{t-1}}, \quad g_t^I = \frac{I_t - I_{t-1}}{I_{t-1}},$$
$$g_t^G = \frac{G_t - G_{t-1}}{G_{t-1}}, \quad g_t^X = \frac{X_t - X_{t-1}}{X_{t-1}}$$

と定義すると，式 (1.19) は次のように書き直すことができます。

$$g_t^Y = g_t^C \frac{C_{t-1}}{Y_{t-1}} + g_t^I \frac{I_{t-1}}{Y_{t-1}} + g_t^G \frac{G_{t-1}}{Y_{t-1}} + g_t^X \frac{X_{t-1}}{Y_{t-1}} \tag{1.20}$$

すなわち，t 年の経済成長率は，$t-1$ 年の支出割合を重みとする支出項目対前年変化率の加重和になっていることがわかります。

全体に対する各項目の寄与度の割合のことを**寄与率**といいます。たとえば，2010 年の場合，経済成長率に対する消費支出の寄与率は $\frac{1.6\,\%}{4.8\,\%} = 0.33$ となります。式 (1.20) の両辺を g_t^Y で割ると，寄与率の合計が 1 になることがわかります。

$$1 = \frac{g_t^C}{g_t^Y} \cdot \frac{C_{t-1}}{Y_{t-1}} + \frac{g_t^I}{g_t^Y} \cdot \frac{I_{t-1}}{Y_{t-1}} + \frac{g_t^G}{g_t^Y} \cdot \frac{G_{t-1}}{Y_{t-1}} + \frac{g_t^X}{g_t^Y} \cdot \frac{X_{t-1}}{Y_{t-1}} \tag{1.21}$$

表 1.11 の寄与度から計算した寄与率を表 1.12 に示します。以上の分析については，例題 4 でも詳細に述べます。

表 1.12　需要面から見た経済成長率の寄与率

年次	寄与率				
	消費支出 C	投資支出 I	政府支出 G	純輸出 X	合計
2002	2.27	−4.20	0.40	2.53	1
2003	0.18	0.58	−0.16	0.39	1
2004	0.29	0.44	−0.06	0.33	1
2005	0.70	0.35	−0.30	0.25	1
2006	0.38	0.27	−0.14	0.49	1
2007	0.25	0.30	−0.03	0.47	1
2008	0.51	0.36	0.31	−0.18	1
2009	0.07	0.70	−0.11	0.34	1
2010	0.33	0.16	0.10	0.41	1

1.4 第 1 章の例題

クロス集計表

表 1.13 は仕事を持つ 30 歳代既婚女性に関するデータです。ただし，「最終学歴」は a：高校，b：専門学校・短大，c：大学・大学院，「雇用形態」の「非正規」はパート，アルバイト，派遣などによる雇用を示しています。次の問いに答えなさい。

表 1.13 仕事を持つ 30 歳代既婚女性データ

id	子供の数	最終学歴	雇用形態	個人所得〔万円/年〕
1	3	c	正規	380
2	2	c	非正規	320
3	3	a	正規	170
4	1	a	正規	280
5	1	a	非正規	100
6	2	a	非正規	60
7	3	a	非正規	80
8	2	c	非正規	50
9	3	b	非正規	90
10	0	b	正規	90
11	1	b	正規	100
12	2	a	正規	450
13	3	a	正規	80
14	2	a	正規	90
15	2	b	非正規	90
16	2	b	正規	80
17	3	a	正規	50
18	3	a	正規	250
19	2	c	正規	480
20	1	a	非正規	80
21	0	a	非正規	100
22	3	b	非正規	140
23	2	a	非正規	220
24	2	c	非正規	350
25	1	a	非正規	130

(1) 最終学歴データについて次の 2 種類の 2 値変数を作成し，それぞれの合計値を計算しなさい。

$$\text{高校} = \begin{cases} 1 & \text{最終学歴が a のとき} \\ 0 & \text{それ以外} \end{cases}$$

$$専門・短大 = \begin{cases} 1 & 最終学歴が\mathrm{b}のとき \\ 0 & それ以外 \end{cases}$$

(2) 雇用形態データについて次の2値変数を作成し，合計値を計算しなさい。

$$正規 = \begin{cases} 1 & 雇用形態が正規のとき \\ 0 & それ以外 \end{cases}$$

(3) 最終学歴がaで雇用形態が正規である人の数を求めなさい。
(4) 最終学歴がbで雇用形態が正規である人の数を求めなさい。
(5) 最終学歴と雇用形態に関する図1.6のクロス集計表を完成させなさい。

		雇用形態		
		正規	非正規	合計
最終学歴	高校			
	専門・短大			
	大学・大学院			
	合計			25

図1.6　クロス集計表

解答例

(1) 「高校」の合計値は14,「専門・短大」の合計値は6になります。

Excelで行う場合には，IF関数を使って0と1の2値変数を作成できます。「高校」の場合は次の式をセルに入力します。

```
=if(参照セル番地="a",1,0)
```

この式は「参照したセル番地の値がaである」という条件式が真ならば1,偽ならば0を表示します。ここで，図1.7を参照してください。参照するセルは「最終学歴」データのあるC列2行目（C2）です。また，aは文字列なのでダブルクォーテーション " で括ります。たとえば，idが1のデータは最終学歴がcなので上記の条件式は偽になり，入力セルには0という結果が返ってきます（図1.7）。同様にして「専門・短大」の2値変数は

```
=if(参照セル番地="b",1,0)
```

より得られます。

データすべてに上記のIF関数を適用するには，フィルハンドルによるコピー機能を利用します（図1.8）。IF関数を使って1番目のデータの結果を

図 1.7　IF 関数による 2 値変数の作成（Excel）

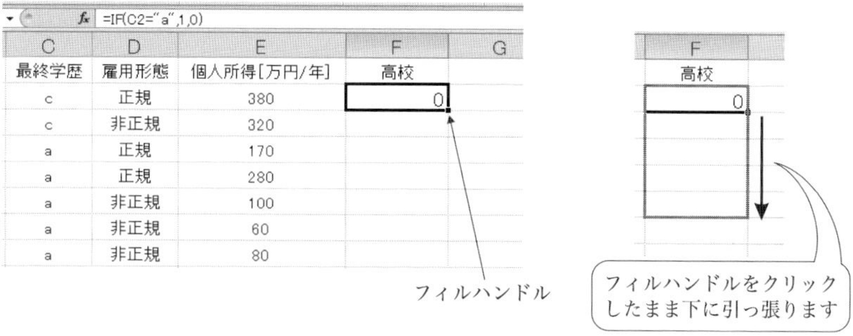

(a) フィルハンドル　　(b) 式のコピー

図 1.8　フィルハンドル（Excel）

出したら，もう一度そのセルを選択状態にします。このとき，選択セルの右下に注目します。セルの右下にマウスを合わせるとマウスポインタが黒い十字型に変わります。これがフィルハンドルです。このフィルハンドルを下にドラッグすると，それらのセルに元のセルの内容がコピーされます。フィルハンドルをダブルクリックすることによっても同様のことができます。

(2) 「正規」の合計値は 12 になります。IF 関数を使う場合は D 列を参照して次の式をセルに入力します。

```
=if(参照セル番地="正規",1,0)
```

(3) 二つの属性を交差させて計算します。最終学歴が a で雇用形態が正規である人の数は 7 人です。最終学歴が a で雇用形態が正規ならば，「高校」が 1，「正規」が 1 なので，「高校」×「正規」＝1 になります。このことを利用して，次の式をセルに入力します（図 1.9）。

```
=if(「高校」参照セル番地*「正規」参照セル番地=1,1,0)
```

たとえば，1 番目のデータが 2 行目にあり，2 値変数「高校」が F 列，「正規」が H 列にあるとき，F2 番地と H2 番地の掛け算が 1 であれば条件を満

F	G	H	I	J
高校	専門・短大	正規	高校×正規	
0	0	1	=IF(F2*H2=1,1,0)	
0	0	0		

図 1.9 交差項の 2 値変数（Excel）

たします[*2]。

(4) 最終学歴が b で雇用形態が正規である人の数は 3 人です。(3) と同様に，以下の式でカテゴリーの交差項を計算します。

= if(「専門・短大」参照セル番地*「正規」参照セル番地=1,1,0)

(5) (1)〜(4) の情報を 3 行 2 列の集計表に記述します（図 1.10 (a)）。$(3-1) \times (2-1) = 2$ よりカテゴリーが交差する 6 個のマス目のうち 2 個だけわかっていれば，残りは自動的に決まります（図 1.10 (b)）。

		雇用形態		
		正規	非正規	合計
最終学歴	高校	**7**		**14**
	専門・短大	**3**		**6**
	大学・大学院			
	合計	**12**		**25**

(a) (1)〜(4) の値を記述

		雇用形態		
		正規	非正規	合計
最終学歴	高校	**7**	7	**14**
	専門・短大	**3**	3	**6**
	大学・大学院	2	3	5
	合計	**12**	13	**25**

(b) 残りの空欄は自動的に決定

図 1.10 クロス集計表の完成

■ **補足説明** ■ ピボットテーブルを利用して，次の手順でクロス集計表を作成することもできます（図 1.11）。

1. データ全体（「id」「子供の数」「最終学歴」などのラベルも含む）を選択状態にします。
2. Excel の［挿入］タブの［ピボットテーブル］をクリックします（図 (a)）。
3. ［ピボットテーブルの作成］ダイアログの OK をクリックします。

[*2] IF 関数を使わずに，

=「高校」参照セル番地*「正規」参照セル番地

という式をセルに入力しても同じ計算結果になります。

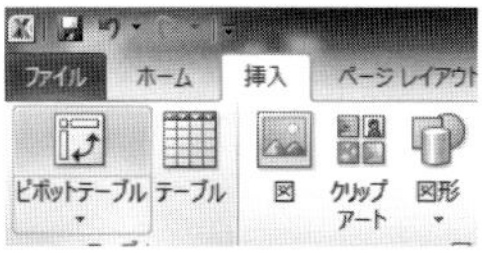

(a) ピボットテーブル

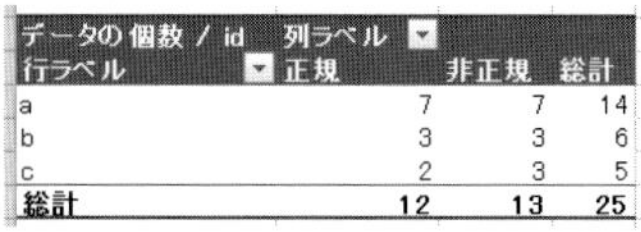

データの個数 / id	列ラベル		
行ラベル	正規	非正規	総計
a	7	7	14
b	3	3	6
c	2	3	5
総計	12	13	25

(b) クロス集計表

(c) フィールドリスト

図 1.11　ピボットテーブルによるクロス集計表の作成（Excel）

4. ［ピボットテーブルのフィールドリスト］の作業ウィンドウに「id」「子供の数」「最終学歴」「雇用形態」「個人所得」が表示されるので，「最終学歴」の部分を［行ラベル］のボックスに，「雇用形態」の部分を［列ラベル］のボックスにそれぞれドラッグします図 (c)。
5. 「id」を［Σ 値］のボックスにドラッグします。数をカウントするだけなので，ここに入るデータは実は「id」以外のものでも構いません。
6. 「id」を［Σ 値］のボックスにドラッグしたら，これをクリックして［値フィールドの設定］ダイアログを出します。
7. ［集計の方法］タブで［選択したフィールドのデータ］を「データの個数」に設定します。

変化率と対数変換

表 1.14 は電機メーカー 3 社の年間売上高の推移を示しています。次の問いに答えなさい。

(1) 各社の売上高の対前年変化率 g を計算しなさい。
(2) 各社の売上高の対数値を求め，対数差分 LD を計算しなさい。
(3) $e^{LD} - 1 = g$ となる（e^{LD} から 1 を引くと変化率に一致する）ことを確認しなさい。
(4) 各社の売上高の対前期比を計算し，その幾何平均 GM を計算しなさい (2006 年は欠損値になるので 2007〜2010 年の 4 期間の幾何平均を計算する)。
(5) 幾何平均 GM を利用して，変化率の平均 $\bar{g} = GM - 1$ を計算しなさい。

表 1.14　年間売上高〔兆円〕

年次 t	日立製作所 X_t	パナソニック Y_t	ソニー Z_t
2006	10.2	9.1	8.3
2007	11.2	9.1	8.9
2008	10.0	7.8	7.7
2009	9.0	7.4	7.2
2010	9.3	8.7	7.2

データ出所：有価証券報告書

解答例

(1) 2007 年の日立製作所の対前年変化率は

$$g_{2007}^{X} = \frac{11.2 - 10.2}{10.2} \cong 0.098 \quad (= 9.8\,\%)$$

となります。表 1.15 に計算結果を示しました。Excel を使う場合，図 1.12 のようにワークシートを作成すると，2008 年以降の変化率はフィルハンドルを下方向に，Y および Z の変化率はフィルハンドルを右方向に引っ張れば計算できます。

表 1.15　例題 2 (1) 解答例

年次 t	日立製作所 g_t^X	パナソニック g_t^Y	ソニー g_t^Z
2006	-	-	-
2007	0.098	0.000	0.072
2008	−0.107	−0.143	−0.135
2009	−0.100	−0.051	−0.065
2010	0.033	0.176	0.000

図 1.12　変化率の計算（Excel）

(2) ここでは底を e とする自然対数で計算します。自然対数を計算するには LN 関数を利用します。

```
=ln(参照セル番地)
```

たとえば，日立製作所の 2006 年売上高の自然対数は $\ln 10.2 \cong 2.322$ となります。すべての自然対数を計算してから，参照セル間の引き算によって 1 年の対数差分を計算します。2007 年日立製作所の売上高対数値は $\ln 11.2 \cong 2.416$ なので，対数差分は

$$LD_{2007}^{X} = 2.416 - 2.322 = 0.094$$

となり，1 年間で約 9.4 % 増大したことがわかります。対数差分の値が変化率の近似値 $LD \approx g$ であることが確認できます（表 1.16）。

表 1.16　例題 2 (2) 解答例

年次 t	日立製作所 $\ln X_t$	パナソニック $\ln Y_t$	ソニー $\ln Z_t$	日立製作所 LD_t^X	パナソニック LD_t^Y	ソニー LD_t^Z
2006	2.322	2.208	2.116	-	-	-
2007	2.416	2.208	2.186	0.094	0.000	0.070
2008	2.303	2.054	2.041	−0.113	−0.154	−0.145
2009	2.197	2.001	1.974	−0.105	−0.053	−0.067
2010	2.230	2.163	1.974	0.033	0.162	0.000

(3) ネイピア数 e のべき乗を計算するには EXP 関数を利用します（図 1.13）。$e^{LD} - 1$ の場合は

```
=exp(対数差分の値)-1
```

により計算できます。日立製作所の 2007 年売上高の場合は $e^{0.094} - 1 = 0.098$ となります。すべての年次について $LD_t^X = g_t^X$，$LD_t^Y = g_t^Y$ および $LD_t^Z = g_t^Z$ が成立することが確認できます。

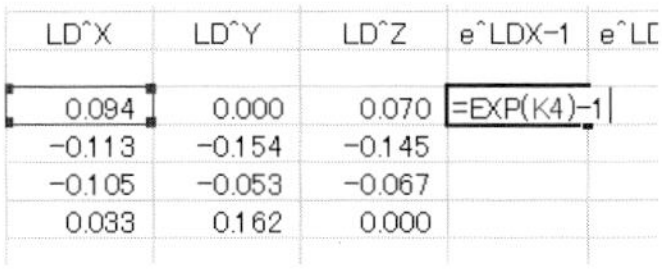

図 1.13　指数関数の計算（Excel）

(4) 日立製作所の売上高対前年比は

$$\frac{X_{2007}}{X_{2006}} = \frac{11.2}{10.2} = 1.098, \quad \frac{X_{2008}}{X_{2007}} = \frac{10.0}{11.2} = 0.893,$$
$$\frac{X_{2009}}{X_{2008}} = \frac{9.0}{10.0} = 0.900, \quad \frac{X_{2010}}{X_{2009}} = \frac{9.3}{9} = 1.033$$

なので，幾何平均は

$$GM^X = \sqrt[4]{\frac{11.2}{10.2} \times \frac{10.0}{11.2} \times \frac{9.0}{10.0} \times \frac{9.3}{9.0}} = \left(\frac{9.3}{10.2}\right)^{1/4} \cong 0.977$$

となります。対前年比データの場合は先頭（2006年）と末尾（2010年）だけを利用して計算します。したがって，パナソニックとソニーも以下のように計算できます。

$$GM^Y = \left(\frac{Y_{2010}}{Y_{2006}}\right)^{1/4} = \left(\frac{8.7}{9.1}\right)^{1/4} \cong 0.989$$
$$GM^Z = \left(\frac{Z_{2010}}{Z_{2006}}\right)^{1/4} = \left(\frac{7.2}{8.3}\right)^{1/4} \cong 0.965$$

なお，GEOMEAN関数を用いても幾何平均が計算できます。

(5) (4)の答えを用いて

$$\bar{g}^X = GM^X - 1 = 0.977 - 1 = -0.023$$
$$\bar{g}^Y = GM^Y - 1 = 0.989 - 1 = -0.011$$
$$\bar{g}^Z = GM^Z - 1 = 0.965 - 1 = -0.035$$

が得られます。

例題3　データの実質化

日本の大卒初任給は1995年において19.8万円，2010年において20.7万円です。消費者物価指数は2010年を100とした場合，1995年は101.1です。1995年の大卒初任給を実質化しなさい。また，1995年から2010年までの15年間において，大卒初任給の名目成長率と実質成長率をそれぞれ計算しなさい。

解答例

1995年の大卒初任給は次のように実質化できます。

$$\frac{19.8}{\frac{101.1}{100}} = \frac{19.8}{1.011} = 19.58 \text{〔万円〕}$$

15 年間の名目成長率は

$$\frac{20.7-19.8}{19.8}\times 100\,\% \cong 4.348\ \text{〔\%〕}$$

物価上昇率は

$$\frac{100-101.1}{101.1}\times 100\,\% \cong -1.088\ \text{〔\%〕}$$

です。したがって，実質的な成長率は次のように近似計算できます。

$$4.348-(-1.088)=5.436\ \text{〔\%〕}$$

または，1995 年と 2010 年の実質値と用いて

$$\frac{20.7-\dfrac{19.8}{1.011}}{\dfrac{19.8}{1.011}}=1.011\times\frac{20.7}{19.8}-1=0.0567$$

より 5.695 % と計算することもできます。

一人あたり GDP の分解

例題 4

表 1.9 のデータを利用して，一人あたり GDP を労働力の観点から分解します。以下の問いに答えなさい。

(1) 3 時点について A：GDP/就業者数，B：就業者数/労働力人口，C：労働力人口/15 歳以上人口，D：15 歳以上人口/人口を計算しなさい。
(2) (1) の項目 A, B, C, D の（自然）対数値を計算しなさい。
(3) 5 年間の対数差分を計算しなさい。

解答例

(1) 表 1.9 より図 1.14 のワークシートを作成します。式 (1.16) を再現しやすいようにデータを GDP，就業者数，労働力人口，15 歳以上人口，人口の順序で並べます。図 1.14 では，A：GDP/就業者数は B 列/C 列，B：就業者数/労働力人口は C 列/D 列，C：労働力人口/15 歳以上人口は D 列/E 列，D：15 歳以上人口/人口は E 列/F 列で計算できます。
(2) (1) のデータから $\ln A$，$\ln B$，$\ln C$，$\ln D$ を計算します（`LN` 関数を使います）。計算結果は表 1.10 と同じ値になります（図 1.15）。

	A	B	C	D	E	F	G	H	I	J
1							A	B	C	D
2	年次	GDP	就業者数	労働力人口	15歳以上人口	人口	GDP /就業者数	就業者数 /労働力人口	労働力人口 /15歳以上人口	15歳以上人口 /人口
3	2000	4748472	6446	6766	10836	12693				
4	2005	5039210	6356	6650	11007	12777				
5	2010	5117802	6257	6591	11049	12806				
6										
7										

図 1.14 一人あたり GDP の分解（Excel）

F	G	H	I	J
	A	B	C	D
人口	GDP /就業者数	就業者数 /労働力人口	労働力人口 /15歳以上人口	15歳以上人口 /人口
12693	737	0.953	0.624	0.854
12777	793	0.956	0.604	0.861
12806	818	0.949	0.597	0.863
年次	ln A	ln B	ln C	ln D
2000	6.602	−0.048	−0.471	−0.158
2005	6.676	−0.045	−0.504	−0.149
2010	6.707	−0.052	−0.517	−0.148

図 1.15 分解データの対数値（Excel）

(3) (2) の対数値を利用して，以下のように対数差分を計算します。

A：GDP/就業者数の対数差分

$$LD^A_{2005} = \ln A_{2005} - \ln A_{2000} = 6.676 - 6.602 = 0.073$$
$$LD^A_{2010} = \ln A_{2010} - \ln A_{2005} = 6.707 - 6.676 = 0.031$$

B：就業者数/労働力人口の対数差分

$$LD^B_{2005} = \ln B_{2005} - \ln B_{2000} = -0.045 - (-0.048) = 0.003$$
$$LD^B_{2010} = \ln B_{2010} - \ln B_{2005} = -0.052 - (-0.045) = -0.007$$

C：労働力人口/15 歳以上人口の対数差分

$$LD^C_{2005} = \ln C_{2005} - \ln C_{2000} = -0.504 - (-0.471) = -0.033$$
$$LD^C_{2010} = \ln C_{2010} - \ln C_{2005} = -0.517 - (-0.504) = -0.013$$

D：15 歳以上人口/人口の対数差分

$$LD^D_{2005} = \ln D_{2005} - \ln D_{2000} = -0.149 - (-0.158) = 0.009$$
$$LD^D_{2010} = \ln D_{2010} - \ln D_{2005} = -0.148 - (-0.149) = 0.002$$

なお，上記は対数値を四捨五入で表示しているので計算結果が合わないものも含まれていますが，Excel では上記の答えと同じ数値が出てきます。

A, B, C, D の対数差分を合計すると，一人あたり GDP の対数差分に等しくなります。すなわち，一人あたり GDP の変化率は

$$2005-2000\text{ 年}：0.073+0.003-0.033+0.009=0.053\quad(5.3\,\%)$$
$$2010-2005\text{ 年}：0.031-0.007-0.013+0.002=0.013\quad(1.3\,\%)$$

となります。

GDP の寄与度分析

例題 5

表 1.17 は，2001 年から 2010 年までの GDP を支出面から見て分解したデータです。以下の問いに答えなさい。

(1) 各支出項目の経済成長率に対する寄与度を計算しなさい。
(2) 各支出項目の経済成長率に対する寄与率を計算しなさい。

表 1.17　需要項目別 GDP〔兆円〕

年次	GDP Y	消費支出 C	投資支出 I	政府支出 G	純輸出 X
2001	477.3	278.7	83.7	119.9	−5.0
2002	478.8	282.1	77.4	120.5	−1.2
2003	486.5	283.5	81.9	119.3	1.8
2004	497.6	286.7	86.8	118.6	5.5
2005	503.9	291.1	89.0	116.7	7.1
2006	512.4	294.3	91.3	115.5	11.3
2007	523.6	297.1	94.7	115.2	16.6
2008	518.1	294.3	92.7	113.5	17.6
2009	488.4	292.3	71.8	116.9	7.4
2010	511.6	300.0	75.4	119.2	17.0

データ出所：『国民経済計算』（内閣府）

解答例

(1) 寄与度は式 (1.19) を利用して計算するので，支出項目 C, I, G, X の対前年差分を計算し，これを前年の Y で割ります。たとえば，2002 年のデータの場合は

$$[\text{消費支出の寄与度}]\quad \frac{C_{2002}-C_{2001}}{Y_{2001}}=\frac{282.1-278.7}{477.3}=0.007$$
$$[\text{投資支出の寄与度}]\quad \frac{I_{2002}-I_{2001}}{Y_{2001}}=\frac{77.4-83.7}{477.3}=-0.013$$

$$[\text{政府支出の寄与度}]\quad \frac{G_{2002}-G_{2001}}{Y_{2001}}=\frac{120.5-119.9}{477.3}=0.001$$

$$[\text{純輸出の寄与度}]\quad \frac{X_{2002}-X_{2001}}{Y_{2001}}=\frac{-1.2-(-5.0)}{477.3}=0.008$$

となります。図 1.16 では，まず差分だけを計算しておき，次に前年の GDP で割ることで寄与度を計算しています。

	A	B	C	D	E	F
1	年次	Y	C	I	G	X
2	2001	477.3	278.7	83.7	119.9	−5.0
3	2002	478.8	282.1	77.4	120.5	−1.2
4	2003	486.5	283.5	81.9	119.3	1.8
5	2004	497.6	286.7	86.8	118.6	5.5
6	2005	503.9	291.1	89.0	116.7	7.1
7	2006	512.4	294.3	91.3	115.5	11.3
8	2007	523.6	297.1	94.7	115.2	16.6
9	2008	518.1	294.3	92.7	113.5	17.6
10	2009	488.4	292.3	71.8	116.9	7.4
11	2010	511.6	300.0	75.4	119.2	17.0
12	差分					
13	2002		3.4	−6.3	0.6	3.8
14	2003		1.4	4.5	−1.2	3.0
15	2004		3.2	4.9	−0.7	3.7
16	2005		4.4	2.2	−1.9	1.6
17	2006		3.2	2.3	−1.2	4.2
18	2007		2.8	3.4	−0.3	5.3
19	2008		−2.8	−2.0	−1.7	1.0
20	2009		−2.0	−20.9	3.4	−10.2
21	2010		7.7	3.6	2.3	9.6
22	寄与度					
23	2002	0.003	0.007	−0.013	0.001	0.008
24	2003	0.016	0.003	0.009	−0.003	0.006
25	2004	0.023	0.007	0.010	−0.001	0.008
26	2005	0.013	0.009	0.004	−0.004	0.003
27	2006	0.017	0.006	0.005	−0.002	0.008
28	2007	0.022	0.005	0.007	−0.001	0.010
29	2008	−0.011	−0.005	−0.004	−0.003	0.002
30	2009	−0.057	−0.004	−0.040	0.007	−0.020
31	2010	0.048	0.016	0.007	0.005	0.020

図 1.16　寄与度の計算（Excel）

2002 年のすべての寄与度を合計すると

$$0.007-0.013+0.001+0.008=0.003\ \ (0.3\,\%)$$

なので，2002 年の経済成長率にちょうど一致します。

$$\frac{Y_{2002}-Y_{2001}}{Y_{2001}}=\frac{478.8-477.3}{477.3}=0.003$$

これらをパーセンテージで表示したものが表 1.11 です。

(2) 寄与度を経済成長率（すなわち，寄与度の合計値）で割ると，寄与率が計算できます。2010 年の場合は

$$0.016+0.007+0.005+0.020=0.048$$

なので，左辺の各項を経済成長率 0.048（4.8％）で割ると，寄与率が得られます（表 1.12）。

1.5 練習問題

1.1 データにはどのような種類の尺度があるかを説明しなさい。

1.2 経済に関するフローおよびストックにはどのようなものがあるか調べなさい。

1.3 Yahoo! Japan サイト内の Yahoo!ファイナンス（http://finance.yahoo.co.jp/）から，トヨタ自動車（東証 1 部 7230）の株価データ（デイリー）を 2013 年 1 月 1 日から 3 月 31 日の期間で検索し，1 月 4 日を 1 とする株価指数を計算し，折れ線グラフで表示しなさい。

1.4 OECD（経済協力開発機構）の統計サイト（http://www.oecd.org/statistics/）から OECD 加盟国の GDP（GDP in US dollars, current prices and PPPs）に関するデータをダウンロードして，アメリカ，イギリス，イタリア，カナダ，ドイツ，日本，およびフランスの近年の経済成長率を計算しなさい。また，式 (1.6) を利用して各国の経済成長率の平均を計算しなさい。

1.5 初期時点の預金を 50 万円，固定された金利を 0.5％とし，年に 2 回だけ利子の支払いが行われるものとします。預金残高が 55 万円になるにはおよそ何年かかるか計算しなさい。

1.6 内閣府の『国民経済計算（GDP 統計）』における県民経済計算（http://www.esri.cao.go.jp/jp/sna/sonota/kenmin/kenmin_top.html）から，県民所得，県内就業者数，総人口のデータをダウンロードして，東京都，大阪府，愛知県の 3 地域について

$$\underbrace{\text{一人あたり県民所得}}_{A} = \underbrace{\frac{\text{県民所得}}{\text{就業者数}}}_{B} \times \underbrace{\frac{\text{就業者数}}{\text{人口}}}_{C}$$

を適当な期間について計算しなさい。

第2章 記述統計の基礎

データを何らかの方法で集約しないと，それらの情報の背後にある物事を推し量ることは困難です。本章では，計量経済分析を行う上で必要となる基礎的な統計学の解説を行い，データを図表や指標に集約する方法と，その概念について学習します。2.1 節では，データがどのように分布しているのかを知るための最も基本的な概念である，度数分布表とヒストグラムについて説明します。2.2 節では，度数分布表の考え方を応用して，経済の不平等度を測る指標について解説します。2.3 節ではデータの中心的な位置と散らばり具合を示す指標の概念や使い方について，2.4 節では二つのデータの関係性の程度を示す指標について説明します。さらに，2.5 節では，データの特徴を示す指標を表す際に利用される和の記号の使い方について解説します。統計学を一度学んでおり，記述統計についての知識がある方はこの章を飛ばしても差し支えありません。

(キーワード) 度数分布表，ヒストグラム，ジニ係数，母集団，標本，標本平均，偏差，偏差 2 乗和，標本分散，標本標準偏差，標準化，散布図，偏差の積和，標本共分散，相関係数

2.1 度数分布表とヒストグラム

2.1.1 度数分布表

表 2.1 はある地方都市の世帯あたりガソリン年間購入金額データ（50 世帯）を示しています。このような量的データはとりうる値が多いので，そのままの状態でデータの特徴を知ることは困難です。データ全体を代表する値やデータの散らばり方について一目でわかる図表があれば，特徴をつかむ手掛かりになります。以下で説明する**度数分布表**と**ヒストグラム**はその代表例です。

度数分布表とは，a 以上 b 未満のような一定の区間 $[a, b)$ をデータの範囲内でいくつか定義し，それぞれの区間に入るデータの個数（度数）を数え上げて一覧表に

表 2.1　世帯あたりガソリン年間購入金額〔万円〕

6.8	8.2	6.6	12.6	13.2	4.9	10.5	10.9	4.5	9.6
7.0	5.5	6.2	12.8	10.4	8.8	8.1	12.5	7.8	11.0
4.2	6.8	7.2	7.0	9.2	7.5	8.4	4.8	6.3	6.4
3.2	11.5	12.5	5.7	10.6	6.1	7.7	10.2	6.4	10.0
8.1	**14.9**	7.5	6.7	13.9	5.4	9.0	5.1	11.7	6.4

したものです。ここで，区間を示す記号 “[” は「以上」を，“)” は「未満」を示しています。この一定の区間のことを**階級**とよびます。

度数分布表を作成するには，まずデータの最小値と最大値を把握する必要があります。表 2.1 のデータの最小値は 3.2 万円，最大値は 14.9 万円であり，その差（範囲）はおよそ 12 万円です。スタージェス（Herbert Sturges）の階級数に関する公式（$1 + \log_2$ 全度数）によると，データの個数が 50 の場合，6 ないし 7 の階級数が必要になります。ここでは，12 万円を 6 等分して 2 万円間隔の階級を設定します。すなわち，1 番目の階級は $[3, 5)$，つまり 3 万円以上 5 万円未満とし，階級の境界にあたる値を 3, 5, 7, 9, 11, 13, 15 に定めます。表 2.2 は表 2.1 のデータを階級ごとに分け，その個数である度数を示しています。ここで，階級値とは区間のちょうど中央の値を示しています。すなわち，階級を代表する値のことです。

表 2.2 度数分布表の作成

階級 以上　未満	階級値	該当するデータの記述	度数
3 ～ 5	4	4.9 4.5 4.2 4.8 3.2	5
5 ～ 7	6	6.8 6.6 5.5 6.2 6.8 6.3 6.4 5.7 6.1 6.4 6.7 5.4 5.1 6.4	14
7 ～ 9	8	8.2 7.0 8.8 8.1 7.8 7.2 7.0 7.5 8.4 7.7 8.1 7.5	12
9 ～ 11	10	10.5 10.9 9.6 10.4 9.2 10.6 10.2 10.0 9.0	9
11 ～ 13	12	12.6 12.8 12.5 11.0 11.5 12.5 11.7	7
13 ～ 15	14	13.2 14.9 13.9	3
合計			50

2.1.2 ヒストグラムと度数曲線

図 2.1 は横軸に対象データ，縦軸に度数をとったグラフです。(a) の棒グラフがヒストグラムです。ヒストグラムは棒の幅によって区間の幅を，高さによって度数

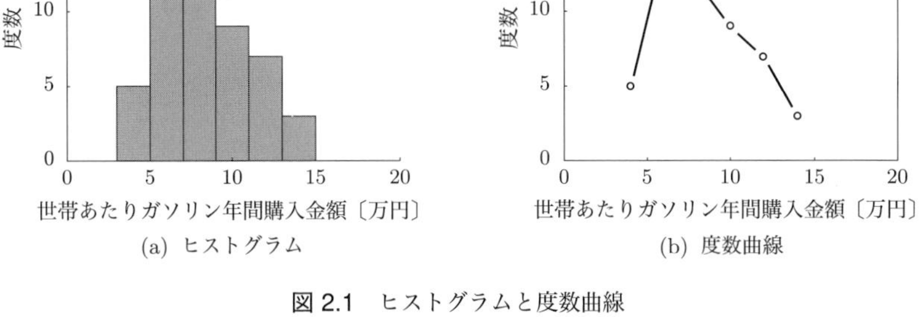

図 2.1 ヒストグラムと度数曲線

を示します。(b) の折れ線グラフは階級値と度数の対応関係示した**度数曲線**です。(a), (b) どちらも度数分布表に基づいて描画しています。

2.1.3　相対度数，累積相対度数

それぞれの階級に入る度数のデータ全体に占める割合のことを**相対度数**とよびます。たとえば，1 番目の階級 $[3,5)$ は全データ 50 に対して度数が 5 なので，相対度数は $5/50 = 0.1$ です。すなわち，この階級には 1 割のデータが存在することになります。相対度数は全データに対する割合を示していますので，すべての階級の相対度数を合計すると 1 になっていなければなりません。

度数分布表の階級の境界値を用いて，さまざまなデータが存在する割合を求めることができます。たとえば表 2.3 では，ガソリン年間購入金額が 9 万円未満の世帯の割合は，$[3,5)$, $[5,7)$, $[7,9)$ の各階級の相対度数を合計して，$0.1+0.28+0.24 = 0.62$ となります。このように，より小さい階級の相対度数を足し合わせたものを**累積相対度数**とよびます。相対度数はすべて足し合わせると 1 になるので，最後の階級 $[13,15)$ の累積相対度数も 1 になります。これをグラフで描いたものが図 2.2 です。(a) は累積相対度数を階段状に描き，(b) はデータを連続変数とみなして折れ線で描いています。

表 2.3　世帯あたりガソリン年間購入金額〔万円〕の度数分布表

階級 以上　未満	度数	相対度数	累積相対度数
3 ～ 5	5	0.10	0.10
5 ～ 7	14	0.28	0.38
7 ～ 9	12	0.24	0.62
9 ～ 11	9	0.18	0.80
11 ～ 13	7	0.14	0.94
13 ～ 15	3	0.06	1
合計	50	1	

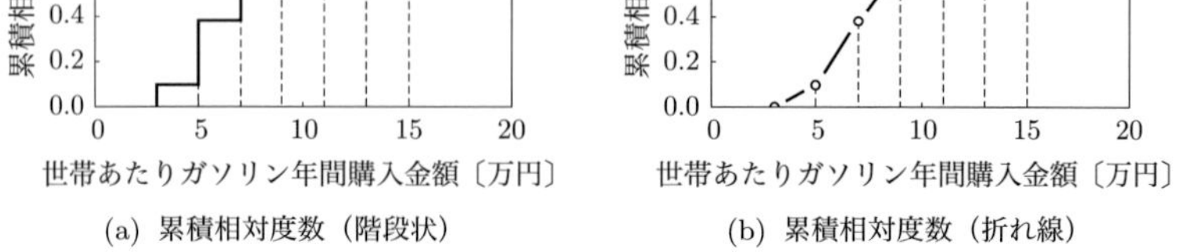

(a) 累積相対度数（階段状）　(b) 累積相対度数（折れ線）

図 2.2　累積相対度数分布図

2.2 ローレンツ曲線とジニ係数

2.2.1 ローレンツ曲線

所得や貯蓄などの度数分布表は，社会全体の経済的格差を調べるのに有用です。累積相対度数を応用すると，格差や不平等に関するさらに明瞭な指標を作ることができます。

表 2.4 は，従業員数が 4 人のある会社の年収分布を示しています。300 万円間隔で設定された年収階級の階級値は 300，600，900，1200 万円であり，度数（人数）はすべて一人ずつになっています。人数に関する相対度数はすべて 0.25 になります。4 人の従業員の年収を合計すると 3000 万円となるので，第 1 階級の従業員は 3000 万円のうち 0.1 の割合の収入 300 万円を得ていると言えます。また，第 2 階級の従業員は 0.2 の割合の収入 600 万円を得ています。この比率データを累積させると，第 1 および第 2 階級の人数は全体のちょうど半分ですが，得ている年収はそれに満たない 3 割であることがわかります。

表 2.4　ある会社の全従業員の年収分布

年収の階級	度数	階級値	相対度数（比率データ）		累積相対度数（累積比率データ）	
以上　未満	従業員数	年収	従業員数 X	年収 Y	従業員数 x	年収 y
150 ～ 450	1	300	0.25	0.1	0.25	0.1
450 ～ 750	1	600	0.25	0.2	0.50	0.3
750 ～ 1,050	1	900	0.25	0.3	0.75	0.6
1,050 ～ 1,350	1	1,200	0.25	0.4	1	1
合計	4	3,000	1	1	-	-

年収には明らかにばらつきがありますが，上記のように従業員数の累積相対度数と年収の累積比率を比較することで，どの程度格差が生じているのかを示すことができます。図 2.3 は従業員数の累積相対度数 x を横軸に，年収の累積比率データ y を縦軸とした図です。原点座標 $(0,0)$ から出発して，累積相対度数 (x,y) の座標データ $(0.25,0.1)$，$(0.50,0.3)$，$(0.75,0.6)$，$(1,1)$ を結ぶ折れ線グラフは**ローレンツ曲線**（Lorenz curve）とよばれるものです。もし，従業員 4 人の年収が完全に同額であれば，年収の比率は 4 人すべてが 0.25 であり，年収の累積比率データは従業員数の累積相対度数と完全に一致します。すなわち，年収が完全に平等な場合のローレンツ曲線は原点 $(0,0)$ と $(1,1)$ を通る 45 度の傾きを持った直線（図 2.3 の太線）になります。これを**完全平等線**といいます。

表 2.4 のデータのローレンツ曲線は完全平等線よりも下に膨らんだ形をしていま

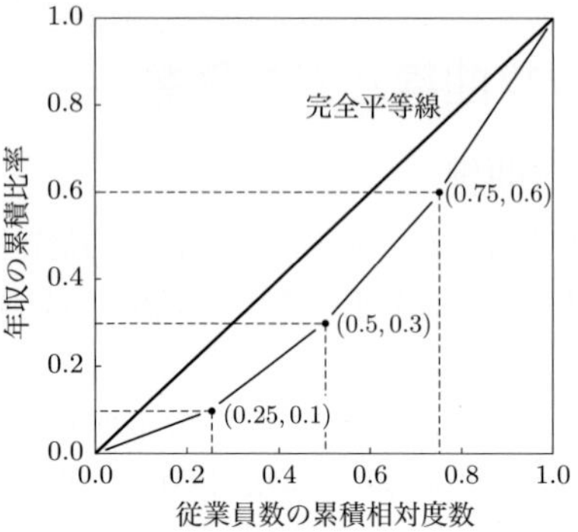

図 2.3 ローレンツ曲線と完全平等線

す。年収の格差が縮小すればローレンツ曲線は完全平等線に近づき，格差が拡大すればローレンツ曲線は完全平等線から離れていきます。表 2.5 は表 2.4 と比べて平等に近い年収分布です。そのため，図 2.4 (a) のグラフのようにローレンツ曲線は完全平等線により近くなっています。表 2.6 は表 2.4 と比べて格差の大きい年収分布になっています。したがって，図 2.4 (b) のグラフのようにローレンツ曲線はより下方に膨らんだ形になります。

表 2.5 格差の小さい年収分布

度数	階級値	相対度数 (比率データ)		累積相対度数 (累積比率データ)	
従業員数	年収	従業員数 X	年収 Y	従業員数 x	年収 y
1	675	0.25	0.225	0.25	0.225
1	725	0.25	0.242	0.50	0.467
1	775	0.25	0.258	0.75	0.725
1	825	0.25	0.275	1	1
4	3,000	1	1	-	-

表 2.6 格差の大きい年収分布

度数	階級値	相対度数 (比率データ)		累積相対度数 (累積比率データ)	
従業員数	年収	従業員数 X	年収 Y	従業員数 x	年収 y
1	200	0.25	0.067	0.25	0.067
1	300	0.25	0.100	0.50	0.167
1	400	0.25	0.133	0.75	0.300
1	2,100	0.25	0.700	1	1
4	3,000	1	1	-	-

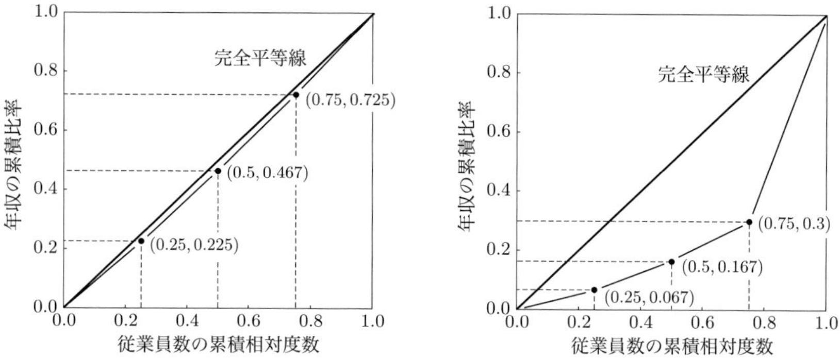

(a) 表 2.5 のデータ　　(b) 表 2.6 のデータ

図 2.4 ローレンツ曲線と完全平等線

2.2.2 ジニ係数

不平等度の指標であるジニ係数は，ローレンツ曲線を利用して計算します。**ジニ係数**（Gini coefficient）は完全平等線とローレンツ曲線で囲まれる部分の面積を 2 倍した値で定義されます。平等になればなるほど，ローレンツ曲線は完全平等線に近づきますので，ジニ係数は 0 に近づき，完全に平等になると 0 になります。格差が極限まで広がった場合では，完全平等線とローレンツ曲線で囲まれる部分は $(0,0)$，$(1,0)$，$(1,1)$ の 3 点で形成される三角形にほとんど一致します。ローレンツ曲線は横軸，縦軸ともに $[0,1]$ の範囲で描かれますので，この三角形の面積はちょうど $1/2$ です。したがって，ジニ係数の最大値は 1 になります。

図 2.5 を用いてジニ係数の計算方法を説明します。ここで，累積比率データの座標値は (x_1, y_1)，(x_2, y_2)，(x_3, y_3)，(x_4, y_4) で示されます。ジニ係数は完全平等線

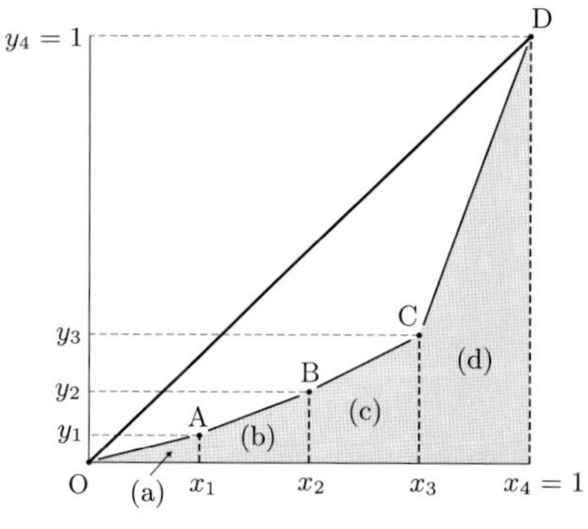

完全平等線（線分OD）とローレンツ曲線（折れ線OABCD）で囲まれた図形OABCDを2倍した値がジニ係数になります。すなわち，三角形Ox_4Dの面積から(a), (b), (c), (d)の面積を引いて2倍した値を求めることでジニ係数を計算します。

図 2.5 ジニ係数

（線分 OD）とローレンツ曲線（折れ線 OABCD）で囲まれた図形 OABCD の面積を 2 倍した値です。すなわち，三角形 $\mathrm{O}x_4\mathrm{D}$ の面積からローレンツ曲線と横軸で囲まれる部分である (a), (b), (c), (d) の面積を引いて，それを 2 倍することでジニ係数を計算します。

$$\text{ジニ係数} = [\text{三角形 O}x_4\text{D の面積} - \{(\mathrm{a}) + (\mathrm{b}) + (\mathrm{c}) + (\mathrm{d})\}] \times 2 \tag{2.1}$$

三角形 $\mathrm{O}x_4\mathrm{D}$ の面積は 1/2 です。また，(a) の図形は三角形（上底が 0 の台形），(b), (c), (d) は台形です。たとえば，(a) の場合は高さが $x_1 - 0$，底辺が y_1 なので（上底が 0，下底が y_1），面積は $\dfrac{(x_1 - 0)\,(0 + y_1)}{2}$ となります。(b) の場合は高さが $x_2 - x_1$，上底が y_1，下底が y_2 なので面積は $\dfrac{(x_2 - x_1)\,(y_1 + y_2)}{2}$ です。(c) と (d) も同様です。したがって，式 (2.1) は次のように書き直すことができます。

$$\text{ジニ係数} = \left[\frac{1}{2} - \left\{\underbrace{\frac{(x_1 - 0)(0 + y_1)}{2}}_{(\mathrm{a})} + \underbrace{\frac{(x_2 - x_1)(y_1 + y_2)}{2}}_{(\mathrm{b})} + \underbrace{\frac{(x_3 - x_2)(y_2 + y_3)}{2}}_{(\mathrm{c})} + \underbrace{\frac{(x_4 - x_3)(y_3 + y_4)}{2}}_{(\mathrm{d})}\right\}\right] \times 2$$

したがって，ジニ係数の計算公式は次のように書き直せます。

$$\text{ジニ係数} = 1 - \left\{\underbrace{(x_1 - 0)\,(0 + y_1)}_{(\mathrm{a})'} + \underbrace{(x_2 - x_1)\,(y_1 + y_2)}_{(\mathrm{b})'} + \underbrace{(x_3 - x_2)\,(y_2 + y_3)}_{(\mathrm{c})'} + \underbrace{(x_4 - x_3)\,(y_3 + y_4)}_{(\mathrm{d})'}\right\} \tag{2.2}$$

実際に計算するのは，式 (2.2) における (a)′，(b)′，(c)′，(d)′ の部分であることがわかります。

$$(\mathrm{a})' :\quad (x_1 - 0)\,(0 + y_1) = 0.25 \times 0.1 = 0.025$$

$$(\mathrm{b})' :\quad (x_2 - x_1)\,(y_1 + y_2) = 0.25 \times (0.1 + 0.3) = 0.1$$

$$(\mathrm{c})' :\quad (x_3 - x_2)\,(y_2 + y_3) = 0.25 \times (0.3 + 0.6) = 0.225$$

$$(\mathrm{d})': \quad (x_4 - x_3)(y_3 + y_4) = 0.25 \times (0.6 + 1) = 0.4$$

(a)′，(b)′，(c)′，(d)′ の合計は 0.75 なので，ジニ係数は $1 - 0.75 = 0.25$ となります（表 2.7）。表 2.5（格差の小さい場合）と表 2.6（格差の大きい場合）も同様に計算できます。

表 2.5 のジニ係数：

$$1 - \{0.25 \times 0.225 + 0.25 \times (0.225 + 0.467) + 0.25 \times (0.467 + 0.725) + 0.25 \times (0.725 + 1)\} = 0.041$$

表 2.6 のジニ係数：

$$1 - \{0.25 \times 0.067 + 0.25 \times (0.067 + 0.167) + 0.25 \times (0.167 + 0.3) + 0.25 \times (0.3 + 1)\} = 0.483$$

このように，格差が小さい場合はジニ係数も小さくなり，格差が大きい場合はジニ係数も大きな値になります。

ジニ係数は単独の指標としてよりも，異時点間あるいは地域間での格差の変動や差異を調べる場合に用いられます。表 2.8 は主要先進国の二つの時点における所得

表 2.7 ある会社の全従業員の年収分布

	相対度数（比率データ）		累積相対度数（累積比率データ）		(a)′, (b)′, (c)′, (d)′ の計算
	従業員数 X	年収 Y	従業員数 x	年収 y	$x_i - x_{i-1}$　$y_i + y_{i-1}$
第 1 階級	0.25	0.1	$x_1 = 0.25$	$y_1 = 0.1$	(0.25−0) × (0+0.1) = 0.025
第 2 階級	0.25	0.2	$x_2 = 0.5$	$y_2 = 0.3$	(0.5−0.25) × (0.1+0.3) = 0.1
第 3 階級	0.25	0.3	$x_3 = 0.75$	$y_3 = 0.6$	(0.75−0.5) × (0.3+0.6) = 0.225
第 4 階級	0.25	0.4	$x_4 = 1$	$y_4 = 1$	(1−0.75) × (0.6+1) = 0.4
合計	1	1	-	-	0.75
ジニ係数	$1 - \{0.025 + 0.1 + 0.225 + 0.4\} = 0.25$				

表 2.8 主要先進国のジニ係数

国名	1990 年代半ば	2000 年代後半
ドイツ	0.266	0.295
フランス	0.277	0.293
カナダ	0.289	0.324
日本	0.323	0.329
アメリカ	0.336	0.342
イタリア	0.348	0.337
イギリス	0.361	0.378

データ出所：OECD 統計（http://www.oecd.org/）

分配に関するジニ係数を示しています。日本のジニ係数はドイツ，フランスよりも高いですが，アメリカやイギリスも低い水準にあります。また，1990 年代半ばから 2000 年代後半にかけて，イタリアを除く国ではジニ係数が上昇していることがわかります。

2.3 データの位置と散らばりの代表値

2.3.1 母集団と標本

統計学の主要な目的は，観察対象全体の構造を一部の情報だけを利用して予測することにあります。観察対象のことを**母集団**とよび，そこから抽出された一部の情報のことを**標本**とよびます。母集団全体を把握することができれば問題ありませんが，多くの場合，時間的，金銭的，技術的にそれは不可能です。たいてい，母集団の一部分にすぎない標本を利用して観察対象の全体像の解明を行います。

経済データとしての形をとるさまざまなアンケート調査の個々の回答も標本です。たとえば総務省が行っている『家計調査』は，日本の世帯を対象とした家計の収入・支出に関わる家計簿的な統計ですが，標本の大きさは 8,000 世帯ほどです。日本の世帯数は 5000 万を超えますので，調査結果はごく少ない情報に基づいていることがわかります。

◆ 標本の数と大きさ

図 2.6 は，25〜29 歳の就業者全員のそれぞれの年収を要素とする母集団の分布を連続的な曲線で示しています。平均は 332 万円と書かれていますが，実際にはこの値は分析者にはわかりません。図 2.7 はこの母集団から三つの標本 (a), (b), (c) を無作為に抽出した様子を示しています。無作為な抽出とは，母集団のどの要素も

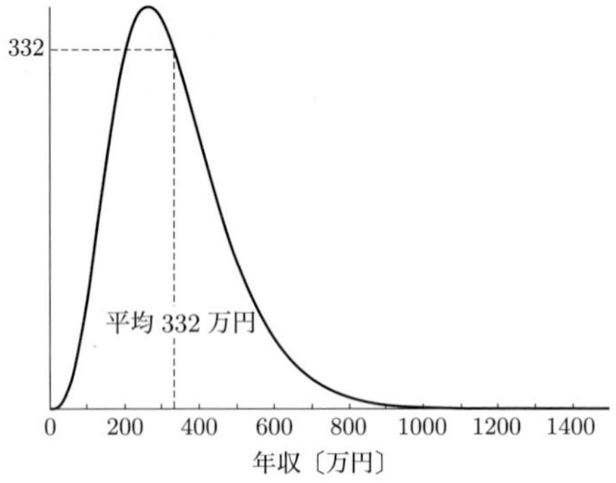

図 2.6　就業者（25〜29 歳）の年収分布

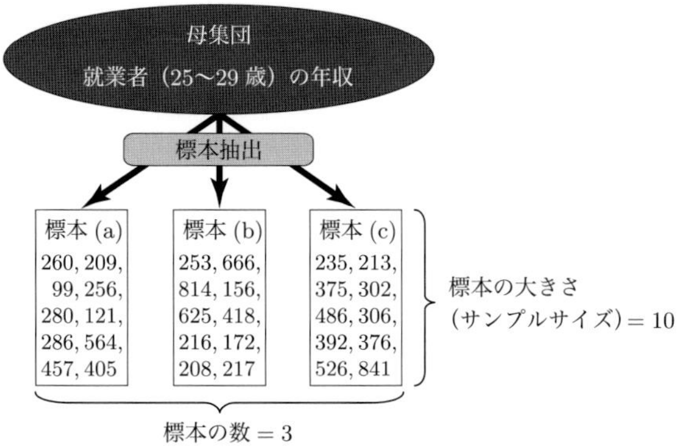

図 2.7 標本の数と大きさ

同じ確率で選び出す方法なので，標本の中身である観測値（データ）は，三つとも母集団の一部に偏ることなく完全にばらばらです。実際の調査では，特別な事情がない限り標本を何セットも用意することはありません。したがって，分析者が扱う標本は，数ある標本の中でたまたま手に入れることができた観測値の塊です。われわれはそれを単にデータとよんでいますが，そこにはあらゆる値が公平に含まれているという認識が分析者には必要です。図 2.7 の場合，標本の数（標本数）は (a), (b), (c) の三つであり，それぞれに 10 個の観測値が含まれています。ある標本に含まれる観測値の数のことを**標本の大きさ（サンプルサイズ**; sample size）といいます。標本数と標本の大きさは本質的に意味が異なるので注意が必要です。

♦ 観測値表

就業者（25〜29 歳）の年収の標本 (a) を利用して観測値を扱うルールについて説明します。表 2.9 は標本 (a) の観測値を表形式で示しています。i と書かれた列には観測値の番号が，X_i と書かれた列には観測値が示されています。分析者がデータの中身を識別するには，必ず観測値の番号が必要になります。標本の大きさは 10 なので，$i = 1, 2, \cdots, 10$ となります。第 i 番目の観測値を X_i と記述するので，記

表 2.9 図 2.6 の標本 (a) の観測値表

i	X_i	i	X_i
1	260	6	121
2	209	7	286
3	99	8	564
4	256	9	457
5	280	10	405

号と観測値の対応は $X_1 = 260$, $X_2 = 209$ などとなります。塊としての観測値を表現するとき，記号 X_i を利用して

$$\{X_i\} = \{260, 209, 99, 256, 280, 121, 286, 564, 457, 405\}$$

と記述します。

観測値表に書かれた情報を利用して，以下のような数値演算が行えます。

- $X_1 + X_2 + X_3 = 260 + 209 + 99 = 568$
- $(X_5 - 400)^2 + (X_6 - 400)^2 = (-120)^2 + (-279)^2 = 92,241$
- $(X_8 \cdot X_9 \cdot X_{10})^{1/3} = (104{,}387{,}940)^{1/3} = 470.8\cdots$

観測値を利用する主要な目的は，観察の対象である母集団の構造を理解することです。図 2.6 の場合，年収を代表する値は何か，年収の散らばりはどの程度かなどが興味の対象となります。

2.3.2　標本平均と平均周りの偏差

♦ 標本平均

大きさが n の標本 $\{X_i\} = \{X_1, X_2, \cdots, X_n\}$ の**標本平均**は次式で定義されます。

$$［標本平均］\quad \bar{X} = \frac{X_1 + X_2 + \cdots + X_n}{n} \tag{2.3}$$

ここで，$\bar{X}$ はエックス・バーと読みます。標本平均は母集団の平均（母平均）を推測するための指標です。しかし，図 2.7 で示されたように，抽出された標本はたまたま実現した観測値の集まりなので，別の標本を抽出すれば当然その標本平均は異なる値をとる可能性を持っています。すなわち，標本平均は母平均よりも大きい値や小さい値をとり，必ず誤差を含んでいます。

♦ 平均周りの偏差

標本平均の意味を考えるために，次の 3 種類のデータを比較してみましょう。

$$\{X_i\} = \{2, 3, 5, 6\}$$
$$\{Y_i\} = \{0, 3, 6, 7\}$$
$$\{Z_i\} = \{0, 0, 3, 13\}$$

$\{X_i\}$, $\{Y_i\}$, $\{Z_i\}$ はどれも標本の大きさが $n = 4$ であり，それぞれの合計値は 16，標本平均も $\bar{X} = \bar{Y} = \bar{Z} = 4$ で同一です。図 2.8 はこれを数直線上に表したものです。標本平均は左右の観測値のバランスをとる場所に位置します。たとえば，$\{X_i\}$

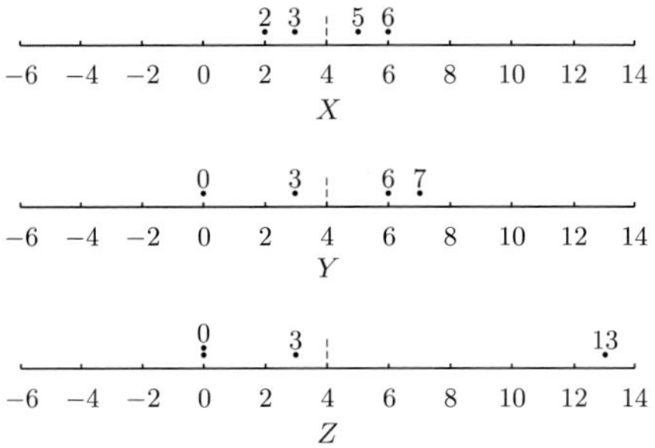

図 2.8 3 種類のデータの標本平均

の観測値と標本平均 $\bar{X}$ の距離を測ってみると，

$$
\begin{aligned}
X_1 - \bar{X} &= 2 - 4 = -2 \\
X_2 - \bar{X} &= 3 - 4 = -1 \\
X_3 - \bar{X} &= 5 - 4 = 1 \\
X_4 - \bar{X} &= 6 - 4 = 2
\end{aligned}
$$

となります。標本平均の左側に位置する観測値は標本平均との差が負，右側に位置する観測値は正となり，これらすべてを足すとちょうど 0 になることがわかります ($-2-1+1+2=0$)。$X_1 - \bar{X}$ や $X_2 - \bar{X}$ のような観測値と標本平均の差のことを（平均周りの）**偏差** (deviation) とよびます。したがって，標本の大きさが n の $\{X_i\}$ について偏差の合計は必ず 0 になります。これを次のように記述します。

$$\left(X_1 - \bar{X}\right) + \left(X_2 - \bar{X}\right) + \cdots + \left(X_n - \bar{X}\right) = 0 \tag{2.4}$$

式 (2.4) は標本平均の定義式 (2.3) を書き換えたものにほかなりません。その理由は次のように説明できます。たとえば，$n = 4$ の標本 $\{X_i\}$ についてそれぞれの観測値から α という値を引きます。そしてその合計が 0 だとしましょう。

$$(X_1 - \alpha) + (X_2 - \alpha) + (X_3 - \alpha) + (X_4 - \alpha) = 0 \tag{2.5}$$

この式を整理すると，$X_1 + X_2 + X_3 + X_4 = 4\alpha$ となるので，

$$\alpha = \frac{X_1 + X_2 + X_3 + X_4}{4}$$

であることがわかります。すなわち，式 (2.5) が成立するためには，必ず $\alpha = \bar{X}$ でなければならないのです。$\{Y_i\}$ および $\{Z_i\}$ も同様に偏差の合計は必ず 0 になります（表 2.10)。

表 2.10　偏差の合計

i	Y_i	$Y_i - \bar{Y}$	Z_i	$Z_i - \bar{Z}$
1	0	$0{-}4 = -4$	0	$0{-}4 = -4$
2	3	$3{-}4 = -1$	0	$0{-}4 = -4$
3	6	$6{-}4 = 2$	3	$3{-}4 = -1$
4	7	$7{-}4 = 3$	13	$13{-}4 = 9$
合計	16	0	16	0
平均	$\bar{Y} = 4$		$\bar{Z} = 4$	

♦ 自由度

式 (2.4) が必ず成立するということは，$\{X_i\}$ の偏差のうち $n-1$ 個までがわかっていれば，残り一つの偏差の値は自動的に決まることを意味します。たとえば，$n = 4$ の標本 $\{X_i\}$ について，次のことがわかっているものとしましょう。

$$X_1 - \bar{X} = -3$$
$$X_2 - \bar{X} = -1$$
$$X_3 - \bar{X} = 2$$

このとき，式 (2.4) より，4 番目の観測値の偏差は $X_4 - \bar{X} = 2$ でなければなりません。これは，そもそもそうなるように標本平均 $\bar{X}$ を式 (2.3) で定義しているからです。$n = 4$ のデータのうち三つは任意の値をとれますが，式 (2.4) の制約があるために，最後の一つは任意の値をとれません。統計学ではデータのうち任意の値をとれる数のことを**自由度**（degree of freedom）とよんでいます。

■ 2.3.3　データの散らばりを示す代表値

データの散らばり具合を示す代表的な指標として，以下では**偏差 2 乗和**，**標本分散**，**標本標準偏差**，**変動係数**の四つを挙げます。これらの指標は，計算する際に標本平均と偏差が利用され，互いに関連し合っています。

♦ 偏差 2 乗和

図 2.8 の 3 種類のデータは，標本平均は同じ値ですが，散らばり方が異なっています。偏差が大きいと散らばり方も大きくなることはわかりますが，式 (2.4) が必ず成立するので，単純に合計しただけでは散らばりの指標にはなりません。標本平均の左右にあるデータは符号が異なるので，合計すると標本平均からの距離は互いに相殺されます。そこで，偏差を 2 乗してから合計したものを散らばりの指標として利用します。

$$[\text{偏差 2 乗和}]\quad S_{xx} = \left(X_1 - \bar{X}\right)^2 + \left(X_2 - \bar{X}\right)^2 + \cdots + \left(X_n - \bar{X}\right)^2 \quad (2.6)$$

偏差を 2 乗すると符号はすべて正になり，合計しても 0 にはなりません。

たとえば，$\{X_i\} = \{2, 3, 5, 6\}$ の偏差 2 乗和は

$$\begin{aligned} S_{xx} &= (2-4)^2 + (3-4)^2 + (5-4)^2 + (6-4)^2 \\ &= (-2)^2 + (-1)^2 + 1^2 + 2^2 = 10 \end{aligned}$$

となります。$\{Y_i\}$ および $\{Z_i\}$ の偏差 2 乗和も同様に計算すると，それぞれ $S_{yy} = 30$，$S_{zz} = 114$ となります（表 2.11）。したがって，図 2.8 において最も散らばりの小さいデータは $\{X_i\}$ であり，最も散らばりの大きいデータは $\{Z_i\}$ であることがわかります。

表 2.11　偏差 2 乗和

i	Y_i	$Y_i - \bar{Y}$	$(Y_i - \bar{Y})^2$	Z_i	$Z_i - \bar{Z}$	$(Z_i - \bar{Z})^2$
1	0	$0-4=-4$	$(-4)^2=16$	0	$0-4=-4$	$(-4)^2=16$
2	3	$3-4=-1$	$(-1)^2=1$	0	$0-4=-4$	$(-4)^2=16$
3	6	$6-4=2$	$2^2=4$	3	$3-4=-1$	$(-1)^2=1$
4	7	$7-4=3$	$3^2=9$	13	$13-4=9$	$9^2=81$
合計	16	0	$S_{yy}=30$	16	0	$S_{zz}=114$
平均	$\bar{Y}=4$			$\bar{Z}=4$		

◆ 標本分散

偏差 2 乗和 S_{xx} を $n-1$ で割った値を**標本分散**（sample variance）といいます。

$$[\text{標本分散}]\quad \begin{aligned} s_x^2 &= \frac{S_{xx}}{n-1} \\ &= \frac{\left(X_1 - \bar{X}\right)^2 + \left(X_2 - \bar{X}\right)^2 + \cdots + \left(X_n - \bar{X}\right)^2}{n-1} \end{aligned} \quad (2.7)$$

ここで，$n-1$ は標本の大きさよりも一つ少ない値であり，先に説明した自由度です。もちろん，n が十分に大きければ S_{xx} を $n-1$ で割るのと，n で割るのとで大した違いはありませんが，n が小さい場合はその限りではありません。$\{X_i\} = \{2, 3, 5, 6\}$ の場合は，

$$s_x^2 = \frac{S_{xx}}{n-1} = \frac{(2-4)^2 + (3-4)^2 + (5-4)^2 + (6-4)^2}{4-1} = \frac{10}{3} \quad (\approx 3.33)$$

となります。

なぜ n ではなく $n-1$ で割るのでしょうか。そもそも観測値を利用してこのような指標を計算する目的は，母集団の散らばり方を予測するためです。実は母集団の分散を予測する際には，式 (2.7) のように $n-1$ で割った分散のほうが，平均的に見て正確であることが知られています。偏差2乗和 S_{xx} を計算する際に n 個の偏差を2乗して合計しますが，偏差と自由度の関係から，実際には $n-1$ 個の偏差だけがわかっていれば，S_{xx} を計算することができます。つまり，標本分散は真に必要な情報1個あたりの散らばり具合（偏差2乗和を自由度 $n-1$ で割った値）を測っている指標なのです。

♦ 標本標準偏差

標本分散は偏差2乗和を利用するので，計算過程でデータが2乗されてしまいます。したがって，データの単位も2乗されたものであり，わかりにくくなります。そこで，単位を元に戻すために標本分散の平方根をとった**標本標準偏差**（sample standard deviation）を使用します。

[標本標準偏差]　$$s_x = \sqrt{s_x^2} = \sqrt{\frac{S_{xx}}{n-1}} \tag{2.8}$$

$\{X_i\} = \{2, 3, 5, 6\}$ の場合は，式 (2.8) を利用して

$$s_x = \sqrt{s_x^2} = \sqrt{\frac{10}{3}} \quad (\approx 1.83)$$

と計算できます。

♦ データの単位と散らばり

標本平均，偏差2乗和，標本分散，標本標準偏差などを用いてあるデータと別のデータを比較するとき，どのような単位が使用されているかに注意する必要があります。表2.12では単位がcm（センチメートル）の身長データ $\{X_i\}$ と，単位がm（メートル）の身長データ $\{Y_i\}$ を併記しています。任意のデータ i について，$Y_i = \dfrac{1}{100}X_i$ という関係が成り立っています。このとき，$\{X_i\}$ の個々の観測値が $\{Y_i\}$ のように1/100倍されると，$\{Y_i\}$ の平均も1/100倍された値になっています（$\bar{X} = 170\,\mathrm{cm}$ に対して $\bar{Y} = 1.70\,\mathrm{m}$）。また，偏差2乗和は計算過程で2乗しているので，$\{Y_i\}$ の偏差2乗和は $\{X_i\}$ の偏差2乗和の $(1/100)^2 = 1/10,000$ 倍の値になります。標本分散はこれを自由度で割っただけの値なので，データを1/100倍

表 2.12 単位の異なる身長データ

i	cm		m	
	X_i	$(X_i - \bar{X})^2$	Y_i	$(Y_i - \bar{Y})^2$
1	167	$(167–170)^2 = 9$	1.67	$(1.67–1.70)^2 = 0.0009$
2	166	$(166–170)^2 = 16$	1.66	$(1.66–1.70)^2 = 0.0016$
3	175	$(175–170)^2 = 25$	1.75	$(1.75–1.70)^2 = 0.0025$
4	172	$(172–170)^2 = 4$	1.72	$(1.72–1.70)^2 = 0.0004$
5	170	$(170–170)^2 = 0$	1.70	$(1.70–1.70)^2 = 0$
合計	850	$S_{xx} = 54$	8.50	$S_{yy} = 0.0054$
平均	170		1.70	
分散		$s_x^2 = \dfrac{54}{5-1} = 13.5$		$s_y^2 = \dfrac{0.0054}{5-1} = 0.00135$
標準偏差		$s_x = \sqrt{13.5} = 3.67$		$s_y = \sqrt{0.00135} = 0.0367$

すると分散は 1/10,000 倍の値になります。標準偏差は分散の平方根なので，データを 1/100 倍すると標準偏差も 1/100 倍になります。

以上のように，同じデータであっても，単位が異なれば平均，偏差 2 乗和，分散および標準偏差の値も変わってしまう点は重要です。観測値 X_i が $Y_i = aX_i$ と単位変換されるとき，

$$\bar{Y} = a\bar{X},\ \ S_{yy} = a^2 S_{xx},\ \ s_y^2 = a^2 s_x^2,\ \ s_y = as_y$$

が成立します。

♦ 変動係数

二つのデータを比較するとき，単位を揃えても不十分な場合があります。たとえば，ゾウとアリの体長，16 歳男子と 6 歳男子の身長，2010 年と 1960 年の人々の所得など，対象となるデータの平均に大きな違いがあれば，散らばり方にも違いが生じてしまい，比較することが難しくなります。上述したように，それぞれの観測値に 10 倍の差があれば，平均と標準偏差も 10 倍になります。このことを考慮して使われる散らばり具合の指標として**変動係数**（coefficient of variation）があります。

$$[\text{変動係数}]\quad CV_x = \frac{s_x}{\bar{X}} \tag{2.9}$$

図 2.9 は 6 歳男子と 16 歳男子の身長のヒストグラムを示しています。標準偏差は 16 歳男子のほうが大きいですが，平均の違いによる影響を取り除くために変動係数を調べてみると，式 (2.9) より

$$6\text{歳男子：}\quad CV_x = \frac{4.6}{116.2} = 0.040$$

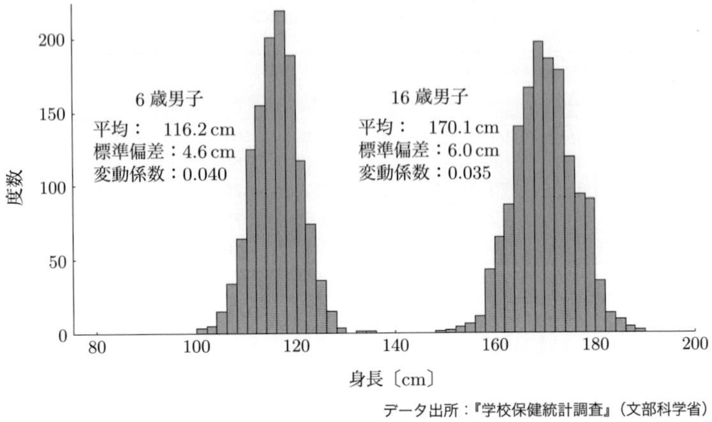

図 2.9　データのばらつきの比較

$$16\text{歳男子：}\quad CV_x = \frac{6.0}{170.1} = 0.035$$

となり，個体差は6歳男子のほうが大きいことがわかります。変動係数は同一単位の割り算で定義されているので，測定単位がありません。

2.3.4　データの変換と標準化

♦ データの変換

日本では気温の単位として摂氏（Celsius）〔°C〕を用いますが，アメリカやイギリスでは華氏（Fahrenheit）〔°F〕が日常的に使われています。摂氏と華氏の間には次のような関係があります。

$$\text{華氏} = 1.8 \times \text{摂氏} + 32$$

つまり，摂氏0度の氷点は華氏では32度，摂氏の100度の沸点は華氏では212度となります。

表2.13は7月初旬の1週間のニューヨーク市の最高気温を摂氏と華氏で示し，その平均や分散を計算しています。ある定数 a, b を利用して

$$Y_i = aX_i + b \quad (i = 1, 2, \cdots, n)$$

とデータが変換された場合，変換後のデータ $\{Y_i\}$ の平均や分散などは，変換前のデータ $\{X_i\}$ を使って次のように表されます。

表 2.13 ニューヨーク市の 1 日の最高気温

月日	摂氏	華氏
7 月 1 日	34	93.2
7 月 2 日	31	87.8
7 月 3 日	32	89.6
7 月 4 日	33	91.4
7 月 5 日	35	95.0
7 月 6 日	34	93.2
7 月 7 日	32	89.6
合計	231	639.8
平均	33	91.4
偏差 2 乗和	12	38.88
分散	2	6.48
標準偏差	1.41	2.55

データ出所：
http://www.accuweather.com/

$\{Y_i\}$ の合計： $$Y_1 + \cdots + Y_n = (aX_1 + b) + \cdots + (aX_n + b) = a(X_1 + \cdots + X_n) + nb$$

$\{Y_i\}$ の平均： $$\bar{Y} = \frac{Y_1 + \cdots + Y_n}{n} = \frac{a(X_1 + \cdots + X_n) + nb}{n} = a\bar{X} + b$$

$\{Y_i\}$ の偏差 2 乗和： $$\begin{aligned} S_{yy} &= \left(Y_1 - \bar{Y}\right)^2 + \cdots + \left(Y_n - \bar{Y}\right)^2 \\ &= \left\{(aX_1 + b) - \left(a\bar{X} + b\right)\right\}^2 + \cdots \\ &\quad \cdots + \left\{(aX_n + b) - \left(a\bar{X} + b\right)\right\}^2 \\ &= \left\{a\left(X_1 - \bar{X}\right)\right\}^2 + \cdots + \left\{a\left(X_n - \bar{X}\right)\right\}^2 \\ &= a^2 S_{xx} \end{aligned}$$

$\{Y_i\}$ の分散： $$s_y^2 = \frac{S_{yy}}{n-1} = \frac{a^2 S_{xx}}{n-1} = a^2 s_x^2$$

$\{Y_i\}$ の標準偏差： $$s_y = \sqrt{s_y^2} = \sqrt{a^2 s_x^2} = a s_x$$

偏差 2 乗和，分散，標準偏差といった散らばりの指標は，$Y_i = aX_i + b$ という変換を行っても b の影響を受けない点に注意が必要です。

華氏 Y_i と摂氏 X_i の関係は $a = 1.8$，$b = 32$ として，$Y_i = 1.8X_i + 32$ と書けます。これらの結果を利用すると，表 2.13 の華氏 $\{Y_i\}$ の合計，平均などは，摂氏の値をもとにして，以下のように計算することもできます。

$$\begin{aligned}\text{合計：}\quad & 1.8 \times 231 + 7 \times 32 = 639.8 \\ \text{平均：}\quad & \bar{Y} = 1.8\bar{X} + 32 = 1.8 \times 33 + 32 = 91.4 \\ \text{偏差 2 乗和：}\quad & S_{yy} = 1.8^2 S_{xx} = 1.8^2 \times 12 = 38.88 \\ \text{分散：}\quad & s_y^2 = 1.8^2 s_x^2 = 1.8^2 \times 2 = 6.48 \\ \text{標準偏差：}\quad & s_y = 1.8 s_x = 1.8 \times \sqrt{2} \approx 2.55\end{aligned}$$

♦ 標準化

定数 a, b を利用した変換 $aX_i + b$ について，特殊ケースがあります。$a = \dfrac{1}{s_x}$，$b = -\dfrac{\bar{X}}{s_x}$ とおくとき，$aX_i + b = \dfrac{1}{s_x}X_i - \dfrac{\bar{X}}{s_x}$ より

$$[\text{標準化変量}] \quad Z_i = \frac{X_i - \bar{X}}{s_x} \quad (i = 1, 2, \cdots, n) \tag{2.10}$$

となるような変換をデータの**標準化**とよび，Z_i を**標準化変量**とよびます。この場合，$\{Z_i\}$ の合計は 0（ゆえに平均も 0），分散は 1（ゆえに標準偏差も 1）になります。これは次のようにして確かめられます。

$$\begin{aligned}Z_1 + \cdots + Z_n &= \frac{X_1 - \bar{X}}{s_x} + \cdots + \frac{X_n - \bar{X}}{s_x} \\ &= \frac{1}{s_x} \underbrace{\left\{ \left(X_1 - \bar{X}\right) + \cdots + \left(X_n - \bar{X}\right) \right\}}_{\text{偏差の和は 0}} = 0 \\ \to \bar{Z} &= \frac{Z_1 + \cdots + Z_n}{n} = 0\end{aligned}$$

$$\begin{aligned}S_{zz} &= \left(Z_1 - \bar{Z}\right)^2 + \cdots + \left(Z_n - \bar{Z}\right)^2 \\ &= Z_1^2 + \cdots + Z_n^2 \\ &= \left(\frac{X_1 - \bar{X}}{s_x}\right)^2 + \cdots + \left(\frac{X_n - \bar{X}}{s_x}\right)^2 \\ &= \frac{1}{s_x^2} \underbrace{\left\{ \left(X_1 - \bar{X}\right)^2 + \cdots + \left(X_n - \bar{X}\right)^2 \right\}}_{=S_{xx}:X \text{ の偏差 2 乗和}} = \frac{n-1}{S_{xx}} \cdot S_{xx} = n - 1\end{aligned}$$

$$\to s_z^2 = \frac{S_{zz}}{n-1} = \frac{n-1}{n-1} = 1 \quad (\therefore\ s_z = 1)$$

標準化変量の平均が 0，分散が 1 になることを表 2.13 の気温データ（$n = 7$）を利用して計算したものが表 2.14 です。標準化変量の偏差 2 乗和は自由度 $n-1=6$ に一致します。

$$S_{zz} = \left(\frac{1}{\sqrt{2}}\right)^2 + \left(\frac{-2}{\sqrt{2}}\right)^2 + \left(\frac{-1}{\sqrt{2}}\right)^2 + \left(\frac{0}{\sqrt{2}}\right)^2 + \left(\frac{2}{\sqrt{2}}\right)^2 + \left(\frac{1}{\sqrt{2}}\right)^2 + \left(\frac{-1}{\sqrt{2}}\right)^2$$
$$= 6$$

したがって，分散は次のようになります。

$$s_z^2 = \frac{S_{zz}}{n-1} = \frac{6}{6} = 1$$

標準化によって，いかなるデータも平均 0，分散 1 に統一されるので，データ間の比較を行うときに便利です。図 2.10 は図 2.8 の 3 種類のデータを標準化して数直線上に表示し直したものです。

表 2.14　標準化変量の特徴[*1]

i	X_i	$X_i - \bar{X}$	$Z_i \left(= \dfrac{X_i - \bar{X}}{s_x}\right)$	Z_i^2
1	34	$34-33=1$	$\frac{1}{\sqrt{2}}$	$\frac{1}{2}$
2	31	$31-33=-2$	$\frac{-2}{\sqrt{2}}$	$\frac{4}{2}$
3	32	$32-33=-1$	$\frac{-1}{\sqrt{2}}$	$\frac{1}{2}$
4	33	$33-33=0$	$\frac{0}{\sqrt{2}}$	0
5	35	$35-33=2$	$\frac{2}{\sqrt{2}}$	$\frac{4}{2}$
6	34	$34-33=1$	$\frac{1}{\sqrt{2}}$	$\frac{1}{2}$
7	32	$32-33=-1$	$\frac{-1}{\sqrt{2}}$	$\frac{1}{2}$
合計	231	0	0	6
平均	$\bar{X}=33$		0	
偏差 2 乗和	$S_{xx}=12$		6	
分散	$s_x^2=2$		1	
標準偏差	$s_x=\sqrt{2}$		1	

*1 $n = 7$ のデータ $\{X_i\}$ において，$\bar{X} = 33$，$s_x = \sqrt{2}$ で標準化した $\{Z_i\}$ は合計が 0，$\bar{Z} = 0$，$S_{zz} = 6$，$s_z^2 = 6/6 = 1$，$s_z = \sqrt{s_z^2} = 1$ となります。

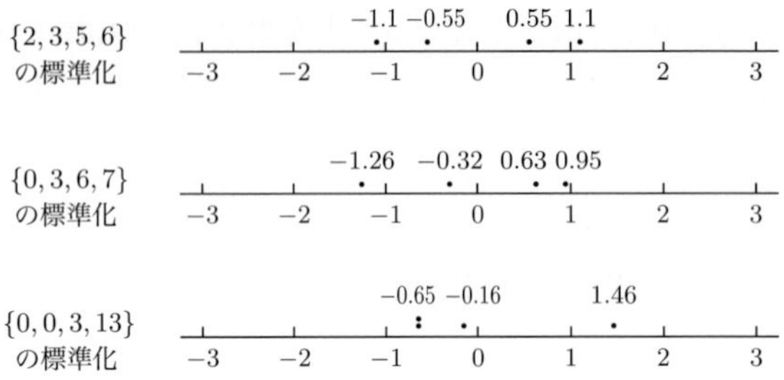

図 2.10　標準化変量の分布

♦ まとめ：データの位置と散らばりの代表値

大きさが n の標本 $\{X_i\} = \{X_1, X_2, \cdots, X_n\}$ について

[標本平均]　$\bar{X} = \dfrac{X_1 + X_2 + \cdots + X_n}{n}$

[偏差の和は 0]　$\left(X_1 - \bar{X}\right) + \left(X_2 - \bar{X}\right) + \cdots + \left(X_n - \bar{X}\right) = 0$

[偏差 2 乗和]　$S_{xx} = \left(X_1 - \bar{X}\right)^2 + \left(X_2 - \bar{X}\right)^2 + \cdots + \left(X_n - \bar{X}\right)^2$

[標本分散]　$s_x^2 = \dfrac{S_{xx}}{n-1} = \dfrac{\left(X_1-\bar{X}\right)^2+\left(X_2-\bar{X}\right)^2+\cdots+\left(X_n-\bar{X}\right)^2}{n-1}$

[標本標準偏差]　$s_x = \sqrt{s_x^2} = \sqrt{\dfrac{S_{xx}}{n-1}}$

[変動係数]　$CV_x = \dfrac{s_x}{\bar{X}}$

[標準化変量]　$Z_i = \dfrac{X_i - \bar{X}}{s_x}$　$(i = 1, 2, \cdots, n)$ の平均は 0，分散は 1

2.4 二つの量的データの関係性

2.4.1 散布図

ここまでのさまざまな統計的指標は，単一の量的データに対するものでした。しかし，世の中にあるさまざまな自然現象や社会現象は互いに関連し合っています。たとえば，背の高い人ほど靴のサイズが大きい，夏に気温が高くなると電力消費量が増える，所得が高い人ほど消費支出に占める食費の割合は少ないなどです。このような関連性を調べるには，二つの量的データをペアにして，散布図として描くと見通しが良くなります。

表 2.15 は 2011 年に結婚したカップルの男女の年齢を示しています。データは次のように添え字 i によってペアにすることができます。

$$\{(X_i, Y_i)\} = \{(X_1, Y_1), (X_2, Y_2), \cdots, (X_n, Y_n)\}$$

$\{X_i\}$ のデータ（女性の年齢）を横軸に，$\{Y_i\}$ のデータ（男性の年齢）を縦軸にとり，その座標 (X_i, Y_i) を平面上の観測点として表示した図を**散布図**といいます（図 2.11）。

表 2.15　2011 年に結婚したカップルの年齢

i	女性の年齢 X_i	男性の年齢 Y_i
1	29	43
2	41	39
3	31	33
4	35	49
5	23	40
6	35	39
7	24	24
8	31	43
9	34	26
10	27	34

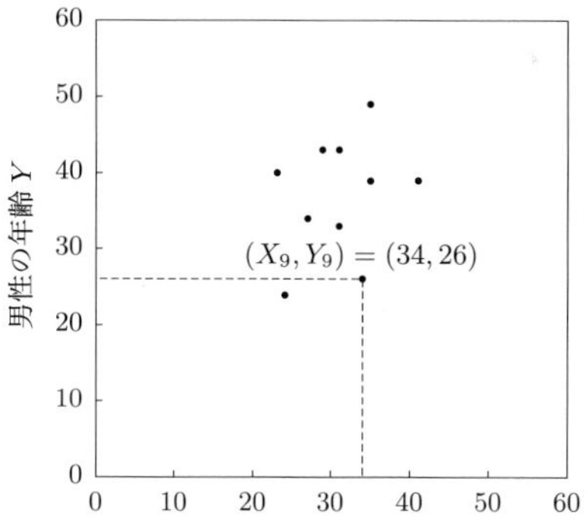

図 2.11　散布図

散布図を描くと，「X が増えると Y も増える」「X が増えると Y は減る」「X が増えても，Y は増えも減りもしない」などのように，二つのデータの関係性が明瞭になる場合があります。図 2.12 の (a), (b), (c) はそれぞれまったく違う傾向を持った散布図になっています。(a) の散布図からは，気温が高くなると（家庭やオ

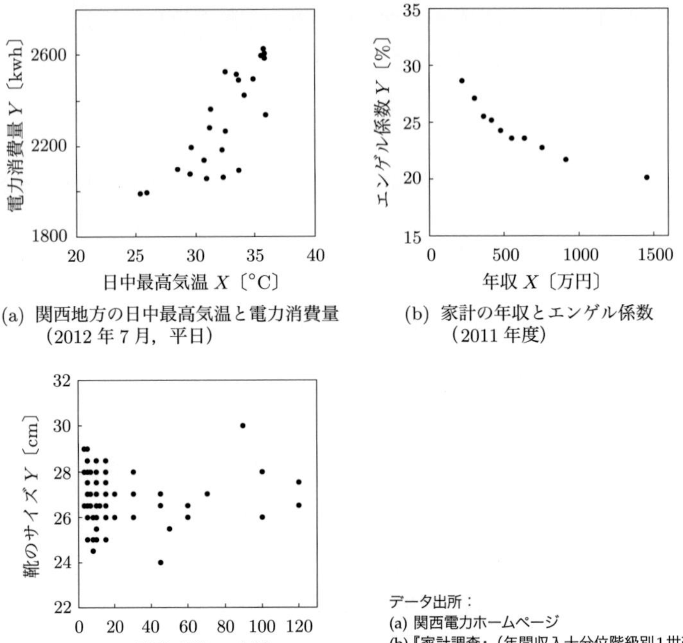

(a) 関西地方の日中最高気温と電力消費量（2012 年 7 月，平日）

(b) 家計の年収とエンゲル係数（2011 年度）

(c) 男子学生の通学時間と靴のサイズ

データ出所：
(a) 関西電力ホームページ
(b)『家計調査』（年間収入十分位階級別1世帯当たり1か月間の収入と支出）（総務省）
(c) 筆者の授業のアンケート結果

図 2.12　さまざまなデータの散布図

フィスでのエアコン使用頻度が高くなるので）電力消費量が増大することがわかります。(b) の散布図からは，年収が高くなると（必ずしも生活に必要でない支出が増えて）エンゲル係数（消費支出に占める食費の割合）が低下していくことがわかります。(c) の散布図からは，学生の通学時間と靴のサイズの関係は不明であることがわかります。

2.4.2　偏差の積和と標本共分散

散布図をベースにして，二つのデータの関係性を明らかにする客観的な指標について説明します。図 2.13 は，図 2.12 (a), (b) の散布図に，$\{X_i\}$ と $\{Y_i\}$ それぞれの平均を示す仕切り線を入れて 4 分割したものです。図 2.13 (a) のように領域 I と III にデータが多く集まっていれば，「X が増えると Y も増える」という正の関係性が指摘でき，図 2.13 (b) のように領域 II と IV にデータが多く集まっていれば，「X が増えると Y は減る」という負の関係性が指摘できます。

ペアになったデータ $\{(X_i, Y_i)\}$ がどのような座標を占めるかで，二つのデータの

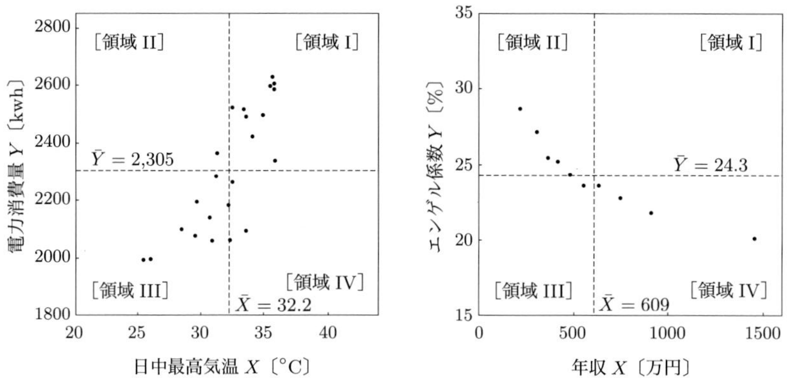

(a) 正の関係性：領域 I と III にデータが多く集まる（$S_{xy} = 11{,}529$，$r_{xy} = 0.802$）

(b) 負の関係性：領域 II と IV にデータが多く集まる（$S_{xy} = -7{,}556$，$r_{xy} = -0.918$）

図 2.13 $\{X_i\}$ と $\{Y_i\}$ それぞれの平均で仕切られた領域

関係性は決まってきます。領域 I, II, III, IV は $\{X_i\}$ と $\{Y_i\}$ それぞれの偏差を利用して，次のように特徴付けることができます。

$$
\begin{aligned}
&\text{領域 I：} & X_i - \bar{X} > 0 \text{ かつ } Y_i - \bar{Y} > 0 \quad &\rightarrow \quad \left(X_i - \bar{X}\right)\left(Y_i - \bar{Y}\right) > 0 \\
&\text{領域 II：} & X_i - \bar{X} < 0 \text{ かつ } Y_i - \bar{Y} > 0 \quad &\rightarrow \quad \left(X_i - \bar{X}\right)\left(Y_i - \bar{Y}\right) < 0 \\
&\text{領域 III：} & X_i - \bar{X} < 0 \text{ かつ } Y_i - \bar{Y} < 0 \quad &\rightarrow \quad \left(X_i - \bar{X}\right)\left(Y_i - \bar{Y}\right) > 0 \\
&\text{領域 IV：} & X_i - \bar{X} > 0 \text{ かつ } Y_i - \bar{Y} < 0 \quad &\rightarrow \quad \left(X_i - \bar{X}\right)\left(Y_i - \bar{Y}\right) < 0
\end{aligned}
$$

たとえば，領域 I にあるデータ (X_i, Y_i) は $\bar{X}$ よりも大きく，かつ $\bar{Y}$ よりも大きい位置にあります。すなわち，X_i と Y_i それぞれの偏差は正であり，その偏差の積も正になります。同様にして，領域 II にあるデータ (X_i, Y_i) は $\bar{X}$ よりも小さく，かつ $\bar{Y}$ よりも大きい位置にあるため，X_i の偏差は正，Y_i の偏差は負となり，偏差の積は負になります。

このことから次のことが言えます。

- 領域 I と III にデータが多く集まっているのなら，正の関係性があり，偏差の積も正であることが多い。
- 領域 II と IV にデータが多く集まっているのなら，負の関係性があり，偏差の積は負であることが多い。

二つのデータの関係性を一つの指標で表現するために，次の**偏差の積和**が用いられます。

$$[\text{偏差の積和}] \quad S_{xy} = \left(X_1-\bar{X}\right)\left(Y_1-\bar{Y}\right)+\cdots+\left(X_n-\bar{X}\right)\left(Y_n-\bar{Y}\right) \quad (2.11)$$

たとえば, 図 2.13 (a) の場合は $S_{xy} = 11,529$ で正の値, (b) の場合は $S_{xy} = -7,556$ で負の値になります。もしも，データが領域 I, II, III, IV に万遍なく散らばっていれば，偏差の積和は 0 に近い値になります。$S_{xy} = 0$ の場合は二つのデータは完全に無関係となります。

表 2.16 は偏差および偏差の積和を求めています。はじめに $\{X_i\}$ と $\{Y_i\}$ それぞれの平均および偏差を計算し，各観測値の偏差の積を求めます。最後にこれを合計します。

表 2.16 偏差の積和 S_{xy} の計算

i	X_i	Y_i	$X_i - \bar{X}$	$Y_i - \bar{Y}$	$(X_i - \bar{X})(Y_i - \bar{Y})$
1	29	43	$29-31 = -2$	$43-37 = 6$	$-2 \times 6 = -12$
2	41	39	$41-31 = 10$	$39-37 = 2$	$10 \times 2 = 20$
3	31	33	$31-31 = 0$	$33-37 = -4$	$0 \times (-4) = 0$
4	35	49	$35-31 = 4$	$49-37 = 12$	$4 \times 12 = 48$
5	23	40	$23-31 = -8$	$40-37 = 3$	$(-8) \times 3 = -24$
6	35	39	$35-31 = 4$	$39-37 = 2$	$4 \times 2 = 8$
7	24	24	$24-31 = -7$	$24-37 = -13$	$(-7) \times (-13) = 91$
8	31	43	$31-31 = 0$	$43-37 = 6$	$0 \times 6 = 0$
9	34	26	$34-31 = 3$	$26-37 = -11$	$3 \times (-11) = -33$
10	27	34	$27-31 = -4$	$34-37 = -3$	$(-4) \times (-3) = 12$
合計	310	370	0	0	$S_{xy} = 110$
平均	31	37			

偏差の積和を自由度 $n-1$ で割った値を**標本共分散**といいます。

$$[\text{標本共分散}] \quad s_{xy} = \frac{S_{xy}}{n-1} = \frac{\left(X_1-\bar{X}\right)\left(Y_1-\bar{Y}\right)+\cdots+\left(X_n-\bar{X}\right)\left(Y_n-\bar{Y}\right)}{n-1} \quad (2.12)$$

表 2.16 のデータでは

$$s_{xy} = \frac{S_{xy}}{n-1} = \frac{110}{10-1} \approx 12.22$$

と計算できます。標本共分散の符号は偏差の積和の符号と同じです。

2.4.3　相関係数

◆ 偏差の積和，標本共分散の注意点

偏差の積和や標本共分散の問題点は，関係性の符号しかわからない点です。S_{xy} または s_{xy} が大きい値を示していても，必ずしも関係性が強いわけではありません。

表 2.17 は身長と体重のデータを示しています。ただし，X_i では単位を cm，X_i^* (* はアスタリスクと読みます) では m にしています。$X_i = 100X_i^*$ という関係があるので，$\bar{X} = 100\bar{X}^*$，$S_{xx} = 100^2 S_{xx}^*$ です。身長と体重の関係性を調べるために，$\{X_i\}$ と $\{Y_i\}$ および $\{X_i^*\}$ と $\{Y_i\}$ の偏差の積和をそれぞれ計算しています。

表 2.17　身長（cm と m）体重の偏差の積和

	身長		体重	偏差の積	
i	X_i〔cm〕	X_i^*〔m〕	Y_i〔kg〕	$(X_i-\bar{X})(Y_i-\bar{Y})$	$(X_i^*-\bar{X}^*)(Y_i-\bar{Y})$
1	167	1.67	62	12	0.12
2	166	1.66	59	28	0.28
3	175	1.75	66	0	0
4	172	1.72	75	18	0.18
5	170	1.70	68	0	0
合計	850	8.50	330	$S_{xy} = 58$	$S_{xy}^* = 0.58$
平均	$\bar{X} = 170$	$\bar{X}^* = 1.70$	$\bar{Y} = 66$		
偏差 2 乗和	$S_{xx} = 54$	$S_{xx}^* = 0.0054$	$S_{yy} = 150$		

計算結果を見ると $S_{xy} = 58$，$S_{xy}^* = 0.58$ となり，同じデータであるにも関わらず違いが生じています。当然ながら，身長の単位を変えただけで同じ人の身長と体重の関係性が変わるはずはありません。$X_i = 100X_i^*$ という関係より，

$$
\begin{aligned}
S_{xy} &= \left(X_1 - \bar{X}\right)\left(Y_1 - \bar{Y}\right) + \cdots + \left(X_n - \bar{X}\right)\left(Y_n - \bar{Y}\right) \\
&= \left(100X_1^* - 100\bar{X}^*\right)\left(Y_1 - \bar{Y}\right) + \cdots + \left(100X_n^* - 100\bar{X}^*\right)\left(Y_n - \bar{Y}\right)
\end{aligned}
$$

なので，$S_{xy} = 100S_{xy}^*$ が得られます。すなわち，単位が変われば偏差の積和も変わってしまうことがわかります。

◆ 相関係数の特徴

測定単位に依存することなく二つの量的データの関連性（直線的な関係性）を示す指標として，**相関係数**があります。

$$
[\text{相関係数}] \quad r_{xy} = \frac{S_{xy}}{\sqrt{S_{xx} \cdot S_{yy}}} \tag{2.13}
$$

式 (2.13) は単位に依存しない無名数であり，次の特徴を持つことが知られています。

- とりうる値の範囲が $-1 \leq r_{xy} \leq 1$ である。
- 相関係数が正 ($r_{xy} > 0$) のとき，$\{X_i\}$ と $\{Y_i\}$ は正の相関関係を持ち，相関係数が 1 に近づくと正の相関関係が強くなる。
- 相関係数が負 ($r_{xy} < 0$) のとき，$\{X_i\}$ と $\{Y_i\}$ は負の相関関係を持ち，相関係数が -1 に近づくと負の相関関係が強くなる。
- 相関係数が 0 のとき，$\{X_i\}$ と $\{Y_i\}$ は無相関である。

表 2.17 のデータを使って，まず $\{X_i\}$ と $\{Y_i\}$ の相関係数を計算してみましょう。

$$r_{xy} = \frac{58}{\sqrt{54 \cdot 150}} = \frac{58}{90} = 0.644$$

次に，$\{X_i^*\}$ と $\{Y_i\}$ の相関係数を計算します。

$$r_{x^*y} = \frac{0.58}{\sqrt{0.0054 \cdot 150}} = \frac{0.58}{0.9} = 0.644$$

このように，相関係数は単位が変わっても同じ値になっています。したがって，単位が異なるデータ間の関係性の強さを測る場合には，偏差の積和や標本共分散ではなく，相関係数を調べる必要があります。

♦ 相関関係と因果関係

相関係数を用いた分析を行うときの注意点は，相関があるからといってそれが必ずしも**因果関係**を意味しないことです。相関係数はその名前が示すとおり二つの量的データの**相関関係**，すなわち「A が変化すると B も同時に変化する」という関係の強さと向きを表します。これに対し，因果関係は「C が原因となって D という結果が生じる」という関係です。この場合，D が変化すると C も変化しますが，D が変化したから（それが原因となって）C という結果が生じたわけではありません。

図 2.14 は 1 世帯あたりのカゼ薬の月平均支出額 X とセーターの月平均支出額 Y の散布図です。データは 1 月から 12 月まで毎月の支出額のペアで与えられています。カゼ薬への支出額が高い（低い）ときには，セーターへの支出額も高く（低く）なっています。この相関係数は $r_{xy} = 0.869$ であり正の相関が見られます。しかし，カゼ薬への支出が増えたことが原因となって，セーターをたくさん買うようになったわけではありません。図 2.14 では 11, 12, 1, 2 月という晩秋から冬にどちらも高い値を示しているので，真の原因は季節（気温）にあると考えられます。つまり，この場合の X と Y は季節の影響を受けて変化したのであり，X と Y がた

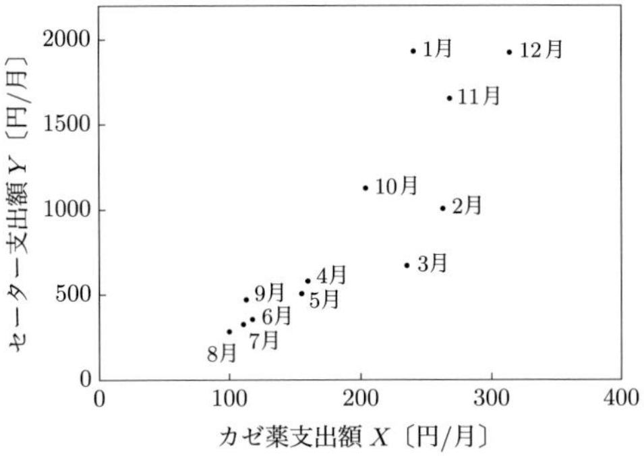

データ出所:『家計調査』(総務省)

図 2.14　家計のカゼ薬への支出額とセーターへの支出額

またま同じ方向に変化したために，因果関係のない見せかけの相関が現れたと考えるべきです。

図 2.15 は横軸を毎月の平均気温，縦軸をそれぞれの支出額として，データをプロットしています。平均気温とセーターへの支出額の相関係数は −0.779，平均気温とカゼ薬への支出額の相関係数は −0.927 となり，高い相関が見られます。この場合，気温が原因となって支出額を変化させたというもっともらしい因果関係が見えてきます。

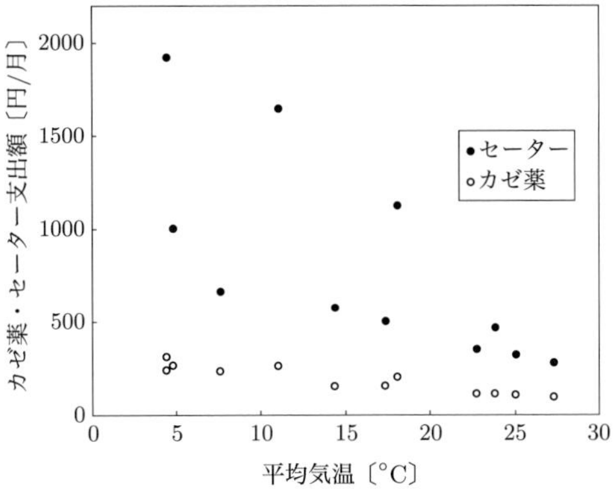

データ出所:『家計調査』(総務省)

図 2.15　気温とカゼ薬・セーターへの支出額

2.5 和の記号

2.5.1 基本ルール

平均や分散など多くの統計的指標は何らかの合計（和），もしくはそれを用いたものになっています。この節では和の記号の使い方について説明します。

♦ データの和と平均

観測データ $\{X_i\} = \{2, 3, 5, 6\}$ の合計は，和の記号を用いて次のように書きます。

$$\sum_{i=1}^{4} X_i = X_1 + X_2 + X_3 + X_4 = 2 + 3 + 5 + 6 = 16$$

和の記号 $\sum$（大文字シグマ）はデータ X_i を $\sum$ の上下に示された範囲で合計することを意味します。ここでは，$i = 1$ から $i = 4$ まで足し合わせます。添え字の範囲が $i = 2$ から $i = 4$ までであれば，

$$\sum_{i=2}^{4} X_i = X_2 + X_3 + X_4 = 3 + 5 + 6 = 14$$

と書きます。大きさが n の $\{X_i\} = \{X_1, X_2, \cdots, X_n\}$ の平均は

$$\bar{X} = \frac{\displaystyle\sum_{i=1}^{n} X_i}{n} = \frac{X_1 + X_2 + \cdots + X_n}{n}$$

となります。添え字の位置が上下ではなく，$\sum_{i=1}^{n} X_i$ と書く場合がありますが，意味は同じです。

和の記号について次の三つのルールを知っておくと便利です。

$$\text{ルール 1：}\quad \sum_{i=1}^{n} (X_i + c) = \sum_{i=1}^{n} X_i + nc$$

$$\text{ルール 2：}\quad \sum_{i=1}^{n} cX_i = c\sum_{i=1}^{n} X_i$$

$$\text{ルール 3：}\quad \sum_{i=1}^{n} (aX_i + b) = a\sum_{i=1}^{n} X_i + nb$$

以下では，例を交えてこれらを説明します。

♦ **$\{X_i + c\}$ の和**

$\{X_i\} = \{2, 3, 5, 6\}$ に 2 を加えた新しいデータは

$$\{X_i + 2\} = \{4, 5, 7, 8\}$$

となります。変換されたデータの和は次のように計算しています。

$$\begin{aligned}\sum_{i=1}^{4}(X_i + 2) &= (2+2) + (3+2) + (5+2) + (6+2)\\ &= 4 + 5 + 7 + 8 = 24 \end{aligned} \tag{2.14}$$

ここで，式 (2.14) は次のように書き換えることもできます。

$$(2 + 3 + 5 + 6) + (2 + 2 + 2 + 2) = 16 + 8 = 24$$

一般に，大きさが n の標本 $\{X_i\} = \{X_1, X_2, \cdots, X_n\}$ のそれぞれのデータに定数 c を加えた新しいデータ $\{X_i + c\}$ の和は

$$\begin{aligned}\sum_{i=1}^{n}(X_i + c) &= (X_1 + c) + \cdots + (X_n + c)\\ &= (X_1 + \cdots + X_n) + \underbrace{(c + \cdots + c)}_{n\text{ 個の }c\text{ の合計}} = \sum_{i=1}^{n} X_i + nc \end{aligned} \tag{2.15}$$

となります。定数 c は正または負の値なので，足し算や引き算の合計は $\{X_i\}$ の合計と $\{c\}$ の合計の和になることがわかります。

例 2.1

$n = 5$ のデータ $\{X_i\} = \{1, 2, 4, 8, 9\}$ について，$\{X_i + 1\}$ の和を求めましょう。

$\displaystyle\sum_{i=1}^{5} X_i = 1 + 2 + 4 + 8 + 9 = 24$ なので，

$$\sum_{i=1}^{5}(X_i + 1) = \sum_{i=1}^{5} X_i + 5 \cdot 1 = 24 + 5 = 29$$

例 2.2

電車を 3 本乗り換えて目的地まで行くとします。3 本の電車の乗車時間は $\{X_i\} = \{15, 8, 12\}$〔分〕となっており，それぞれの電車に乗る際の待ち時間を 5

分と見積もり，目的地までの所要時間を求めましょう。

$$\sum_{i=1}^{3} X_i = 15 + 8 + 12 = 35 \text{ なので，}$$

$$\sum_{i=1}^{3}(X_i + 5) = \sum_{i=1}^{3} X_i + 3 \cdot 5 = 35 + 15 = 50 \text{〔分〕}$$

♦ $\{cX_i\}$ の和

$\{X_i\} = \{2, 3, 5, 6\}$ を3倍した新しいデータは

$$\{3X_i\} = \{6, 9, 15, 18\}$$

となります。変換されたデータの和は次のように計算しています。

$$\sum_{i=1}^{4} 3X_i = 3 \cdot 2 + 3 \cdot 3 + 3 \cdot 5 + 3 \cdot 6 = 6 + 9 + 15 + 18 = 48 \tag{2.16}$$

ここで，式(2.16)は $3 \cdot 2 + 3 \cdot 3 + 3 \cdot 5 + 3 \cdot 6 = 3 \cdot (2 + 3 + 5 + 6) = 3 \cdot 16 = 48$ と書き換えることもできます。

一般に，大きさが n の標本 $\{X_i\} = \{X_1, X_2, \cdots, X_n\}$ のそれぞれのデータを c 倍したときの新しいデータ $\{cX_i\}$ の和は

$$\sum_{i=1}^{n} cX_i = cX_1 + \cdots + cX_n = c(X_1 + \cdots + X_n) = c\sum_{i=1}^{n} X_i \tag{2.17}$$

となります。

●●● 例 2.3 ●●●

$n = 5$ のデータ $\{X_i\} = \{1, 2, 4, 8, 9\}$ について，$\{2X_i\}$ の和を求めましょう。

$$\sum_{i=1}^{5} X_i = 1 + 2 + 4 + 8 + 9 = 24 \text{ なので，}$$

$$\sum_{i=1}^{5} 2X_i = 2\sum_{i=1}^{5} X_i = 2 \cdot 24 = 48$$

●●● 例 2.4 ●●●

ある企業経営者が，経営不振のため全従業員20人の給与を来月から1割カットするとします。これまでの月額給与は20人合計で500万円です。来月の給与の合計を求めましょう。

これまでの月額給与が $\{X_i\}$ のとき，20 人の合計は $\sum_{i=1}^{20} X_i = 500$ です。来月は $\{0.9X_i\}$ が各従業員の給与なので，

$$\sum_{i=1}^{20} 0.9X_i = 0.9 \cdot \sum_{i=1}^{20} X_i = 0.9 \cdot 500 = 450 \text{〔万円〕}$$

♦ $\{aX_i + b\}$ の和

式 (2.15) と式 (2.17) を利用すると，大きさ n の標本 $\{X_i\}$ を $\{aX_i + b\}$ と変換した新しいデータの和を次のように計算できます。

$$\begin{aligned}\sum_{i=1}^{n}(aX_i + b) &= (aX_1 + b) + \cdots + (aX_n + b) \\ &= \underbrace{(aX_1 + \cdots + aX_n)}_{=a(X_1+\cdots+X_n)} + \cdots + \underbrace{(b + \cdots + b)}_{n\text{ 個の }b\text{ の和}} \\ &= a\sum_{i=1}^{n} X_i + nb \qquad (2.18)\end{aligned}$$

以上のルールを表形式でまとめたものが表 2.18 です。和の記号を使用するときの注意点は，それが何についての総和なのかを把握することです。合計する場合には，i や j などの添え字が付いているもの（X_i や Y_j など）を足し合わせ，付いていないものは定数と考えます。

表 2.18 和の記号の基本ルール（a, b, c を定数とする）

i	X_i	$X_i + c$	cX_i	$aX_i + b$	c
1	X_1	$X_1 + c$	cX_1	$aX_1 + b$	c
2	X_2	$X_2 + c$	cX_2	$aX_2 + b$	c
$\vdots$	$\vdots$	$\vdots$	$\vdots$	$\vdots$	$\vdots$
n	X_n	$X_n + c$	cX_n	$aX_n + b$	c
合計	$\sum_{i=1}^{n} X_i$	$\sum_{i=1}^{n} X_i + nc$	$c\sum_{i=1}^{n} X_i$	$a\sum_{i=1}^{n} X_i + nb$	nc
式		式 (2.15)	式 (2.17)	式 (2.18)	

●●● 例 2.5 ●●●

$n=5$ のデータ $\{X_i\}$ の合計が $\displaystyle\sum_{i=1}^{5} X_i = 12$ のときの $\{3X_i+2\}$ の総和を求めましょう。

$$\sum_{i=1}^{5}(3X_i+2) = 3\sum_{i=1}^{5} X_i + 5\cdot 2 = 36+10 = 46$$

●●● 例 2.6 ●●●

$n=4$ のデータ $\{X_i\}$ の合計が $\displaystyle\sum_{i=1}^{4} X_i = 3$ のときの $\left\{\dfrac{X_i-1}{2}\right\}$ の総和を求めましょう。

$$\sum_{i=1}^{4}\left(\frac{X_i-1}{2}\right) = \sum_{i=1}^{4}\left(\frac{1}{2}X_i - \frac{1}{2}\right) = \frac{1}{2}\sum_{i=1}^{4} X_i + 4\cdot\left(-\frac{1}{2}\right) = \frac{3}{2}-\frac{4}{2} = -\frac{1}{2}$$

♦ **応用：偏差 $\{\boldsymbol{X_i - \bar{X}}\}$ の和**

標本平均はただ一つの値しかとらないので定数として扱えます。たとえば，$c=-\bar{X}$ とおいて式 (2.15) のルールを適用して計算できます。

$$\begin{aligned}\sum_{i=1}^{n}(X_i-\bar{X}) &= (X_1-\bar{X}) + \cdots + (X_n-\bar{X}) \\ &= (X_1+\cdots+X_n) + \{(-\bar{X})+\cdots+(-\bar{X})\} \\ &= \sum_{i=1}^{n} X_i - n\bar{X} = 0 \end{aligned} \tag{2.19}$$

式 (2.19) より $\displaystyle\sum_{i=1}^{n} X_i = n\bar{X}$ であり，$\bar{X}$ について解くと標本平均の定義式が得られます。

●●● 例 2.7 ●●●

$n=4$ のデータ $\{X_i\}=\{2,3,5,6\}$ について，$\displaystyle\sum_{i=1}^{n} X_i - n\bar{X} = 0$ であることを確かめましょう。

$\displaystyle\sum_{i=1}^{n} X_i = 2+3+5+6 = 16$ および $\bar{X} = \dfrac{16}{4} = 4$ より，

$$\sum_{i=1}^{n} X_i - n\bar{X} = 16 - 4 \cdot 4 = 0$$

♦ 記号の省略

和の記号の上下の添え字は省略されることがあります。たとえば，

$$\sum_{i=1}^{n} X_i = \sum_{i} X_i = \sum\nolimits_{i} X_i = \sum X_i$$

と考えます。どの書き方も $X_1 + X_2 + \cdots + X_n$ を意味します。この本でも特に断りがなければ，総和をとる場合は $i = 1$ から n までの合計することを意味し，このような省略を行います。特殊な場合として，次のように記述して一部を除いて合計することがあります。

$$\sum_{i \neq 3}^{4} X_i = X_1 + X_2 + X_4 \tag{2.20}$$

式 (2.20) の添え字 $i \neq 3$ は，i に関して合計していくとき 3 番目のデータだけを除くことを示しています。

2.5.2 2 乗和と 2 変数の積和

$\{X_i\} = \{2, 3, 5, 6\}$ の 2 乗の合計は，和の記号を用いて次のように書きます。

$$\begin{aligned}\sum X_i^2 &= X_1^2 + X_2^2 + X_3^2 + X_4^2 \\ &= 2^2 + 3^2 + 5^2 + 6^2 = 4 + 9 + 25 + 36 = 74\end{aligned}$$

2 乗和は各データを 2 乗してから合計しています。これと混同しやすいのは和の 2 乗です。

$$\left(\sum X_i\right)^2 = (2 + 3 + 5 + 6)^2 = 16^2 = 256$$

こちらは合計してから全体を 2 乗しているので，計算順序に注意が必要です（表 2.19 を参照）。$n = 4$ の場合，和の 2 乗の式は次のように展開できます。

$$\begin{aligned}\left(\sum X_i\right)^2 &= (X_1 + X_2 + X_3 + X_4)^2 \\ &= X_1^2 + X_2^2 + X_3^2 + X_4^2 + 2X_1X_2 + 2X_1X_3 \\ &\quad +2X_1X_4 + 2X_2X_3 + 2X_2X_4 + 2X_3X_4\end{aligned} \tag{2.21}$$

表 2.19　2 乗和

i	X_i	X_i^2
1	2	4
2	3	9
3	5	25
4	6	36
合計	$\sum_{i=1}^{4} X_i = 16$	$\sum_{i=1}^{4} X_i^2 = 74$

♦ 2 次式の和

和の記号の基本ルールを応用すると，2 次式の和も別の形に書き換えることができます。大きさ n の標本 $\{X_i\}$ を $\{aX_i + b\}$ と変換したデータの 2 乗和は，次のように計算できます。

$$\begin{aligned}\sum_{i=1}^{n} (aX_i + b)^2 &= (aX_1 + b)^2 + \cdots + (aX_n + b)^2 \\ &= \left(a^2X_1^2 + 2abX_1 + b^2\right) + \cdots + \left(a^2X_n^2 + 2abX_n + b^2\right) \\ &= \left(a^2X_1^2 + \cdots + a^2X_n^2\right) + (2abX_1 + \cdots + 2abX_n) \\ &\quad + \left(b^2 + \cdots + b^2\right) \\ &= a^2\sum X_i^2 + 2ab\sum X_i + nb^2 \end{aligned} \tag{2.22}$$

●●● 例 2.8 ●●●

$n = 10$ のデータ $\{X_i\}$ について，$\sum_{i=1}^{10} X_i = 8$，$\sum_{i=1}^{10} X_i^2 = 56$ であるとき，$\{(2X_i - 1)^2\}$ の総和を求めましょう。

$$\begin{aligned}\sum (2X_i - 1)^2 &= \sum \left(4X_i^2 - 4X_i + 1\right) = 4\sum X_i^2 - 4\sum X_i + 5 \cdot 1 \\ &= 4 \cdot 56 - 4 \cdot 8 + 5 = 197\end{aligned}$$

♦ 応用：偏差 2 乗和 S_{xx}

和の記号を用いると，式 (2.6) の偏差 2 乗和は次のように書き換えることができます。

$$S_{xx} = \sum \left(X_i - \bar{X}\right)^2 \tag{2.23}$$

ここでも $\bar{X}$ は定数として扱うことができるので，偏差 2 乗和は式 (2.22) の応用例と考えることができます（$a = 1$，$b = -\bar{X}$ のケース）。

標本分散は S_{xx} を自由度 $n-1$ で割った値なので，これも

$$s_x^2 = \frac{\sum \left(X_i - \bar{X}\right)^2}{n-1} \tag{2.24}$$

となり，標本標準偏差も

$$s_x = \sqrt{s_x^2} = \sqrt{\frac{\sum \left(X_i - \bar{X}\right)^2}{n-1}} \tag{2.25}$$

と書き直すことができます。

式 (2.22) のように偏差 2 乗和を展開すると，次が得られます。

$$S_{xx} = \sum \left(X_i - \bar{X}\right)^2 = \sum \left(X_i^2 - 2\bar{X}X_i + \bar{X}^2\right)$$

この段階では，まだ合計していません。式 (2.19) や式 (2.23) と同じく，$\bar{X}$ は定数として扱います。X_i^2，$-2\bar{X}X_i$，$\bar{X}^2$ の各部分を別々に合計して最後に足し合わせると，次のように整理できます。

$$S_{xx} = \sum X_i^2 - 2\bar{X}\sum X_i + n\bar{X}^2$$

ここで，式 (2.19) より $\sum X_i = n\bar{X}$ であることに注意すると，

$$S_{xx} = \sum X_i^2 - 2n\bar{X}^2 + n\bar{X}^2 = \sum X_i^2 - n\bar{X}^2 \tag{2.26}$$

が得られます。すなわち，偏差 2 乗和は $\{X_i\}$ の 2 乗和と標本平均を利用しても計算できることがわかります。

偏差 2 乗和にはもう一つ別の形があります。

$$\begin{aligned} S_{xx} &= \sum \left(X_i - \bar{X}\right)^2 \\ &= \sum \left(X_i - \bar{X}\right)\left(X_i - \bar{X}\right) \\ &= \sum \left\{\left(X_i - \bar{X}\right)X_i - \left(X_i - \bar{X}\right)\bar{X}\right\} \\ &= \sum \left(X_i - \bar{X}\right)X_i - \bar{X}\underbrace{\sum \left(X_i - \bar{X}\right)}_{=0} = \sum \left(X_i - \bar{X}\right)X_i \end{aligned} \tag{2.27}$$

すなわち，$\{X_i\}$ の偏差に $\{X_i\}$ を乗じて合計すると，偏差 2 乗和になります。

●●● 例 2.9 ●●●

$\{X_i\} = \{2, 3, 5, 6\}$ の偏差 2 乗和を式 (2.6), (2.26), (2.27) の方法で計算して同じ結果になることを確認しましょう。

$\sum X_i = 16$, $\bar{X} = 4$ より式 (2.6) を利用して

$$S_{xx} = (2-4)^2 + (3-4)^2 + (5-4)^2 + (6-4)^2 = 10$$

$\sum X_i^2 = 74$ より式 (2.26) を利用して

$$S_{xx} = 74 - 4 \cdot 4^2 = 74 - 64 = 10$$

式 (2.27) より,

$$\begin{aligned} S_{xx} &= (2-4) \cdot 2 + (3-4) \cdot 3 + (5-4) \cdot 5 + (6-4) \cdot 6 \\ &= -4 - 3 + 5 + 12 = 10 \end{aligned}$$

♦ 2 変数の場合

2.4 節で学んだ二つの量的データを扱う場合には，2 変数の和が使われます。ペアになったデータ $\{(X_i, Y_i)\}$ を含む和について，次のようにいくつかの表現ができます。

$$\sum X_i Y_i = X_1 Y_1 + X_2 Y_2 + \cdots + X_n Y_n$$

$$\begin{aligned} \sum (aX_i + bY_i) &= (aX_1 + bY_1) + \cdots + (aX_n + bY_n) \\ &= (aX_1 + \cdots + aX_n) + (bY_1 + \cdots + bY_n) \\ &= a \sum X_i + b \sum Y_i \end{aligned}$$

$$\begin{aligned} \sum (aX_i + bY_i + c)^2 &= \sum \left(a^2 X_i^2 + b^2 Y_i^2 + c^2 + 2abX_i Y_i + 2acX_i + 2bcY_i\right) \\ &= a^2 \sum X_i^2 + b^2 \sum Y_i^2 + nc^2 \\ &\quad +2ab \sum X_i Y_i + 2ac \sum X_i + 2bc \sum Y_i \end{aligned}$$

$$\begin{aligned} \sum (aX_i + b)(cY_i + d) &= \sum (acX_i Y_i + adX_i + bcY_i + bd) \\ &= ac \sum X_i Y_i + ad \sum X_i + bc \sum Y_i + nbd \end{aligned}$$

ここで，a, b, c, d は定数です。

●●● 例 2.10 ●●●

$\{(X_i, Y_i)\} = \{(2,1), (3,4), (5,4), (6,7)\}$ について

$$\sum X_i Y_i = 2 \cdot 1 + 3 \cdot 4 + 5 \cdot 4 + 6 \cdot 7 = 76$$

$$\begin{aligned}\sum (X_i + Y_i) &= (2+1) + (3+4) + (5+4) + (6+7) = 32 \\ &= \sum X_i + \sum Y_i = 16 + 16 = 32\end{aligned}$$

◆ **応用：偏差の積和 S_{xy}**

偏差の積和 (2.11) は，和の記号を用いて次のように書き直せます。

$$S_{xy} = \sum \left(X_i - \bar{X}\right)\left(Y_i - \bar{Y}\right)$$

ここで，偏差の積を展開すると $X_i Y_i - \bar{Y} X_i - \bar{X} Y_i + \bar{X}\bar{Y}$ が得られるので，これを合計すると

$$\begin{aligned}S_{xy} &= \sum \left(X_i Y_i - \bar{Y} X_i - \bar{X} Y_i + \bar{X}\bar{Y}\right) \\ &= \sum X_i Y_i - \bar{Y} \sum X_i - \bar{X} \sum Y + n\bar{X}\bar{Y}\end{aligned}$$

となります。$\bar{X}$ と $\bar{Y}$ は定数として扱います。ここで，式 (2.19) を利用して $\sum X_i = n\bar{X}$，$\sum Y_i = n\bar{Y}$ で置き換えると

$$S_{xy} = \sum X_i Y_i - n\bar{X}\bar{Y} - n\bar{X}\bar{Y} + n\bar{X}\bar{Y} = \sum X_i Y_i - n\bar{X}\bar{Y} \tag{2.28}$$

が得られます。すなわち偏差の積和は $\{(X_i, Y_i)\}$ の積和と二つの平均を利用して計算できることがわかります。

偏差の積和にはもう一つ別の形があります。

$$\begin{aligned}S_{xy} &= \sum \left(X_i - \bar{X}\right)\left(Y_i - \bar{Y}\right) \\ &= \sum \left\{\left(X_i - \bar{X}\right) Y_i - \left(X_i - \bar{X}\right) \bar{Y}\right\} \\ &= \sum \left(X_i - \bar{X}\right) Y_i - \bar{Y} \underbrace{\sum \left(X_i - \bar{X}\right)}_{=0} = \sum \left(X_i - \bar{X}\right) Y_i \qquad (2.29)\end{aligned}$$

すなわち，$\{X_i\}$ の偏差に $\{X_i\}$ を乗じて合計すると，偏差 2 乗和が計算できます。同様の計算で，$S_{xy} = \sum \left(Y_i - \bar{Y}\right) X_i$ も導き出すことができます。

●●● 例 2.11 ●●●

$\{(X_i, Y_i)\} = \{(2,1),(3,4),(5,4),(6,7)\}$ の偏差の積和を式 (2.11), (2.28), (2.29) の各方法で計算して同じ結果になることを確認しましょう（表 2.20 を参照)。

表 2.20　偏差の積和

i	X_i	Y_i	$X_i - \bar{X}$	$Y_i - \bar{Y}$	$(X_i - \bar{X})(Y_i - \bar{Y})$	X_iY_i	$(X_i - \bar{X})Y_i$
1	2	1	−2	−3	6	2	−2
2	3	4	−1	0	0	12	−4
3	5	4	1	0	0	20	4
4	6	7	2	3	6	42	14
合計	16	16	0	0	12	76	12
平均	4	4					

式 (2.11) より，

$$S_{xy} = (2-4)\cdot(1-4) + (3-4)\cdot(4-4) + (5-4)\cdot(4-4) + (6-4)\cdot(7-4)$$
$$= 6 + 0 + 0 + 6 = 12$$

式 (2.28) より

$$S_{xy} = \sum X_iY_i - n\bar{X}\bar{Y} = 76 - 4\cdot 4\cdot 4 = 12$$

式 (2.29) より

$$S_{xy} = (2-4)\cdot 1 + (3-4)\cdot 4 + (5-4)\cdot 4 + (6-4)\cdot 7 = -2 - 4 + 4 + 14 = 12$$

2.5.3　2 重和のルール

表 2.21 はある家電量販店の店舗ごとの週あたり商品売上台数を示したクロス集計表です。売上台数は店舗と商品によって異なります。このようにデータが二つの属性を持つ場合，添え字二つを使用した X_{ij} という記号を用います。ここで，i は店舗の番号（$i = 1, 2, 3$）を，j は商品の番号（$j = 1, 2, 3, 4$）を示すものとします。店舗 2 の商品 3 の売上台数は $X_{23} = 10$ となります。データ全体については次のように書きます。

$$\{X_{ij}\} = \begin{pmatrix} X_{11} & X_{12} & X_{13} & X_{14} \\ X_{21} & X_{22} & X_{23} & X_{24} \\ X_{31} & X_{32} & X_{33} & X_{34} \end{pmatrix} = \begin{pmatrix} 7 & 9 & 3 & 2 \\ 9 & 5 & 10 & 4 \\ 15 & 16 & 12 & 8 \end{pmatrix}$$

表 2.21 家電量販店の店舗ごとの週あたり商品売上台数

i \ j		1	2	3	4	合計
		商品 1	商品 2	商品 3	商品 4	
1	店舗 1	$X_{11}=7$	$X_{12}=9$	$X_{13}=3$	$X_{14}=2$	$U_1=21$
2	店舗 2	$X_{21}=9$	$X_{22}=5$	$X_{23}=10$	$X_{24}=4$	$U_2=28$
3	店舗 3	$X_{31}=15$	$X_{32}=16$	$X_{33}=12$	$X_{34}=8$	$U_3=51$
合計		$T_1=31$	$T_2=30$	$T_3=25$	$T_4=14$	100

表 2.21 の合計欄には，商品ごとの合計 T_1, T_2, T_3, T_4 と店舗ごとの合計 U_1, U_2, U_3 が書かれています。店舗 i の商品の合計売上台数は，次の式を計算しています。

$$U_i = X_{i1} + X_{i2} + X_{i3} + X_{i4} = \sum_{j=1}^{4} X_{ij} \tag{2.30}$$

すなわち，店舗ごとに合計するには，表の横方向（$j = 1, 2, 3, 4$）に足し合わせる必要があるので，売上台数 X_{ij} を j について合計します。店舗ごとの売上台数は

$$U_1 = \sum_{j=1}^{4} X_{1j} = X_{11} + X_{12} + X_{13} + X_{14} = 7 + 9 + 3 + 2 = 21$$

$$U_2 = \sum_{j=1}^{4} X_{2j} = X_{21} + X_{22} + X_{23} + X_{24} = 9 + 5 + 10 + 4 = 28$$

$$U_3 = \sum_{j=1}^{4} X_{3j} = X_{31} + X_{32} + X_{33} + X_{34} = 15 + 16 + 12 + 8 = 51$$

となり，すべての店舗における全商品の売上台数は

$$\sum_{i=1}^{3} U_i = U_1 + U_2 + U_3 = 21 + 28 + 51 = 100 \tag{2.31}$$

と計算できます。式 (2.30) の U_i を式 (2.31) の $\sum_{i=1}^{3} U_i$ に代入すると，次が得られます。

$$\sum_{i=1}^{3} U_i = \sum_{i=1}^{3} \sum_{j=1}^{4} X_{ij} = 21 + 28 + 51 = 100 \tag{2.32}$$

式 (2.32) は和の記号を重ねているので**2 重和**といいます。$\sum_{i=1}^{3}$ は表 2.21 の縦方向への，$\sum_{j=1}^{4}$ は横方向への合計をそれぞれ示していることがわかります。すなわち，クロス集計表全体の合計を求めるには，（商品番号に沿って）横に合計したものについて，（店舗番号に沿って）縦向きに合計する必要があります。これが 2 重和の計算ルールです。

式 (2.32) において，必ずしも $\sum_{i=1}^{3}\sum_{j=1}^{4} X_{ij}$ は上述の順番である必要はありません。商品ごとの合計値（縦方向への合計値）を計算して，最後に四つの商品を合算する方法でも同じ結果が出ます。売上台数の商品ごとの合計は以下のとおりです。

$$T_1 = \sum_{i=1}^{3} X_{i1} = X_{11} + X_{21} + X_{31} = 7 + 9 + 15 = 31$$

$$T_2 = \sum_{i=1}^{3} X_{i2} = X_{12} + X_{22} + X_{32} = 9 + 5 + 16 = 30$$

$$T_3 = \sum_{i=1}^{3} X_{i3} = X_{13} + X_{23} + X_{33} = 3 + 10 + 12 = 25$$

$$T_4 = \sum_{i=1}^{3} X_{i4} = X_{14} + X_{24} + X_{34} = 2 + 4 + 8 = 14$$

これをすべて合計すると，

$$\sum_{j=1}^{4} T_j = \sum_{j=1}^{4}\sum_{i=1}^{3} X_{ij} = 31 + 30 + 25 + 14 = 100 \tag{2.33}$$

なので，式 (2.32) の結果と同じです。すなわち，足す順番の入れ替えが可能であることがわかります。$i = 1, 2, \cdots, n$ および $j = 1, 2, \cdots, m$ の場合は

$$\sum_{i=1}^{n}\sum_{j=1}^{m} X_{ij} = \sum_{j=1}^{m}\sum_{i=1}^{n} X_{ij} \tag{2.34}$$

となります。

応用例として，式 (2.21) の和の 2 乗の式は 2 重和を使って表現することもできます。$n = 4$ のケースで考えます。

$$
\begin{aligned}
\left(\sum_{i=1}^{4} X_i\right)^2 &= (X_1 + X_2 + X_3 + X_4)^2 \\
&= X_1X_1 + X_1X_2 + X_1X_3 + X_1X_4 \\
&\quad + X_2X_1 + X_2X_2 + X_2X_3 + X_2X_4 \\
&\quad + X_3X_1 + X_3X_2 + X_3X_3 + X_3X_4 \\
&\quad + X_4X_1 + X_4X_2 + X_4X_3 + X_4X_4 \\
&= \sum_{i=1}^{4}\sum_{j=1}^{4} X_iX_j
\end{aligned}
$$

$X_iX_i = X_i^2$ なので 2 乗和の項を分離して，

$$
\sum_{i=1}^{4}\sum_{j=1}^{4} X_iX_j = \sum_{i=1}^{4} X_i^2 + \sum_{i \neq j}^{4}\sum_{j \neq i}^{4} X_iX_j
$$

と書き直すこともできます。ここで，和の記号の下の添え字 $i \neq j$ は X_iX_i のケースを，$j \neq i$ は X_jX_j のケースを除いて合計するという意味です（すでに 2 乗の項が分けられているからです）。$i = 1, 2, \cdots, n$ の場合は，次のように書けます。

［和の 2 乗］

$$
\left(\sum_{i=1}^{n} X_i\right)^2 = \sum_{i=1}^{n}\sum_{j=1}^{n} X_iX_j \qquad (2.35)
$$

$$
\sum_{i=1}^{n}\sum_{j=1}^{n} X_iX_j = \sum_{i=1}^{n} X_i^2 + \sum_{i \neq j}^{n}\sum_{j \neq i}^{n} X_iX_j \qquad (2.36)
$$

♦ まとめ：和の記号

大きさが n の $\{X_i\} = \{X_1, X_2, \cdots, X_n\}$ および $\{Y_i\} = \{Y_1, Y_2, \cdots, Y_n\}$ について，a, b, c, d を定数とすると，

■ 基本ルール

$$
\sum_{i=1}^{n} (X_i + c) = \sum_{i=1}^{n} X_i + nc
$$

$$
\sum_{i=1}^{n} cX_i = c\sum_{i=1}^{n} X_i
$$

$$
\sum_{i=1}^{n} (aX_i + b) = a\sum_{i=1}^{n} X_i + nb
$$

$$\sum_{i=1}^{n}(aX_i+b)(cY_i+d)=ac\sum_{i=1}^{n}X_iY_i+ad\sum_{i=1}^{n}X_i+bc\sum_{i=1}^{n}Y_i+nbd$$

■ $\{X_i\}$ および $\{Y_i\}$ の標本平均を $\bar{X}, \bar{Y}$ とおくと，

$$\sum_{i=1}^{n}\left(X_i-\bar{X}\right)=\sum_{i=1}^{n}X_i-n\bar{X}=0 \quad \left(\rightarrow \sum X_i=n\bar{X}\right)$$

$$S_{xx}=\sum_{i=1}^{n}\left(X_i-\bar{X}\right)^2=\sum_{i=1}^{n}X_i^2-n\bar{X}^2$$

$$S_{xx}=\sum_{i=1}^{n}\left(X_i-\bar{X}\right)^2=\sum_{i=1}^{n}\left(X_i-\bar{X}\right)X_i$$

$$S_{xy}=\sum_{i=1}^{n}\left(X_i-\bar{X}\right)\left(Y_i-\bar{Y}\right)=\sum_{i=1}^{n}X_iY_i-n\bar{X}\bar{Y}$$

$$S_{xy}=\sum_{i=1}^{n}\left(X_i-\bar{X}\right)\left(Y_i-\bar{Y}\right)=\sum_{i=1}^{n}\left(X_i-\bar{X}\right)Y_i\left(=\sum_{i=1}^{n}\left(Y_i-\bar{Y}\right)X_i\right)$$

■ 2重和のルール

$$\left(\sum_{i=1}^{n}X_i\right)^2=\sum_{i=1}^{n}\sum_{j=1}^{n}X_iX_j=\sum_{i=1}^{n}X_i+\sum_{i\neq j}^{n}\sum_{j\neq i}^{n}X_iX_j$$

■ 二つの属性からなるデータ $\{X_{ij}\}$ $(i=1,2,\cdots,n,\ j=1,2,\cdots,m)$ について

$$\sum_{i=1}^{n}\sum_{j=1}^{m}X_{ij}=\sum_{j=1}^{m}\sum_{i=1}^{n}X_{ij}$$

2.6 第2章の例題

度数分布表とヒストグラム

表 2.22 は就業者（25〜34 歳）30 人の年間収入〔万円〕を示しています。次の問いに答えなさい。

(1) 度数分布表を作成しなさい。
(2) ヒストグラムを描きなさい。
(3) 累積相対度数グラフを描きなさい。

表 2.22 就業者（25〜34 歳）の年間収入（$n = 30$）〔万円〕

410	361	438	465	266	357
240	320	273	379	480	720
265	179	425	632	540	434
385	155	281	239	324	295
345	336	558	362	343	511

解答例

(1) 最小値は 155，最大値は 720 なので範囲は 565 です。スタージェスの階級数に関する公式は $k = 1 + \log_2 n$ です。ここで，k は階級数，n は観測値の数（全度数）です。Excel で計算する場合は，セルに次の式を入力してください。

```
=1+log(30,2)
```

$k = 1 + \log_2 30 \cong 5.9$ より，必要な階級数はおよそ 6 です。範囲の値を 6 で割ると 1 階級あたり $565/6 \cong 94.2$ 万円なので，ここでは切りの良い 100 万円間隔の階級を 150 万円から開始して 6 個作ることにします（表 2.23）。

Excel である区間に入る値の個数（度数）を求める場合には，FREQUENCY 関数を用います。

```
=frequency(データ配列,配列区間)
```

ここで，「データ配列」は 30 人の年間収入を 1 列に並べ直した観測値表を，配列区間は 150 万円以上 250 万円未満のような階級の上限の値を指定します。たとえば，任意のセルに

```
=frequency(データ配列,350)
```

表 2.23　度数分布表の作成

階級〔万円〕以上　未満	階級値	データの書き出し	度数	相対度数
150 ～ 250	200	240 179 155 239	4	0.13
250 ～ 350	300	265 345 320 336 273 281 266 324 343 295	10	0.33
350 ～ 450	400	410 385 361 438 425 379 362 357 434	9	0.30
450 ～ 550	500	465 480 540 511	4	0.13
550 ～ 650	600	558 632	2	0.07
650 ～ 750	700	720	1	0.03
合計			30	1

と入力すると，データ配列のうち 350 以下のデータの数が得られます。度数分布表で定義される階級は「a 以上 b 未満」という形の区間なので，350 万円未満の度数を求めたい場合には 349 と入力する必要があります。

そこで，まず図 2.16 のように度数分布表のひな形を作成します。ワークシートの B 列にデータを，A 列に対応する観測値番号を入力します。データの大きさは 30 であり，B2 から B31 番地までデータが入ります。また，`FREQUENCY` 関数で利用する配列区間（すなわち，各階級の上限値）を D 列に入力します。

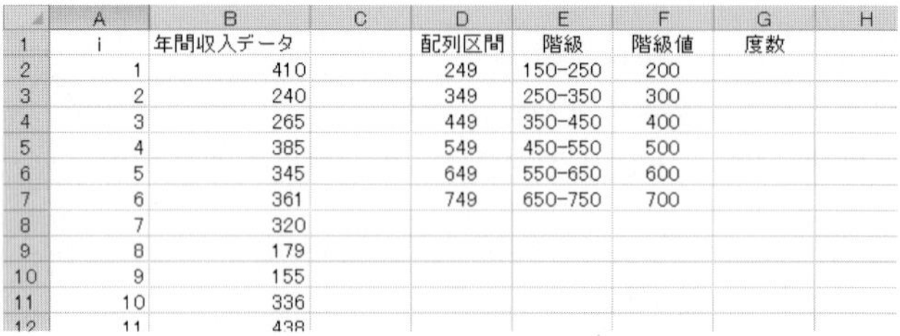

	A	B	C	D	E	F	G	H
1	i	年間収入データ		配列区間	階級	階級値	度数	
2	1	410		249	150-250	200		
3	2	240		349	250-350	300		
4	3	265		449	350-450	400		
5	4	385		549	450-550	500		
6	5	345		649	550-650	600		
7	6	361		749	650-750	700		
8	7	320						
9	8	179						
10	9	155						
11	10	336						
12	11	438						

図 2.16　度数分布表のひな形（Excel）

全階級の各度数を一度に数えるために，配列コピーという方法を使います。図 2.16 のようにデータ入力されているものとして次の手順で行います。

1. G2 のセルに

   ```
   =frequency(B2:B31,D2:D7)
   ```

   と入力します。ここで，`B2:B31` はデータ配列，`D2:D7` は配列区間です（図 2.17 (a)）。
2. [Enter] キーを押します。この状態では G2 番地の度数しか計算されません。

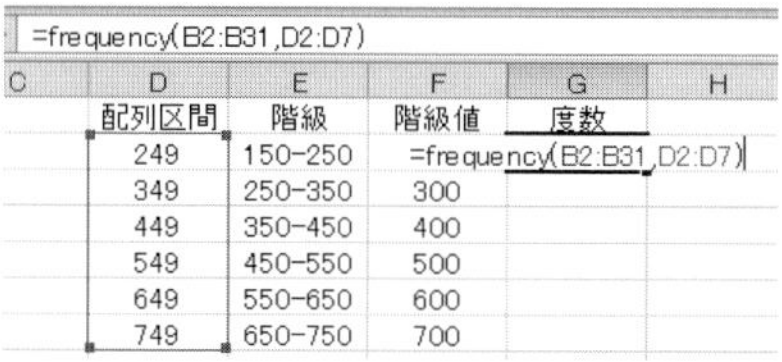

=frequency(B2:B31,D2:D7)

配列区間	階級	階級値	度数
249	150-250	=frequency(B2:B31,D2:D7)	
349	250-350	300	
449	350-450	400	
549	450-550	500	
649	550-650	600	
749	650-750	700	

(a) FREQUENCY 関数の入力

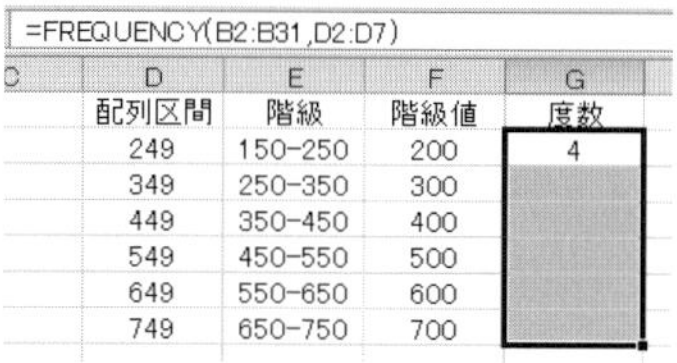

=FREQUENCY(B2:B31,D2:D7)

配列区間	階級	階級値	度数
249	150-250	200	4
349	250-350	300	
449	350-450	400	
549	450-550	500	
649	550-650	600	
749	650-750	700	

(b) 度数を計算する範囲を選択

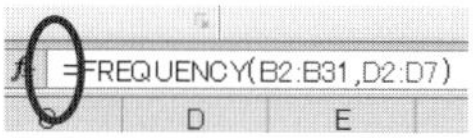

(c) 数式バーの左端をクリック

図 2.17　配列コピーによる度数の計算（Excel）

3. G2 から G7 までを選択状態にします（図 2.17 (b)）。
4. 数式バーの左端をクリックします（図 2.17 (c)）。
5. [ctrl] キーと [shift] キーを押したまま [Enter] キーを押します。

もし「配列の一部を変更できません」などのエラーメッセージが出たら，[Esc] キーを押して最初からやり直します。

(2) 度数データに基づいてヒストグラムを描画します。図 2.17 のようにデータが入力されている場合，(1) で計算した度数データ G2:G7 を選択状態にして，[挿入] タブの [グラフ] から [縦棒] を選びます。[縦棒] にはいくつか種類がありますが，ここでは [2-D 縦棒] のうち [集合縦棒] を選択します。

階級を明示するには，グラフ上で右クリックして [データの選択] から [横（項目）軸ラベル] の [編集] ボタンを押し，E 列の階級 E2:E7 または F 列の階級値 F2:F7 を選択します。また，棒グラフの幅を狭くして標準的なヒストグラムにするには，グラフの棒のどれかを右クリックして [データ系列の書式設定] → [系列のオプション] で，要素の間隔を小さくします（図 2.18）。

(3) 相対度数を求めてから累積相対度数を計算します。まず度数の合計値を計算し，図 2.19 のように H 列に相対度数を計算します。ここでも以下のように配列コピーを使います。

1. H2 セルに =G2:G7/G8 と入力します。
2. H2 から H7 までを選択状態にします。
3. 数式バーの左端をクリックします。
4. [ctrl] キーと [shift] キーを押したまま [Enter] キーを押します。

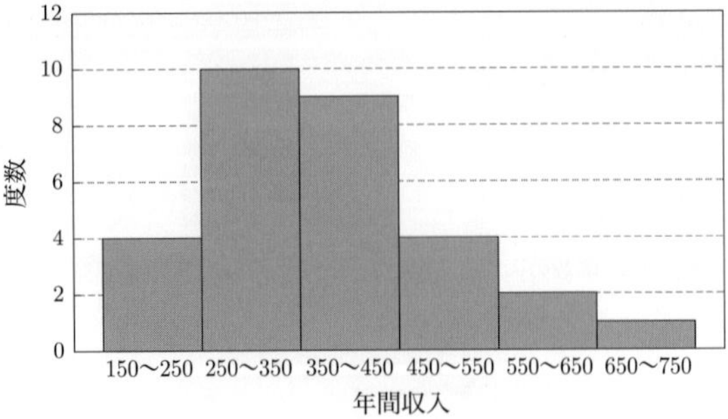

図 2.18　ヒストグラム（Excel）

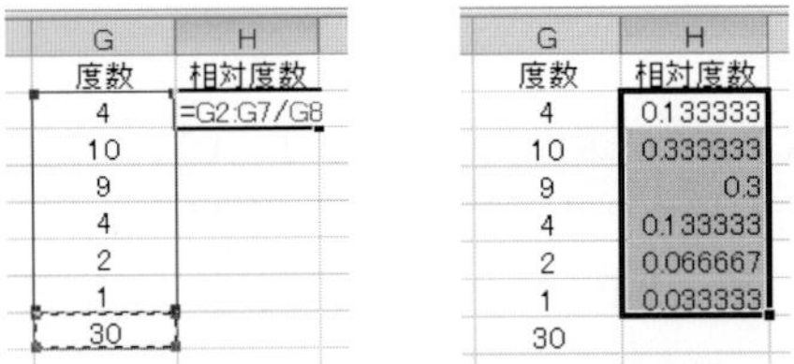

(a) 相対度数の計算 1　　(b) 相対度数の計算 2

図 2.19　配列コピーによる相対度数の計算（Excel）

次に I 列に累積相対度数を計算します（図 2.20）。

1. I2 セルにおいて = 記号を入力後，1 番目の階級の相対度数を参照し（I2 セルには =H2 と表示されます），［Enter］キーを押します。
2. I3 セルにおいて 1 番目の階級と 2 番目の階級の相対度数の合計を計算します。
3. I3 セルのフィルハンドルをクリックして最終階級のセルまでドラッグします。

(a) ステップ 1　　(b) ステップ 2　　(c) ステップ 3

図 2.20　累積相対度数の計算

累積相対度数データができあがったら，ヒストグラムと同様に［2-D 縦棒］によってグラフを作成します（表 2.24，図 2.21）。

表 2.24　累積相対度数分布

階級〔万円〕	階級値	相対度数	累積相対度数
150 ～ 250	200	0.13	0.13
250 ～ 350	300	0.33	0.47
350 ～ 450	400	0.30	0.77
450 ～ 550	500	0.13	0.90
550 ～ 650	600	0.07	0.97
650 ～ 750	700	0.03	1
合計		1	

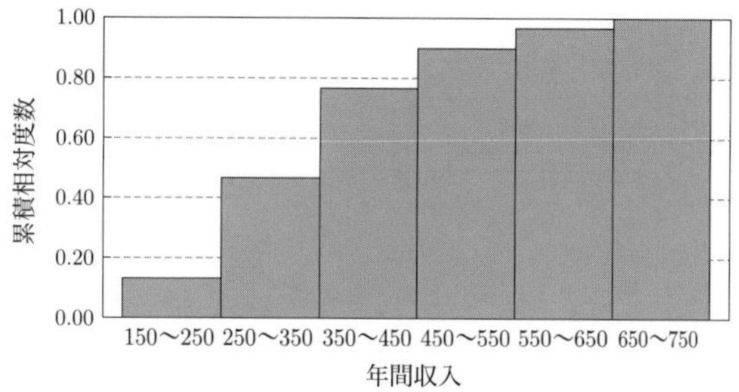

図 2.21　累積相対度数グラフ

ローレンツ曲線とジニ係数

表 2.25 は二つの地域の就業者の年収分布を示しています。次の問いに答えなさい。

(1) 地域 A および B の就業者数と年収について累積比率データを作成し，ローレンツ曲線を描きなさい。ただし，年収の累積比率は，就業者数 × 年収の値をもとにして計算しなさい。

(2) 地域 A および B の年収に関するジニ係数を計算しなさい。

表 2.25　二つの地域の就業者の年収分布

(a) 地域 A の就業者の年収分布〔万円〕

年収の階級	度数	階級値	
以上　未満	就業者数	年収	就業者数 × 年収
100 ～ 300	3	200	600
300 ～ 500	8	400	3,200
500 ～ 700	5	600	3,000
700 ～ 900	4	800	3,200
合計	20		10,000

(b) 地域 B の就業者の年収分布〔万円〕

年収の階級	度数	階級値	
以上　未満	就業者数	年収	就業者数 × 年収
100 ～ 300	2	200	400
300 ～ 500	8	400	3,200
500 ～ 700	8	600	4,800
700 ～ 900	2	800	1,600
合計	20		10,000

解答例

(1) ローレンツ曲線を描画するには，就業者数と年収に関する累積比率データ（累積相対度数）が必要です。

1. まず，図 2.22 のワークシートを作成します。
2. 比率データ（相対度数）は，就業者数と年収それぞれについて計算します。ただし，年収に関しては就業者数 × 年収の和を計算して比率を求めます。
3. 例題 6 (3) と同様に，配列コピーを利用して計算することができます（図 2.23）。
4. 累積比率データも例題 6 (3) と同様に計算します（図 2.24）。

	A	B	C	D	E	F	G	H	I	J
1					比率データ		累積比率データ			
2		度数	階級値				就業者数: x	年収: y		
3	階級	就業者数	年収	就業者数*年収	就業者数	年収	0	0	xi−xi−1	yi+yi+1
4	100−300	3	200	600	0.15	0.06	0.15	0.06		
5	300−500	8	400	3200	0.4	0.32	0.55	0.38		
6	500−700	5	600	3000	0.25	0.3	0.8	0.68		
7	700−900	4	800	3200	0.2	0.32	1	1		
8	合計	20		10000						

図 2.22　累積比率データ作成（地域 A）

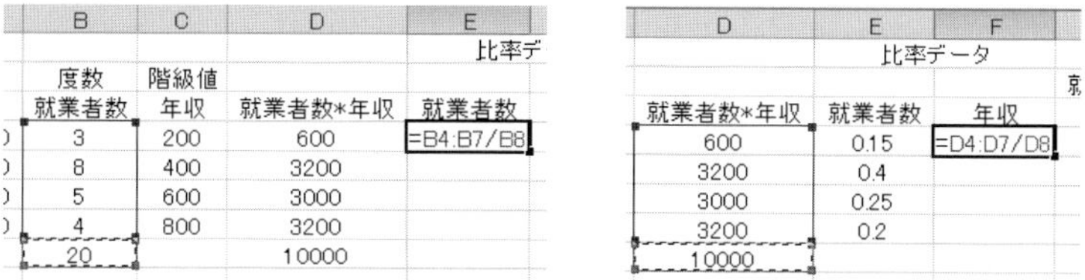

(a) 就業者数の比率データ (相対度数)　(b) 年収の比率データ

図 2.23 比率データ（相対度数）の作成（地域 A）(Excel)

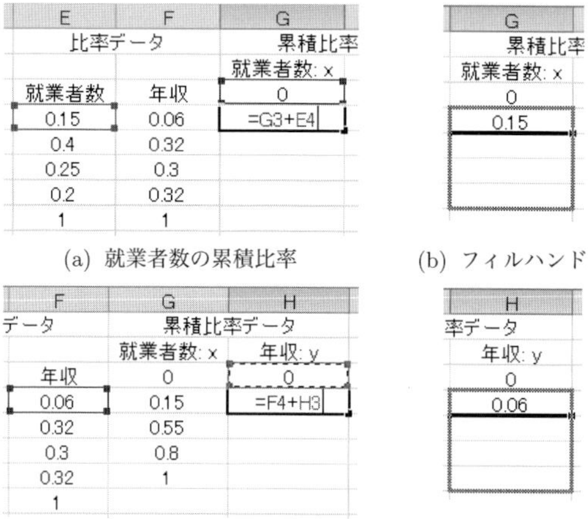

(a) 就業者数の累積比率　(b) フィルハンドル

(c) 年収の累積比率　(d) フィルハンドル

図 2.24 累積比率データの作成（地域 A）(Excel)

5. ローレンツ曲線は，横軸を就業者数の累積比率，縦軸を年収の累積比率として［挿入］→［グラフ］→［散布図（直線とマーカー)］を選ぶと作成できます（図 2.25)。
6. 描かれたローレンツ曲線を右クリックして［データラベルの追加］を行い，［データラベルの書式設定］で調整すると，グラフに座標値を表示できます。

(2) まず地域 A のケースで考えます。式 (2.2) より，ジニ係数の計算式は

$$
\begin{aligned}
1 - \sum_{i=1}^{4} &(x_i - x_{i-1})(y_{i-1} + y_i) \\
&= 1 - \{(x_1 - x_0)(y_0 + y_1) + (x_2 - x_1)(y_1 + y_2) \\
&\quad + (x_3 - x_2)(y_2 + y_3) + (x_4 - x_3)(y_3 + y_4)\}
\end{aligned}
$$

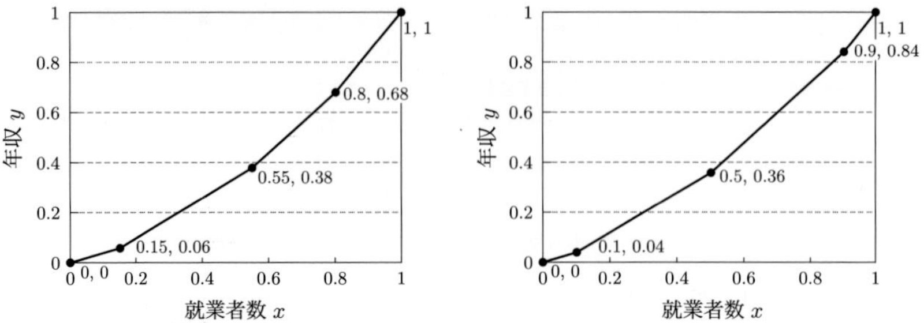

(a) 地域 A のローレンツ曲線　(b) 地域 B のローレンツ曲線

図 2.25 ローレンツ曲線（Excel）

となります。ここで，累積比率データの座標値は，原点を含めると

$$
\begin{aligned}
(x_0, y_0) &= (0, 0) \quad \text{原点} \\
(x_1, y_1) &= (0.15, 0.06) \\
(x_2, y_2) &= (0.55, 0.38) \\
(x_3, y_3) &= (0.8, 0.68) \\
(x_4, y_4) &= (1, 1)
\end{aligned}
$$

です。ここで，x_i は第 i 番目の累積比率データなので，$x_i - x_{i-1}$ は第 i 番目の比率データになります。すなわち，

$$
\begin{aligned}
x_1 - x_0 &= 0.15 \\
x_2 - x_1 &= 0.4 \\
x_3 - x_2 &= 0.25 \\
x_4 - x_3 &= 0.2
\end{aligned}
$$

です。したがって，ジニ係数は

$$
\begin{aligned}
1 - \{&0.15 \times (0 + 0.06) + 0.4 \times (0.06 + 0.38) + 0.25 \times (0.38 + 0.68) \\
&+ 0.2 \times (0.68 + 1)\} \\
&= 1 - 0.786 = 0.214
\end{aligned}
$$

となります。同様にして地域 B の場合は

$$
\begin{aligned}
1 - \{&0.1 \times (0 + 0.04) + 0.4 \times (0.04 + 0.36) + 0.4 \times (0.36 + 0.84) \\
&+ 0.1 \times (0.84 + 1)\} \\
&= 1 - 0.828 = 0.172
\end{aligned}
$$

となります。

Excel で計算するために $x_i - x_{i-1}$ と $y_{i-1} + y_i$ のデータを作成します。$x_i - x_{i-1}$ は比率データそのものなので，図 2.26 (a) における E 列を参照します。$y_{i-1} + y_i$ は累積比率データの和なので，H 列を利用して計算します (図 2.26)。

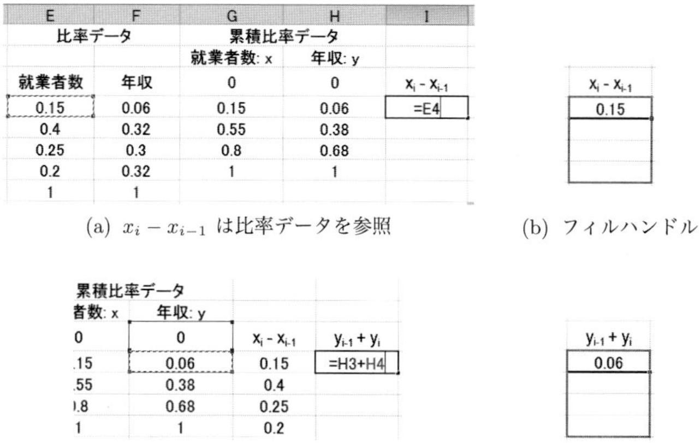

(a) $x_i - x_{i-1}$ は比率データを参照　(b) フィルハンドル

(c) $y_{i-1} + y_i$ の計算　(d) フィルハンドル

図 2.26 ジニ係数の計算 1 (Excel)

$x_i - x_{i-1}$ および $y_{i-1} + y_i$ のデータ系列よりその積和

$$\sum_{i=1}^{4} (x_i - x_{i-1})(y_{i-1} + y_i)$$

を計算します。最後に

$$1 - \sum_{i=1}^{4} (x_i - x_{i-1})(y_{i-1} + y_i)$$

を求めます (図 2.27)。

$x_i - x_{i-1}$	$y_{i-1} + y_i$	$(x_i - x_{i-1})(y_{i-1} + y_i)$
0.15	0.06	0.009
0.4	0.44	0.176
0.25	1.06	0.265
0.2	1.68	0.336
	合計	0.786
	ジニ係数	0.214

(a) 地域 A のジニ係数

$x_i - x_{i-1}$	$y_{i-1} + y_i$	$(x_i - x_{i-1})(y_{i-1} + y_i)$
0.1	0.04	0.004
0.4	0.4	0.16
0.4	1.2	0.48
0.1	1.84	0.184
	合計	0.828
	ジニ係数	0.172

(b) 地域 B のジニ係数

図 2.27 ジニ係数の計算 2 (Excel)

例題 8　データの位置と散らばりの代表値

無作為に選んだ 20 歳代男性会社員の月あたり残業時間

$$\{X_i\} = \{16, 26, 8, 30, 45\}$$

について，次の問いに答えなさい。

(1) 標本平均 $\bar{X}$ を計算しなさい。
(2) 偏差の和が 0 になることを示しなさい。
(3) 偏差 2 乗和 S_{xx} を計算しなさい。
(4) 標本分散 s_x^2 を計算しなさい。
(5) 標本標準偏差 s_x を計算しなさい。
(6) 変動係数 CV_x を計算しなさい。
(7) 標準化変量 $\{Z_i\}$ を求め，その平均が 0 になることを示しなさい。

解答例

$n = 5$ のデータ $\{X_i\} = \{16, 26, 8, 30, 45\}$ について

(1) $\bar{X} = \dfrac{16 + 26 + 8 + 30 + 45}{5} = \dfrac{125}{5} = 25$

Excel で計算する場合には AVERAGE 関数を利用します。

(2) $\sum \left(X_i - \bar{X}\right) = (16 - 25) + (26 - 25) + (8 - 25) + (30 - 25) + (45 - 25) = -9 + 1 + (-17) + 5 + 20 = 0$

Excel で計算する場合には，図 2.28 のように，標本平均を参照して配列コピーによって偏差を計算して合計します（SUM 関数を使います）。

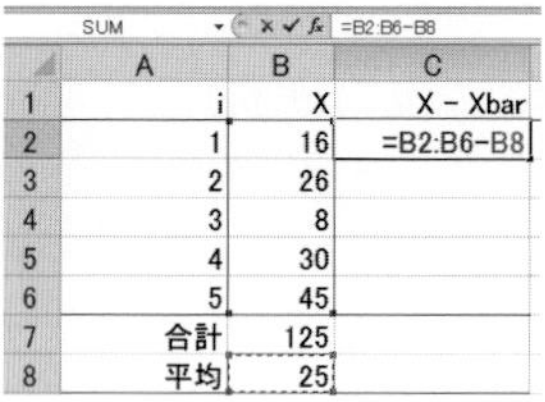

SUM　=B2:B6−B8

	A	B	C
1	i	X	X − Xbar
2	1	16	=B2:B6−B8
3	2	26	
4	3	8	
5	4	30	
6	5	45	
7	合計	125	
8	平均	25	

図 2.28　偏差の計算（Excel）

(3) $S_{xx} = \sum \left(X_i - \bar{X}\right)^2 = (16 - 25)^2 + (26 - 25)^2 + (8 - 25)^2 + (30 - 25)^2 + (45 - 25)^2 = 81 + 1 + 289 + 25 + 400 = 796$

Excel で計算する場合には DEVSQ 関数を利用します。

(4) $s_x^2 = \dfrac{S_{xx}}{n-1} = \dfrac{796}{5-1} = 199$

Excel で計算する場合には `VAR` 関数を利用します。

(5) $s_x = \sqrt{s_x^2} = \sqrt{199} \cong 14.1$

Excel で計算する場合には `STDEV` 関数を利用します。

(6) $CV_x = \dfrac{s_x}{\bar{X}} = \dfrac{14.1}{25} \cong 0.564$

変動係数を計算する関数は Excel にないので，標本標準偏差と標本平均を利用して計算します。

(7) $Z_1 = \dfrac{16-25}{14.1} \cong -0.638$，$Z_2 = \dfrac{26-25}{14.1} \cong 0.071$，$Z_3 = \dfrac{8-25}{14.1} \cong -1.205$，
$Z_4 = \dfrac{30-25}{14.1} \cong 0.354$，$Z_5 = \dfrac{45-25}{14.1} \cong 1.418$ であり，

$$\bar{Z} = \frac{\sum Z_i}{n} = \frac{-0.638 + 0.071 - 1.205 + 0.354 + 1.418}{5} = 0$$

となります。Excel で標準化変量を計算するには，偏差を標準偏差で割って求めます。この場合も配列コピーを利用して計算します（図 2.29）。

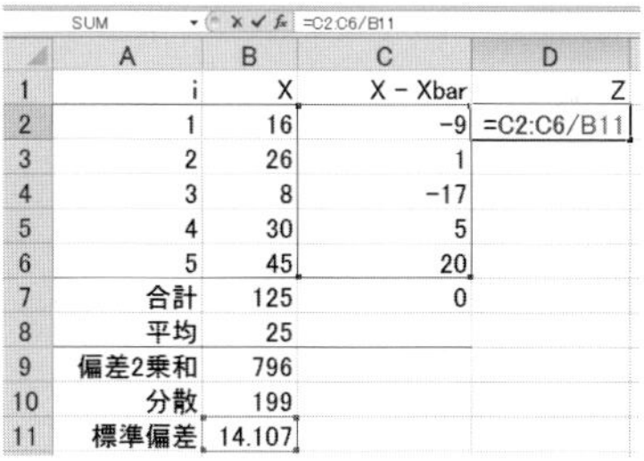
SUM =C2:C6/B11

	A	B	C	D
1	i	X	X - Xbar	Z
2	1	16	-9	=C2:C6/B11
3	2	26	1	
4	3	8	-17	
5	4	30	5	
6	5	45	20	
7	合計	125	0	
8	平均	25		
9	偏差2乗和	796		
10	分散	199		
11	標準偏差	14.107		

図 2.29 標準化変量の計算（Excel）

データの変換

例題 9

例題 8 のデータについて

(1) 単位を〔分〕に直し，つまり $\{Y_i\} = \{60X_i\}$ として，標本平均および標本標準偏差を求めなさい。

(2) 年あたり残業時間に換算し，つまり $\{W_i\} = \{12X_i\}$ として，標本平均および標本標準偏差を求めなさい。

解答例

(1) $\{Y_i\} = \{60X_i\}$ より

$$\bar{Y} = 60\bar{X} = 60 \times 25 = 1,500$$
$$s_y = 60s_x = 60 \times 14.1 \cong 846.4$$

(2) $\{W_i\} = \{12X_i\}$ より

$$\bar{W} = 12\bar{X} = 12 \times 25 = 300$$
$$s_w = 12s_x = 12 \times 14.1 \cong 169.2$$

例題 10　二つの量的データの関係性

表 2.26 は，ある都市における 8 月上旬の日中最高気温 $\{X_i\}$ と，病院へ搬送された熱中症患者数 $\{Y_i\}$ を示しています。次の問いに答えなさい。

(1) 横軸に日中最高気温 $\{X_i\}$，縦軸に患者数 $\{Y_i\}$ をとり，散布図を作成しなさい。
(2) 偏差の積和 S_{xy} を計算しなさい。
(3) 標本共分散 s_{xy} を計算しなさい。
(4) 相関係数 r_{xy} を計算しなさい。

表 2.26　気温と熱中症患者

日付	X_i	Y_i	日付	X_i	Y_i
8 月 1 日	37	19	8 月 6 日	32	2
8 月 2 日	34	14	8 月 7 日	35	7
8 月 3 日	33	6	8 月 8 日	33	5
8 月 4 日	35	13	8 月 9 日	30	2
8 月 5 日	36	14	8 月 10 日	35	8
			合計	340	90
			平均	34	9

解答例

(1) 図 2.30 を参照。

(2) $S_{xy} = \sum \left(X_i - \bar{X}\right)\left(Y_i - \bar{Y}\right) = 90$

偏差の積和を計算する Excel 関数はありません。そこで，まず共分散を求める関数である COVAR を使います。

```
=covar(データ配列 1, データ配列 2)
```

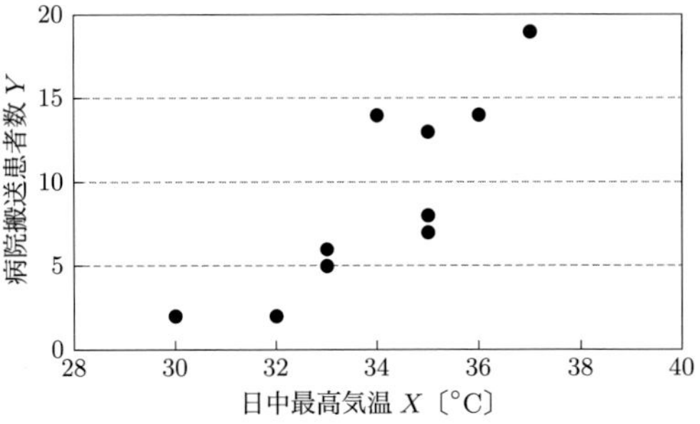

図 2.30　散布図

データ配列 1 には $\{X_i\}$ を，データ配列 2 には $\{Y_i\}$ を指定しますが，$\{X_i\}$ と $\{Y_i\}$ を入れ替えても問題ありません。ただし，ここで計算される共分散は式 (2.12) とは異なり，

$$\frac{\sum\left(X_i-\bar{X}\right)\left(Y_i-\bar{Y}\right)}{n}$$

を計算しています。そこで，COVAR 関数を使用して得られた値にサンプルサイズ $n=10$ を乗じて，S_{xy} を計算します（図 2.31)。

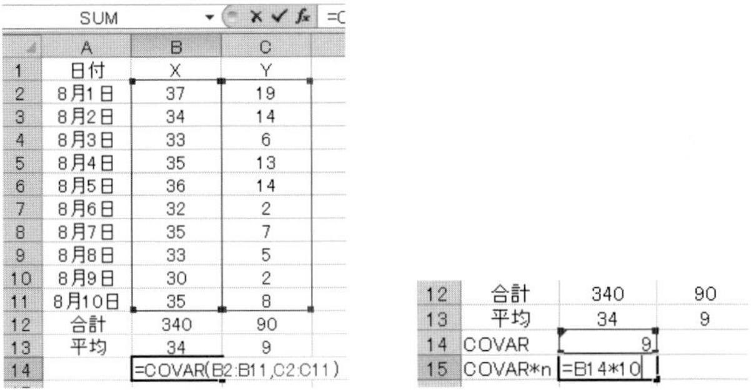

	A	B	C
1	日付	X	Y
2	8月1日	37	19
3	8月2日	34	14
4	8月3日	33	6
5	8月4日	35	13
6	8月5日	36	14
7	8月6日	32	2
8	8月7日	35	7
9	8月8日	33	5
10	8月9日	30	2
11	8月10日	35	8
12	合計	340	90
13	平均	34	9
14		=COVAR(B2:B11,C2:C11)	

(a)　COVAR 関数

12	合計	340	90
13	平均	34	9
14	COVAR	9	
15	COVAR*n	=B14*10	

(b)　偏差の積和の計算

図 2.31　偏差の積和（Excel)

(3) $S_{xy}=90$ より

$$s_{xy}=\frac{S_{xy}}{n-1}=\frac{90}{9}=10$$

となります。Excel で行う場合には，(1) で求めた S_{xy} を自由度 $n-1$ で割る必要があります。

(4) データより $S_{xx}=38$，$S_{yy}=294$，$S_{xy}=90$ なので

$$r_{xy}=\frac{90}{\sqrt{38\times 294}}\cong 0.851$$

となります。Excel で計算する場合は CORREL 関数を利用します。

```
=correl(データ配列 1, データ配列 2)
```

データ配列 1 には $\{X_i\}$ を，データ配列 2 には $\{Y_i\}$ を指定しますが，$\{X_i\}$ と $\{Y_i\}$ を入れ替えても問題ありません。

例題 11　偏差 2 乗和と偏差の積和

表 2.26 のデータについて

(1) $S_{xy}=\sum\left(X_i-\bar{X}\right)Y_i$ を計算しなさい。

(2) $S_{xy}=\sum\left(Y_i-\bar{Y}\right)X_i$ を計算しなさい。

(3) $S_{xx}=\sum\left(X_i-\bar{X}\right)X_i$ を計算しなさい。

解答例

表 2.27 のようにワークシートを作成して計算で確かめることができます。(1) および (2) はどちらも偏差の積和を示しています。この関係は式 (2.29) で説明されています。(3) も式 (2.27) で説明されています。

表 2.27　偏差 2 乗和と偏差の積和

	X_i	Y_i	$X_i-\bar{X}$	$Y_i-\bar{Y}$	$\left(X_i-\bar{X}\right)Y_i$	$\left(Y_i-\bar{Y}\right)X_i$	$\left(X_i-\bar{X}\right)X_i$
8 月 1 日	37	19	3	10	57	370	111
8 月 2 日	34	14	0	5	0	170	0
8 月 3 日	33	6	−1	−3	−6	−99	−33
8 月 4 日	35	13	1	4	13	140	35
8 月 5 日	36	14	2	5	28	180	72
8 月 6 日	32	2	−2	−7	−4	−224	−64
8 月 7 日	35	7	1	−2	7	−70	35
8 月 8 日	33	5	−1	−4	−5	−132	−33
8 月 9 日	30	2	−4	−7	−8	−210	−120
8 月 10 日	35	8	1	−1	8	−35	35
合計			0	0	90	90	38

2.7 練習問題

2.1 観測値を階級数 M の度数分布表にまとめました。ここで，階級値を $X_1, \cdots, X_j, \cdots, X_M$，対応する相対度数を $p_1, \cdots, p_j, \cdots, p_M$ とします。階級別データの平均を $\bar{\bar{X}} = \sum_{j=1}^{M} X_j p_j$，分散を $s^2 = \sum_{j=1}^{M} (X_j - \bar{\bar{X}})^2 p_j$，標準偏差を $s = \sqrt{s^2}$ とします。$Z_j = \dfrac{X_j - \bar{\bar{X}}}{s}$ について，

$$\sum_{j=1}^{M} Z_j p_j = 0, \quad \sum_{j=1}^{M} Z_j^2 p_j = 1$$

が成立することを証明しなさい。

2.2 OECD（経済協力開発機構）の統計サイト（http://www.oecd.org/statistics/）から OECD 加盟国の所得の不平等（income inequality）に関するデータをダウンロードして，アメリカ，イギリス，イタリア，カナダ，ドイツ，日本，フランスの各国について，ジニ係数がどのような傾向を示しているか調べなさい。

2.3 内閣府のサイト（http://www.cao.go.jp/）で「県民経済計算」を検索し，47 都道府県の「一人あたり県民所得」に関する変動係数を各年次について計算して，地域間の所得格差がどのように推移しているかを調べなさい。

2.4 サンプルサイズ n のデータ $\{(X_1, Y_1), (X_2, Y_2), \cdots, (X_n, Y_n)\}$ について，次が成立することを証明しなさい。

$$\sum \left(X_i - \bar{X}\right)\left(Y_i - \bar{Y}\right) = \sum \left(Y_i - \bar{Y}\right) X_i$$

2.5 Yahoo! Japan サイト内の Yahoo!ファイナンス（http://finance.yahoo.co.jp/）から，ソニー（東証 1 部 6758）とパナソニック（東証 1 部 6752）の株価データ（デイリー）を適当な期間について検索し，2 社の終値の相関係数，変化率，すなわち（終値−始値）/始値の相関係数をそれぞれ計算しなさい。

第3章 回帰分析

2.4 節では，散布図を描くことによって二つのデータの関係性を調べました。また，相関係数を利用して二つのデータ間の直線的な関係性を明らかにしました。本章で学ぶ回帰分析は，二つのデータの関係性を具体的な直線（回帰直線）で示す方法を提供してくれます。3.1 節では，この回帰直線の求め方とその性質について解説します。3.2 節では，直線的ではないケースでの回帰分析について，いくつかの代表例を紹介します。3.3 節では，一つの結果に対して複数の原因を同時に想定できる多重回帰分析の方法を説明します。

キーワード　単純回帰分析，最小 2 乗法，理論値，残差，決定係数，分散分析表，自由度調整済み決定係数，ロジスティック関数，多重回帰分析

3.1 単純回帰分析

回帰分析（regression analysis）とは，二つの変数あるいはそれ以上の変数間の「**因果関係**」を説明するための統計的手法です。「因果関係」とは原因と結果の関係です。代表的なケースとして，X を原因，Y を結果として，次の 1 次式で表現します。

$$Y = \alpha + \beta X$$

これを**回帰直線**とよびます。Y は X によって説明される変数であり，X は Y という結果になった原因を説明する変数です。そのため，

Y：　**被説明変数**（dependent variable）
X：　**説明変数**（explanatory variable）

といいます。また，α は $X = 0$ のときの Y の値（切片），β は X が 1 単位変化したときの Y の変化量（傾き）を示しています。α や β のことを**回帰パラメータ**（または**回帰係数**）といいます。直線は切片と傾きで形が決まるので，回帰分析においては回帰パラメータを求めることが最も重要な作業になります。

被説明変数 Y と説明変数 X には実際のデータを利用するわけですが，もちろん $Y=\alpha+\beta X$ という関係が二つのデータにおいてきちんと成立しているわけではありません。第 i 番目のデータ Y_i は直線上の点 $(X_i, \alpha+\beta X_i)$ とは別の場所にあるかもしれません。そこで，データ Y_i が生じる仕組み（データ発生過程）を

$$Y_i = \alpha + \beta X_i + u_i$$

と記述します。ここで，u_i は**誤差項**（error term; 攪乱項ともいいます）とよばれるもので，実際のデータ Y_i と直線上の値 $\alpha+\beta X_i$ との間の測定上の誤差を示す変数です。誤差項 u_i については，第 6 章において詳しく解説します。

説明変数が一つのときの分析を単純回帰分析（または単回帰分析）とよびます。しかし，ある経済現象の一つの結果に対して原因が一つしかないわけではありません。複数の原因がある（説明変数が二つ以上の）ケースを多重回帰分析（または重回帰分析）とよびます。以下では，単純回帰分析のケースについて説明します。多重回帰分析については 3.3 節で説明します。

■ 3.1.1　単純回帰分析の例

回帰分析は直線の切片 α と傾き β を具体的に計算する手法を提供します。表 3.1 は，大手電機メーカー 10 社（$n=10$）の従業員数 $\{X_i\}$〔万人〕と売上高 $\{Y_i\}$〔兆円〕を示しています。図 3.1 は，横軸を従業員数 $\{X_i\}$ とし，縦軸を売上高 $\{Y_i\}$ とした散布図であり，従業員数と売上高の関係を示す直線が描かれています。この直線が回帰直線であり，あとで説明する**最小 2 乗法** (ordinary least squares method) を用いて計算すると

表 3.1　大手電機メーカー 10 社の従業員数と売上高

i	従業員数〔万人〕 X_i	売上高〔兆円〕 Y_i
1	36.7	9.3
2	36.2	8.7
3	20.3	7.2
4	17.2	6.4
5	16.8	4.5
6	11.6	3.6
7	11.4	3.1
8	9.3	3.0
9	5.8	1.6
10	5.6	1.5

データ出所：有価証券報告書

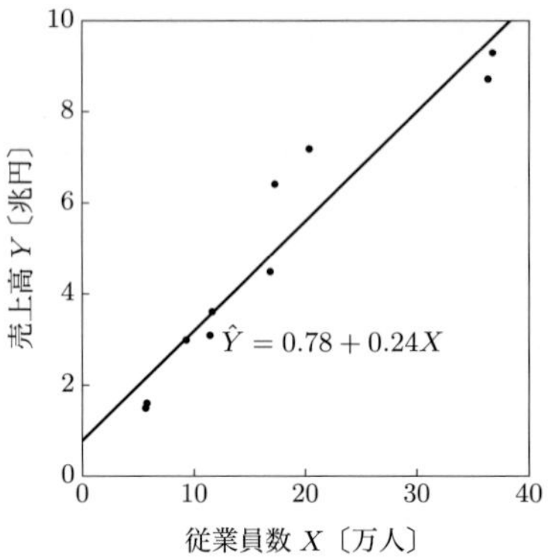

図 3.1　散布図と回帰直線

$$\hat{Y}_i = 0.78 + 0.24X_i$$

という形になります。ここで，$\hat{Y}_i$ は直線の高さを示します。実際の Y_i とは異なる値なので，区別をするために ^ 記号（ハットと読みます）を付けています。回帰直線の傾きは 0.24 なので，従業員数が 1 万人増えると売上高は 0.24 兆円増えることが示されています。また，従業員が $X_i = 20$〔万人〕の売上高は $\hat{Y}_i = 0.78 + 0.24 \cdot 20 = 5.58$〔兆円〕と予測することもできます。回帰分析とは，いわばデータ間の関係式をデータから推定することであり，最小 2 乗法とは，そのための推定手法です。以下では，最小 2 乗法による切片と傾きの推定方法について説明します。

3.1.2　回帰直線の求め方

最小 2 乗法を用いると，切片と傾きをデータから推定することができます。

［傾き］　$$\hat{\beta} = \frac{S_{xy}}{S_{xx}} = \frac{\sum \left(X_i - \bar{X}\right)\left(Y_i - \bar{Y}\right)}{\sum \left(X_i - \bar{X}\right)^2} \qquad (3.1)$$

［切片］　$$\hat{\alpha} = \bar{Y} - \hat{\beta}\bar{X} \qquad (3.2)$$

$\hat{\alpha}, \hat{\beta}$ は最小 2 乗法から導出される回帰パラメータ α, β の推定値なので，**最小 2 乗推定値**とよばれます。傾き $\hat{\beta}$ を計算するには，$\{X_i\}$ と $\{Y_i\}$ の偏差の積和 S_{xy} と，$\{X_i\}$ の偏差 2 乗和 S_{xx} が必要です。また，切片 $\hat{\alpha}$ を計算するには，$\{Y_i\}$ の平均と $\{X_i\}$ の平均，および式 (3.1) で求めた $\hat{\beta}$ が必要になります。

傾き $\hat{\beta}$ の符号が正ならば右上がりの，負ならば右下がりの直線になります。この符号は偏差の積和 S_{xy} の符号で決まります（偏差 2 乗和 S_{xx} は必ず正なので）。また，$\{X_i\}$ のばらつきが大きい場合，（S_{xx} も大きな値になるので）傾き $\hat{\beta}$ の分母が大きくなることで傾きは緩やかになります。式 (3.2) は

$$\bar{Y} = \hat{\alpha} + \hat{\beta}\bar{X}$$

と書き直してみるとよくわかりますが，直線の切片と傾きが $\hat{\alpha}, \hat{\beta}$ のとき，$X_i = \bar{X}$ ならば，そのときの直線の高さは $\hat{Y}_i = \bar{Y}$ になることが示されています。すなわち，式 (3.1) より

［推定回帰直線］ $\hat{Y}_i = \hat{\alpha} + \hat{\beta}X_i$

は必ず座標 $\left(\bar{X}, \bar{Y}\right)$ を通過する直線になります。

以上のことをデータ $\{X_i\} = \{2, 4, 6, 8\}$，$\{Y_i\} = \{3, 5, 6, 10\}$ を用いて確認します。回帰直線 $\hat{Y}_i = \hat{\alpha} + \hat{\beta}X_i$ を推定することが目標です（表 3.2 を参照）。まず，$\{X_i\}, \{Y_i\}$ それぞれの偏差を計算した上で，偏差の積和 S_{xy} と $\{X_i\}$ の偏差 2 乗和 S_{xx} を計算します。

$$S_{xy} = \sum \left(X_i - \bar{X}\right)\left(Y_i - \bar{Y}\right) = 22$$
$$S_{xx} = \sum \left(X_i - \bar{X}\right)^2 = 20$$

S_{xy} と S_{xx} を用いて傾き $\hat{\beta}$ を計算します。

$$\hat{\beta} = \frac{S_{xy}}{S_{xx}} = \frac{22}{20} = 1.1$$

$\{X_i\}, \{Y_i\}$ それぞれの平均は $\bar{X} = 5$，$\bar{Y} = 6$ なので，すでに求めた $\hat{\beta} = 1.1$ と併せて切片 $\hat{\alpha}$ を計算します。

$$\hat{\alpha} = \bar{Y} - \hat{\beta}\bar{X} = 6 - 1.1 \times 5 = 0.5$$

表 3.2 切片と傾きの計算

i	X_i	Y_i	$X_i - \bar{X}$	$Y_i - \bar{Y}$	$\left(X_i - \bar{X}\right)\left(Y_i - \bar{Y}\right)$	$\left(X_i - \bar{X}\right)^2$
1	2	3	−3	−3	9	9
2	4	5	−1	−1	1	1
3	6	6	1	0	0	1
4	8	10	3	4	12	9
合計	20	24	0	0	22	20
平均	5	6				

以上より推定回帰直線は

$$\hat{Y}_i = 0.5 + 1.1X_i$$

となります。図 3.2 はこれを散布図上に描いています。回帰直線は $\{X_i\}$, $\{Y_i\}$ それぞれの平均の座標 $(5, 6)$ を通過します。

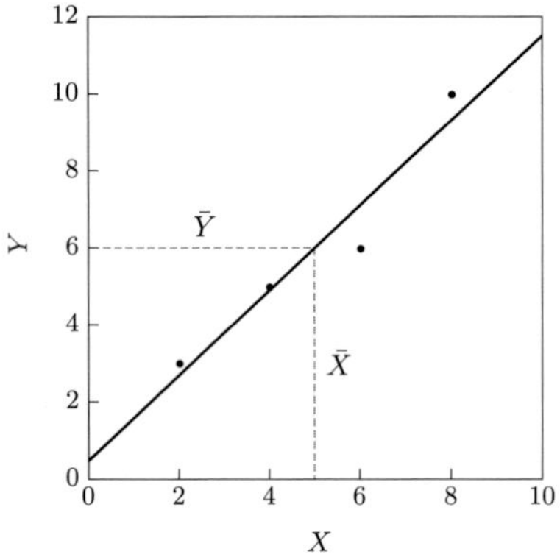

図 3.2　推定回帰直線

3.1.3　理論値と残差

♦ 理論値

回帰直線 $\hat{Y}_i = \hat{\alpha} + \hat{\beta}X_i$ の高さは $\hat{Y}_i$ で示されますが，この値は実際のデータとは異なっています。たとえば，表 3.2 において $i = 3$ 番目のデータは $X_3 = 6$ に対して $Y_3 = 6$ ですが，回帰直線の高さは $\hat{Y}_3 = 0.5 + 1.1 \times 6 = 7.1$ です。一般に，実際のデータ Y_i を**実績値**，回帰直線の高さ $\hat{Y}_i$ を**理論値**とよんでいます。

［理論値］　$\hat{Y}_i$　$(= \hat{\alpha} + \hat{\beta}X_i)$

♦ 残差の実現値

図 3.2 を見ると，実績値と理論値の間には差があります。これを**残差**（residual）（の実現値）とよび，次の記号と式で定義します。

［残差］　$\hat{u}_i = Y_i - \hat{Y}_i$　（残差 ＝ 実績値 － 理論値）　　(3.3)

たとえば，表 3.2 において $i = 3$ 番目の実績値は $Y_3 = 6$ ですが，理論値は $\hat{Y}_3 = 0.5 + 1.1 \times 6 = 7.1$ です。したがって，残差は

$$\hat{u}_3 = Y_3 - \hat{Y}_3 = 6 - 7.1 = -1.1$$

と計算できます。表 3.3 に理論値と残差の計算結果を示します。

表 3.3 理論値と残差

i	X_i	Y_i	$\hat{Y}_i = \hat{\alpha} + \hat{\beta}X_i$	$\hat{u}_i = Y_i - \hat{Y}_i$	$X_i\hat{u}_i$	$\hat{u}_i^2$
1	2	3	$0.5 + 1.1 \times 2 = 2.7$	$3 - 2.7 = 0.3$	$2 \times 0.3 = 0.6$	$0.3^2 = 0.09$
2	4	5	$0.5 + 1.1 \times 4 = 4.9$	$5 - 4.9 = 0.1$	$4 \times 0.1 = 0.4$	$0.1^2 = 0.01$
3	6	6	$0.5 + 1.1 \times 6 = 7.1$	$6 - 7.1 = -1.1$	$6 \times (-1.1) = -6.6$	$(-1.1)^2 = 1.21$
4	8	10	$0.5 + 1.1 \times 8 = 9.3$	$10 - 9.3 = 0.7$	$8 \times 0.7 = 5.6$	$0.7^2 = 0.49$
合計	20	24	24	0	0	1.8
平均	5	6				

表に示されているように，実績値の合計値と理論値の合計値は完全に一致します。

$$\sum Y_i = \sum \hat{Y}_i \tag{3.4}$$

これは次のように説明できます。理論値は $\hat{Y}_i = \hat{\alpha} + \hat{\beta}X_i$ なので，その合計は $\sum \hat{Y}_i = n\hat{\alpha} + \hat{\beta} \sum X_i$ となります。式 (3.2) を用いると，

$$\sum \hat{Y}_i = n\left(\bar{Y} - \hat{\beta}\bar{X}\right) + \hat{\beta}\sum X_i = n\bar{Y} - \hat{\beta}n\bar{X} + \hat{\beta}\sum X_i$$

ですが，第 2 章の式 (2.19) を利用すると，$n\bar{Y} = \sum Y_i$ および $n\bar{X} = \sum X_i$ なので，

$$\sum \hat{Y}_i = \sum Y_i - \hat{\beta}\sum X_i + \hat{\beta}\sum X_i = \sum Y_i$$

より式 (3.4) が成立します。

◆ 残差のルール 1

残差の合計は実績値の合計値から理論値の合計値を引いた値に等しくなるので，式 (3.4) よりその値は 0 になります。

$$[\text{残差のルール 1}] \quad \sum \hat{u}_i = 0 \tag{3.5}$$

このことは次のように考えることもできます。理論値は $\hat{Y}_i = \hat{\alpha} + \hat{\beta} X_i$ なので，残差の合計は

$$\sum \hat{u}_i = \sum \left(Y_i - \hat{Y}_i\right) = \sum \left(Y_i - \hat{\alpha} - \hat{\beta} X_i\right) \tag{3.6}$$

となります。式 (3.2) を利用して整理すると

$$\sum \hat{u}_i = \sum \left\{Y_i - \bar{Y} - \hat{\beta}\left(X_i - \bar{X}\right)\right\} = \sum \left(Y_i - \bar{Y}\right) - \hat{\beta} \sum \left(X_i - \bar{X}\right)$$

となります。ここで，偏差の合計は必ず 0 になるので，$\sum \left(Y_i - \bar{Y}\right) = 0$ および $\sum \left(X_i - \bar{X}\right) = 0$ より，式 (3.5) が成立します。

表 3.3 のデータの場合，$\{\hat{u}_i\} = \{0.3, 0.1, -1.1, 0.7\}$ より

$$\sum \hat{u}_i = 0.3 + 0.1 - 1.1 + 0.7 = 0$$

です。合計が 0 なので，残差の平均も必ず 0 になります。

♦ 残差のルール 2

もう一つ重要な事実として，説明変数 X_i と残差 $\hat{u}_i$ の偏差の積和が 0 になるというものがあります。つまり，説明変数 X_i と残差 $\hat{u}_i$ は必ず無相関になる，すなわち $\sum \left(X_i - \bar{X}\right)\left(\hat{u}_i - \bar{\hat{u}}_i\right) = 0$ ということです。ここで，$\bar{\hat{u}}_i$ は残差の平均を示していますが，式 (3.5) より $\bar{\hat{u}}_i = 0$ となります。したがって，

$$\sum \left(X_i - \bar{X}\right) \hat{u}_i = \sum \left(X_i \hat{u}_i - \bar{X} \hat{u}_i\right) = \sum X_i \hat{u}_i - \bar{X} \underbrace{\sum \hat{u}_i}_{=0} = \sum X_i \hat{u}_i$$

となります。以上より，説明変数と残差が無相関であることを次の式で記述します。

$$[\text{残差のルール 2}] \quad \sum X_i \hat{u}_i = 0 \tag{3.7}$$

説明変数と残差が無相関であることは，次のようにして確かめることができます。残差は式 (3.3) で定義されているので，式 (3.7) の説明変数と残差の積和は $\sum X_i (Y_i - \hat{Y}_i)$ と書けます。理論値 $\hat{Y}_i = \hat{\alpha} + \hat{\beta} X_i$ をこの式に代入すると

$$\sum X_i \hat{u}_i = \sum X_i \left\{Y_i - \left(\hat{\alpha} + \hat{\beta} X_i\right)\right\} \tag{3.8}$$

が得られます。ここで，式 (3.2) を用いると，

$$\sum X_i \hat{u}_i = \sum X_i \left\{Y_i - \left(\bar{Y} - \hat{\beta} \bar{X} + \hat{\beta} X_i\right)\right\}$$

$$= \sum X_i \left\{ Y_i - \bar{Y} - \hat{\beta} \left(X_i - \bar{X} \right) \right\}$$
$$= \sum X_i \left(Y_i - \bar{Y} \right) - \hat{\beta} \sum X_i \left(X_i - \bar{X} \right)$$

と整理できます。第 2 章の式 (2.27) および式 (2.29) では，偏差 2 乗和や偏差の積和について，次の別の書き方があることが示されています。

$$S_{xx} = \sum \left(X_i - \bar{X} \right) X_i, \quad S_{xy} = \sum \left(Y_i - \bar{Y} \right) X_i$$

さらに，式 (3.1) を併せて考えると，説明変数と残差の積和は

$$\sum X_i \hat{u}_i = S_{xy} - \frac{S_{xy}}{S_{xx}} S_{xx} = 0$$

となり，式 (3.7) が成立します。

表 3.3 のデータでは，

$$\sum X_i \hat{u}_i = 2 \times 0.3 + 4 \times 0.1 + 6 \times (-1.1) + 8 \times 0.7 = 0$$

となります。

以上のことから，最小 2 乗法は残差の二つのルールが同時に成立するように推定値 $\hat{\alpha}, \hat{\beta}$ を決定する方法だと言い換えることができます。すなわち，式 (3.6) と式 (3.8) を参照すると，推定値 $\hat{\alpha}, \hat{\beta}$ について次の連立方程式が成立しています。

$$n\hat{\alpha} + \hat{\beta} \sum X_i = \sum Y_i$$
$$\hat{\alpha} \sum X_i + \hat{\beta} \sum X_i^2 = \sum X_i Y_i$$

これを**正規方程式**といいます。この連立方程式を $\hat{\alpha}, \hat{\beta}$ について解いた結果が，式 (3.1) と式 (3.2) の切片と傾きの計算公式になっています。

♦ 残差のばらつき

残差は理論値がどれぐらい実績値から離れているのかを示す指標なので，残差のばらつきが大きければ，理論値と実績値の差も大きい傾向にあることがわかります。ばらつきを測るには，第 2 章で学んだ偏差 2 乗和を使います。ここで，残差のルール 1 より残差の平均は必ず 0 になるので，残差 2 乗和 $\sum \hat{u}_i^2$ が残差のばらつきの指標になります。

表 3.3 のデータでは残差 $\{\hat{u}_i\} = \{0.3, 0.1, -1.1, 0.7\}$ を用いて，

$$\sum \hat{u}_i^2 = 0.3^2 + 0.1^2 + (-1.1)^2 + 0.7^2 = 1.8$$

と計算できます。残差 2 乗和は残差の偏差 2 乗和と同じであるという点に注意が必要です。

3.1.4　決定係数

♦ 決定係数の特徴

理論値が実績値をどの程度説明しているかを表す指標に，**決定係数**（coefficient of determination）R^2 があります。決定係数は回帰直線のデータに対する当てはまり具合を示しており，次の式で定義されます。

$$[\text{決定係数}] \quad R^2 = \frac{\sum \left(\hat{Y}_i - \bar{Y}\right)^2}{\sum \left(Y_i - \bar{Y}\right)^2} = \frac{S_{\hat{y}\hat{y}}}{S_{yy}} \tag{3.9}$$

式 (3.9) は分母が実績値の，分子が理論値の変動（ばらつきの程度）を示しています。式 (3.4) で示されているように，実績値と理論値の合計は同じなので，平均も同じ値になります。もし，データが回帰直線の上に乗っているときのように，平均からの離れ具合が完全に一致していれば，式 (3.9) の分母と分子は同じ値になるので $R^2 = 1$ となります。逆に，データが回帰直線から離れた位置にあると，実績値のばらつきは理論値のばらつきよりも大きくなります。そして，決定係数は最も小さい場合で 0 の値をとります。式 (3.9) は分母・分子ともに必ず正なので，決定係数は $0 \leq R^2 \leq 1$ となります。

表 3.2 および表 3.3 の数値を利用して決定係数を計算してみましょう。まず，実績値の変動を計算します。

$$S_{yy} = \sum \left(Y_i - \bar{Y}\right)^2 = 3^2 + 1^2 + 0 + 4^2 = 26$$

次に理論値の変動を計算します。

$$\begin{aligned} S_{\hat{y}\hat{y}} &= \sum \left(\hat{Y}_i - \bar{Y}\right)^2 \\ &= (2.7-6)^2 + (4.9-6)^2 + (7.1-6)^2 + (9.3-6)^2 \\ &= (-3.3)^2 + (-1.1)^2 + 1.1^2 + 3.3^2 = 24.2 \end{aligned}$$

以上より，

$$R^2 = \frac{S_{\hat{y}\hat{y}}}{S_{yy}} = \frac{24.2}{26} \cong 0.931$$

となります。

図 3.3 は六つの異なるデータを利用して，回帰直線と決定係数を計算した結果です。(a) と (d) のグラフは非常に当てはまりの良い回帰直線になっており，決定係

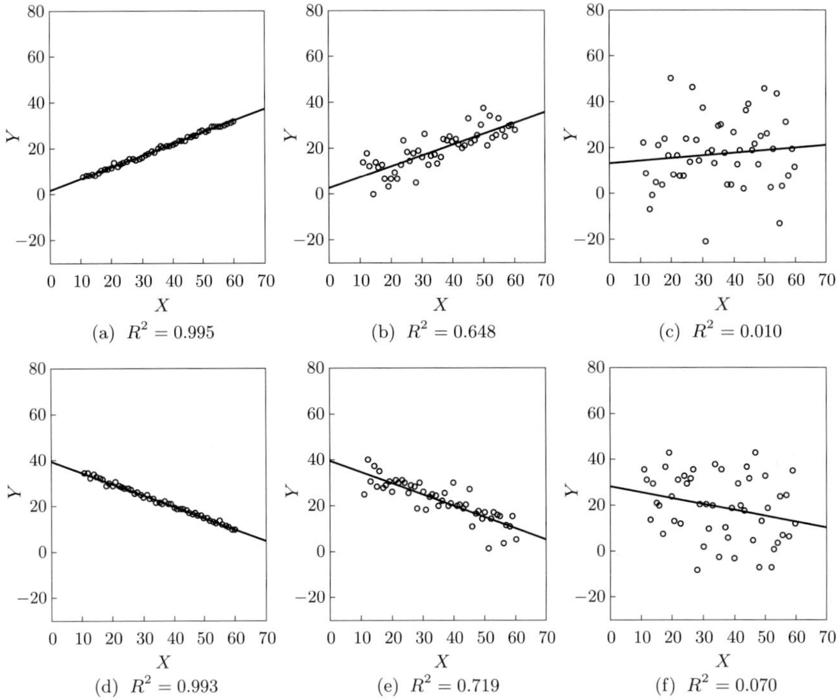

図 3.3 決定係数

数 R^2 は 1 に近い値です。相関係数と異なり，傾きの符号に関わらず決定係数は必ず正の値をとります。(c) と (f) のグラフではデータが回帰直線から離れた位置にあり，実績値のばらつきがかなり大きくなっています。したがって，決定係数は 0 に近い値になっています。

♦ 相関係数と決定係数

相関係数と決定係数の間には

$$r_{xy}^2 = R^2 \tag{3.10}$$

という関係があります。これは次のようにして確認できます。r_{xy}^2 は相関係数の 2 乗なので，式 (2.13) より次のように書けます。

$$r_{xy}^2 = \left(\frac{S_{xy}}{\sqrt{S_{xx} \cdot S_{yy}}} \right)^2 = \frac{S_{xy}^2}{S_{xx} \cdot S_{yy}} = \hat{\beta}^2 \frac{S_{xx}}{S_{yy}} \tag{3.11}$$

ここで，理論値 $\hat{Y}_i = \hat{\alpha} + \hat{\beta} X_i$ に式 (3.2) を代入した式 $\hat{Y}_i = \bar{Y} - \hat{\beta}\bar{X} + \hat{\beta} X_i$ は

$$\hat{Y}_i - \bar{Y} = \hat{\beta}\left(X_i - \bar{X}\right) \tag{3.12}$$

と書けます。式 (3.12) の両辺を 2 乗して合計すると $S_{\hat{y}\hat{y}} = \hat{\beta}^2 S_{xx}$ が得られます。すなわち，$\hat{\beta}^2 = \dfrac{S_{\hat{y}\hat{y}}}{S_{xx}}$ です。これを式 (3.11) に代入すると，

$$r_{xy}^2 = \frac{S_{\hat{y}\hat{y}}}{S_{xx}} \cdot \frac{S_{xx}}{S_{yy}} = \frac{S_{\hat{y}\hat{y}}}{S_{yy}}$$

となり，式 (3.10) が成立します。

♦ 実績値と理論値のばらつき

式 (3.9) の分子の理論値の変動は，実績値と残差の変動に分解できます。まず，残差の定義式である式 (3.3) から

$$Y_i = \hat{Y}_i + \hat{u}_i \tag{3.13}$$

と書けます。式 (3.13) の両辺から $\bar{Y}$ を引くと

$$Y_i - \bar{Y} = \hat{Y}_i - \bar{Y} + \hat{u}_i$$

が得られます。この式の両辺を 2 乗して合計すると

$$S_{yy} = S_{\hat{y}\hat{y}} + 2\sum\left(\hat{Y}_i - \bar{Y}\right)\hat{u}_i + \sum \hat{u}_i^2 \tag{3.14}$$

となります。ここで，式 (3.14) の左辺は実績値の変動（偏差 2 乗和）を，右辺第 1 項は理論値の変動（偏差 2 乗和）を示しています。また，右辺第 3 項は残差の変動を表す残差 2 乗和です。ここで，

$$\left(\hat{Y}_i - \bar{Y}\right)\hat{u}_i = \left(\hat{\alpha} + \hat{\beta} X_i - \bar{Y}\right)\hat{u}_i = \hat{\alpha}\hat{u}_i + \hat{\beta} X_i \hat{u}_i - \bar{Y}\hat{u}_i$$

なので，以下のように合計すると，右辺第 2 項は残差のルール 1, 2 を利用して，0 になることがわかります。

$$\sum\left(\hat{Y}_i - \bar{Y}\right)\hat{u}_i = \hat{\alpha}\underbrace{\sum \hat{u}_i}_{=0} + \hat{\beta}\underbrace{\sum X_i \hat{u}_i}_{=0} - \bar{Y}\underbrace{\sum \hat{u}_i}_{=0} = 0$$

したがって，式 (3.14) は次のように書き換えられます。

$$[\text{変動の分解}]\quad \underbrace{S_{yy}}_{\substack{\text{実績値}\\\text{の変動}}} = \underbrace{S_{\hat{y}\hat{y}}}_{\substack{\text{理論値の}\\\text{の変動}}} + \underbrace{\sum \hat{u}_i^2}_{\substack{\text{残差}\\\text{の変動}}} \tag{3.15}$$

すなわち，実績値のばらつきは，回帰直線によって理論的に説明できる部分と説明できない部分（残差）に分けて考えることができます。理論値の変動 $S_{\hat{y}\hat{y}}$ は回帰直線によって説明できる部分なので，**回帰の変動**ともよばれています。式 (3.12) を $S_{\hat{y}\hat{y}}$ について解くと $S_{\hat{y}\hat{y}} = S_{yy} - \sum \hat{u}_i^2$ であり，この式を式 (3.9) に代入すると，もう一つの決定係数の定義式が得られます。

$$[\text{決定係数}]\quad R^2 = \frac{S_{\hat{y}\hat{y}}}{S_{yy}} = \frac{S_{yy} - \sum \hat{u}_i^2}{S_{yy}} = 1 - \frac{\sum \hat{u}_i^2}{S_{yy}} \tag{3.16}$$

このように，決定係数は残差 2 乗和を用いて計算することもできます。

以上のことを表 3.2, 表 3.3 の数値で確認します。すでに計算したように $\sum \hat{u}_i^2 = 1.8$，$S_{yy} = 26$，$S_{\hat{y}\hat{y}} = 24.2$ です。$S_{\hat{y}\hat{y}} + \sum \hat{u}_i^2 = 24.2 + 1.8 = 26 = S_{yy}$ より式 (3.11) が成立しています。また，決定係数 (3.16) は

$$R^2 = 1 - \frac{\sum \hat{u}_i^2}{S_{yy}} = 1 - \frac{1.8}{26} \cong 1 - 0.069 = 0.931$$

なので，式 (3.9) を利用した計算結果と同じ値になっています。

3.1.5 自由度と分散分析表

♦ 自由度

第 2 章で学んだように，標本分散はデータの偏差 2 乗和をその自由度で割ることによって求めました。ここで，自由度とはその指標を計算する際，真に必要となる情報の数であると説明しました。標本分散の場合は，偏差の和が必ず 0 になるという性質が一つの制約条件となり，サンプルサイズ n のうち $n-1$ 個の偏差の値がわかっていれば，残り一つは自動的に決まります。すなわち，$n-1$ 個は任意の値をとることができますが，最後の一つは制約条件（偏差の和は 0）があるために自由にはならないということです。このことを指して偏差 2 乗和の自由度は $n-1$ であるといいます。被説明変数 $\{Y_i\}$ についても同様で，$S_{yy} = \sum \left(Y_i - \bar{Y}\right)^2$ の自由度は $n-1$ になります。

♦ 残差2乗和の自由度と残差分散

残差2乗和を計算する場合にも，すべての残差は必要ではありません。その理由は式(3.5)と式(3.7)で示される二つの残差のルール

$$\sum \hat{u}_i = 0, \quad \sum X_i \hat{u}_i = 0$$

が必ず成立して制約条件となるからです。つまり，サンプルサイズが n のとき，$n-2$ 個まで残差の値がわかっていれば，残り二つは式(3.5)と式(3.7)を使って自動的に求めることができてしまいます。すなわち，残差2乗和 $\sum \hat{u}_i^2$ の自由度は $n-2$ になります。

このことを表3.3の数値を使って説明します。たとえば，四つの残差のうち $\hat{u}_1 = 0.3$ と $\hat{u}_2 = 0.1$ の二つの値はわかっており，$\hat{u}_3, \hat{u}_4$ は未知であるとしましょう。また，説明変数 $\{X_i\}$ も与えられているとします。この状況で式(3.5)と式(3.7)を利用すると，次の2式が成立します。

$$[\text{残差のルール 1}] \quad \sum \hat{u}_i = 0.3 + 0.1 + \hat{u}_3 + \hat{u}_4 = 0$$

$$[\text{残差のルール 2}] \quad \sum X_i \hat{u}_i = 2 \times 0.3 + 4 \times 0.1 + 6\hat{u}_3 + 8\hat{u}_4 = 0$$

整理すると $\hat{u}_3, \hat{u}_4$ を未知とする以下の連立方程式が得られます。

$$\begin{cases} \hat{u}_3 + \hat{u}_4 = -0.4 \\ 6\hat{u}_3 + 8\hat{u}_4 = -1 \end{cases}$$

これを解くと，$\hat{u}_3 = -1.1$ および $\hat{u}_4 = 0.7$ が直ちに得られます。表3.3の残差の値と一致していることを確認してください。

以上で，サンプルサイズが n のとき残差2乗和 $\sum \hat{u}_i^2$ の自由度は $n-2$ であることが確認できました。残差2乗和は（残差の平均が0であるという性質から）残差の偏差2乗和の読み替えにすぎないので，**残差分散**が次の式で定義できます。

$$[\text{残差分散}] \quad \hat{\sigma}^2 = \frac{\sum \hat{u}_i^2}{n-2} \tag{3.17}$$

ここで，σ はギリシャ文字でシグマと読みます。残差の分散は残差2乗和を自由度で割った値になります。

♦ 分散分析表

自由度，変動，分散などをまとめて一覧表にしたものを**分散分析表**（analysis-of-variance（ANOVA）table）とよびます。式 (3.12) は

回帰（理論値）の変動 + 残差の変動 = 実績値の変動

が成立することを示しています。表 3.4 の分散分析表では，第 3 列目にそのことが記されています。自由度は，理論値の偏差 2 乗和（回帰の変動）では 1（説明変数の数），残差 2 乗和では $n-2$，実績値の偏差 2 乗和では $n-1$ となります。自由度に関しても，第 2 列目において $1+(n-2)=n-1$ が成立しています。分散は変動を自由度で割った値です。表では理論値の分散と残差の分散 (3.14) が示されていますが，これらの値は第 4 章で学ぶ F 検定で利用されます。第 5 列目の「観測された分散比」の欄には，理論値の分散を残差の分散で割った値が示されています。

表 3.4 $n=4$ のデータの分散分析表（表 3.3 のデータを利用）

	自由度	変動 （偏差 2 乗和）	分散	観測された分散比
回帰（理論値）	1	$S_{\hat{y}\hat{y}}=24.2$	$S_{\hat{y}\hat{y}}=24.2$	$\dfrac{S_{\hat{y}\hat{y}}}{\hat{\sigma}^2}=26.89$
残差	$n-2=2$	$\sum \hat{u}_i^2=1.8$	$\hat{\sigma}^2=\dfrac{\sum \hat{u}_i^2}{n-2}=0.9$	-
合計（実績値）	$n-1=3$	$S_{yy}=26$	-	-

♦ 自由度調整済み決定係数

式 (3.16) において，式 (3.9) とは別の決定係数の定義式を示しました。式 (3.16) の残差 2 乗和と実績値の偏差 2 乗和を同じ $n-1$ という値で割って書き直したとしても，式の意味に変更はありません。

$$R^2=1-\frac{\dfrac{\sum \hat{u}_i^2}{n-1}}{\dfrac{S_{yy}}{n-1}}$$

ここで，S_{yy} に対する $n-1$ は自由度を意味しますが，$\sum \hat{u}_i^2$ の自由度は $n-2$ なので，決定係数 (3.16) と式 (3.9) は，実は自由度の点で正しい計算をしていないこ

とになります。すなわち，自由度を正しく調整した決定係数は次の式で定義されます[*1]。

$$[\text{自由度調整済み決定係数}]\quad \text{adj.}R^2 = 1 - \frac{\dfrac{\sum \hat{u}_i^2}{n-2}}{\dfrac{S_{yy}}{n-1}} = 1 - \frac{\hat{\sigma}^2}{s_y^2} \tag{3.18}$$

adj.R^2 は自由度調整済み決定係数（adjusted r-squared）とよばれています。

表 3.3 のデータで確認します。

$$\hat{\sigma}^2 = \frac{\sum \hat{u}_i^2}{n-2} = \frac{1.8}{2} = 0.9, \quad s_y^2 = \frac{S_{yy}}{n-1} = \frac{26}{3}$$

より，

$$\text{adj.}R^2 = 1 - \frac{\hat{\sigma}^2}{s_y^2} = 1 - \frac{0.9 \times 3}{26} \cong 0.896$$

となります。$\dfrac{\sum \hat{u}_i^2}{n-1} < \hat{\sigma}^2$ なので，$R^2 > \text{adj.}R^2$ となります。

●●● 例 3.1 ●●●

データ $\{X_i\} = \{2, 4, 6, 8\}$，$\{Y_i\} = \{2, 7, 8, 15\}$ を利用して回帰直線 $\hat{Y}_i = \hat{\alpha} + \hat{\beta} X_i$ を推定し，決定係数，自由度調整済み決定係数および分散分析表を計算しましょう（表 3.5, 3.6 を参照）。

まず，$\{X_i\}$ と $\{Y_i\}$ の平均および偏差を計算します。次いで $\{X_i\}$ と $\{Y_i\}$ の偏差の積和 S_{xy}，$\{X_i\}$ の偏差 2 乗和 S_{xx} を計算します。

$$S_{xy} = (2-5)(2-8) + (4-5)(7-8) + (6-5)(8-8) + (8-5)(15-8) = 40$$
$$S_{xx} = (2-5)^2 + (4-5)^2 + (6-5)^2 + (8-5)^2 = 20$$

[*1] 分析結果をレポートや論文などで報告する場合には，計算過程は通常記載しません。できるだけ簡潔に重要な部分だけを記述します。例として次のような方法があります（表 3.2, 3.3 のケース）。

$$\hat{Y}_i = 0.5 + 1.1 X_i, \quad R^2 = 0.931, \quad \text{adj.}R^2 = 0.896$$

また，必要に応じて分散分析表を提示する場合もあります。

表 3.5 例 3.1 の回帰分析

(a) ワークシート 1

i	X_i	Y_i	$X_i-\bar{X}$	$Y_i-\bar{Y}$	$(X_i-\bar{X})(Y_i-\bar{Y})$	$(X_i-\bar{X})^2$	$(Y_i-\bar{Y})^2$
1	2	2	−3	−6	18	9	36
2	4	7	−1	−1	1	1	1
3	6	8	1	0	0	1	0
4	8	15	3	7	21	9	49
合計	$\sum X_i=20$	$\sum Y_i=32$	0	0	$S_{xy}=40$	$S_{xx}=20$	$S_{yy}=86$
平均	$\bar{X}=5$	$\bar{Y}=8$					

(b) ワークシート 2

i	X_i	Y_i	$\hat{Y}_i=\hat{\alpha}+\hat{\beta}X_i$	$\hat{u}_i=Y_i-\hat{Y}_i$	$\hat{u}_i^2$
1	2	2	2	0	0
2	4	7	6	1	1
3	6	8	10	−2	4
4	8	15	14	1	1
合計	20	32	32	$\sum \hat{u}_i=0$	$\sum \hat{u}_i^2=6$
平均	5	8			

表 3.6 例 3.1 の分散分析表

	自由度	変動（偏差 2 乗和）	分散	観測された分散比
回帰（理論値）	1	$S_{\hat{y}\hat{y}}=80$	$S_{\hat{y}\hat{y}}=80$	$\dfrac{S_{\hat{y}\hat{y}}}{\hat{\sigma}^2}=26.67$
残差	$n-2=2$	$\sum \hat{u}_i^2=6$	$\hat{\sigma}^2=3$	-
合計（実績値）	$n-1=3$	$S_{yy}=86$	-	-

式 (3.1) を利用して傾きを計算します。

$$[\text{傾き}]\quad \hat{\beta}=\frac{S_{xy}}{S_{xx}}=\frac{40}{20}=2$$

$\bar{X}=5$, $\bar{Y}=8$, $\hat{\beta}=2$ より式 (3.2) を利用して切片を計算します。

$$[\text{切片}]\quad \hat{\alpha}=\bar{Y}-\hat{\beta}\bar{X}=8-2\times 5=-2$$

以上より

$$[\text{推定回帰直線（理論値）}]\quad \hat{Y}_i=-2+2X_i$$

となります。

次に決定係数を計算します。ここでは式 (3.16) を使うことにします。理論値は

$$\hat{Y}_1 = -2 + 2 \cdot 2 = 2$$
$$\hat{Y}_2 = -2 + 2 \cdot 4 = 6$$
$$\hat{Y}_3 = -2 + 2 \cdot 6 = 10$$
$$\hat{Y}_4 = -2 + 2 \cdot 8 = 14$$

であり，残差は

$$\hat{u}_1 = Y_1 - \hat{Y}_1 = 2 - 2 = 0$$
$$\hat{u}_2 = Y_2 - \hat{Y}_2 = 7 - 6 = 1$$
$$\hat{u}_3 = Y_3 - \hat{Y}_3 = 8 - 10 = -2$$
$$\hat{u}_4 = Y_4 - \hat{Y}_4 = 15 - 14 = 1$$

なので，残差2乗和は

$$\sum \hat{u}_i^2 = 0 + 1^2 + (-2)^2 + 1^2 = 6$$

となります。また，実績値の偏差2乗和は

$$S_{yy} = (2-8)^2 + (7-8)^2 + (8-8)^2 + (15-8)^2 = 86$$

なので，式 (3.16) を利用して

$$[\text{決定係数}] \quad R^2 = 1 - \frac{\sum \hat{u}_i^2}{S_{yy}} = 1 - \frac{6}{86} \cong 1 - 0.070 = 0.930$$

が得られます。次の自由度調整済み決定係数は，

$$[\text{残差分散}] \quad \hat{\sigma}^2 = \frac{\sum \hat{u}_i^2}{n-2} = \frac{6}{2} = 3$$
$$[\text{実績値の分散}] \quad s_y^2 = \frac{S_{yy}}{n-1} = \frac{86}{3}$$

より，次のように計算できます。

$$[\text{自由度調整済み決定係数}] \quad \text{adj.}R^2 = 1 - \frac{\hat{\sigma}^2}{s_y^2} = 1 - \frac{3 \times 3}{86} \cong 0.895$$

3.1.6 付論：最小 2 乗法

本項では，回帰直線の切片と傾きの計算公式を導く方法について説明します。散布図上に直線を引く場合，与えられた観測点の塊であるデータに対して無数の直線（無数の切片や傾きの推定値）が考えられるので，何らかの基準に従って唯一の直線を求めます。好ましい状況は，データに良くフィットした直線を見つけることです。データへの当てはめという観点からすると，観測点と推定される回帰直線との差は小さいほど良いことになります。式 (3.3) で定義した残差（すなわち観測点の高さと回帰直線の高さの差）がこれを示しています。しかしながら，ある観測点についてはその差が小さくても，別の観測点では大きくなってしまうことがあります。そこで提案されるのが最小 2 乗法です。

♦ 最小 2 乗法の考え方：数値例

最小 2 乗法は，データ全体について残差 2 乗和が最も小さくなるように回帰直線の切片と傾きを決定する手法です。例として表 3.2 のデータを利用すると，式 (3.3) で示したように，残差 $\hat{u}_i$ は実績値 Y_i と（これから求める）未知の回帰直線 $\hat{Y}_i = \hat{\alpha} + \hat{\beta}X_i$ の差で定義できます。$\hat{u}_i = Y_i - \hat{Y}_i = Y_i - (\hat{\alpha} + \hat{\beta}X_i)$ より次のように表現できます。

$$
\begin{aligned}
\hat{u}_1 &= Y_1 - \hat{Y}_1 = 3 - (\hat{\alpha} + 2\hat{\beta}) \\
\hat{u}_2 &= Y_2 - \hat{Y}_2 = 5 - (\hat{\alpha} + 4\hat{\beta}) \\
\hat{u}_3 &= Y_3 - \hat{Y}_3 = 6 - (\hat{\alpha} + 6\hat{\beta}) \\
\hat{u}_4 &= Y_4 - \hat{Y}_4 = 10 - (\hat{\alpha} + 8\hat{\beta})
\end{aligned}
\tag{3.19}
$$

図 3.4 には表 3.2 のデータの一部分が観測点として表示されており，実績値と理論値の差である残差が記述されています。ここで，破線は未知の回帰直線 $\hat{Y}_i = \hat{\alpha} + \hat{\beta}X_i$ を表しています。未知の回帰直線は $\hat{\alpha}$ と $\hat{\beta}$ の値によってさまざまな形をとり，残差の値も変わります。つまり，式 (3.19) で示されるとおり，残差は $\hat{\alpha}$ と $\hat{\beta}$ の値で決まる関数になっています。

残差 2 乗和は次の式で定義できます。

$$
H = \sum_{i=1}^{n} \hat{u}_i^2 = \sum_{i=1}^{n} \left\{ Y_i - \left(\hat{\alpha} + \hat{\beta}X_i \right) \right\}^2 \tag{3.20}
$$

最小 2 乗法は，この H が最小となるような $\hat{\alpha}$ と $\hat{\beta}$ を求める方法です。表 3.2 のケースを例に，$\hat{\alpha}$ と $\hat{\beta}$ の関数である残差 2 乗和 H がどのような形をしているのか

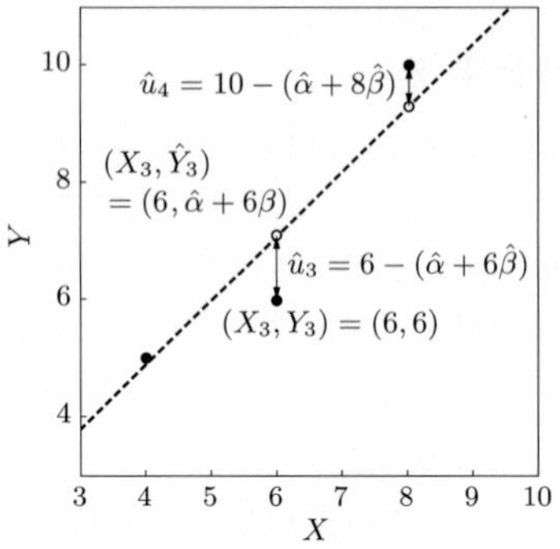

図 3.4　未知の回帰直線と残差

を調べます。式 (3.19) のそれぞれの残差の 2 乗をとると，次が得られます。

$$\hat{u}_1^2 = \{3 - (\hat{\alpha} + 2\hat{\beta})\}^2 = 9 - 6\hat{\alpha} - 12\hat{\beta} + \hat{\alpha}^2 + 4\hat{\alpha}\hat{\beta} + 4\hat{\beta}^2$$
$$\hat{u}_2^2 = \{5 - (\hat{\alpha} + 4\hat{\beta})\}^2 = 25 - 10\hat{\alpha} - 40\hat{\beta} + \hat{\alpha}^2 + 8\hat{\alpha}\hat{\beta} + 16\hat{\beta}^2$$
$$\hat{u}_3^2 = \{6 - (\hat{\alpha} + 6\hat{\beta})\}^2 = 36 - 12\hat{\alpha} - 72\hat{\beta} + \hat{\alpha}^2 + 12\hat{\alpha}\hat{\beta} + 36\hat{\beta}^2$$
$$\hat{u}_4^2 = \{10 - (\hat{\alpha} + 8\hat{\beta})\}^2 = 100 - 20\hat{\alpha} - 160\hat{\beta} + \hat{\alpha}^2 + 16\hat{\alpha}\hat{\beta} + 64\hat{\beta}^2$$

これをすべて合計した残差 2 乗和は

$$H = \sum_{i=1}^{n} \hat{u}_i^2 = 170 - 48\hat{\alpha} - 284\hat{\beta} + 4\hat{\alpha}^2 + 40\hat{\alpha}\hat{\beta} + 120\hat{\beta}^2 \tag{3.21}$$

と書くことができます。式 (3.21) を 3 次元グラフで表現したものが図 3.5 です。この曲面が最小となるどこかの座標値 $(\hat{\alpha}, \hat{\beta})$ が最小 2 乗推定値になります。

最小値を求めるために，式 (3.21) を $\hat{\alpha}$ と $\hat{\beta}$ それぞれについて偏微分して 0 とおくと，次が得られます。

$$\begin{aligned} \frac{\partial H}{\partial \hat{\alpha}} &= -48 + 8\hat{\alpha} + 40\hat{\beta} = 0 \\ \frac{\partial H}{\partial \hat{\beta}} &= -284 + 40\hat{\alpha} + 240\hat{\beta} = 0 \end{aligned} \tag{3.22}$$

式 (3.22) は $\hat{\alpha}$ と $\hat{\beta}$ の連立方程式になっており，これを解くと $\hat{\alpha} = 0.5$，$\hat{\beta} = 1.1$ が求められます。もちろんこれは式 (3.1) および式 (3.2) を使った結果と同じです。

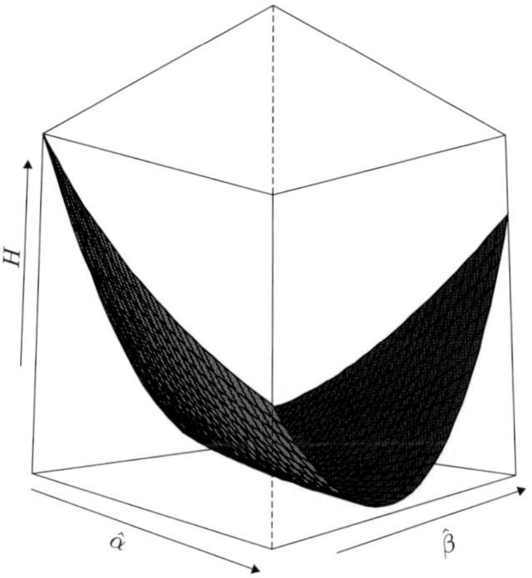

図 3.5 式 (3.21) の 3 次元グラフ

♦ 傾きと切片の計算公式の導出

サンプルサイズが n の一般的な場合で説明します。式 (3.20) における残差の 2 乗の部分は次の形をしています。

$$\hat{u}_i^2 = (Y_i - \hat{\alpha} - \hat{\beta}X_i)^2$$

これを $\hat{\alpha}$ と $\hat{\beta}$ それぞれについて偏微分すると

$$\begin{aligned} \frac{\partial \hat{u}_i^2}{\partial \hat{\alpha}} &= -2(Y_i - \hat{\alpha} - \hat{\beta}X_i) \\ \frac{\partial \hat{u}_i^2}{\partial \hat{\beta}} &= -2X_i(Y_i - \hat{\alpha} - \hat{\beta}X_i) \end{aligned} \tag{3.23}$$

となります。つまり，式 (3.20) を偏微分した式は式 (3.23) を合計すればよいので，極値をとるために 0 とおいて，次のように書けます。

$$\frac{\partial H}{\partial \hat{\alpha}} = \sum \frac{\partial \hat{u}_i^2}{\partial \hat{\alpha}} = -2\sum(Y_i - \hat{\alpha} - \hat{\beta}X_i) = 0 \tag{3.24a}$$

$$\frac{\partial H}{\partial \hat{\beta}} = \sum \frac{\partial \hat{u}_i^2}{\partial \hat{\beta}} = -2\sum X_i(Y_i - \hat{\alpha} - \hat{\beta}X_i) = 0 \tag{3.24b}$$

残差は $\hat{u}_i = Y_i - \hat{\alpha} - \hat{\beta}X_i$ と定義されているので，式 (3.24a) と式 (3.24b) は，残差 2 乗和が最小となるとき，残差に関する二つのルール

$$\sum \hat{u}_i = 0, \quad \sum X_i \hat{u}_i = 0$$

が同時に成立しなければならないことを示しています。

式 (3.24a) と式 (3.24b) から，傾きと切片の計算公式 (3.1), (3.2) を求めます。式 (3.24a) を整理すると

$$\sum (Y_i - \hat{\alpha} - \hat{\beta} X_i) = 0 \quad \Leftrightarrow \quad \sum Y_i - n\hat{\alpha} - \hat{\beta} \sum X_i = 0$$

であり，両辺を n で割ると $\bar{Y} - \hat{\alpha} - \hat{\beta}\bar{X} = 0$ より切片の公式 (3.2) が得られます。次に $\hat{\alpha} = \bar{Y} - \hat{\beta}\bar{X}$ を $Y_i - \hat{\alpha} - \hat{\beta}X_i$ に代入すると，$Y_i - \bar{Y} - \hat{\beta}\left(X_i - \bar{X}\right)$ なので，式 (3.24b) は，次のように書き換えることができます。

$$\begin{aligned} &\sum X_i \{Y_i - \bar{Y} - \hat{\beta}\left(X_i - \bar{X}\right)\} = 0 \\ &\quad \Leftrightarrow \quad \sum \left(Y_i - \bar{Y}\right) X_i - \hat{\beta} \sum \left(X_i - \bar{X}\right) X_i = 0 \end{aligned}$$

ここで，第 2 章の式 (2.29) より $S_{xy} = \sum \left(Y_i - \bar{Y}\right) X_i$，式 (2.27) より $S_{xx} = \sum \left(X_i - \bar{X}\right) X_i$ なので，$S_{xy} - \hat{\beta} S_{xx} = 0$ より傾きの公式 (3.1) が得られます。

なお，式 (3.24a) と式 (3.24b) は次のように書き換えることもできます。

$$\begin{aligned} \sum Y_i &= n\hat{\alpha} + \left(\sum X_i\right) \hat{\beta} \\ \sum X_i Y_i &= \left(\sum X_i\right) \hat{\alpha} + \left(\sum X_i^2\right) \hat{\beta} \end{aligned}$$

これは，残差のルールを解説したときに導いた正規方程式に等しいことがわかります。

3.2　非線形式の回帰分析

前節で学んだ回帰分析は，1 次式への当てはめを前提としていました。しかしながら，二つのデータの関係は必ずしも直線とは限りません。より広い範囲でデータを観察すると，曲線で近似したほうが望ましいケースが出てきます。また，経済理論から導き出される関数が 1 次式で表現できるとは限りません。たとえば，図 3.6 の散布図を見ると，観測点の動きから X と Y の間には正の関係性がありそうですが，X が増えるにつれて，Y の増え方は徐々に低下しています。もちろん，このようなデータでも最小 2 乗法によって直線を計算することができます。本節で扱うのは $y = aX^b$ のような非線形式に対する回帰分析の方法です。

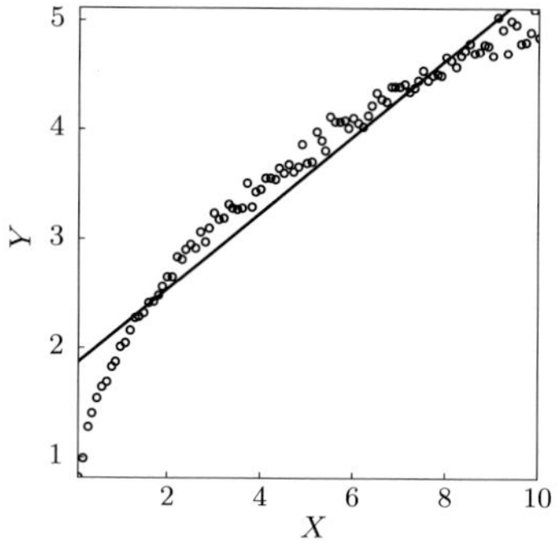

図 3.6 直線的でないデータへの回帰直線の当てはめ

3.2.1 べき関数：$y = ax^b$

べき関数（冪関数）$y = ax^b$ のように変数 x にべき乗 b が付いていると，b の値によって曲線の形が大きく変わります。$0 < b < 1$ の場合，x の増加とともに y が増加しますが，その増え方は小さくなっていきます（図 3.7 (a) の黒い実線）。$b = 1$ の場合は，$y = ax$ なので原点を通る直線になります（図 3.7 (a) の破線）。$b > 1$ の場合は，x の増加とともに y が増加し，その増え方も大きくなっていきます（図 3.7 (a) の灰色の実線）。$b < 0$ の場合，図 3.7 (b) のように，x の増加とともに y は減少していきます。

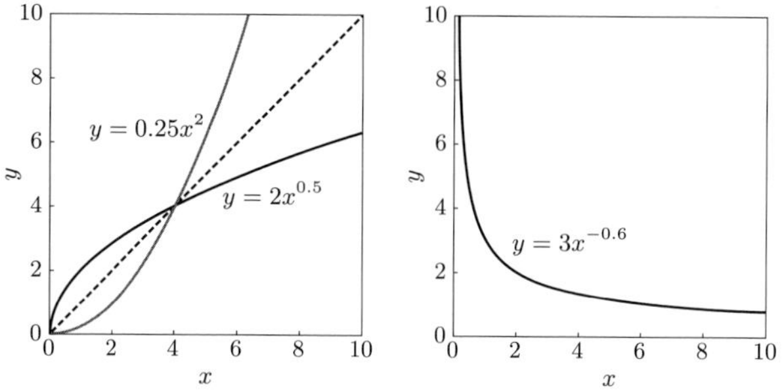

(a) べき乗関数（$b > 0$） (b) べき乗関数（$b < 0$）

図 3.7 べき乗関数

べき関数の a, b を式 (3.1) や式 (3.2) で直接求めることはできませんが，次のようにべき関数の両辺の対数をとることで，$\ln y$ を $\ln x$ の 1 次式に変換することができます。

$$[\text{両対数モデル}] \quad \ln y = \ln a + b \ln x \tag{3.25}$$

ここで，$\ln y$ は底が e の対数 $\log_e y$ を示します。対数をとる前の生の値 x および y を真数とよび，べき関数の真数について両辺の対数をとった式 (3.25) を**両対数モデル**（double log model）とよびます。図 3.8 は $y = 2x^{0.5}$ の両辺を対数化した $\ln y = \ln 2 + 0.5 \ln x$ と $y = 3x^{-0.6}$ の両辺を対数化した $\ln y = \ln 3 - 0.6 \ln x$ のグラフを示しています。両対数モデルにおいて，

$$\ln y = Y, \quad \ln a = \alpha, \quad b = \beta, \quad \ln x = X$$

のように，それぞれ記号を置き換えると，$\ln y = \ln a + b \ln x$ を 1 次式 $Y = \alpha + \beta X$ に読み替えることができます。すなわち，真数のデータ x, y に対して回帰分析を行うためには，何らかの底を用いて対数変換し，$Y = \alpha + \beta X$ を推定すればよいことになります。a の推定値は，切片の推定値 $\hat{\alpha}$ を利用して $\hat{a} = e^{\hat{\alpha}}$ より計算し直すことで求められます。

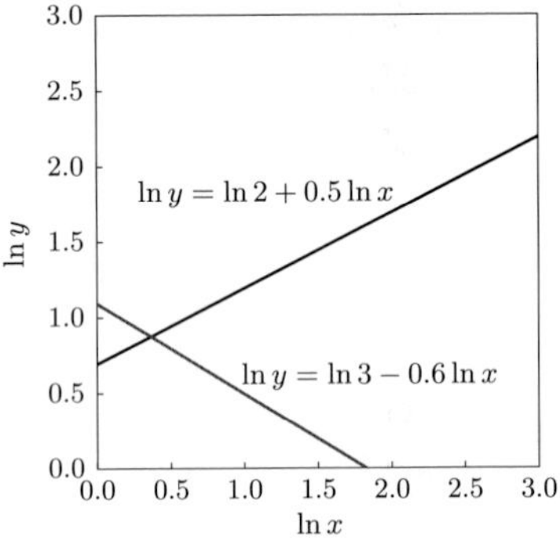

図 3.8　両対数モデル

対数を用いて分析するもう一つの理由は，大きな桁数を持つデータへの対処です。たとえば，9 桁（1 億）のデータ 10^9 は底を 10 とした対数をとれば $\log_{10} 10^9 = 9$ なので，小さい数に読み替えることができます。経済データは億単位，兆単位の金額データを扱うことが多いので，実用的な意味もあります。

●●● 例 3.2 ●●●

従業員数が 100 人以上 1,000 人未満の非鉄金属製造業 21 社について，従業員数 $\{x_i\}$ と売上高 $\{y_i\}$ の関係を $y_i = ax_i^b$ で推定しましょう（表 3.7 を参照）。底を e

表 3.7 非鉄金属製造業企業の従業員数と売上高（従業員数 100 人以上 1,000 人未満）

	真数		自然対数（底は e）		常用対数（底は 10）	
	従業員数〔人〕	売上高〔億円〕	従業員数（対数）	売上高（対数）	従業員数（対数）	売上高（対数）
i	x_i	y_i	$X_i\ (=\ln x_i)$	$Y_i\ (=\ln y_i)$	$X_i\ (=\log_{10} x_i)$	$Y_i\ (=\log_{10} y_i)$
1	995	757	6.903	6.629	2.998	2.879
2	787	216	6.668	5.375	2.896	2.334
3	664	937	6.498	6.843	2.822	2.972
4	638	835	6.458	6.727	2.805	2.922
5	576	319	6.356	5.765	2.760	2.504
6	437	129	6.080	4.860	2.640	2.111
7	426	344	6.054	5.841	2.629	2.537
8	418	375	6.035	5.927	2.621	2.574
9	345	354	5.844	5.869	2.538	2.549
10	319	79	5.765	4.369	2.504	1.898
11	303	692	5.714	6.540	2.481	2.840
12	210	138	5.347	4.927	2.322	2.140
13	207	1,429	5.333	7.265	2.316	3.155
14	191	45	5.252	3.807	2.281	1.653
15	148	142	4.997	4.956	2.170	2.152
16	147	36	4.990	3.584	2.167	1.556
17	138	24	4.927	3.178	2.140	1.380
18	137	25	4.920	3.219	2.137	1.398
19	135	88	4.905	4.477	2.130	1.944
20	105	255	4.654	5.541	2.021	2.407
21	105	76	4.654	4.331	2.021	1.881

データ出所：有価証券報告書

として対数変換すると $\ln y_i = \ln a + b \ln x_i$ なので，

$$\ln y_i = Y_i, \quad \ln a = \alpha, \quad b = \beta, \quad \ln x_i = X_i$$

として，$Y = \alpha + \beta X$ を推定します。以下の計算では端数を四捨五入して表示しています。

まず，傾きを計算します。$S_{xx} = 9.831$，$S_{xy} = 10.699$ より，

$$\hat{\beta} = \frac{S_{xy}}{S_{xx}} = \frac{10.699}{9.831} = 1.088$$

となります。次に切片を計算します。$\bar{X} = 5.636$，$\bar{Y} = 5.240$，$\hat{\beta} = 1.088$ より

$$\hat{\alpha} = 5.240 - 1.088 \times 5.636 = -0.894$$

となります。したがって，推定回帰直線は

$$\hat{Y}_i = -0.894 + 1.088X_i \quad \left(\widehat{\ln y_i} = -0.894 + 1.088 \ln x_i\right)$$

と表すことができます。図 3.9 (a) は横軸に $\ln x$，縦軸に $\ln y$ をとった散布図に両対数モデルの回帰直線を描いています。ここで，$\hat{a} = e^{\hat{\alpha}} = e^{-0.894} = 0.409$, $\hat{b} = \hat{\beta} = 1.088$ より，当初のべき関数は

$$\hat{y}_i = 0.409x_i^{1.088}$$

となります。図 3.9 (b) にべき関数に計算し直した結果を示しています。決定係数および自由度調整済み決定係数を計算します。

$$R^2 = 1 - \frac{\sum \hat{u}_i^2}{S_{yy}} = 1 - \frac{18.094}{29.738} = 0.392$$

$$\text{adj}.R^2 = 1 - \frac{\hat{\sigma}^2}{s_y^2} = 1 - \frac{18.094/19}{29.738/20} = 0.360$$

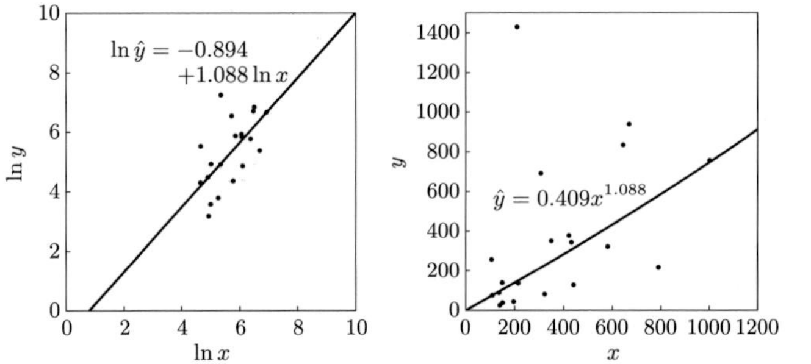

(a) 両対数モデルの回帰直線　(b) 両対数モデルから計算したべき関数

図 3.9　両対数モデルとべき関数

底を 10 とおいた常用対数でも計算してみましょう。まず，傾きを計算します。$S_{xx} = 1.854$，$S_{xy} = 2.018$ より，

$$\hat{\beta} = \frac{S_{xy}}{S_{xx}} = \frac{2.018}{1.854} = 1.088$$

となります。次に切片を計算します。$\bar{X} = 2.448$，$\bar{Y} = 2.275$，$\hat{\beta} = 1.088$ より

$$\hat{\alpha} = 2.275 - 1.088 \times 2.448 = -0.388$$

となります。したがって，推定された両対数モデルの回帰直線は

$$\hat{Y}_i = -0.388 + 1.088X_i \quad \left(\widehat{\ln y_i} = -0.388 + 1.088 \ln x_i\right)$$

となります。ここで，$\hat{a} = 10^{\hat{\alpha}} = 10^{-0.388} = 0.409$，$\hat{b} = \hat{\beta} = 1.088$ より，当初のべき関数は

$$\hat{y}_i = 0.409x_i^{1.088}$$

となり，自然対数で線形変換したときと同じ結果が得られます。決定係数および自由度調整済み決定係数もまた，自然対数と同じ結果になります。

$$R^2 = 1 - \frac{\sum \hat{u}_i^2}{S_{yy}} = 1 - \frac{3.413}{5.609} = 0.392$$

$$\text{adj.}R^2 = 1 - \frac{\hat{\sigma}^2}{s_y^2} = 1 - \frac{3.413/19}{5.609/20} = 0.360$$

♦ 弾力性

べき関数におけるパラメータの経済的な意味について考えます。通常の 1 次式の場合，傾き $\hat{\beta}$ は説明変数が 1 単位増加するときの，被説明変数の変化分を示します。両対数モデルでは次のように考えます。$\widehat{\ln y_i}$ から $\widehat{\ln y_{i-1}}$ を引いた値は

$$\widehat{\ln y_i} - \widehat{\ln y_{i-1}} = \hat{b}\,(\ln x_i - \ln x_{i-1}) \quad \Leftrightarrow \quad \hat{b} = \frac{\widehat{\ln y_i} - \widehat{\ln y_{i-1}}}{\ln x_i - \ln x_{i-1}} \tag{3.26}$$

となります。第 1 章の式 (1.4) で示されたように，対数差分は変化率の近似でした。すなわち，べき関数の指数 $\hat{b}$ は x の変化率に対する y の変化率の比を示しており，経済学では**弾力性**（弾性値）とよばれています。例 3.2 の場合，売上高の従業員数に関する弾力性は $\hat{b} = 1.088$ なので，従業員数が 1 % 増えると，売上高は 1.088 % 増えると言えます。両対数モデルにおいて，$\hat{b} > 1$ であることは，x の変化率よりも y の変化率が大きいことを意味します。たとえば，従業員数が 2 倍に増えると，売上高は 2 倍以上に増えることになります。

3.2.2 指数関数：$y = ae^{cX}$

底を e とする X の**指数関数** $y = e^X$ もまた，両辺の対数をとると $\ln y = X$ となり X と $\ln y$ の直線的な関係として考えることができます。より一般的な $y = ae^{cX}$ の場合は

$$[\text{半対数モデル}] \quad \ln y = \ln a + cX \tag{3.27}$$

と書くことができます。べき関数は両辺が対数に変わったのに対して，指数関数は左辺だけが対数になるので，**半対数モデル**（semi-log model）とよばれています。a と c を推定するには

$$\ln y = Y, \quad \ln a = \alpha, \quad c = \beta$$

という置き換えを行い，1 次式 $Y = \alpha + \beta X$ を最小 2 乗法で推定します。両対数モデルと同じように，a の推定値は，切片の推定値 $\hat{\alpha}$ を利用して $\hat{a} = e^{\hat{\alpha}}$ より計算し直すことで求められます。

●●● 例 3.3 ●●●

表 3.8 は 1950 年から 2010 年まで（$n = 13$）のインドの人口の推移を示しています。$\{X_i\}$ を年次，$\{y_i\}$ を人口として指数関数 $y_i = ae^{cX_i}$ を推定しましょう。底を e として対数変換すると $\ln y_i = \ln a + cX_i$ なので，

$$\ln y_i = Y_i, \quad \ln a = \alpha, \quad c = \beta$$

として，$Y = \alpha + \beta X$ を推定します。以下の計算では端数を四捨五入して表示しています。

表 3.8　インドの人口（1950〜2010 年）[*2]

年次 X_i	人口〔千人〕 y_i	人口（対数） $\ln y_i$
1950	371,857	12.8263
1955	406,374	12.9150
1960	447,844	13.0122
1965	496,400	13.1151
1970	553,874	13.2247
1975	622,097	13.3409
1980	700,059	13.4589
1985	784,491	13.5728
1990	873,785	13.6806
1995	964,486	13.7794
2000	1,053,898	13.8680
2005	1,140,043	13.9466
2010	1,224,614	14.0181

[*2] データ出所：Population Division of the Department of Economic and Social Affairs of the United Nations Secretariat

まず，傾きを計算します。$S_{xx} = 4,550$，$S_{xy} = 94.343$ より，

$$\hat{\beta} = \frac{S_{xy}}{S_{xx}} = \frac{94.343}{4,550} = 0.021$$

となります。次に切片を計算します。$\bar{X} = 1,980$，$\bar{Y} = 13.443$，$\hat{\beta} = 0.021$ より

$$\hat{\alpha} = 13.443 - 0.021 \times 1,980 = -27.612$$

となります。したがって，推定回帰直線は

$$\hat{Y}_i = -27.612 + 0.021X_i \quad \left(\widehat{\ln y_i} = -27.612 + 0.021X_i\right)$$

と表すことができます。図 3.10 (a) は横軸を年次 X，縦軸を $\ln y = Y$ とする散布図に半対数モデルの推定結果を描いています。ここで，$\hat{a} = e^{\hat{\alpha}} = e^{-27.612} = 1.02 \times 10^{-12}$，$\hat{c} = \hat{\beta} = 0.021$ より，当初の指数関数は

$$\hat{y}_i = 1.02 \times 10^{-12} e^{0.021X_i}$$

となります。図 3.10 (b) はこの指数関数を元のデータに基づいて描いています。決定係数および自由度調整済み決定係数を計算します。

$$R^2 = 1 - \frac{\sum \hat{u}_i^2}{S_{yy}} = 1 - \frac{0.006}{1.962} = 0.9970$$

$$\text{adj.}R^2 = 1 - \frac{\hat{\sigma}^2}{s_y^2} = 1 - \frac{0.006/11}{1.962/12} = 0.9968$$

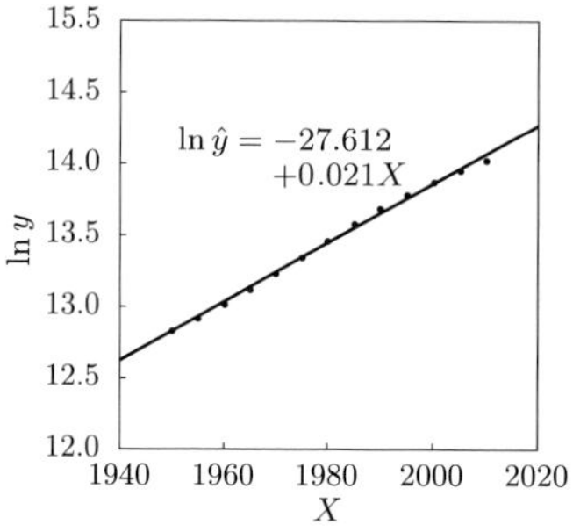

(a) 半対数モデルの回帰直線

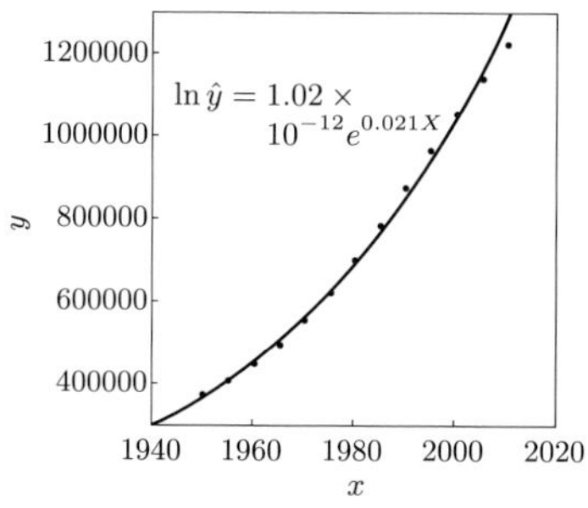

(b) 半対数モデルから計算した指数関数

図 3.10 半対数モデルと指数関数

◆ 変化率

推定回帰直線の意味を検討してみましょう。1.2節で学んだ対数差分の考え方を利用して第i年と第$i-1$年の差分を求めます。

$$\widehat{\ln y_i} - \widehat{\ln y_{i-1}} = 0.021\,(X_i - X_{i-1}) = 0.021 \times 5 = 0.104$$

5年おきのデータなので，年次の差分は$X_i - X_{i-1} = 5$です。対数差分は変化率の近似なので，5年あたりの人口成長率はおよそ10.4％であることがわかります。また，$\hat{c} = \hat{\beta} = 0.021$は1年あたりの人口成長率と解釈することもできます。近似値ではなく正確に成長率を計算するには

$$\frac{y_i - y_{i-1}}{y_{i-1}} = e^{0.021 \times 5} - 1 = 0.109$$

を用います。このように，半対数モデルは瞬間的な変化率（成長率）を直接求めるときに便利な定式化になっています。

3.2.3　ロジスティック関数：$\boldsymbol{y = \dfrac{e^{\alpha+\beta X}}{1+e^{\alpha+\beta X}}}$

ロジスティック関数（logistic function）は，自動車や家電製品のような耐久消費財の普及率を推定するときによく用いられます。yは0と1の間で定義される比率データになります。Xは普及率に影響する要因ですが，年次のような時間変数で代替されます。その場合，ロジスティック関数は時間とともに耐久消費財がどのように普及していくかを示す式になります。

α, βを推定するには，次のような変換を行います。yを普及している割合と考えれば，$1-y$はまだ普及していない割合になり，次の式で表現できます。

$$1 - y = 1 - \frac{e^{\alpha+\beta X}}{1+e^{\alpha+\beta X}} = \frac{1+e^{\alpha+\beta X} - e^{\alpha+\beta X}}{1+e^{\alpha+\beta X}} = \frac{1}{1+e^{\alpha+\beta X}}$$

ここで，yと$1-y$の比をとると，

$$\frac{y}{1-y} = \frac{\dfrac{e^{\alpha+\beta X}}{1+e^{\alpha+\beta X}}}{\dfrac{1}{1+e^{\alpha+\beta X}}} = e^{\alpha+\beta X} \tag{3.28}$$

が得られます。そして，式(3.28)の両辺の自然対数をとると，右辺が1次式に変わります。すなわち，次の**ロジット**（logit）関数が得られます。

$$\ln\frac{y}{1-y} = \alpha + \beta X \tag{3.29}$$

式 (3.29) の左辺が，ロジットとよばれる普及率の指標です。式 (3.29) はロジスティック関数を $\alpha + \beta X$ について解いた形になっているので，ロジット関数はロジスティック関数の逆関数とみなせます。図 3.11 は比率データ y とロジットの関係を示しています。1.1 節で学んだように，比率データ y は 0 と 1 からなる 2 値変数を集計した合計値です。集計したデータによる分析なので，式 (3.29) を**集計ロジットモデル**とよぶこともあります。α と β を推定するには

$$\ln\frac{y}{1-y} = Y \quad (\text{ただし，} 0 < y < 1)$$

という置き換えを行い，1 次式 $Y = \alpha + \beta X$ を最小 2 乗法で推定します。

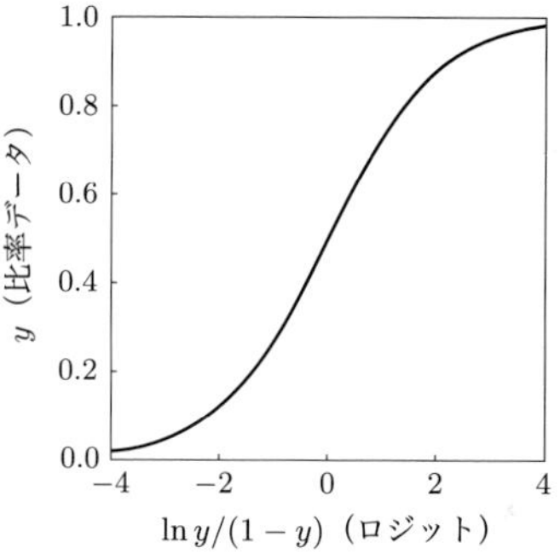

図 3.11 比率データとロジットの関係

●●● 例 3.4 ●●●

表 3.9 は 1974 年から 2012 年まで ($n = 39$) のルームエアコン普及率を示しています。年次 $\{X_i\}$，普及率 $\{y_i\}$ を用いて集計ロジットモデルを推定しましょう。まず，$\{1 - y_i\}$ を計算し，底を e として $\dfrac{y_i}{1-y_i}$ を対数変換し，ロジットを求めます。

$$\ln\frac{y_i}{1-y_i} = Y_i$$

これを利用して $Y = \alpha + \beta X$ を推定します。以下の計算では端数を四捨五入して表示しています。

表 3.9　ルームエアコンの普及率

年次 X_i	普及率 y_i	1 − 普及率 $1-y_i$	ロジット $Y_i=\ln\frac{y_i}{1-y_i}$	年次 X_i	普及率 y_i	1 − 普及率 $1-y_i$	ロジット $Y_i=\ln\frac{y_i}{1-y_i}$
1974	0.124	0.876	−1.955	1994	0.742	0.258	1.056
1975	0.172	0.828	−1.572	1995	0.772	0.228	1.220
1976	0.195	0.805	−1.418	1996	0.772	0.228	1.220
1977	0.257	0.743	−1.062	1997	0.793	0.207	1.343
1978	0.299	0.701	−0.852	1998	0.819	0.181	1.510
1979	0.355	0.645	−0.597	1999	0.844	0.156	1.688
1980	0.392	0.608	−0.439	2000	0.862	0.138	1.832
1981	0.412	0.588	−0.356	2001	0.862	0.138	1.832
1982	0.422	0.578	−0.315	2002	0.872	0.128	1.919
1983	0.496	0.504	−0.016	2003	0.888	0.112	2.070
1984	0.493	0.507	−0.028	2004	0.871	0.129	1.910
1985	0.523	0.477	0.092	2005	0.870	0.130	1.901
1986	0.546	0.454	0.185	2006	0.882	0.118	2.012
1987	0.570	0.430	0.282	2007	0.886	0.114	2.051
1988	0.593	0.407	0.376	2008	0.890	0.110	2.091
1989	0.633	0.367	0.545	2009	0.879	0.121	1.983
1990	0.637	0.363	0.562	2010	0.890	0.110	2.091
1991	0.681	0.319	0.758	2011	0.892	0.108	2.111
1992	0.698	0.302	0.838	2012	0.900	0.100	2.197
1993	0.723	0.277	0.959				

データ出所：『消費動向調査年報』（内閣府）

まず，傾きを計算します。$S_{xx}=4,940$，$S_{xy}=502.405$ より，

$$\hat{\beta}=\frac{S_{xy}}{S_{xx}}=\frac{502.405}{4,940}=0.102$$

となります。次に切片を計算します。$\bar{X}=1,993$，$\bar{Y}=0.770$，$\hat{\beta}=0.102$ より

$$\hat{\alpha}=0.770-0.102\times 1,993=-201.921$$

となります。したがって，推定回帰直線は

$$\hat{Y}_i=-201.921+0.102X_i \quad \left(\ln\frac{\hat{y}_i}{1-\hat{y}_i}=-201.921+0.102X_i\right)$$

と表すことができます。図 3.12 (a) は横軸を年次 X，縦軸をロジット Y とする散布図に集計ロジットモデルの推定結果を描いています。推定値よりロジスティック関数は

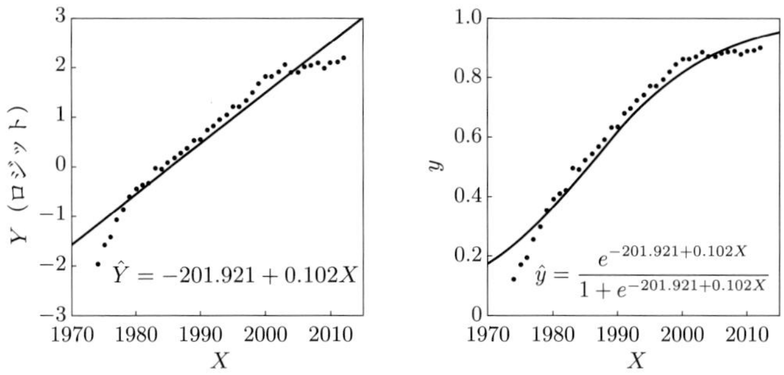

(a) 集計ロジットモデルの回帰直線　　(b) ロジスティック関数

図 3.12　集計ロジットモデルとロジスティック関数

$$\hat{y}_i = \frac{e^{-201.921+0.102X_i}}{1+e^{-201.921+0.102X_i}}$$

となります。図 3.12 (b) はこのロジスティック関数を元のデータに基づいて描いています。決定係数および自由度調整済み決定係数を計算します。

$$R^2 = 1 - \frac{\sum \hat{u}_i^2}{S_{yy}} = 1 - \frac{2.972}{54.067} = 0.945$$

$$\text{adj.}R^2 = 1 - \frac{\hat{\sigma}^2}{s_y^2} = 1 - \frac{2.972/37}{54.067/38} = 0.944$$

3.2.4　逆数の説明変数

フィリップス曲線は，インフレーションと失業のトレードオフ関係を示す図として有名です。横軸に失業率，縦軸に物価上昇率をとった場合，二つの関係は右下がりの曲線になるというものです。つまり，失業率を低下させようとすればインフレが発生し，インフレを抑えようとすれば失業率が上昇してしまう関係が，統計的に確認できます。

図 3.13 (a) は 1 次式によって物価上昇率 Y と完全失業率 U の関係を推定した回帰直線を示しています。図 3.13 (b) は完全失業率の逆数 $X = \dfrac{1}{U}$ を説明変数とする

$$Y = \alpha + \beta X$$

の推定結果を示しています。物価上昇率と完全失業率は逆相関なので，説明変数を逆数にした場合の回帰係数は正になります。

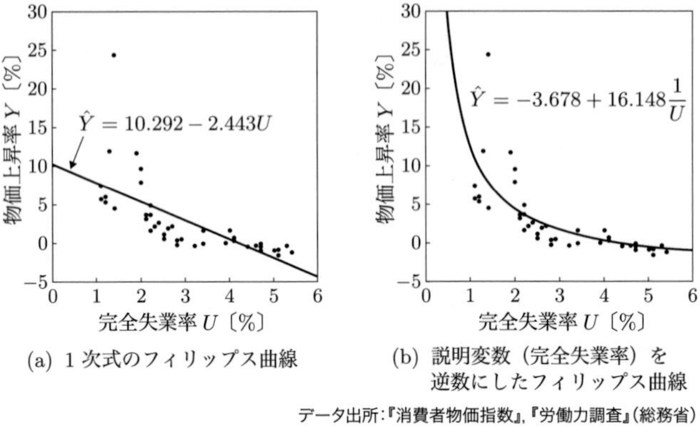

図 3.13　物価上昇率と完全失業率（1968〜2011 年）

3.3 多重回帰分析

3.3.1 多重回帰式

多重回帰分析は，一つの結果（被説明変数）に対して複数の原因（説明変数）が想定されるケースを扱います。たとえば，K 個の説明変数からなる回帰式は，次のように書きます。

$$Y_i = \beta_1 X_{1i} + \beta_2 X_{2i} + \cdots + \beta_j X_{ji} + \cdots + \beta_K X_{Ki} + u_i \quad (i = 1, 2, \cdots, n)$$

X_{ji} は第 j 番目の説明変数の第 i 番目のデータを表し，$\beta_1, \beta_2, \cdots, \beta_j, \cdots, \beta_K$ は対応する説明変数の回帰パラメータを，また u_i は誤差項を表しています。多くの場合，1 番目の説明変数はすべて 1 となる定数項になります（$X_{11} = X_{12} = \cdots = X_{1n} = 1$）。そこで，多重回帰式は X_{1i} の記号を省略して，次のように記述します。

$$Y_i = \beta_1 + \beta_2 X_{2i} + \cdots + \beta_j X_{ji} + \cdots + \beta_K X_{Ki} + u_i$$

したがって，回帰式の右辺は一つの定数項と，$K-1$ 個の説明変数，K 個の回帰パラメータ，および誤差項で構成されています。例として，$K=3$ の多重回帰式は次の構造を持ちます。

$$\begin{aligned}
Y_1 &= \beta_1 \cdot 1 + \beta_2 X_{21} + \beta_3 X_{31} + u_1 \\
Y_2 &= \beta_1 \cdot 1 + \beta_2 X_{22} + \beta_3 X_{32} + u_2 \\
&\vdots \\
Y_i &= \beta_1 \cdot 1 + \beta_2 X_{2i} + \beta_3 X_{3i} + u_i
\end{aligned}$$

$$\vdots$$

$$Y_n = \beta_1 \cdot 1 + \beta_2 X_{2n} + \beta_3 X_{3n} + u_n$$

ここで，定数項は $\{X_{1i}\} = \{1, \cdots, 1\}$ です。$K = 3$ の多重回帰式には，一つの定数項と $K - 1 = 2$ 個の説明変数および対応する回帰パラメータ β_1, β_2, β_3 が含まれます。

3.3.2 多重回帰分析における最小 2 乗推定値

多重回帰式の回帰パラメータを推定する場合にも，最小 2 乗法が使われます。$K = 3$ のケースにおける最小 2 乗推定値の計算公式について説明します。残差は $\hat{u}_i = Y_i - \hat{Y}_i = Y_i - \hat{\beta}_1 X_{1i} - \hat{\beta}_2 X_{2i} - \hat{\beta}_3 X_{3i}$ と書けるので，残差 2 乗和は

$$H = \sum_{i=1}^{n} \hat{u}_i^2 = \sum_{i=1}^{n} \left(Y_i - \hat{\beta}_1 - \hat{\beta}_2 X_{2i} - \hat{\beta}_3 X_{3i} \right)^2$$

となります。これを $\hat{\beta}_1$, $\hat{\beta}_2$, $\hat{\beta}_3$ について最小化するのが最小 2 乗法です。$\hat{\beta}_1, \hat{\beta}_2, \hat{\beta}_3$ について偏微分して 0 とおき整理すると，次の公式が得られます。

$$\hat{\beta}_2 = \frac{S_{2y} S_{33} - S_{23} S_{3y}}{S_{22} S_{33} - S_{23}^2} \tag{3.30}$$

$$\hat{\beta}_3 = \frac{S_{3y} S_{22} - S_{23} S_{2y}}{S_{22} S_{33} - S_{23}^2} \tag{3.31}$$

$$\hat{\beta}_1 = \bar{Y} - \hat{\beta}_2 \bar{X}_2 - \hat{\beta}_3 \bar{X}_3 \tag{3.32}$$

ここで，S_{2y}, S_{3y}, S_{22}, S_{33}, S_{23} は $\{Y_i\}$, $\{X_{2i}\}$, $\{X_{3i}\}$ に関する偏差の積和や偏差 2 乗和を示しています。

$$S_{2y} = \sum \left(X_{2i} - \bar{X}_2 \right) \left(Y_i - \bar{Y} \right)$$

$$S_{3y} = \sum \left(X_{3i} - \bar{X}_3 \right) \left(Y_i - \bar{Y} \right)$$

$$S_{22} = \sum \left(X_{2i} - \bar{X}_2 \right)^2$$

$$S_{33} = \sum \left(X_{3i} - \bar{X}_3 \right)^2$$

$$S_{23} = \sum \left(X_{2i} - \bar{X}_2 \right) \left(X_{3i} - \bar{X}_3 \right)$$

$$\bar{Y} = \frac{\sum Y_i}{n}$$

$$\bar{X}_2 = \frac{\sum X_{2i}}{n}$$

$$\bar{X}_3 = \frac{\sum X_{3i}}{n}$$

$\hat{\beta}_2$, $\hat{\beta}_3$ を計算してから $\hat{\beta}_1$ を求めることができます。推定値から計算できる理論値は**回帰平面**とよばれます。

$$\hat{Y}_i = \hat{\beta}_1 + \hat{\beta}_2 X_{2i} + \hat{\beta}_3 X_{3i} \quad (i = 1, 2, \cdots, n) \tag{3.33}$$

残差は単純回帰分析の場合と同じく $\hat{u}_i = Y_i - \hat{Y}_i$ で定義されます。また，決定係数も定義式は同じく

$$R^2 = \frac{S_{\hat{y}\hat{y}}}{S_{yy}} = 1 - \frac{\sum \hat{u}_i^2}{S_{yy}}$$

となります。

例 3.5

表3.10のデータ $\{Y_i\}$, $\{X_{2i}\}$, $\{X_{3i}\}$ を利用して，多重回帰式 $Y_i = \beta_1 + \beta_2 X_{2i} + \beta_3 X_{3i} + u_i$ を推定しましょう。以下の計算では端数を四捨五入して表示しています。

表 3.10　多重回帰分析

i	X_{2i}	X_{3i}	Y_i	$(X_{2i} - \bar{X}_2)^2$	$(X_{3i} - \bar{X}_3)^2$	$(Y_i - \bar{Y})^2$	$(X_{2i} - \bar{X}_2)(Y_i - \bar{Y})$
1	2	26	3	16	100	16	16
2	4	5	5	4	121	4	4
3	6	21	6	0	25	1	0
4	8	8	10	4	64	9	6
5	10	20	11	16	16	16	16
合計	30	80	35	$S_{22} = 40$	$S_{33} = 326$	$S_{yy} = 46$	$S_{2y} = 42$
平均	6	16	7				

i	$(X_{3i} - \bar{X}_3)(Y_i - \bar{Y})$	$(X_{2i} - \bar{X}_2)(X_{3i} - \bar{X}_3)$	$\hat{Y}_i$	$\hat{u}_i$	$\hat{u}_i^2$
1	−40	−40	2.488	0.512	0.262
2	22	22	5.353	−0.353	0.125
3	−5	0	6.810	−0.810	0.656
4	−24	−16	9.370	0.630	0.397
5	16	16	10.979	0.021	0.000
合計	$S_{3y} = -31$	$S_{23} = -18$	35	0	$\sum \hat{u}_i^2 = 1.439$

まず，計算公式 (3.30), (3.31), (3.32) を利用して，最小 2 乗推定値を計算します。

$$\hat{\beta}_2 = \frac{S_{2y}S_{33} - S_{23}S_{3y}}{S_{22}S_{33} - S_{23}^2} = \frac{42 \cdot 326 - (-18) \cdot (-31)}{40 \cdot 326 - (-18)^2} = \frac{13,134}{12,716} = 1.033$$

$$\hat{\beta}_3 = \frac{S_{3y}S_{22} - S_{23}S_{2y}}{S_{22}S_{33} - S_{23}^2} = \frac{(-31) \cdot 40 - (-18) \cdot 42}{40 \cdot 326 - (-18)^2} = \frac{-484}{12,716} = -0.038$$

$$\hat{\beta}_1 = \bar{Y} - \hat{\beta}_2\bar{X}_2 - \hat{\beta}_3\bar{X}_3 = 7 - 1.033 \cdot 6 - (-0.038) \cdot 16 = 1.412$$

すなわち，理論値は

$$\hat{Y}_i = 1.412 + 1.033X_{2i} - 0.038X_{3i}$$

となります。$\hat{u}_i = Y_i - \hat{Y}_i$ より残差を求め，残差 2 乗和を計算します。

$$\sum \hat{u}_i^2 = 1.439$$

したがって，決定係数は次のようになります。

$$R^2 = 1 - \frac{\sum \hat{u}_i^2}{S_{yy}} = 1 - \frac{1.439}{46} = 0.969$$

■ 3.3.3 多重回帰分析の推定結果の意味

例 3.5 の推定回帰平面

$$\hat{Y}_i = 1.412 + 1.033X_{2i} - 0.038X_{3i}$$

の意味を考えます。$\hat{\beta}_2 = 1.033$ は説明変数 X_{2i} に対応する回帰パラメータの推定値です。$\hat{\beta}_2$ は，X_{3i} が変化しない状況で X_{2i} が 1 単位増加するとき，$\hat{Y}_i$ が 1.033 だけ増えることを示しています。また，$\hat{\beta}_3$ は，X_{2i} が一定のとき，X_{3i} が 1 単位増加すると $\hat{Y}_i$ が 0.038 だけ減ることを示しています。

◆ 点予測

別の例で考えてみましょう。表 3.11 は土地取引価格についてのデータです。取引価格を定数項, 面積 X_{2i}, 駅までの徒歩時間 X_{3i} に回帰して, $Y_i = \beta_1 + \beta_2 X_{2i} + \beta_3 X_{3i}$ を推定します。計算公式 (3.30), (3.31), (3.32) を利用すると，次が得られます。

$$\hat{\beta}_2 = \frac{S_{2y}S_{33} - S_{23}S_{3y}}{S_{22}S_{33} - S_{23}^2}$$

$$= \frac{215,879 \cdot 315.8 - (-3,033) \cdot (-2,262.9)}{587,280 \cdot 315.8 - (-3,033)^2} = \frac{61,311,212.5}{176,263,935} = 0.34784$$

表 3.11　土地取引価格（東京都杉並区，JR 西荻窪駅周辺）

i	面積〔m²〕X_{2i}	駅までの徒歩時間〔分〕X_{3i}	取引価格〔百万円〕Y_i	i	面積〔m²〕X_{2i}	駅までの徒歩時間〔分〕X_{3i}	取引価格〔百万円〕Y_i
1	100	13	42	11	30	9	20
2	85	14	43	12	300	6	150
3	740	12	230	13	120	11	63
4	320	13	150	14	100	9	60
5	230	4	110	15	250	2	150
6	85	14	48	16	480	2	300
7	170	5	40	17	155	2	88
8	180	8	89	18	480	3	170
9	100	8	42	19	200	6	140
10	90	8	50	20	105	9	56
				合計	4,320	158	2,041
				平均	216	7.9	102.05

データ出所：『土地総合情報システム：取引価格情報』（国土交通省）http://www.land.mlit.go.jp/webland/

$$
\begin{aligned}
\hat{\beta}_3 &= \frac{S_{3y}S_{22} - S_{23}S_{2y}}{S_{22}S_{33} - S_{23}^2} \\
&= \frac{(-2,262.9)\cdot 587,280 - (-3,033)\cdot 215,879}{587,280\cdot 315.8 - (-3,033)^2} = \frac{-674,194,905}{176,263,935} \\
&= -3.82492 \\
\hat{\beta}_1 &= \bar{Y} - \hat{\beta}_2\bar{X}_2 - \hat{\beta}_3\bar{X}_3 \\
&= 102.05 - 0.34784\cdot 216 - (-3.82492)\cdot 7.9 = 57.13394
\end{aligned}
$$

したがって，推定回帰平面は

$$
\hat{Y}_i = 57.13 + 0.35X_{2i} - 3.82X_{3i} \tag{3.34}
$$

となります。これを 3 次元のグラフで示したのが図 3.14 です。データより，次のような予測ができます。たとえば，面積が $X_{2i} = 200\,\mathrm{m}^2$，JR 西荻窪駅までの徒歩時間が 10 分の取引価格は

$$
\hat{Y}_i = 57.13 + 0.35\cdot[200] - 3.82\cdot[10] = 88.45\,〔百万円〕
$$

（8845 万円）と予想できます。このように説明変数に特定の値を想定して，推定回帰式の理論値を計算することを，点予測とよびます。

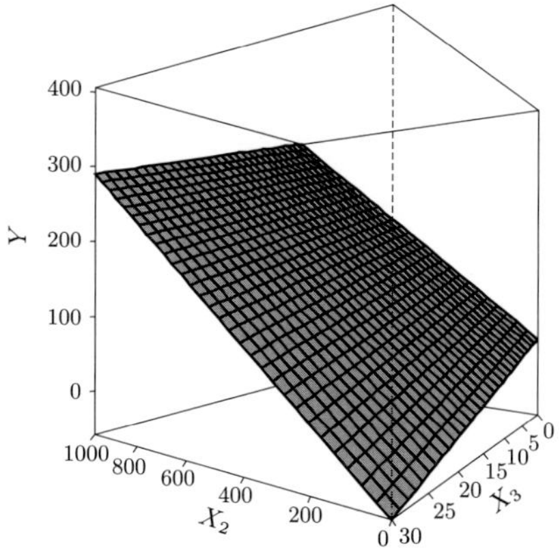

図 3.14 推定回帰平面

◆ 係数推定値の意味

次に，駅までの徒歩時間を変えずに（つまり，X_3 が変化しない状況で）面積 X_2 が $1\,\mathrm{m}^2$ 増えると，どの程度取引価格が変化するのかを計算してみましょう。式 (3.34) において面積 X_2 が $1\,\mathrm{m}^2$ 増えた状態を X_2+1 と書くと，その場合の取引価格は

$$\hat{Y}' = 57.13 + 0.35 \cdot [X_2 + 1] - 3.82 \cdot [X_3] \tag{3.35}$$

となります。一方，面積 X_2 が増える前の取引価格は

$$\hat{Y} = 57.13 + 0.35 \cdot [X_2] - 3.82 \cdot [X_3] \tag{3.36}$$

と書けます。したがって，面積 X_2 が $1\,\mathrm{m}^2$ 増えることによる取引価格の変化は，式 (3.35) から式 (3.36) を差し引くことで計算できます。

$$\hat{Y}' - \hat{Y} = 0.35 \cdot [X_2 + 1] - 0.35 \cdot [X_2] = 0.35 \quad (= \hat{\beta}_2)$$

すなわち，およそ 0.35 百万円（35 万円）上昇します。つまり，面積 X_{2i} の係数推定値 $\hat{\beta}_2$ は，「X_{3i} が変化しない状況で X_{2i} が 1 単位増加するときの変化分」を意味します。

同様にして，面積を変えずに（X_2 が変化しない状況）駅までの徒歩時間 X_3 が 1 分増えると，どの程度取引価格が変化するのかを計算してみましょう。式 (3.34) において徒歩時間 X_3 が 1 分増えた状態を X_3+1 と書くと，その場合の取引価格は

$$\hat{Y}'' = 57.13 + 0.35 \cdot [X_2] - 3.82 \cdot [X_3 + 1] \tag{3.37}$$

となります。一方，徒歩時間 X_3 が増える前の取引価格は，式 (3.36) で示されています。したがって，徒歩時間 X_3 が 1 分増えることによる取引価格の変化は，式 (3.37) から式 (3.36) を差し引くことで計算できます。

$$\hat{Y}'' - \hat{Y} = -3.82 \cdot [X_3 + 1] - (-3.82 \cdot [X_3]) = -3.82 \quad (= \hat{\beta}_3)$$

すなわち，およそ 3.82 百万円（382 万円）低下します。つまり，徒歩時間 X_{3i} の係数推定値 $\hat{\beta}_3$ は，「X_{2i} が変化しない状況で X_{3i} が 1 単位増加するときの変化分」を意味します。

図 3.15 は図 3.14 の回帰平面を (a) $X_3 = \bar{X}_3 = 7.9$ で固定した回帰直線，および (b) $X_2 = \bar{X}_2 = 216$ で固定した回帰直線を示しています。(a) の直線の傾きは $\hat{\beta}_2 = 0.35$，切片は $57.13 - 3.82 \cdot 7.9 = 26.92$ です。(b) の直線の傾きは $\hat{\beta}_3 = -3.82$，切片は $57.13 + 0.35 \cdot 216 = 132.27$ となります。図 3.15 (a), (b) のグラフは，他方の説明変数を（平均値で）固定したときの，X_2 ないし X_3 と Y の関係を示しています。

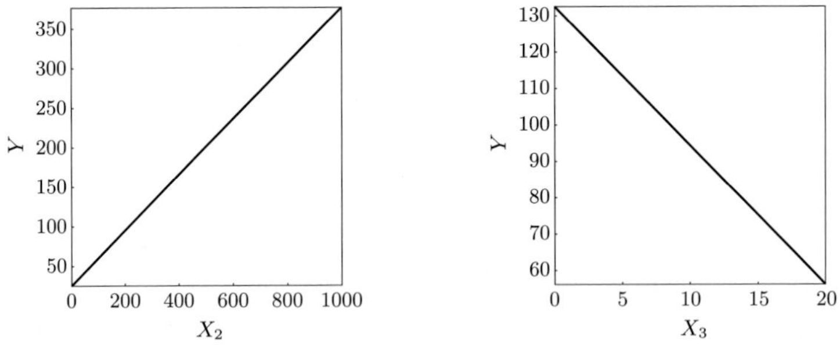

(a) 式 (3.34) を $X_3 = 7.9$ で固定した回帰直線：$\hat{Y}_i = (57.13 - 3.82 \cdot 7.9) + 0.35X_{2i}$

(b) 式 (3.34) を $X_2 = 216$ で固定した回帰直線：$\hat{Y}_i = (57.13 + 0.35 \cdot 216) - 3.82X_{3i}$

図 3.15　回帰平面の断面図

3.3.4　自由度調整済み決定係数

◆ 残差のルール

単純回帰分析は，$K = 2$ の多重回帰分析と考えることもできます。その場合，残差に関する二つのルールが成立します。$K = 3$ の多重回帰分析には，次の三つのルールが成立します。

$$\sum \hat{u}_i = 0$$

$$\sum X_{2i}\hat{u}_i = 0 \tag{3.38}$$

$$\sum X_{3i}\hat{u}_i = 0$$

$K=3$ の多重回帰分析では説明変数が $\{X_{2i}\}$ と $\{X_{3i}\}$ の 2 種類なので，説明変数と残差が無相関であることを示す条件式が $\{X_{2i}\}$ と $\{X_{3i}\}$ に対応する分だけ増えます。なお，残差の合計が 0 であるというルールは $K=3$ でも成立していますが，この式は定数項 $\{X_{1i}\}=\{1,\cdots,1\}$ と残差の積和が 0（定数項と残差が無相関）であることに対応しています。このことから，説明変数が $K-1$ のケースでは，残差のルールは K 本の条件式で特徴付けられることがわかります。

◆ 残差 2 乗和の自由度と自由度調整済み決定係数

式 (3.38) より，$K=3$ の多重回帰式では三つの残差のルールが成立するので，残差 2 乗和を計算する際に n 個の残差のすべては必要とされず，$n-3$ 個の情報だけで十分です。残り三つは式 (3.38) から自動的に決まります。すなわち，自由度は $n-3$ なので，残差分散は

$$[K=3 \text{ の残差分散}] \quad \hat{\sigma}^2 = \frac{\sum \hat{u}_i^2}{n-3} \tag{3.39}$$

と書くことができます。

説明変数が $K-1$ のケースでは，K 個の残差のルールが成立するので，残差 2 乗和の自由度は $n-K$ です。この場合の残差分散は，次のように定義できます。

$$[\text{多重回帰式の残差分散}] \quad \hat{\sigma}^2 = \frac{\sum \hat{u}_i^2}{n-K} \tag{3.40}$$

式 (3.40) を利用すると，多重回帰分析での自由度調整済み決定係数は

$$\text{adj.}R^2 = 1 - \frac{\dfrac{\sum \hat{u}_i^2}{n-K}}{\dfrac{S_{yy}}{n-1}} = 1 - \frac{\hat{\sigma}^2}{s_y^2} \tag{3.41}$$

となります。

例として，表 3.10 を利用して $Y_i = \beta_1 + \beta_2 X_{2i} + \beta_3 X_{3i}$ の自由度調整済み決定係数を計算しましょう。

$$\hat{\sigma}^2 = \frac{\sum \hat{u}_i^2}{n-K} = \frac{1.439}{5-3} = 0.720, \quad s_y^2 = \frac{S_{yy}}{n-1} = \frac{46}{5-1} = 11.5$$

より，

$$\text{adj.}R^2 = 1 - \frac{\hat{\sigma}^2}{s_y^2} = 1 - \frac{0.720}{11.5} = 0.937$$

となります。

表 3.12 は，回帰式における説明変数の数が変わると，残差のルールや残差乗和の自由度がそれに対応してどのように変わるのかを例示しています。

表 3.12　説明変数の数と残差 2 乗和の自由度

推定回帰式	説明変数の数	残差のルール［制約条件の数］	残差 2 乗和の自由度	残差分散
$\hat{Y}_i = \hat{\beta}_1 + \hat{\beta}_2 X_{2i}$	1	2	$n-2$	$\hat{\sigma}^2 = \dfrac{\sum \hat{u}_i^2}{n-2}$
$\hat{Y}_i = \hat{\beta}_1 + \hat{\beta}_2 X_{2i} + \hat{\beta}_3 X_{3i}$	2	3	$n-3$	$\hat{\sigma}^2 = \dfrac{\sum \hat{u}_i^2}{n-3}$
$\hat{Y}_i = \hat{\beta}_1 + \hat{\beta}_2 X_{2i} + \hat{\beta}_3 X_{3i} + \hat{\beta}_4 X_{4i}$	3	4	$n-4$	$\hat{\sigma}^2 = \dfrac{\sum \hat{u}_i^2}{n-4}$
$\hat{Y}_i = \hat{\beta}_1 + \hat{\beta}_2 X_{2i} + \cdots + \hat{\beta}_K X_{Ki}$	$K-1$	K	$n-K$	$\hat{\sigma}^2 = \dfrac{\sum \hat{u}_i^2}{n-K}$

●●● 例 3.6 ●●●

表 3.11 のデータを利用して多重回帰式 $Y_i = \beta_1 + \beta_2 X_{2i} + \beta_3 X_{3i}$ の残差分散および自由度調整済み決定係数を計算しましょう。

残差 2 乗和は $\sum \hat{u}_i^2 = 17,520.73$，サンプルサイズ $n = 20$，説明変数の数 $K - 1 = 2$，残差の制約条件数 $K = 3$ より残差分散は

$$\hat{\sigma}^2 = \frac{\sum \hat{u}_i^2}{n-K} = \frac{17,520.73}{20-3} = 1,030.63$$

となります。また，$S_{yy} = 101,266.95$，自由度 $n - 1 = 19$ より，

$$s_y^2 = \frac{S_{yy}}{n-1} = \frac{101,266.95}{19} = 5,329.84$$

なので，自由度調整済み決定係数は

$$\text{adj.}R^2 = 1 - \frac{\hat{\sigma}^2}{s_y^2} = 1 - \frac{1,030.63}{5,329.84} = 0.807$$

と計算できます。

♦ **自由度調整済み決定係数の性質**

決定係数の定義式 (3.16) より,

$$\frac{\sum \hat{u}_i^2}{S_{yy}} = 1 - R^2$$

なので, これを自由度調整済み決定係数の定義式 (3.41) に代入すると

$$\text{adj}.R^2 = 1 - \left(1 - R^2\right)\frac{n-1}{n-K} \tag{3.42}$$

と書けます。多くの場合, $\dfrac{n-1}{n-K} > 1$ です。たとえば, 単純回帰分析の場合は $K = 2$ なので, $n-1 > n-2$ です。自由度調整済み決定係数は決定係数よりも小さい値になるので, 決定係数 R^2 が低い値の場合には, 自由度調整済み決定係数は負の値をとる場合もあります。例として, $n = 20$, $K = 2$, $R^2 = 0.05$ の場合, 式 (3.42) を利用して

$$\text{adj}.R^2 = 1 - (1 - 0.05)\frac{19}{18} = -0.0028$$

となってしまいます。

3.3.5　多重回帰分析における特殊ケースと注意点

♦ **定数項がない回帰式**

定数項 $X_{11} = X_{12} = \cdots = X_{1n} = 1$ のない回帰式

$$Y_i = \beta_2 X_{2i} + u_i$$

を考えます。これから求める推定値を $\hat{\beta}_2$ とおき, 理論値を $\hat{Y}_i = \hat{\beta}_2 X_{2i}$ とすると, 残差の実現値は $\hat{u}_i = Y_i - \hat{\beta}_2 X_{2i}$ となります。つまり, 残差 2 乗和は

$$H = \sum \hat{u}_i^2 = \sum \left(Y_i - \hat{\beta}_2 X_{2i}\right)^2 = \sum Y_i - 2\hat{\beta}_2 \sum X_{2i} Y_i + \hat{\beta}_2^2 \sum X_{2i}^2 \tag{3.43}$$

となります。最小 2 乗法は残差 2 乗和を最小にする $\hat{\beta}_2$ を求める方法です。したがって, 式 (3.43) を $\hat{\beta}_2$ について微分して 0 とおくと, 次が得られます。

$$\frac{dH}{d\hat{\beta}_2} = -2\sum X_{2i} Y_i + 2\hat{\beta}_2 \sum X_{2i}^2 = 0$$

これを $\hat{\beta}_2$ について解くと，

$$\hat{\beta}_2 = \frac{\sum X_{2i}Y_i}{\sum X_{2i}^2}$$

が得られます。

この回帰式の残差に関するルールについて注意点があります。それは，残差の合計が 0 にならないことです。

$$\sum \hat{u}_i = \sum Y_i - \hat{\beta}_2 \sum X_{2i} = \sum Y_i - \frac{\sum X_{2i}Y_i}{\sum X_{2i}^2} \sum X_{2i} \neq 0 \qquad (3.44)$$

式 (3.44) は $X_{21} = X_{22} = \cdots = X_{2n} = 1$，すなわち，$\{X_{2i}\}$ が定数項の場合を除いて残差の合計が 0 にならないことを示唆しています。一方で，説明変数 $\{X_{2i}\}$ と残差 $\{\hat{u}_i\}$ の積和は 0 になります。

$$\sum X_{2i}\hat{u}_i = \sum X_{2i}\left(Y_i - \hat{\beta}_2 X_{2i}\right) = \sum X_{2i}Y_i - \frac{\sum X_{2i}Y_i}{\sum X_{2i}^2} \sum X_{2i}^2 = 0 \qquad (3.45)$$

したがって，残差に関する制約条件式は式 (3.45) の 1 本だけとなり，$\sum \hat{u}_i^2$ の自由度は $n-1$ になります。この場合の残差分散は $\hat{\sigma}^2 = \dfrac{\sum \hat{u}_i^2}{n-1}$ となります。

定数項を持たない影響は決定係数の計算でも生じます。残差の定義を用いると，次の式 (3.14) が得られました。

$$S_{yy} = S_{\hat{y}\hat{y}} + 2\sum\left(\hat{Y}_i - \bar{Y}\right)\hat{u}_i + \sum \hat{u}_i^2$$

切片と傾きを持つ単純回帰分析では，この式の右辺第 2 項が 0 になるので，式 (3.15) のように実績値の変動は理論値の変動と残差の変動に分解することができました。定数項を持たない回帰式では，右辺第 2 項は

$$\begin{aligned}\sum\left(\hat{Y}_i - \bar{Y}\right)\hat{u}_i &= \sum\left(\hat{\beta}_2 X_{2i} - \bar{Y}\right)\hat{u}_i = \hat{\beta}_2 \underbrace{\sum X_{2i}\hat{u}_i}_{=0} - \bar{Y} \underbrace{\sum \hat{u}_i}_{\neq 0} \\ &= -\bar{Y}\sum \hat{u}_i \neq 0\end{aligned}$$

となり 0 となりませんので，式 (3.15) の $S_{yy} = S_{\hat{y}\hat{y}} + \sum \hat{u}_i^2$ が成立しません。したがって，式 (3.16) で示された関係は成立しません。

$$R^2 = \frac{S_{\hat{y}\hat{y}}}{S_{yy}} \neq 1 - \frac{\sum \hat{u}_i^2}{S_{yy}} \tag{3.46}$$

定数項を持たない回帰式を統計分析や計量経済分析ソフトを使って分析する場合，式 (3.9) と式 (3.16) のどちらで決定係数を計算しているのかについて注意が必要です。

●●● 例 3.7 ●●●

マクロ経済学の IS-LM 分析で用いられる一国経済の消費支出は，絶対所得仮説に基づくケインズ（John Maynard Keynes）型消費関数で特徴付けられます。家計最終消費支出を C_i，国民可処分所得を d_i とおくと，次のように書けます。

$$C_i = \beta_1 + \beta_2 d_i + u_i$$

ここで，β_1 は生存に必要な（所得と無関係に必要な）消費水準で，基礎的消費とよばれています。β_2 は所得が 1 単位増加するときの消費の増加分を示す限界消費性向です。第 $i-1$ 期の消費支出は $C_{i-1} = \beta_1 + \beta_2 d_{i-1}$ なので，1 期間の差分は

$$C_i - C_{i-1} = \beta_2 (d_i - d_{i-1}) + u_i - u_{i-1} \quad (i = 2002, \cdots, 2010) \tag{3.47}$$

と書けます。ここで，$Y_i = C_i - C_{i-1}$，$X_{2i} = (d_i - d_{i-1})$，$v_i = u_i - u_{i-1}$ とおくと，回帰式は $Y_i = \beta_2 X_{2i} + v_i$ になります。

表 3.13 は 2001 年から 2010 年までの国民可処分所得と家計最終消費支出およびそれらの差分データを示しています。これを用いて，定数項のない回帰式 (3.47) を推定します。差分をとるので初期時点の 2001 年は欠損値になり，サンプルサイズは $n = 9$ です。データより，$\sum X_{2i}^2 = 1,220$，$\sum X_{2i} Y_i = 287$ なので，

$$\hat{\beta}_2 = \frac{\sum X_{2i} Y_i}{\sum X_{2i}^2} = \frac{287}{1,220} = 0.235$$

が得られます。したがって，式 (3.47) の推定回帰直線は $\hat{Y}_i = 0.235 X_i$ となります。決定係数は

$$R^2 = \frac{S_{\hat{y}\hat{y}}}{S_{yy}} = \frac{65.066}{84.222} = 0.773$$

となります。$\sum \hat{u}_i = -0.295$，$\sum X_{2i} \hat{u}_i = 0$ より，残差の和は 0 になりません。

表 3.13　国民可処分所得と家計最終消費支出

年次	国民可処分所得〔兆円〕 d_i	家計最終消費支出〔兆円〕 C_i	$d_i - d_{i-1}$ X_{2i}	$C_i - C_{i-1}$ Y_i	X_{2i}^2	$X_{2i}Y_i$	$\hat{u}_i$	$X_{2i}\hat{u}_i$
2001	405	289	-	-	-	-	-	-
2002	400	289	−5	0	25	0	1.176	−5.881
2003	405	288	5	−1	25	−5	−2.176	−10.881
2004	408	288	3	0	9	0	−0.706	−2.117
2005	413	292	5	4	25	20	2.824	14.119
2006	417	293	4	1	16	4	0.059	0.236
2007	421	295	4	2	16	8	1.059	4.236
2008	393	288	−28	−7	784	196	−0.413	11.567
2009	377	284	−16	−4	256	64	−0.236	3.777
2010	385	284	8	0	64	0	−1.882	−15.056
合計					1,220	287	−0.295	0

データ出所：『国民経済計算』（内閣府）

なお，差分をとる前の式 $C_i = \beta_1 + \beta_2 d_i$ の推定結果は

$$\hat{C}_i = 193.572 + 0.237d_i,\ \ R^2 = 0.867,\ \ \text{adj.}R^2 = 0.851,\ \ \hat{\sigma}^2 = 1.889$$

となり，傾きの推定値はきわめて近い値になっています。

●●● 例 3.8 ●●●

3.2 節の指数関数の推定例で示した半対数モデルを使って，定数項を持たない回帰式を推定しましょう。例 3.3 では表 3.8 のインドの人口推移データを半対数モデルに当てはめて推定しました。$\{y_i\}$ を人口，$\{X_i\}$ を年次（5 年おき）とすると，半対数モデルは次のように書けます。

$$\ln y_i = \ln a + cX_i + u_i \quad (i = 1950, 1955, \cdots, 2010,\ \ n = 12)$$

ここで，第 i 年と第 $i-1$ 年の差分をとると

$$\ln y_i - \ln y_{i-1} = c\,(X_i - X_{i-1}) + u_i - u_{i-1} \tag{3.48}$$

が得られます。ここで，$\ln y_i - \ln y_{i-1} = Y_i$，$c = \beta_2$，$X_i - X_{i-1} = X_{2i}$，$u_i - u_{i-1} = v_i$ と置き換えると，定数項のない回帰式 $Y_i = \beta_2 X_{2i} + v_i$ になります。

表 3.14 は差分のデータを表示しています。これを用いて β_2 の最小 2 乗推定値を計算します。

$$\hat{\beta}_2 = \frac{\sum X_{2i}Y_i}{\sum X_{2i}^2} = \frac{5.9594}{300} = 0.0199$$

表 3.14 インドの人口推移（差分データ）

年次	$X_i - X_{i-1}$ X_{2i}	$\ln y_i - \ln y_{i-1}$ Y_i	$X_{2i}Y_i$	X_{2i}^2	$\hat{Y}_i$	$\hat{u}_i$	$\hat{u}_i^2$	$X_{2i}\hat{u}_i$
1955	5	0.0888	0.4438	25	0.0993	−0.0106	0.00011	−0.053
1960	5	0.0972	0.4859	25	0.0993	−0.0022	0.00000	−0.011
1965	5	0.1029	0.5147	25	0.0993	0.0036	0.00001	0.018
1970	5	0.1096	0.5478	25	0.0993	0.0102	0.00010	0.051
1975	5	0.1162	0.5808	25	0.0993	0.0168	0.00028	0.084
1980	5	0.1181	0.5903	25	0.0993	0.0187	0.00035	0.094
1985	5	0.1139	0.5694	25	0.0993	0.0145	0.00021	0.073
1990	5	0.1078	0.5390	25	0.0993	0.0085	0.00007	0.042
1995	5	0.0988	0.4938	25	0.0993	−0.0006	0.00000	−0.003
2000	5	0.0887	0.4433	25	0.0993	−0.0107	0.00011	−0.053
2005	5	0.0786	0.3929	25	0.0993	−0.0208	0.00043	−0.104
2010	5	0.0716	0.3578	25	0.0993	−0.0278	0.00077	−0.139
合計	60	1.1919	5.9594	300	1.1919	0	0.00247	0
平均	5	0.0993						

すなわち，式 (3.48) の推定回帰直線は

$$\hat{Y}_i = 0.0199X_{2i}$$

となります。

なお，このデータは差分をとると説明変数がすべて $X_i - X_{i-1} = X_{2i} = 5$ という定数になるので，推定している式は $Y_i = 5 \cdot \beta_2 + v_i$ となります。つまり，$Y_i' = \dfrac{Y_i}{5}$，$v_i' = \dfrac{v_i}{5}$ と定義すると，

$$Y_i' = \hat{\beta}_2 + v_i' \tag{3.49}$$

なので，定数項がない回帰式というよりも，定数項しかない回帰式であることがわかります。$\hat{Y}_i = \hat{\beta}_2$ より $\hat{u}_i = Y_i' - \hat{\beta}_2$ ですから，式 (3.49) の残差 2 乗和は

$$H = \sum \hat{u}_i^2 = \sum \left(Y_i' - \hat{\beta}_2\right)^2 = \sum {Y'}_i^2 - 2\hat{\beta}_2 \sum Y_i' + n\hat{\beta}_2^2$$

となります。$\hat{\beta}_2$ に関する H の最小値は微分を用いて，$-2\sum Y_i' + 2n\hat{\beta}_2 = 0$ を解いて得られます。すなわち，

$$\hat{\beta}_2 = \frac{\sum Y_i'}{n} \qquad \left(= \frac{\sum Y_i}{5n} \right)$$

からも計算できることになります。$\sum Y_i = 1.1919$，$n = 12$ より，

$$\hat{\beta}_2 = \frac{1.1919}{5 \cdot 12} = 0.0199$$

なので，まったく同じ結果が得られます。一般に，定数項だけの回帰式 $Y_i = \alpha + u_i$ の最小 2 乗推定値は $\hat{\alpha} = \bar{Y}$ となります。

♦ 多重共線性

多重回帰分析において，説明変数間に完全な線形関係がある場合，推定値を計算することができません。この問題を**多重共線性**とよびます。たとえば，回帰式 $Y_i = \beta_1 + \beta_2 X_{2i} + \beta_3 X_{3i} + u_i$ において，二つの説明変数 $\{X_{2i}\}$ と $\{X_{3i}\}$ の間に，

$$X_{2i} = c + dX_{3i} \tag{3.50}$$

という関係があるとしましょう。ただし，$d \neq 0$ とします。このとき $\{X_{2i}\}$ の偏差 2 乗和は

$$S_{22} = \sum \left(X_{2i} - \bar{X}_2\right)^2 = \sum \left\{(c + dX_{3i}) - \left(c + d\bar{X}_3\right)\right\}^2 = d^2 S_{33} \tag{3.51}$$

となります。また，$\{X_{2i}\}$ と $\{X_{3i}\}$ の偏差の積和は

$$\begin{aligned} S_{23} &= \sum \left(X_{2i} - \bar{X}_2\right)\left(X_{3i} - \bar{X}_3\right) \\ &= \sum \left\{(c + dX_{3i}) - \left(c + d\bar{X}_3\right)\right\}\left(X_{3i} - \bar{X}_3\right) = dS_{33} \end{aligned} \tag{3.52}$$

となります。ここで，$Y_i = \beta_1 + \beta_2 X_{2i} + \beta_3 X_{3i} + u_i$ の最小 2 乗推定値は式 (3.30) や式 (3.31) で示されますが，その分母は $S_{22}S_{33} - S_{23}^2$ です。$\{X_{2i}\}$ と $\{X_{3i}\}$ の間に式 (3.50) の関係があるときは，式 (3.51) および式 (3.52) が成立するので

$$S_{22}S_{33} - S_{23}^2 = \left(d^2 S_{33}\right) \cdot S_{33} - (dS_{33})^2 = 0$$

となり，分母は 0 になります。したがって，$\hat{\beta}_2$ や $\hat{\beta}_3$ はもはや計算不能になってしまいます。

式 (3.50) の場合，$\{X_{2i}\}$ と $\{X_{3i}\}$ の相関係数はちょうど 1 または -1 になります。これは式 (3.51) と式 (3.52) を相関係数の定義式に代入するとわかります。

$$r_{23} = \frac{S_{23}}{\sqrt{S_{22} \cdot S_{33}}} = \frac{dS_{33}}{\sqrt{d^2 S_{33} \cdot S_{33}}} = \frac{dS_{33}}{|d|\, S_{33}} = \begin{cases} 1 & (d > 0 \text{ の場合}) \\ -1 & (d < 0 \text{ の場合}) \end{cases}$$

最小 2 乗推定値の分母は $S_{22}S_{33} - S_{23}^2 = S_{22}S_{33}\left(1 - r_{23}^2\right)$ と書けるので，相関係数が 1 または -1 の場合は分母が 0 になり，計算不能に陥ります。

たとえば，表 3.15 のデータを用いて $Y_i = \beta_1 + \beta_2 X_{2i} + \beta_3 X_{3i} + u_i$ を推定する場合，$X_{2i} = 32 + 1.8X_{3i}$ なる関係があるため，推定値そのものを計算することができません。

表 3.15 気温とカゼ薬への支出額

月	華氏 X_{2i}	摂氏 X_{3i}	カゼ薬への支出額 Y_i
1	39.92	4.4	241
2	40.64	4.8	263
3	45.68	7.6	235
4	57.74	14.3	160
5	63.14	17.3	155
6	72.86	22.7	118
7	77.00	25.0	111
8	81.14	27.3	100
9	74.84	23.8	113
10	64.40	18.0	204
11	51.80	11.0	268
12	39.92	4.4	314

注：摂氏と華氏の間の関係は $X_{2i} = 32 + 1.8X_{3i}$

♦ 多項式の推定

3.2 節では非線形な関係式を対数線形に変換して推定する方法について学びました。データの動きを忠実に再現するという意味で，次のような多項式が用いられる場合があります。

$$Y_i = \beta_1 + \beta_2 X_i + \beta_3 X_i^2 + u_i \tag{3.53}$$

式 (3.53) は説明変数の 2 乗項が含まれています。この場合，Y_i を定数項，X_i および X_i^2 に回帰させる多重回帰分析が適用できます。表 3.16 は製造業の生産労働者の年齢と賃金に関するデータを示しています。多くの場合，ある程度の年齢までは年功により賃金が上昇しますが，定年を迎える 50 歳代後半から 60 歳以降は低下を続けます。この曲線的な関係性を賃金カーブとよびます。図 3.16 はこれを散布図にしたものです。賃金カーブを推定するために，式 (3.53) のような 2 次式がよく用いられます。式 (3.53) を推定するには，表 3.17 のワークシートのように，X_i^2 の項をあらかじめ作成しておきます。

式 (3.53) の推定結果は以下の放物線になります。

$$\hat{Y}_i = -137.732 + 18.457X_i - 0.187X_i^2$$
$$R^2 = 0.785,\ \text{adj.}R^2 = 0.775$$

表 3.16　製造業（企業規模：10〜99 人）の生産労働者（高校卒，男性）の年齢と賃金

年齢 X_i	所定内給与額〔千円/月〕 Y_i	年齢 X_i	所定内給与額〔千円/月〕 Y_i	年齢 X_i	所定内給与額〔千円/月〕 Y_i
18	167.7	34	257.8	50	331.0
19	170.8	35	245.2	51	339.6
20	170.1	36	282.8	52	328.3
21	179.2	37	263.6	53	327.8
22	176.6	38	282.6	54	357.6
23	188.2	39	257.4	55	298.0
24	188.6	40	277.0	56	324.0
25	213.1	41	291.3	57	313.3
26	217.3	42	305.1	58	315.0
27	210.6	43	370.9	59	320.8
28	232.0	44	331.2	60	258.0
29	226.5	45	423.8	61	249.5
30	228.9	46	330.9	62	298.1
31	226.7	47	315.3	63	260.1
32	232.1	48	287.6	64	260.7
33	246.2	49	325.7	65	260.0

データ出所：『賃金構造基本統計調査』（厚生労働省）

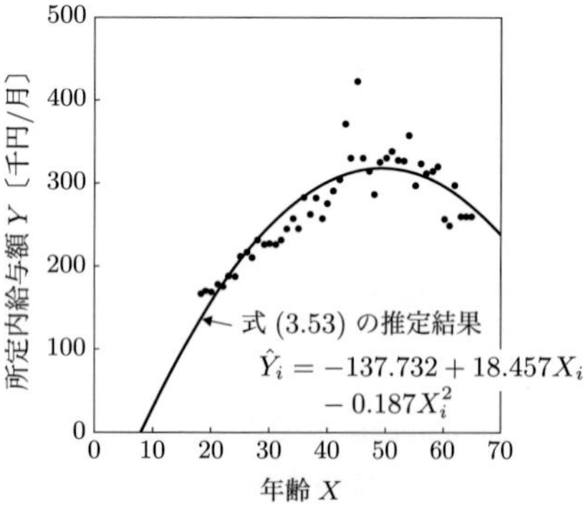

図 3.16　年齢と賃金の関係

放物線の理論値 $\hat{Y}_i = \hat{\beta}_1 + \hat{\beta}_2 X_i + \hat{\beta}_3 X_i^2$ を X_i について微分すると，導関数 $\dfrac{d\hat{Y}_i}{dX_i} = \hat{\beta}_2 + 2\hat{\beta}_3 X_i$ が得られます。これをもう一度微分すると，$\dfrac{d^2\hat{Y}_i}{dX_i^2} = 2\hat{\beta}_3$ が得られます。$\hat{\beta}_3 > 0$ ならば導関数の傾きは正なので，2 次式は下に凸の放物線（極値が最小値）になり，$\hat{\beta}_3 < 0$ ならば導関数の傾きは負なので，2 次式は上に凸の放物

表 3.17 多項式（2 次式）推定のためのワークシート

年齢 X_i	年齢 2 乗 X_i^2	所定内給与額〔千円/月〕 Y_i
18	324	167.7
19	361	170.8
20	400	170.1
21	441	179.2
22	484	176.6
⋮	⋮	⋮
65	4,225	260.0

線（極値が最大値）になります。表 3.16 のデータの場合では，2 乗項の回帰係数が $\hat{\beta}_3 = -0.187$ なので，回帰式は上に凸の放物線になります。

3.4 第 3 章の例題

単純回帰分析

例題 12

表 3.18 の $n = 5$ のデータ $\{X_i\}, \{Y_i\}$ について単純回帰分析を行います。次の問いに答えなさい。

(1) 最小 2 乗法を用いて回帰式 $Y_i = \alpha + \beta X_i + u_i$ を推定しなさい。

(2) 推定回帰直線を利用して，残差 2 乗和，決定係数および自由度調整済み決定係数を計算しなさい。

(3) 表 3.4 を参考にして，分散分析表を完成させなさい。

(4) $X = 1$ の場合の予測値 $\hat{Y}_0$ を求めなさい。

表 3.18 単純回帰分析データ

i	X_i	Y_i
1	5	15
2	5	12
3	9	8
4	11	3
5	10	2
合計	40	40
平均	8	8

解答例

(1) データより，$S_{xx} = \sum\left(X_i - \bar{X}\right)^2 = 32$，$S_{xy} = \sum\left(X_i - \bar{X}\right)\left(Y_i - \bar{Y}\right) = -60$ なので，

$$\hat{\beta} = \frac{S_{xy}}{S_{xx}} = -\frac{60}{32} = -1.875$$

となり，また，$\bar{Y} = 8$，$\bar{X} = 8$ より

$$\hat{\alpha} = \bar{Y} - \hat{\beta}\bar{X} = 8 - (-1.875) \times 8 = 23$$

となります。以上より，推定回帰直線は $\hat{Y}_i = 23 - 1.875X_i$ と書けます。

(2) 表 3.19 を参照。(1) の結果より，次の理論値が得られます。

$$\hat{Y}_1 = 23 - 1.875 \times 5 = 13.625$$
$$\hat{Y}_2 = 23 - 1.875 \times 5 = 13.625$$
$$\hat{Y}_3 = 23 - 1.875 \times 9 = 6.125$$
$$\hat{Y}_4 = 23 - 1.875 \times 11 = 2.375$$
$$\hat{Y}_5 = 23 - 1.875 \times 10 = 4.25$$

これを用いて，残差 $\hat{u}_i = Y_i - \hat{Y}_i$ は次のように計算できます。

$$\hat{u}_1 = 15 - 13.625 = 1.375$$
$$\hat{u}_2 = 12 - 13.625 = -1.625$$
$$\hat{u}_3 = 8 - 6.125 = 1.875$$
$$\hat{u}_4 = 3 - 2.375 = 0.625$$
$$\hat{u}_5 = 2 - 4.25 = -2.25$$

したがって，残差 2 乗和は

$$\sum \hat{u}_i^2 = 1.375^2 + (-1.625)^2 + 1.875^2 + 0.625^2 + (-2.25)^2 = 13.5$$

表 3.19　理論値と残差

i	X_i	Y_i	$\hat{Y}_i$	$\hat{u}_i$	$\hat{u}_i^2$
1	5	15	13.625	1.375	1.890625
2	5	12	13.625	−1.625	2.640625
3	9	8	6.125	1.875	3.515625
4	11	3	2.375	0.625	0.390625
5	10	2	4.25	−2.25	5.0625
合計	40	40	40	0	13.5

となります。なお，残差に関して次の二つのルールが成立しています。

$$\sum \hat{u}_i = 1.375 + (-1.625) + 1.875 + 0.625 - 2.25 = 0$$

$$\sum X_i\hat{u}_i = 5 \cdot 1.375 + 5 \cdot (-1.625) + 9 \cdot 1.875 + 11 \cdot 0.625 + 10 \cdot (-2.25) = 0$$

$S_{yy} = 126$，$\sum \hat{u}_i^2 = 13.5$ より，決定係数および自由度調整済み決定係数は

$$R^2 = 1 - \frac{\sum \hat{u}_i^2}{S_{yy}} = 1 - \frac{13.5}{126} = 0.893$$

$$\text{adj.}R^2 = 1 - \frac{\dfrac{\sum \hat{u}_i^2}{n-2}}{\dfrac{S_{yy}}{n-1}} = 1 - \frac{13.5/3}{126/4} = 0.857$$

となります。

(3) $n = 5$ のデータにおいて，回帰（理論値）$\hat{Y}_i$，残差 $\hat{u}_i$，合計（実績値）Y_i に関する自由度とばらつきの指標を表 3.20 にまとめます。

表 3.20 分散分析表

	自由度	変動	分散	観測された分散比
回帰	[1] 1	[4] 112.5	[7] 112.5	[9] 25
残差	[2] 3	[5] 13.5	[8] 4.5	
合計	[3] 4	[6] 126.0		

自由度は残差 2 乗和が $n-2=3$（[2] の欄），実績値の偏差 2 乗和が $n-1=4$（[3]）です。自由度は [1] + [2] = [3] でなければならないので，[1] の理論値の偏差 2 乗和の自由度は 1 になります。変動の値は (2) の計算より $\sum \hat{u}_i^2 = 13.5$（[5]），$S_{yy} = 126$（[6]）なので，[4] + [5] = [6] より $S_{\hat{y}\hat{y}} = 126 - 13.5 = 112.5$（[4]）となります。分散は変動を自由度で割った値なので，[7] は $S_{\hat{y}\hat{y}} = 112.5$，[8] は $\hat{\sigma}^2 = \dfrac{\sum \hat{u}_i^2}{n-2} = \dfrac{13.5}{3} = 4.5$ となります。観測された分散比は $\dfrac{S_{\hat{y}\hat{y}}}{\hat{\sigma}^2} = \dfrac{112.5}{4.5} = 25$（[9]）です。

(4) $\hat{Y}_0 = 23 - 1.875 \cdot [1] = 21.125$

■ 補足説明 ■　Excel には単純回帰分析における傾きと切片を求める関数が用意されています。

傾きを求めるには，SLOPE 関数を利用します。

```
=slope(被説明変数データ，説明変数データ)
```

切片を求めるには，INTERCEPT 関数を利用します。

```
=intercept(被説明変数データ，説明変数データ)
```

また，決定係数を求めるには，RSQ 関数を利用します。

```
=rsq(被説明変数データ，説明変数データ)
```

例題 13　多重回帰分析

表 3.21 の $n = 5$ のデータ $\{X_{2i}\}$, $\{X_{3i}\}$, $\{Y_i\}$ について多重回帰分析を行います。次の問いに答えなさい。

(1) 最小 2 乗法を用いて回帰式 $Y_i = \beta_1 + \beta_2 X_{2i} + \beta_3 X_{3i} + u_i$ を推定しなさい。

(2) 推定回帰平面を利用して，残差 2 乗和，決定係数および自由度調整済み決定係数を計算しなさい。

(3) 表 3.4 を参考にして，分散分析表を完成させなさい。

(4) $X_2 = 1$ および $X_3 = 10$ の場合の予測値 $\hat{Y}_0$ を求めなさい。

表 3.21　多重回帰分析データ

i	X_{2i}	X_{3i}	Y_i
1	5	8	15
2	5	7	12
3	9	5	8
4	11	4	3
5	10	1	2
合計	40	25	40
平均	8	5	8

解答例

(1) 表 3.22 のワークシートにより

$$\hat{\beta}_2 = \frac{S_{2y}S_{33} - S_{23}S_{3y}}{S_{22}S_{33} - S_{23}^2} = \frac{(-60)\cdot 30 - (-26)\cdot 58}{32\cdot 30 - (-26)^2} = \frac{-292}{284}$$

$$= -1.028$$

表 3.22 多重回帰分析のワークシート

i	$X_{2i}-\bar{X}_2$	$X_{3i}-\bar{X}_3$	$Y_i-\bar{Y}$	$(X_{2i}-\bar{X}_2)^2$	$(X_{3i}-\bar{X}_3)^2$	$(Y_i-\bar{Y})^2$
1	−3	3	7	9	9	49
2	−3	2	4	9	4	16
3	1	0	0	1	0	0
4	3	−1	−5	9	1	25
5	2	−4	−6	4	16	36
合計	0	0	0	$S_{22}=32$	$S_{33}=30$	$S_{yy}=126$

i	$(X_{2i}-\bar{X}_2)(Y_i-\bar{Y})$	$(X_{3i}-\bar{X}_3)(Y_i-\bar{Y})$	$(X_{2i}-\bar{X}_2)(X_{3i}-\bar{X}_3)$
1	−21	21	−9
2	−12	8	−6
3	0	0	0
4	−15	5	−3
5	−12	24	−8
合計	$S_{2y}=-60$	$S_{3y}=58$	$S_{23}=-26$

$$\hat{\beta}_3=\frac{S_{3y}S_{22}-S_{23}S_{2y}}{S_{22}S_{33}-S_{23}^2}=\frac{58\cdot 32-(-26)\cdot(-60)}{32\cdot 30-(-26)^2}=\frac{296}{284}=1.042$$

$$\hat{\beta}_1=\bar{Y}-\hat{\beta}_2\bar{X}_2-\hat{\beta}_3\bar{X}_3=8-(-1.028)\cdot 8-1.042\cdot 5=11.014$$

なので，推定回帰式は次のようになります。

$$\hat{Y}_i=11.014-1.028X_{2i}+1.042X_{3i}$$

(2) 表 3.23 を参照。(1) の計算結果より理論値は

$$\hat{Y}_1=11.014-1.028\cdot 5+1.042\cdot 8=14.211$$
$$\hat{Y}_2=11.014-1.028\cdot 5+1.042\cdot 7=13.169$$
$$\hat{Y}_3=11.014-1.028\cdot 9+1.042\cdot 5=6.972$$
$$\hat{Y}_4=11.014-1.028\cdot 11+1.042\cdot 4=3.873$$
$$\hat{Y}_5=11.014-1.028\cdot 10+1.042\cdot 1=1.775$$

表 3.23 理論値と残差

i	$\hat{Y}_i$	$\hat{u}_i$	$\hat{u}_i^2$	$(\hat{Y}_i-\bar{Y})^2$
1	14.211	0.789	0.622	38.580
2	13.169	−1.169	1.367	26.719
3	6.972	1.028	1.057	1.057
4	3.873	−0.873	0.763	17.030
5	1.775	0.225	0.051	38.755
合計	$\sum\hat{Y}_i=40$	0	$\sum\hat{u}_i^2=3.859$	$S_{\hat{y}\hat{y}}=122.141$

となるので，残差は次のように計算できます。

$$\hat{u}_1 = Y_1 - \hat{Y}_1 = 15 - 14.211 = 0.789$$
$$\hat{u}_2 = Y_2 - \hat{Y}_2 = 12 - 13.169 = -1.169$$
$$\hat{u}_3 = Y_3 - \hat{Y}_3 = 8 - 6.972 = 1.028$$
$$\hat{u}_4 = Y_4 - \hat{Y}_4 = 3 - 3.873 = -0.873$$
$$\hat{u}_5 = Y_5 - \hat{Y}_5 = 2 - 1.775 = 0.225$$

したがって，残差 2 乗和は

$$\sum \hat{u}_i^2 = 0.789^2 + (-1.169)^2 + 1.028^2 + (-0.873)^2 + 0.225^2 = 3.859$$

となります。$S_{yy} = 126$，$\sum \hat{u}_i^2 = 3.859$ より，決定係数は

$$R^2 = 1 - \frac{3.859}{126} = 0.969$$

となり，自由度調整済み決定係数は次のようになります。

$$\text{adj}.R^2 = 1 - \frac{\dfrac{3.859}{5-3}}{\dfrac{126}{5-1}} = 0.939$$

(3) 表 3.24 を参照。回帰（理論値）の変動の自由度は $K - 1 = 3 - 1 = 2$（[1]），残差 2 乗和の自由度は $n - K = 5 - 3 = 2$（[2]）なので，実績値の変動の自由度は $(K-1) + (n-K) = n - 1 = 5 - 1 = 4$（[3]）となります。変動の値は表 3.23 の計算結果より，$S_{\hat{y}\hat{y}} = 122.141$（[4]），$\sum \hat{u}_i^2 = 3.859$（[5]），$S_{yy} = 126$（[6]）です。 分散は $\dfrac{S_{\hat{y}\hat{y}}}{K-1} = \dfrac{122.141}{2} = 61.070$（[7]），$\hat{\sigma}^2 = \dfrac{\sum \hat{u}_i^2}{n-K} = \dfrac{3.859}{2} = 1.930$（[8]），観測された分散比は $\dfrac{\frac{S_{\hat{y}\hat{y}}}{K-1}}{\hat{\sigma}^2} = \dfrac{61.070}{1.930} = 31.650$（[9]）となります。

(4) $\hat{Y}_0 = 11.014 - 1.028 \cdot [1] + 1.042 \cdot [10] = 20.408$

表 3.24　多重回帰分析の分散分析表

	自由度	変動	分散	観測された分散比
回帰	[1] 2	[4] 122.141	[7] 61.070	[9] 31.650
残差	[2] 2	[5] 3.859	[8] 1.930	
合計	[3] 4	[6] 126.000		

■ 補足説明 ■　以上の回帰分析は Excel の「分析ツール」を利用して簡単に行うことができます。「分析ツール」を利用するには，Excel のアドインを有効にする必要があります*3。

データが図 3.17 (a) のようにワークシートに入力されているとしましょう。アドインを有効にした上で，［データ］タブから［分析］→［データ分析］を選ぶと図 3.17 (b) に示す［データ分析］ダイアログが開くので，［分析ツール］から［回帰分析］を選びます。図 3.17 (c) のように，［回帰分析］ダイアログにおいて［入力 Y 範囲］に被説明変数データ $\{Y_i\}$ を，［入力 X 範囲］には説明変数データ $\{X_{2i}\}$ と $\{X_{3i}\}$ をまとめて指定します。ここで，被説明変数および説明変数を指定する際に，数値データに加えてラベル（変数の名前）を含める場合には［ラベル］にチェックを入れます。OK をクリックすると，図 3.17 (d) のように「概要」が別シートに出力され，推定結果が得られます。

「概要」には三つの表が推定結果として出力されます。まず，「回帰統計」には次の計算結果が記述されています。

重相関 R：	実績値と理論値の相関係数 $\dfrac{S_{y\hat{y}}}{\sqrt{S_{yy} \cdot S_{\hat{y}\hat{y}}}}$
重決定 R^2：	決定係数 R^2
補正 R^2：	自由度調整済み決定係数 adj.R^2
標準誤差：	回帰の標準誤差（残差分散の平方根）$\hat{\sigma} = \sqrt{\dfrac{\sum \hat{u}_i^2}{n-K}}$
観測数：	サンプルサイズ n

「分散分析表」は表 3.4 に対応するものです。「有意 F」は「観測された分散比」による検定における F 分布上の確率値を示しています。詳細は第 4 章で説明します。最後の表は推定値とその有意性に関するものです。回帰係数の最小 2 乗推定値が「係数」の列に示されます。「標準誤差」「t」「P-値」「下限 95％」「上限 95％」については，第 4 章の仮説検定において説明します。

---

*3 Excel のアドインの設定方法は Excel のバージョンによって異なります。わからない人は Web で調べてください。例えば，Microsoft Office のサポートサイトは，http://office.microsoft.com/ja-jp/support/ です。なお，Excel 2010 の場合は，［ファイル］タブから［オプション］を選んで［Excel のオプション］ダイアログを開き，左側にあるメニューの［アドイン］を選択してダイアログ下部にある［設定］ボタンをクリックします。［アドイン］ダイアログが開くので，［分析ツール］のチェックを有効にします。

	A	B	C	D
1	i	X2	X3	Y
2	1	5	8	15
3	2	5	7	12
4	3	9	5	8
5	4	11	4	3
6	5	10	1	2

(a) データを記述したワークシート

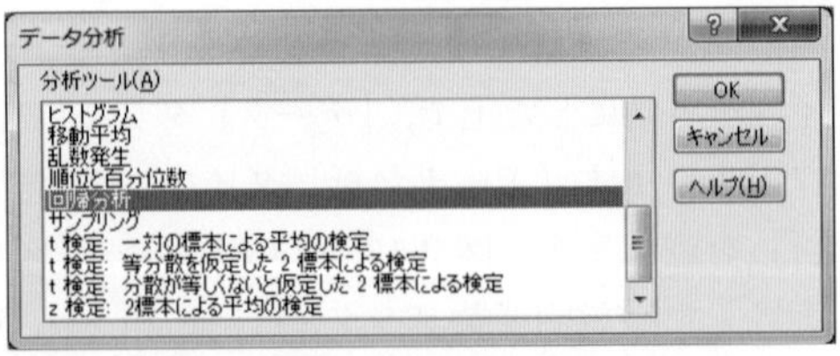

(b) ［データ分析］ダイアログ（回帰分析を選択）

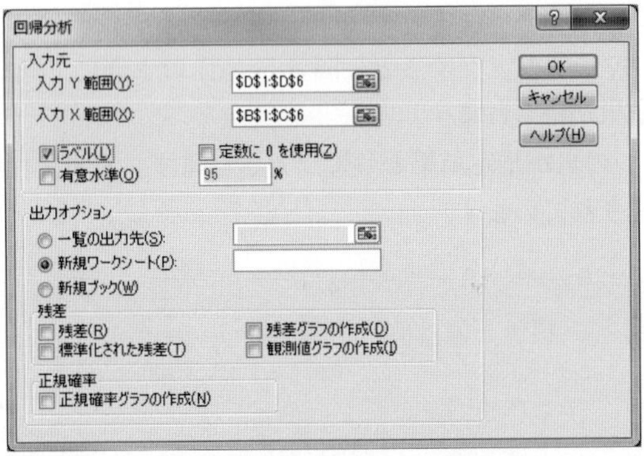

(c) ［回帰分析］ダイアログ

	A	B	C	D	E	F	G	H	I
1	概要								
2									
3	回帰統計								
4	重相関 R	0.984567							
5	重決定 R2	0.969372							
6	補正 R2	0.938744							
7	標準誤差	1.389092							
8	観測数	5							
9									
10	分散分析表								
11		自由度	変動	分散	測された分散	有意 F			
12	回帰	2	122.1408	61.07042	31.64964	0.030628			
13	残差	2	3.859155	1.929577					
14	合計	4	126						
15									
16		係数	標準誤差	t	P-値	下限 95%	上限 95%	下限 95.0%	上限 95.0%
17	切片	11.01408	5.744431	1.91735	0.195231	−13.7022	35.73038	−13.7022	35.73038
18	X2	−1.02817	0.451474	−2.27736	0.150473	−2.9707	0.914366	−2.9707	0.914366
19	X3	1.042254	0.46628	2.235252	0.154934	−0.96399	3.048495	−0.96399	3.048495

(d) 分析結果（概要）

図 3.17　Excel の「分析ツール」による回帰分析

表 3.25　都道府県別世帯あたりエアコン所有台数（例題 14）

id	都道府県	平均 世帯人員 X_{2i}	1 世帯あたり 年間収入〔百万円〕 X_{3i}	年間平均気温 〔°C〕 X_{4i}	1 世帯あたり 所有台数 Y_i
1	北海道	2.2	5.1	8.9	0.2
2	青森県	2.6	4.5	10.4	0.8
3	岩手県	2.7	4.7	10.2	0.7
4	宮城県	2.6	4.3	12.4	1.5
5	秋田県	2.7	4.3	11.7	1.5
6	山形県	2.9	5.0	11.7	2.1
7	福島県	2.8	4.6	13.0	1.6
8	茨城県	2.7	5.9	13.6	2.5
9	栃木県	2.7	5.9	13.8	2.7
10	群馬県	2.6	4.5	14.6	2.6
11	埼玉県	2.5	5.6	15.0	2.8
12	千葉県	2.4	5.2	15.4	2.5
13	東京都	2.0	6.4	16.3	2.6
14	神奈川県	2.3	5.7	15.8	2.5
15	新潟県	2.8	5.1	13.9	2.8
16	富山県	2.8	4.8	14.1	3.0
17	石川県	2.6	5.3	14.6	2.8
18	福井県	2.9	5.0	14.5	3.3
19	山梨県	2.6	5.1	14.7	1.9
20	長野県	2.7	4.9	11.9	1.1
21	岐阜県	2.8	4.9	15.8	2.8
22	静岡県	2.7	5.2	16.5	2.6
23	愛知県	2.5	5.3	15.8	2.8
24	三重県	2.6	4.5	15.9	3.3
25	滋賀県	2.7	4.7	14.7	3.4
26	京都府	2.3	5.4	15.9	3.0
27	大阪府	2.3	4.5	16.9	2.8
28	兵庫県	2.4	5.0	16.7	2.8
29	奈良県	2.6	5.5	14.9	3.3
30	和歌山県	2.5	5.3	16.7	3.3
31	鳥取県	2.7	4.2	14.9	2.7
32	島根県	2.7	4.5	14.9	2.7
33	岡山県	2.5	4.2	16.2	3.1
34	広島県	2.4	5.0	16.3	2.7
35	山口県	2.4	5.1	16.7	2.6
36	徳島県	2.5	5.0	16.6	3.4
37	香川県	2.5	4.7	16.3	3.4
38	愛媛県	2.4	4.7	16.5	2.9
39	高知県	2.3	5.1	17.0	2.5
40	福岡県	2.4	4.5	17.0	2.6
41	佐賀県	2.8	5.0	16.5	2.9
42	長崎県	2.5	5.4	17.2	2.4
43	熊本県	2.6	4.3	16.9	2.6
44	大分県	2.4	5.0	16.4	2.4
45	宮崎県	2.4	4.1	17.4	2.4
46	鹿児島県	2.3	5.3	18.6	2.2
47	沖縄県	2.6	3.6	23.1	1.9

データ出所：『全国消費実態調査』（総務省），『家計調査』（総務省），『気象統計情報』（気象庁）

例題 14　都道府県別世帯あたりエアコン所有台数の推定

表 3.25 のデータを利用して，47 都道府県のルームエアコンの所有台数データ $\{Y_i\}$ を定数項，平均世帯人員 $\{X_{2i}\}$，1 世帯あたり年間収入 $\{X_{3i}\}$，年間平均気温 $\{X_{4i}\}$ に回帰させて分析を行います。次の問いに答えなさい（Excel を使います）。

(1) 最小 2 乗法を用いて，回帰式 $Y_i = \beta_1 + \beta_2 X_{2i} + \beta_3 X_{3i} + \beta_4 X_{4i} + u_i$ を推定しなさい。

(2) 決定係数および自由度調整済み決定係数を計算しなさい。

(3) 表 3.4 を参考にして，分散分析表を完成させなさい。

(4) 平均世帯人員と年間平均気温が同じ都道府県があった場合，1 世帯あたり年間収入が 100 万円異なると，エアコンの 1 世帯あたり所有台数はどの程度異なるか答えなさい。

(5) 平均世帯人員と 1 世帯あたり年間収入が同じ都道府県があった場合，年間平均気温が 1°C 異なると，エアコンの 1 世帯あたり所有台数はどの程度異なるか答えなさい。

解答例

(1) $\hat{Y}_i = -6.330 + 1.266X_{2i} + 0.467X_{3i} + 0.216X_{4i}$

(2) $R^2 = 0.470$，$\mathrm{adj}.R^2 = 0.434$

(3) 表 3.26 を参照。

自由度：$n = 47$，$K = 4$ より，自由度は回帰（理論値）の偏差 2 乗和が $K - 1 = 4 - 1 = 3$，残差 2 乗和が $n - K = 47 - 4 = 43$，実績値が $n - 1 = 47 - 1 = 46$

変動：　理論値の偏差 2 乗和 $S_{\hat{y}\hat{y}} = 11.388$，残差 2 乗和 $\sum \hat{u}_i^2 = 12.817$，実績値の偏差 2 乗和 $S_{yy} = 24.205$

分散：　回帰の分散 $\dfrac{S_{\hat{y}\hat{y}}}{3} = 3.796$，残差分散 $\hat{\sigma}^2 = \dfrac{\sum \hat{u}_i^2}{47 - 4} = 0.298$

表 3.26　分散分析表

	自由度	変動	分散	観測された分散比
回帰	3	11.388	3.796	12.736
残差	43	12.817	0.298	
合計	46	24.205		

観測された分散比：$\dfrac{S_{\hat{y}\hat{y}}/3}{\hat{\sigma}^2} = 12.736$

(4) 推定回帰式より，次の二つの理論値を比較します。

$$\hat{Y}_a = -6.330 + 1.266X_2 + 0.467X_3 + 0.216X_4$$
$$\hat{Y}_b = -6.330 + 1.266X_2 + 0.467\,(X_3 + 1) + 0.216X_4$$

$\hat{Y}_b - \hat{Y}_a = 0.467\,(X_3 + 1) - 0.467X_3 = 0.467$〔台〕より，他の事情が等しければ（平均世帯人員と年間平均気温が同じならば）1 世帯あたり年間収入が 100 万円異なると，エアコンの 1 世帯あたり所有台数は 0.467 台異なることがわかります。

(5) 推定回帰式より，次の二つの理論値を比較します。

$$\hat{Y}_a = -6.330 + 1.266X_2 + 0.467X_3 + 0.216X_4$$
$$\hat{Y}_b = -6.330 + 1.266X_2 + 0.467X_3 + 0.216\,(X_4 + 1)$$

$\hat{Y}_b - \hat{Y}_a = 0.216\,(X_4 + 1) - 0.216X_4 = 0.216$〔台〕より，他の事情が等しければ（平均世帯人員と年間収入が同じならば）年間平均気温が 1°C 異なると，エアコンの 1 世帯あたり所有台数は 0.216 台異なることがわかります。

コブ＝ダグラス型生産関数の推定

例題 15

表 3.27 の上場企業（繊維製品製造業）の売上高データを用いて，コブ＝ダグラス（Cobb-Douglas）型生産関数 $Y_i = AL_i^{\alpha} K_i^{\beta} e^{u_i}$ を推定しなさい。

解答例

データにおいて，売上高 Y_i は「生産量」，従業員数 L_i は「労働」，総資産（有形固定資産と無形固定資産）K_i は「資本」に対応します。コブ＝ダグラス型生産関数 $Y_i = AL_i^{\alpha} K_i^{\beta} e^{u_i}$ の両辺の対数をとると

$$\ln Y_i = \ln A + \alpha \ln L_i + \beta \ln K_i + u_i$$

が得られ，両対数モデルになります。すなわち，$\ln Y_i$ を定数項，$\ln L_i$ および $\ln K_i$ に回帰させて $\ln A$ および α, β を推定します。

推定結果は次のようになります。

$$\ln \hat{Y}_i = -0.398 + 0.295 \ln L_i + 0.686 \ln K_i$$
$$R^2 = 0.917, \ \ \text{adj.}R^2 = 0.914$$

表 3.27　上場企業（繊維製品製造業）の売上高，従業員数，総資産

id	従業員数〔人〕 L_i	総資産〔億円〕 K_i	売上高〔億円〕 Y_i	id	従業員数〔人〕 L_i	総資産〔億円〕 K_i	売上高〔億円〕 Y_i
1	40,227	15,674	15,397	30	1,910	531	229
2	16,819	7,621	8,543	31	483	286	225
3	22,304	5,345	3,793	32	912	198	216
4	10,479	4,378	3,495	33	279	124	181
5	3,993	2,769	2,424	34	473	318	180
6	4,745	2,684	1,746	35	583	164	174
7	16,524	2,210	1,718	36	295	162	173
8	5,036	1,753	1,590	37	326	331	168
9	5,922	1,907	1,477	38	782	343	163
10	8,963	1,685	1,366	39	1,045	139	162
11	1,810	987	1,046	40	466	150	145
12	4,466	1,113	876	41	1,006	137	145
13	5,235	887	860	42	966	132	137
14	1,550	689	830	43	234	112	136
15	1,464	381	746	44	274	222	136
16	2,349	728	708	45	307	129	121
17	1,942	434	486	46	667	205	120
18	1,437	1,129	477	47	658	262	115
19	3,217	900	458	48	740	171	107
20	1,532	513	440	49	286	126	92
21	1,493	441	403	50	170	270	92
22	1,922	329	388	51	107	227	81
23	1,285	434	372	52	425	99	62
24	1,451	401	362	53	258	52	53
25	1,653	195	339	54	80	42	49
26	1,441	725	318	55	63	17	44
27	496	159	297	56	285	52	37
28	1,779	484	295	57	68	20	5
29	256	288	249				

データ出所：有価証券報告書

■ 補足説明 ■　コブ＝ダグラス型生産関数の回帰係数は，企業の生産技術に関する指標です。べき関数を両対数モデルに変換した場合，その回帰係数は弾力性を示していることを 3.2 節で学びました。たとえば，総資産が $K_i = K_a$ で一定であるとしましょう。このとき，従業員数が L_a から L_b に変化し，売上が Y_a から Y_b に変化するとします。すなわち，変化前と変化後のコブ＝ダグラス型生産関数は

$$\text{変化前：}\quad \ln \hat{Y}_a = -0.398 + 0.295 \ln L_a + 0.686 \ln K_a$$

$$\text{変化後：}\quad \ln \hat{Y}_b = -0.398 + 0.295 \ln L_b + 0.686 \ln K_a$$

となります。変化後の式から変化前の式を引くと

$$\ln \hat{Y}_b - \ln \hat{Y}_a = 0.295\,(\ln L_b - \ln L_a)$$

なので，次が得られます。

$$[\text{生産の労働弾力性}] \quad \hat{\alpha} = \frac{\ln \hat{Y}_b - \ln \hat{Y}_a}{\ln L_b - \ln L_a} = 0.295$$

弾力性は変化率（対数差分）の比率で表現されます。すなわち，繊維製品製造業では，労働を 1％ 増やすと生産が 0.295％ 増大します。同様に，従業員数が $L_i = L_a$ で一定で，総資産が K_a から K_b に変化し，売上が Y_a から Y_b に変化するとします。変化後の式から変化前の式を引いて整理すると，

$$[\text{生産の資本弾力性}] \quad \hat{\beta} = \frac{\ln \hat{Y}_b - \ln \hat{Y}_a}{\ln K_b - \ln K_a} = 0.686$$

が導かれます。すなわち，資本を 1％ 増やすと，生産が 0.686％ 増大します。

以上のように，コブ＝ダグラス型生産関数を両対数モデルに変換すると，生産要素の説明変数に対する指数 α, β は対応する生産要素の弾力性になっていることがわかります。両対数モデルを $\ln L_i$ で偏微分すると，

$$\frac{\partial \ln Y_i}{\partial \ln L_i} = \alpha$$

となります。対数の微分は $\dfrac{d \ln Y_i}{dY_i} = \dfrac{1}{Y_i}$，$\dfrac{d \ln L_i}{dL_i} = \dfrac{1}{L_i}$ なので，$d \ln Y_i = \dfrac{dY_i}{Y_i}$，$d \ln L_i = \dfrac{dL_i}{L_i}$ とおくと，両対数モデルの偏微分係数は

$$\frac{\partial \ln Y_i}{\partial \ln L_i} = \frac{\dfrac{\partial Y_i}{Y_i}}{\dfrac{\partial L_i}{L_i}} = \frac{\partial Y_i}{\partial L_i}\frac{L_i}{Y_i} = \alpha$$

と書き換えることができます。

なお，A は生産活動の規模を示すパラメータです。$\ln A$ の推定値より $\hat{A} = e^{\widehat{\ln A}} = e^{-0.398} = 0.672$ と計算できます。したがって，推定生産関数は

$$Y_i = 0.672 L_i^{0.295} K_i^{0.686}$$

と書くことができます。

コブ＝ダグラス型生産関数は，回帰係数を利用して規模の変化に対する収穫の変化を計測するのに利用できます。一般に，労働と資本を 2 倍にしたときに，生産が 2 倍を超えて増えることを収穫逓増，ちょうど 2 倍に増えることを収穫一定，2 倍未満にしか増えないことを収穫逓減とよびます。$Y = AL^{\alpha}K^{\beta}$ において，L と K が 2 倍（$2L$ および $2K$）になったときの生産を Y' と定義します。すると次が得られます。

$$Y' = A\,(2L)^{\alpha}\,(2K)^{\beta} = 2^{\alpha+\beta}AL^{\alpha}K^{\beta} = 2^{\alpha+\beta}Y$$

この式から，$\alpha+\beta$ の値によって Y' が Y の何倍になっているのかを確認することができます。まとめると次のようになります。

$$\begin{aligned}
&\alpha+\beta > 1 \qquad Y' = 2^{\alpha+\beta}Y > 2Y \ \text{（収穫逓増）}\\
&\alpha+\beta = 1 \qquad Y' = 2^{\alpha+\beta}Y = 2Y \ \text{（収穫一定）}\\
&\alpha+\beta < 1 \qquad Y' = 2^{\alpha+\beta}Y < 2Y \ \text{（収穫逓減）}
\end{aligned}$$

たとえば，$\alpha+\beta = 1.5$ であれば $2^{1.5} = 2.828$ より収穫逓増になり，$\alpha+\beta = 0.8$ であれば $2^{0.8} = 1.741$ より収穫逓減になります。

この例題の繊維製品製造業の場合では，$\hat{\alpha} = 0.295$, $\hat{\beta} = 0.686$ より $\hat{\alpha}+\hat{\beta} = 0.982$ なので，収穫一定（$\alpha+\beta = 1$）に近い状態であることがわかります。統計的な誤差を考慮してもこれが主張できるかどうかは，第 4 章の仮説検定において詳細に検討します。

例題 16　ワーキングレッサー型エンゲル関数の推定

表 3.28 のデータは年収階級別の費目ごとの支出額（年間）を示しています。年収階級は $i = 1, 2, \cdots, 18$ 段階あり，費目は全部で 9 種類 $j = 1, 2, \cdots, 9$ $(y_{1i}, y_{2i}, \cdots, y_{9i})$ に分類されています。9 種類の費目の合計値が総支出 x_i になります。したがって，

$$[\text{総支出}] \quad x_i = \sum_{j=1}^{9} y_{ji} \quad (i = 1, 2, \cdots, 18)$$

です。総支出に占める各費目の割合（支出シェア）を

$$[\text{支出シェア}] \quad Y_{ji} = \frac{y_{ji}}{x_i} \quad (i = 1, 2, \cdots, 18,\ j = 1, 2, \cdots, 9)$$

とした上で，次のワーキングレッサー型エンゲル関数（Working-Leser type Engel function; WLE 関数）を費目ごとに推定しなさい。

$$Y_{ji} = \alpha_j + \beta_j \ln x_i + u_{ji}$$

表 3.28 費目ごとの支出額（年間，年収階級別）〔万円〕

階級	階級番号	総支出 x_i	食料 y_{1i}	住居 y_{2i}	家具・家事用品 y_{3i}	被服および履物 y_{4i}	保健医療 y_{5i}	交通・通信 y_{6i}	教育 y_{7i}	教養娯楽 y_{8i}	雑費 y_{9i}
〜 200	1	114.7	49.3	12.8	5.2	3.7	7.4	15.2	1.3	10.5	9.3
200〜 250	2	180.6	66.1	19.7	8.1	6.8	13.1	23.8	4.4	19.9	18.7
250〜 300	3	187.9	68.6	20.7	8.9	7.0	13.6	26.0	2.5	21.1	19.5
300〜 350	4	210.3	76.1	18.1	10.5	8.5	14.3	29.3	3.4	27.8	22.3
350〜 400	5	227.4	78.4	24.5	10.7	9.7	15.2	33.3	4.6	27.8	23.2
400〜 450	6	238.9	81.2	23.2	10.9	10.8	15.9	35.0	7.7	30.3	23.9
450〜 500	7	254.6	82.3	23.8	12.0	12.1	15.1	40.8	7.7	32.6	28.2
500〜 550	8	266.8	83.7	23.4	11.4	13.4	14.5	47.1	11.6	35.7	26.0
550〜 600	9	271.1	85.6	22.8	12.1	14.0	13.8	44.4	14.6	35.9	27.9
600〜 650	10	277.1	88.7	22.9	11.8	14.0	13.3	46.6	16.9	36.2	26.7
650〜 700	11	304.5	93.3	24.3	12.7	18.3	13.7	51.1	21.7	40.7	28.7
700〜 750	12	303.6	94.3	17.2	13.4	17.3	16.5	54.1	19.6	42.8	28.4
750〜 800	13	322.5	95.8	20.7	14.7	18.2	15.5	56.3	27.3	41.7	32.3
800〜 900	14	342.2	103.4	23.9	15.8	20.1	16.1	57.9	25.2	48.8	31.0
900〜1,000	15	359.9	104.3	27.3	15.9	21.7	16.2	63.7	29.0	49.5	32.3
1,000〜1,250	16	397.8	113.1	29.0	18.1	25.4	19.3	67.1	30.4	56.9	38.5
1,250〜1,500	17	414.0	118.2	26.9	18.6	29.1	19.6	60.2	35.3	66.2	39.9
1,500〜	18	489.2	135.0	23.8	23.7	37.6	29.9	84.2	29.2	74.3	51.5

データ出所：『家計調査』（総務省）

推定結果からどの費目が必需品（基礎的支出費目）かを答えなさい。また，$\sum_{j=1}^{9}\alpha_j$ および $\sum_{j=1}^{9}\beta_j$ がどのような値になるか調べなさい。

解答例

WLE 関数は総支出に占める各費目の割合を総支出額で説明するモデルです。WLE 関数の両辺を費目番号 j について合計すると

$$\sum_j Y_{ji} = \sum_j (\alpha_j + \beta_j \ln x_i) \quad \Leftrightarrow \quad 1 = \sum_j \alpha_j + \ln x_i \sum_j \beta_j$$

が得られます。すなわち，$\sum_j \alpha_j = 1$，$\sum_j \beta_j = 0$ のとき，WLE 関数の合計値はちょうど 1 になります。これを総和条件とよんでいます。

さらに，WLE 関数の回帰係数を利用して支出弾力性を求めることができます。支出弾力性（e_{ji}）とは，総支出が 1％ 変化するとき費目 j への支出が何 ％ 変化す

るかを示した指標です。

$$[\text{支出弾力性}]\quad \frac{\text{費目 } j \text{ への支出の変化率}}{\text{総支出の変化率}} \quad \left(e_{ji} = \frac{\frac{dy_{ji}}{y_{ji}}}{\frac{dx_i}{x}} \right)$$

ここで，$\dfrac{dy_{ji}}{y_{ji}}$ は費目 j への支出の変化率，$\dfrac{dx_i}{x_i}$ は総支出の変化率を示しています。総支出の変化率よりも費目 j への支出の変化率のほうが小さい（または等しい）場合，つまり $\dfrac{dy_{ji}}{y_{ji}} \le \dfrac{dx_i}{x_i}$ のとき，その費目 j は基礎的支出費目（必需品）とよばれます。逆に，総支出の変化率よりも費目 j への支出の変化率のほうが大きい場合，つまり $\dfrac{dy_{ji}}{y_{ji}} > \dfrac{dx_i}{x_i}$ のとき，その費目 j は選択的支出費目（贅沢品や嗜好品）とよばれます。すなわち，次のようにまとめられます。

［基礎的支出費目］　$e_{ji} \le 1$
［選択的支出費目］　$e_{ji} > 1$

支出弾力性を WLE 関数に基づいて導いてみましょう。WLE 関数の両辺に x_i を乗じて，x_i で微分すると次が得られます。

$$\frac{dy_{ji}}{dx_i} = \alpha_j + \beta_j \ln x_i + \beta_j$$

ここで $\dfrac{d\ln x_i}{dx_i} = \dfrac{1}{x_i}$ です。$\alpha_j + \beta_j \ln x_i = Y_{ji}$ なので，

$$\frac{dy_{ji}}{dx_i} = Y_{ji} + \beta_j$$

と書けます。さらに，この式の両辺を $Y_{ji} = \dfrac{y_{ji}}{x_i}$ で除すと，すなわち $\dfrac{x_i}{y_{ji}}$ を乗じると，支出弾力性 e_{ji} が得られます。

$$\frac{\frac{dy_{ji}}{y_{ji}}}{\frac{dx_i}{x_i}} = 1 + \frac{\beta_j}{Y_{ji}} = e_{ji}$$

この式より，支出弾力性が $e_{ji} \le 1$ か $e_{ji} > 1$ かどうかは WLE 関数の回帰係数 β_j で決まります。

$$[\text{基礎的支出費目}]\quad e_{ji} = 1 + \frac{\beta_j}{Y_{ji}} \le 1 \quad \Leftrightarrow \quad \beta_j \le 0$$

$$[\text{選択的支出費目}] \quad e_{ji} = 1 + \frac{\beta_j}{Y_{ji}} > 1 \quad \Leftrightarrow \quad \beta_j > 0$$

WLE 関数を推定するには，与えられたデータから支出シェアと総支出の対数値を計算しておく必要があります。9 種類の費目それぞれについて WLE 関数を推定した結果を表 3.29 に示します。「食料」「住居」「家具・家事用品」「保健医療」は $\hat{\beta}_j \leq 0$ なので，基礎的支出費目であることがわかります。また，「被服および履物」「交通・通信」「教育」「教養娯楽」「雑費」は $\hat{\beta}_j > 0$ なので，選択的支出費目になります。支出弾力性の平均値を費目ごとに計算すると，「食料」「住居」「家具・家事用品」「保健医療」は 1 以下，「被服および履物」「交通・通信」「教育」「教養娯楽」「雑費」は 1 よりも大きい値になっています。切片の推定値の合計は $\sum_j \hat{\alpha}_j = 1$，傾きの推定値の合計は $\sum_j \hat{\beta}_j = 0$ となり，総和条件が満たされます。ただし，「家具・家事用品」と「雑費」の決定係数は著しく小さい値であり，注意が必要です。

表 3.29 ワーキングレッサー型エンゲル関数の推定結果

費目	j	$\hat{\alpha}_j$	$\hat{\beta}_j$	支出弾力性の平均値	R^2
食料	1	0.938	−0.109	0.658	0.961
住居	2	0.351	−0.048	0.398	0.756
家具・家事用品	3	0.049	−0.001	0.992	0.008
被服および履物	4	−0.134	0.033	1.674	0.919
保健医療	5	0.163	−0.019	0.658	0.446
交通・通信	6	−0.033	0.034	1.217	0.520
教育	7	−0.310	0.064	2.931	0.707
教養娯楽	8	−0.108	0.043	1.332	0.881
雑費	9	0.085	0.002	1.023	0.014
合計（総和条件）		1	0		

注：支出弾力性の平均値は $\sum_{i=1}^{n} \frac{e_{ji}}{n}$ の値（$n = 18$）を示す。

違法駐輪の比率の推定

例題 17

表 3.30 のデータは JR 中央線沿線にある 17 駅（東京都）の自転車の違法駐輪台数と駐輪場の状況などを示しています。I_i はある時点に駅前の自転車放置禁止区域に存在した放置自転車台数を示しています。駅前にある駐輪場の収容可能台数は，S_i で示されています。駅に乗り入れる自転車の台数 N_i が多い場合には，駐輪場の空きがほとんどなくなるか，周辺に放置されることになります。駅に乗り入れる自転車のうち違法駐輪される自転車の割合を

表 3.30　駅前の違法駐輪と駐輪場

i	駅名	違法駐輪台数 I_i	駐輪場収容可能台数 S_i	駅乗り入れ台数 N_i	駐輪料金〔千円/月〕 X_{2i}	撤去活動回数〔回/週〕 X_{3i}	駅前小売業事業所数〔万〕 X_{4i}	収容可能台数割合 S_i/N_i X_{5i}
1	中野	2,269	5,336	7,114	1.8	0.33	0.18	0.75
2	高円寺	1,076	2,871	3,800	0.3	0.54	0.15	0.76
3	阿佐ヶ谷	1,680	2,557	3,596	2.2	0.54	0.12	0.71
4	荻窪	1,948	5,101	5,899	2.4	0.54	0.13	0.86
5	西荻窪	706	2,504	2,770	2.3	0.54	0.09	0.90
6	吉祥寺	1,139	8,735	7,934	1.6	1.62	0.21	1.10
7	三鷹	874	13,390	11,504	0.6	1.72	0.08	1.16
8	武蔵境	521	9,174	6,678	0.9	1.62	0.05	1.37
9	武蔵小金井	162	5,626	5,788	1.8	4.16	0.05	0.97
10	国分寺	303	5,217	5,397	1.9	1.64	0.07	0.97
11	西国分寺	128	9,558	5,742	2.1	1.64	0.01	1.66
12	国立	1,089	3,310	4,203	0.7	0.55	0.06	0.79
13	立川	2,246	14,321	11,203	0.8	1.67	0.16	1.28
14	日野	309	2,923	2,385	1.3	0.90	0.03	1.23
15	豊田	661	5,271	4,641	1.3	0.90	0.04	1.14
16	八王子	1,409	6,330	4,252	2.5	0.37	0.15	1.49
17	西八王子	313	4,418	2,690	2.0	0.37	0.08	1.64

データ出所：『駅周辺における放置自転車等の実態調査』（内閣府），『事業所企業統計調査』（総務省），東京都下の各自治体のホームページ

$$y_i = \frac{I_i}{N_i}$$

と定義し，次のロジスティック関数を推定しなさい。

$$y_i = \frac{e^{\beta_1+\beta_2 X_{2i}+\beta_3 X_{3i}+\beta_4 X_{4i}+\beta_5 X_{5i}}}{1+e^{\beta_1+\beta_2 X_{2i}+\beta_3 X_{3i}+\beta_4 X_{4i}+\beta_5 X_{5i}}}$$

解答例

違法駐輪の割合（比率データ）y_i はロジスティック関数になっているので，ロジットに変換した上で，次の集計ロジットモデルを推定します。

$$Y_i = \ln \frac{y_i}{1-y_i} = \beta_1 + \beta_2 X_{2i} + \beta_3 X_{3i} + \beta_4 X_{4i} + \beta_5 X_{5i}$$

推定結果は以下のようになります。

$$\hat{Y}_i = -0.368 + 0.047 X_{2i} - 0.674 X_{3i} + 6.055 X_{4i} - 1.127 X_{5i}$$
$$R^2 = 0.843,\ \text{adj.}R^2 = 0.790$$

駐輪料金 X_{2i} が高く，小売業の事業数 X_{4i} が多い場合にはロジットも高い値を示すので，違法駐輪割合 $y_i = \dfrac{I_i}{N_i}$ も大きな値になります。逆に，撤去活動回数 X_{3i} が多く，収容可能台数割合 X_{5i} が高い場合には，ロジットは小さな値になるので，違法駐輪割合も小さい値になります。

2 次多項式モデルの推定

表 3.31 のデータは自治体（都道府県）の人口 P_i，面積 A_i，および人口一人あたりの基準財政需要額 Y_i を示しています。基準財政需要額とは中央政府から自治体への地方交付税交付金の算定基準になるもので，人口や面積などが重要な要素になっています。このデータを用いて以下の 2 次多項式モデルを推定しなさい。

$$Y_i = \beta_1 + \beta_2 P_i + \beta_3 P_i^2 + \beta_4 A_i + u_i$$

表 3.31　人口一人あたり基準財政需要額

id	都道府県名	人口〔百万人〕P_i	面積〔千km^2〕A_i	基準財政需要額〔万円/人〕Y_i	id	都道府県名	人口〔百万人〕P_i	面積〔千km^2〕A_i	基準財政需要額〔万円/人〕Y_i
1	北海道	5.63	83.5	21.2	25	滋賀	1.38	3.8	17.5
2	青森	1.44	9.6	22.8	26	京都	2.65	4.6	15.2
3	岩手	1.39	15.3	24.1	27	大阪	8.82	1.9	13.1
4	宮城	2.36	6.9	16.3	28	兵庫	5.59	8.4	14.7
5	秋田	1.15	11.6	24.5	29	奈良	1.42	3.7	17.5
6	山形	1.22	6.7	23.0	30	和歌山	1.04	4.7	22.8
7	福島	2.09	13.8	19.3	31	鳥取	0.61	3.5	28.7
8	茨城	2.98	6.1	16.0	32	島根	0.74	6.7	31.9
9	栃木	2.02	6.4	16.8	33	岡山	1.96	7.0	17.4
10	群馬	2.02	6.4	16.4	34	広島	2.88	8.5	16.0
11	埼玉	7.05	3.8	11.8	35	山口	1.49	6.1	20.4
12	千葉	6.06	5.1	12.0	36	徳島	0.81	4.1	26.3
13	東京	12.58	2.1	13.8	37	香川	1.01	1.9	19.8
14	神奈川	8.79	2.4	10.8	38	愛媛	1.47	5.7	19.8
15	新潟	2.43	10.4	20.5	39	高知	0.80	7.1	28.1
16	富山	1.11	2.0	21.0	40	福岡	5.05	4.8	14.1
17	石川	1.17	4.2	20.7	41	佐賀	0.87	2.4	23.6
18	福井	0.82	4.2	24.7	42	長崎	1.48	4.1	21.6
19	山梨	0.89	4.2	23.7	43	熊本	1.84	7.3	19.3
20	長野	2.20	13.1	19.2	44	大分	1.21	5.1	22.1
21	岐阜	2.11	9.8	17.6	45	宮崎	1.15	6.8	23.3
22	静岡	3.79	7.3	14.4	46	鹿児島	1.75	9.0	22.9
23	愛知	7.26	5.1	13.0	47	沖縄	1.36	2.3	20.6
24	三重	1.87	5.8	17.6					

データ出所：『地方財政統計年報』（総務省），『国勢調査』（総務省），『全国都道府県市区町村面積調』（国土交通省）

解答例

まず，表 3.32 のように人口の 2 乗項を計算しておきます。その上で，Y_i を定数項と P_i, P_i^2, A_i に回帰させます。

$$\hat{Y}_i = 26.229 - 4.234P_i + 0.274P_i^2 + 0.126A_i$$
$$R^2 = 0.758,\ \ \text{adj}.R^2 = 0.741$$

$\hat{\beta}_3 > 0$ なので，2 次式は下に凸の放物線（極値が最大値）になります。すなわち，人口一人あたり基準財政需要額は，人口が少ない場合高めに評価され，人口が増加するにつれて規模の経済が発揮されて効率が良くなります。人口一人あたり基準財政需要額は，自治体運営の平均費用とみなすこともできます。

表 3.32　ワークシートの作成

id	都道府県名	人口〔百万人〕P_i	人口の 2 乗 P_i^2	面積〔千 km^2〕A_i	基準財政需要額〔万円/人〕Y_i
1	北海道	5.63	31.70	83.5	21.2
2	青森	1.44	2.07	9.6	22.8
3	岩手	1.39	1.93	15.3	24.1
4	宮城	2.36	5.57	6.9	16.3
⋮	⋮	⋮	⋮	⋮	⋮
47	沖縄	1.36	1.85	2.3	20.6

3.5　練習問題

3.1　式 (3.24a) および式 (3.24b) より，最小 2 乗残差の最小値を与える式 (3.1) および式 (3.2) を導出しなさい。

3.2　べき関数 $y = ax^b$ について，b はどのような意味を持つか説明しなさい。

3.3　指数関数 $y = ae^{cX}$ について，c はどのような意味を持つか説明しなさい。

3.4　$K = 3$（説明変数が二つ）の多重回帰モデルの残差 2 乗和は

$$H = \sum_{i=1}^{n} \hat{u}_i^2 = \sum_{i=1}^{n} \left(Y_i - \hat{\beta}_1 - \hat{\beta}_2 X_{2i} - \hat{\beta}_3 X_{3i} \right)^2$$

と書けます。このとき残差 2 乗和を最小化する条件式は

$$-2 \sum \left(Y_i - \hat{\beta}_1 - \hat{\beta}_2 X_{2i} - \hat{\beta}_3 X_{3i} \right) = 0$$

$$-2\sum X_{2i}\left(Y_i - \hat{\beta}_1 - \hat{\beta}_2 X_{2i} - \hat{\beta}_3 X_{3i}\right) = 0$$

$$-2\sum X_{3i}\left(Y_i - \hat{\beta}_1 - \hat{\beta}_2 X_{2i} - \hat{\beta}_3 X_{3i}\right) = 0$$

と書けます。式 (3.32) の $\hat{\beta}_1$，式 (3.30) の $\hat{\beta}_2$，および式 (3.31) の $\hat{\beta}_3$ を上記の連立方程式から導きなさい。

3.5 多重回帰式における推定値の意味を述べなさい。

第4章 回帰モデルの仮説検定

データさえあれば，最小 2 乗法は推定値を確実に計算します。しかしながら，計算できることと，それが妥当なものであることとは，まったく別の問題です。本章では，回帰分析による係数推定値が信頼できるものかどうかを調べるための仮説検定の考え方を説明します。4.1 節では，推定値が持つ性質をより深く考えてみます。この考えに基づいて，4.2 節では，一つの回帰係数の推定値に対して仮説検定を行う際の基本的な概念と方法について解説します。4.3 節では，複数の回帰係数の推定値に対する仮説検定の方法を説明します。

(キーワード) 標本変動，仮説検定，t 分布，標準誤差，t 値，臨界値，有意水準，p 値，F 検定

4.1 推定値の分布

4.1.1 標本変動

2.3 節において，母集団と標本の対応関係を論じました。分析者が扱う標本は，数ある標本の中でたまたま手に入れることができた観測値の塊です。つまり，実験，観察，調査についての事情が異なれば，得られる標本の内容も異なっている可能性があるということです。したがって，そのような標本から計算される標本平均や標本分散は常に変動するものであるという認識が必要になります。このような考え方を**標本変動**とよびます。

回帰分析の場合も，もちろん標本変動の影響を受けます。したがって，回帰分析で利用するデータから計算できる最小 2 乗推定値についても，実際に得られる値はただ一つなのですが，異なる標本を用いればまったく別の推定値が得られる可能性を持っています。言い換えれば，標本変動が起こることによって推定値も大きな値や小さな値をとる，つまり「推定値は分布する」という考え方が成り立ちます（図 4.1）。

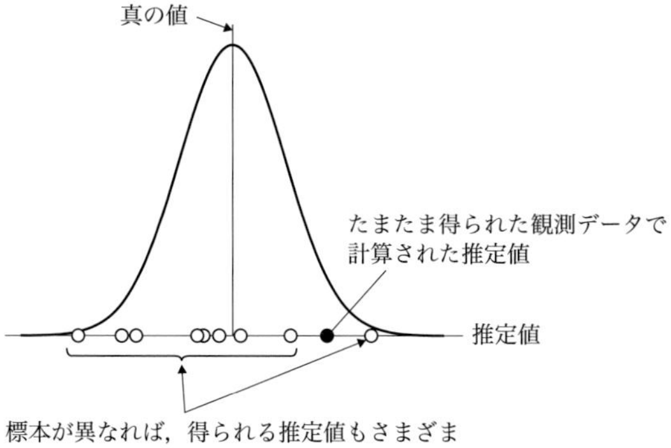

図 4.1　推定値の分布のイメージ

■ 4.1.2　真の直線と推定回帰直線

3.1 節で扱った数値例（表 3.1）をもとに，推定値が分布を持つという考え方について説明します。母集団と標本の対応関係を説明した際にも言及しましたが，母集団の平均（あるいは分散）がただ一つであるのに対して，標本平均（あるいは標本分散）はさまざまな値をとる可能性を持っています。回帰分析でも同じ考え方をします。真の回帰係数 α や β がただ一つだけ存在し，標本から計算される推定値 $\hat{\alpha}$ や $\hat{\beta}$ は，計算に使われた標本に応じてさまざまな値をとる可能性を持っています。

図 4.2 は表 3.1 の観測データ

$$\{X_i\} = \{2, 4, 6, 8\}, \quad \{Y_i\} = \{3, 5, 6, 10\}$$

に関する散布図です。また，破線は最小 2 乗法で推定された回帰直線

$$\hat{Y}_i = 0.5 + 1.1X_i \quad (\hat{\alpha} = 0.5,\ \hat{\beta} = 1.1) \tag{4.1}$$

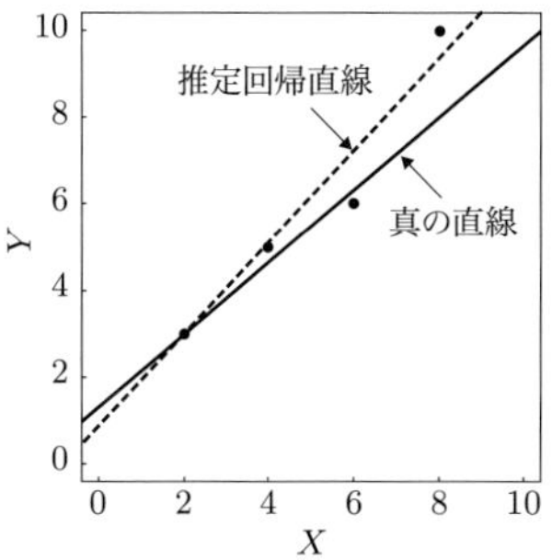

図 4.2　真の直線と推定回帰直線

です。いま，X という原因によって Y という結果が生じるメカニズムが，次のように完全にわかっているものとしましょう。

$$Y = 1 + X_i \tag{4.2}$$

回帰分析を実際に行う場合にこのような真の直線がわかっていることは稀ですが，分析者が仮にそれを知っているものとします。真の直線 (4.2) は真の回帰係数 $\alpha = 1$ および $\beta = 1$ を持ち，これを図 4.2 では実線で表示しています。話を単純化するために，原因 $\{X_i\} = \{2, 4, 6, 8\}$ に標本変動は起こらず，結果 Y だけが標本変動すると考えます。X と Y の真の関係性が式 (4.2) ならば，本来の結果は

$$\begin{aligned} Y_1 &= 1 + 2 = 3 \\ Y_2 &= 1 + 4 = 5 \\ Y_3 &= 1 + 6 = 7 \\ Y_4 &= 1 + 8 = 9 \end{aligned}$$

となっていたはずですが，実験，調査，観察に伴う偶然性が影響して，分析者が利用できるデータは $\{Y_i\} = \{3, 5, 6, 10\}$ となっています。したがって，式 (4.1) はたまたま得られたデータを用いて計算された回帰直線であり，$\hat{\alpha}$ や $\hat{\beta}$ もたまたま成立した値であると考えるわけです。

この考え方は，3.1 節においてデータ Y_i が生じる仕組み（データ発生過程）を

$$Y_i = \alpha + \beta X_i + u_i$$

と記述したことによります。すなわち，誤差 $u_1 = 0$, $u_2 = 0$, $u_3 = -1$, $u_4 = 1$ が生じて，$\{Y_i\} = \{3, 5, 6, 10\}$ というデータが観察されたわけです。標本変動が起きるということは，誤差がさまざまな値をとるということです。図 4.3 には別のデータが観察されています。たとえば，標本 B では誤差 $u_1 = -2, u_2 = 2, u_3 = -3, u_4 = -1$ が生じて，$\left\{Y_i^{\mathrm{B}}\right\} = \{1, 7, 4, 8\}$ というデータが得られたことを示しています。

■ 4.1.3　推定値の中心と散らばり

実験，調査，観察に偶然性が伴う場合，異なる観測データの塊が存在すると考えることができます。図 4.3 は X と Y の真の関係性が式 (4.2) である，つまり真の係数が $\alpha = 1$, $\beta = 1$ であるにも関わらず，観察されるデータが $\left\{Y_i^{\mathrm{A}}\right\}$, $\left\{Y_i^{\mathrm{B}}\right\}$, $\left\{Y_i^{\mathrm{C}}\right\}$ などのように，幾通りも発生しうることを表しています。これらのデータを利用して推定値は計算されるわけですから，推定値にも幾通りの値がありうると考えることができます。分布を持つということは，必ずその分布の平均やばらつきを示す分散（および標準偏差）があることを意味します。

母集団
真の値
$\alpha = 1, \underline{\beta = 1}$

標本抽出

X_i	Y_i^A
2	3
4	5
6	6
8	10

標本A

X_i	Y_i^B
2	1
4	7
6	6
8	8

標本B

X_i	Y_i^C
2	3
4	4
6	5
8	12

標本C

$$\hat{\beta}^A = \frac{S_{xy}^A}{S_{xx}} \qquad \hat{\beta}^B = \frac{S_{xy}^B}{S_{xx}} \qquad \hat{\beta}^C = \frac{S_{xy}^C}{S_{xx}}$$

$$= \frac{22}{20} = \underline{1.1} \qquad = \frac{18}{20} = \underline{0.9} \qquad = \frac{28}{20} = \underline{1.4}$$

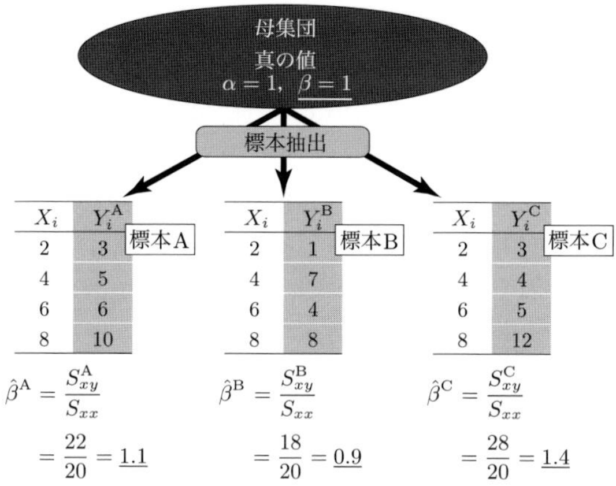

図 4.3 標本変動と推定値

より正確には第 6 章で定義しますが，ある一定の仮定のもとで，最小 2 乗推定値とその分布について次のことが指摘できます．

- 最小 2 乗推定値（$\hat{\alpha}$ や $\hat{\beta}$）はさまざまな値をとるが，平均的に見て真の値（α や β）に等しい．
- 最小 2 乗推定値の分布のばらつきはあらかじめわかっているわけではないが，回帰分析で利用する観測データから，その分散（したがって標準偏差）の値を推定することができる．
- 最小 2 乗推定値の標準偏差の推定値は**標準誤差**（standard error）とよばれており，データから計算可能である．

図 4.1 に描かれた推定値のイメージ図は，真の値を中心にした分布になっています．たとえば，$\hat{\beta}$ の分布の中心は真の値 β であり，ばらつきは上述のようにデータから推定されます．

4.2　回帰係数の仮説検定

4.2.1　仮説検定の考え方

♦ 仮説の設定

　回帰分析を行うということは，未知の α や β を推定することにほかならないので，上述の指摘にある $\hat{\alpha}$ や $\hat{\beta}$ の平均の値は依然として未知のままです．仮説検定は次のような考え方をします．まず，未知の真の値を分析者があらかじめ想定します（帰無仮説の設定）．観測データから推定値のばらつきが計算できれば，想定された真の値を中心とする図 4.1 のような分布を分析者は知ることができます。観測データから計算された最小 2 乗推定値はこの分布上の実現値の一つであると考えられます。計算された推定値がその分布において十分に起こりうる値であれば，あらかじめ想定した真の値は必ずしも間違いとは言えません。しかし，計算された推定値がその分布において非常にめずらしい値（分布の右裾や左裾などの端）であれば，あらかじめ想定した真の値は，別の値である可能性があります。なぜなら，その真の値を中心とする分布では，右裾や左裾の端の値は非常に出にくい値だからです。

以上のことについて，図 4.4 は推定値の分布をもとにした仮説検定の考え方を図示したものです。(a) は未知の真の値を $\beta = 0$，(b) は $\beta = 5$ と想定したときの推定値の分布です。データから計算された最小 2 乗推定値は $\hat{\beta} = 2$ となっています。(a) の分布において $\hat{\beta} = 2$ は特にめずらしい値ではありません。すなわち，(a) の分布において $\hat{\beta} = 2$ は十分に起こりうることです。この場合，はじめに想定した $\beta = 0$ という仮説が誤っているとは言えないことになります。それでは，$\beta = 0$ が正しい値かというと，そうではありません。(b) に示した $\beta = 5$ や，あるいは $\beta = 2.5$ などにも十分な可能性があるので，ここでは「$\beta = 0$ でないとは言えない」いう主張に留まります。

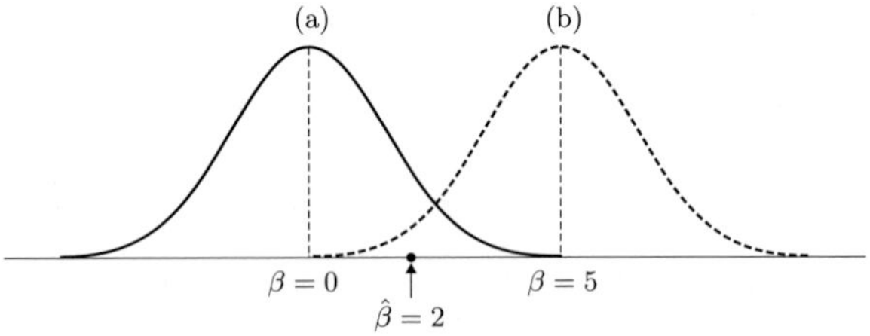

図 4.4　仮説検定の考え方 1

図 4.5 は，図 4.4 に比べて推定値の分散が小さい場合の分布を描いています。(c) の分布において $\hat{\beta} = 2$ はかなり右裾に位置しており，めずらしい値であると言ってよいでしょう。もちろん可能性が完全にゼロではありませんが，(c) の分布において $\hat{\beta} = 2$ はめったに生じない値の一つと言えます。この場合，未知の真の値を $\beta = 0$ と想定し，その分布において $\hat{\beta} = 2$ というめずらしい値が発生したというよりも，そもそも $\beta = 0$ という想定が誤りであったと考えるほうが自然です。つまり，ここでの主張は「$\beta = 0$ ではない」となります。「$\beta = 0$ ではない」ということは，推定値の位置関係から $\beta > 0$ に可能性が残っていることを意味します。また，$\beta < 0$ となる可能性は $\beta = 0$ よりもさらに低いと考えられます。

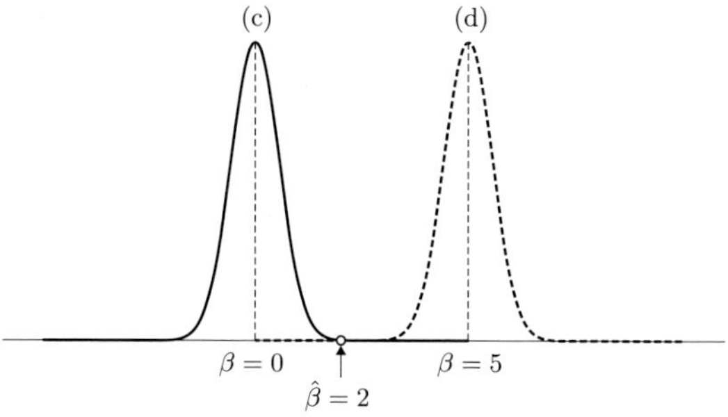

図 4.5　仮説検定の考え方 2

♦ 検定の流れ

仮説検定において，分析者は未知の真の値をあらかじめ想定しますが，この想定を**帰無仮説**（null hypothesis）とよびます。つまり，無に帰したいわけですから，最初から分析者はこの仮説を否定し，他の仮説に可能性を残したいと考えます。帰無仮説を否定することを「**棄却**する」と表現します。そして，棄却したあとに残る代わりの仮説を**対立仮説**（alternative hypothesis）とよびます。言い換えれば，分析者が主張したい事柄はこの対立仮説にあります。

それでは，回帰分析において帰無仮説および対立仮説は一般にどのように設定すべきでしょうか。回帰分析の狙いは，X が原因となって Y という結果が生じるメカニズムを具体的な数式で表現することです。つまり，分析者は X がいろいろ変動することで，Y が増加もしくは減少する可能性があることを論じたいのです。したがって，帰無仮説において $\beta = 0$ を想定し，これを棄却することができれば，「X は Y に対して何らかの影響を与えている」という可能性が残ります。

図 4.6 (a), (b), (c) の直線はそれぞれ傾き β が異なっており，X と Y の関係は次のように表現できます。

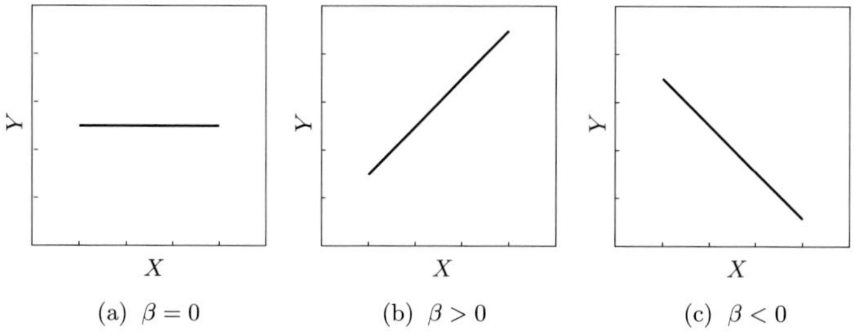

図 4.6　$Y = \alpha + \beta X$ と仮説の設定

(a) X は Y に対して何ら影響を与えていない
(b) X が増えると Y も増える
(c) X が増えると Y は減る

一般的な仮説検定では，次の流れで最終的な判定を下します。まず，(a) を帰無仮説に設定します。つまり $\beta = 0$ を中心とする推定値の分布を想定します。そして，データから計算できる最小 2 乗推定値がその分布において大変めずらしい値であれば，帰無仮説 (a) を棄却し，(b) または (c) を対立仮説として主張できます。逆に，最小 2 乗推定値がその分布においてめずらしくない値であれば，帰無仮説 (a) を棄却できず，対立仮説 (b) および (c) を主張することができません。

分析者の主張したい事柄が (b) である場合，対立仮説を $\beta > 0$ に設定します。また，主張したい事柄が (c) である場合，対立仮説を $\beta < 0$ に設定します。主張したい事柄が (b) と (c) の両方である場合，対立仮説を $\beta \neq 0$ と記述します。対立仮説を $\beta > 0$ もしくは $\beta < 0$ とする場合，これを片側検定とよびます。$\beta \neq 0$ とする場合を両側検定とよびます。

4.2.2　t 分布による検定

◆ 推定値の標準誤差

図 4.4 と図 4.5 とでは，推定値の分散が異なっています。帰無仮説を棄却するかしないかを判断するためには，推定値の分布の散らばりがきちんと把握されていなければなりません。すでに述べたように，最小 2 乗推定値の分散は，回帰分析で利用する観測データから推定することができます。

単純回帰分析（$Y_i = \alpha + \beta X_i + u_i$ の推定）の場合では，最小 2 乗推定値の分散の推定値は次の式になります。

$$[\hat{\beta}\text{ の分散の推定値}] \quad s_{\hat{\beta}}^2 = \frac{\hat{\sigma}^2}{S_{xx}} \tag{4.3}$$

$$[\hat{\alpha}\text{ の分散の推定値}] \quad s_{\hat{\alpha}}^2 = \frac{\hat{\sigma}^2 \sum X_i^2}{n S_{xx}} \tag{4.4}$$

ここで，$\hat{\sigma}^2 \left(= \dfrac{\sum \hat{u}_i^2}{n-2} \right)$ は残差分散，$S_{xx} \left(= \sum \left(X_i - \bar{X} \right)^2 \right)$ は $\{X_i\}$ の偏差 2 乗和です。「推定値の分散」の推定値は回帰分析で得られる残差と説明変数から計算できることがわかります。

分散の推定値が計算できれば，標準偏差の推定値も計算できます。この標準偏差の推定値のことを標準誤差とよびます。

$$[\hat{\beta}\text{ の標準誤差}]\quad s_{\hat{\beta}} = \sqrt{s_{\hat{\beta}}^2} = \sqrt{\frac{\hat{\sigma}^2}{S_{xx}}} \tag{4.5}$$

$$[\hat{\alpha}\text{ の標準誤差}]\quad s_{\hat{\alpha}} = \sqrt{s_{\hat{\alpha}}^2} = \sqrt{\frac{\hat{\sigma}^2 \sum X_i^2}{nS_{xx}}} \tag{4.6}$$

式 (4.5), (4.6) を用いれば，図 4.4 や図 4.5 の分布のばらつきを予測することができます。たとえば，$\hat{\beta}$ は平均が β，標準誤差が $s_{\hat{\beta}}$ の分布を持ちます。

●●● 例 4.1 ●●●

表 3.2 のデータ $\{X_i\} = \{2, 4, 6, 8\}$，$\{Y_i\} = \{3, 5, 6, 10\}$ を利用して，推定値の分散および標準誤差を計算しましょう。推定回帰直線は $\hat{Y}_i = 0.5 + 1.1X_i$ です。表 3.3 より $\sum \hat{u}_i^2 = 1.8$，残差分散は

$$\hat{\sigma}^2 = \frac{\sum \hat{u}_i^2}{n-2} = \frac{1.8}{2} = 0.9$$

であり，データより $S_{xx} = 20$ なので，

$$s_{\hat{\beta}}^2 = \frac{\hat{\sigma}^2}{S_{xx}} = \frac{0.9}{20} = 0.045, \quad s_{\hat{\beta}} = \sqrt{s_{\hat{\beta}}^2} = \sqrt{0.045} = 0.21213$$

となります。また，$\sum X_i^2 = 2^2 + 4^2 + 6^2 + 8^2 = 120$ より

$$s_{\hat{\alpha}}^2 = \frac{\hat{\sigma}^2 \sum X_i^2}{nS_{xx}} = \frac{0.9 \cdot 120}{4 \cdot 20} = 1.35, \quad s_{\hat{\alpha}} = \sqrt{s_{\hat{\alpha}}^2} = \sqrt{1.35} = 1.16190$$

となります。

♦ 推定値の標準化と t 値

仮説検定を行うには，帰無仮説で設定した真の値を中心とする分布において，最小 2 乗推定値がめずらしい値かそうでないかを判断しなければなりません。この判断をより機械的に行うために，t 分布を利用します。

2.3 節で学んだ標準化の概念を使うと，最小 2 乗推定値 $\hat{\beta}$ は次のように標準化できます。

$$[\hat{\beta}\text{ の標準化}]\quad \frac{\hat{\beta} - \beta_0}{s_{\hat{\beta}}} \sim \text{自由度 } n-2 \text{ の } t \text{ 分布} \tag{4.7}$$

ここで β_0 は未知の真の値です。つまり帰無仮説において分析者が設定する値 $\beta = \beta_0$ です。$s_{\hat{\beta}}$ は上述の $\hat{\beta}$ の標準誤差になります。標準化した値は観測データからその平均を引いて標準偏差で割った値なので，β_0 を平均 (推定値の分布の平均)，$s_{\hat{\beta}}$ を標準偏差の予測値として変換しています。$\hat{\alpha}$ の標準化も同様に $\dfrac{\hat{\alpha}-\alpha}{s_{\hat{\alpha}}}$ となります。

帰無仮説が $\beta = 0$ (X は Y に対して何ら影響を与えない) である場合，式 (4.7) は

$$[\hat{\beta} \text{ の } t \text{ 値}] \quad t_{\hat{\beta}} = \frac{\hat{\beta}}{s_{\hat{\beta}}} \sim \text{自由度 } n-2 \text{ の } t \text{ 分布} \tag{4.8}$$

となります。推定値を標準誤差で割った値を **t 値**とよびます。標準化された（単純回帰分析における）推定値，そして t 値は自由度 $n-2$ の **t 分布**に従うことが知られています。ここで，「分布に従う」とは，推定値を標準化した値 (4.7) が t 分布という確率分布の実現値の一つに相当することを意味します。また，自由度 $n-2$ は推定値の標準誤差を計算する際に利用する残差 2 乗和の自由度 $n-2$ にちょうど対応しています。したがって，この自由度はサンプルサイズおよび回帰式に含まれる説明変数の数に応じて変化します。

♦ t 分布の特徴

図 4.7 (a) は $\hat{\beta}$ の分布を示しています。推定値の分布なので，平均は真の値（帰無仮説に設定した値）になります。(b) は t 分布であり，式 (4.8) の t 値はこの t 分布の実現値の一つと考えます。標準化の際に平均 β_0 を引いているので，t 分布の平均は必ず 0 になります。t 分布は平均 0 を中心にした左右対称な分布です。

t 分布の分散は 2.3 節で学んだように 1 ではなく，$\dfrac{n}{n-2}$ という値になることが知られています。n は回帰分析で利用するデータのサンプルサイズです。明らかに，$n > n-2$ なので t 分布の分散は 1 よりも大きい値になります。したがって，n

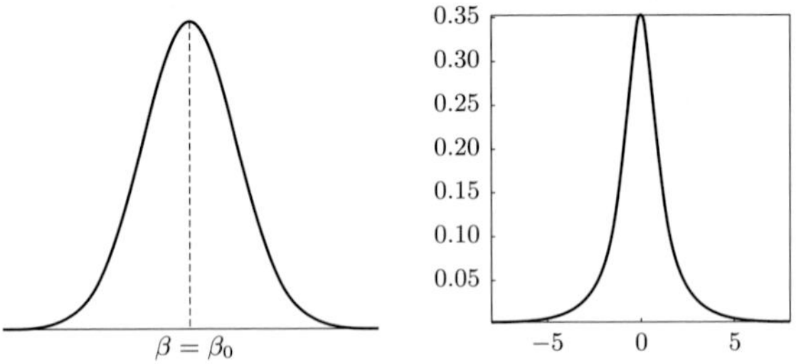

(a) $\hat{\beta}$ の分布　　(b) 自由度 2 の t 分布

図 4.7　推定値の分布と t 分布

が小さい場合は t 分布のばらつきは大きく，n が大きい場合は t 分布のばらつきは小さくなります。また，n が十分に大きいと，t 分布の分散は 1 に近い値になります（標準正規分布に近づいていきます）。

図 4.8 (a), (b), (c), (d) は，自由度 3, 10, 30, 200 に対応した t 分布を描いています。仮説検定で関心があるのは，帰無仮説 $\beta = \beta_0$ を仮に正しいとした場合の推定値の分布において，推定値が分布の端にあるかどうか（めずらしい値かどうか）です。t 分布においても同様で，t 値が t 分布の端にあるかどうかが重要です。(a) は自由度が 3 であり，(b), (c), (d) の分布に比べて分散が大きいので，分布の裾が長くなっています。たとえば，t 分布において 2 または -2 という値は分布のかなり端にありますが，2 以上である確率はそれぞれ (a) 0.070，(b) 0.037，(c) 0.027，(d) 0.023 となっており，自由度によって異なります。t 分布は左右対称なので -2 以下である確率についても同じことが言えます。

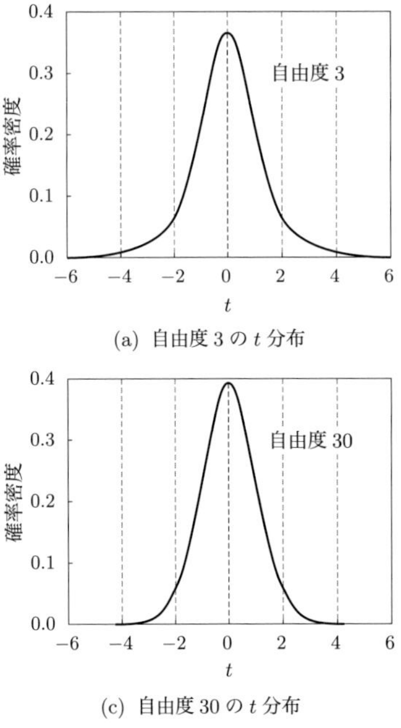

(a) 自由度 3 の t 分布
(b) 自由度 10 の t 分布
(c) 自由度 30 の t 分布
(d) 自由度 200 の t 分布

図 4.8 自由度に応じて形が変わる t 分布

♦ 臨界値と有意性

推定値がめずらしい値かどうかを判定するためには，一定の基準が必要になります。統計学ではめずらしい値であると判断される境界上の値のことを，**臨界値** (critical value) とよびます。たとえば分布の右裾であれば，臨界値より大きい値は大変めずらしい稀な値であると判断されます。臨界値の外側にある値のことを「有意な値」とよびます。たとえば分布の右裾では，臨界値より大きい値を指して「有意に大きい」，あるいは「有意である」と表現します。

有意な値であるためには，臨界値よりも大きい値をとる確率が非常に小さくなければなりません。図 4.8 では，t 値が 2 以上である確率は (a), (b), (c), (d) それぞれについて 0.1（10％）未満の小さい値でしたが，通常，臨界値を定める確率は 0.01（1％），0.025（2.5％），0.05（5％）などのように，事前に分析者によって切りの良い値が設定されます。この確率を**有意水準**とよびます。

自由度 m の t 分布における（片側）有意水準 q（$q \times 100$％）の臨界値は，次の記号で記述されます。

［臨界値］ $t_{m,q}$

図 4.9 は自由度 3 の t 分布における臨界値を示しています。(a) は有意水準を 1％ に設定した場合の臨界値が $t_{3,0.01} = 4.541$ であることを示しています。つまり，4.541 よりも大きい値である確率（色の付いた部分の面積が全体に占める割合）は 0.01（1％）となります。同様に，(b) は有意水準を 5％ に設定した場合の臨界値が $t_{3,0.05} = 2.353$ であることを示しています。この場合も色の付いた部分の面積は，全体を 1 として 0.05 になります。

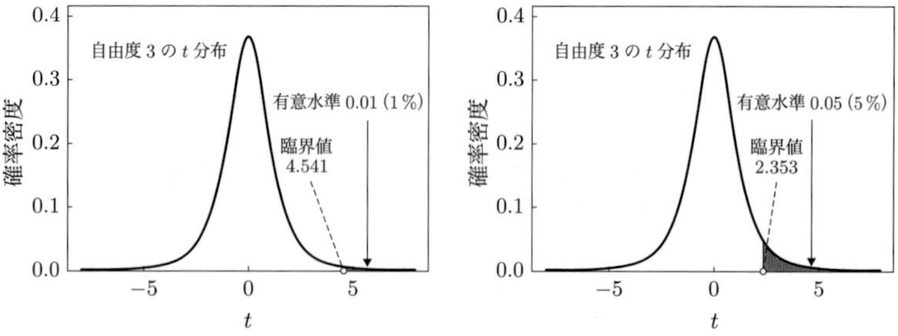

(a) 有意水準 1％ 臨界値 $t_{3,0.01} = 4.541$　(b) 有意水準 5％ 臨界値 $t_{3,0.05} = 2.353$

図 4.9 自由度 3 の t 分布における臨界値

♦ t 分布表

さまざまな自由度と有意水準について t 分布の臨界値を一覧表にまとめたものを t 分布表といいます。これを表 4.1 に示しています。たとえば，自由度 3 の t 分布において，有意水準が 1％ の臨界値 $t_{3,0.01}$ は 4.541 と書かれています。つまり，4.541 より大きい確率は 0.01 ということです。また，自由度 10 の t 分布において，有意水準が 5％ の臨界値は $t_{10,0.05} = 1.812$ となり，1.812 より大きい確率は 0.05 になります。

表 4.1 t 分布表（臨界値 $t_{m,q}$）

自由度	有意水準 q					
m	0.25	0.1	0.05	0.025	0.01	0.005
1	1.000	3.078	6.314	12.706	31.821	63.657
2	0.816	1.886	2.920	4.303	6.965	9.925
3	0.765	1.638	2.353	3.182	4.541	5.841
4	0.741	1.533	2.132	2.776	3.747	4.604
5	0.727	1.476	2.015	2.571	3.365	4.032
6	0.718	1.440	1.943	2.447	3.143	3.707
7	0.711	1.415	1.895	2.365	2.998	3.499
8	0.706	1.397	1.860	2.306	2.896	3.355
9	0.703	1.383	1.833	2.262	2.821	3.250
10	0.700	1.372	1.812	2.228	2.764	3.169
11	0.697	1.363	1.796	2.201	2.718	3.106
12	0.695	1.356	1.782	2.179	2.681	3.055
13	0.694	1.350	1.771	2.160	2.650	3.012
14	0.692	1.345	1.761	2.145	2.624	2.977
15	0.691	1.341	1.753	2.131	2.602	2.947
16	0.690	1.337	1.746	2.120	2.583	2.921
17	0.689	1.333	1.740	2.110	2.567	2.898
18	0.688	1.330	1.734	2.101	2.552	2.878
19	0.688	1.328	1.729	2.093	2.539	2.861
20	0.687	1.325	1.725	2.086	2.528	2.845
21	0.686	1.323	1.721	2.080	2.518	2.831
22	0.686	1.321	1.717	2.074	2.508	2.819
23	0.685	1.319	1.714	2.069	2.500	2.807
24	0.685	1.318	1.711	2.064	2.492	2.797
25	0.684	1.316	1.708	2.060	2.485	2.787
26	0.684	1.315	1.706	2.056	2.479	2.779
27	0.684	1.314	1.703	2.052	2.473	2.771
28	0.683	1.313	1.701	2.048	2.467	2.763
29	0.683	1.311	1.699	2.045	2.462	2.756
30	0.683	1.310	1.697	2.042	2.457	2.750
31	0.682	1.309	1.696	2.040	2.453	2.744
32	0.682	1.309	1.694	2.037	2.449	2.738
33	0.682	1.308	1.692	2.035	2.445	2.733
34	0.682	1.307	1.691	2.032	2.441	2.728
35	0.682	1.306	1.690	2.030	2.438	2.724
36	0.681	1.306	1.688	2.028	2.434	2.719
37	0.681	1.305	1.687	2.026	2.431	2.715
38	0.681	1.304	1.686	2.024	2.429	2.712
39	0.681	1.304	1.685	2.023	2.426	2.708
40	0.681	1.303	1.684	2.021	2.423	2.704
41	0.681	1.303	1.683	2.020	2.421	2.701
42	0.680	1.302	1.682	2.018	2.418	2.698
43	0.680	1.302	1.681	2.017	2.416	2.695
44	0.680	1.301	1.680	2.015	2.414	2.692
45	0.680	1.301	1.679	2.014	2.412	2.690
50	0.679	1.299	1.676	2.009	2.403	2.678
60	0.679	1.296	1.671	2.000	2.390	2.660
80	0.678	1.292	1.664	1.990	2.374	2.639
100	0.677	1.290	1.660	1.984	2.364	2.626
120	0.677	1.289	1.658	1.980	2.358	2.617
∞	0.674	1.282	1.645	1.960	2.326	2.576

♦ 有意性の判定

帰無仮説が $\beta = 0$，対立仮説が $\beta \neq 0$ である場合の（両側）仮説検定において，推定値 $\hat{\beta}$ の有意性を判定するには，臨界値 $(t_{m,q})$ と t 値 $(t_{\hat{\beta}})$ を用いて，次のどちらの状況になっているかを確認します。

$$|t_{\hat{\beta}}| > t_{m,q/2} \quad (t \text{ 値の絶対値のほうが臨界値よりも大きい}) \tag{4.9}$$

$$|t_{\hat{\beta}}| \leq t_{m,q/2} \quad (t \text{ 値の絶対値は臨界値以下}) \tag{4.10}$$

図 4.10 における自由度 20 の t 分布を例に，これを説明します。対立仮説が $\beta \neq 0$ ならば $\beta > 0$ および $\beta < 0$ の二つの領域を考えるので，t 分布上の右裾および左裾に臨界値を設定します。両側検定では，有意水準 $q = 0.05$（5％）を 2 等分し，有意水準を右片側 0.025（2.5％），左片側 0.025（2.5％）にします。表 4.1 より臨界値は

$$t_{m,q/2} = t_{20,0.025} = 2.086$$

なので，$t_{\hat{\beta}} > 2.086$ または $t_{\hat{\beta}} < -2.086$ であれば，推定値 $\hat{\beta}$ は帰無仮説のもとではめずらしい値であることがわかります。つまり，帰無仮説 $\beta = 0$ が正しいという想定自体が誤りであると考えられるので，帰無仮説 $\beta = 0$ が棄却されます。この状況を示している式 (4.9) は，t 値の**棄却域**とよばれる領域です。この場合，推定値 $\hat{\beta}$ は有意であると判定できます。

t 値が $-2.086 \leq t_{\hat{\beta}} \leq 2.086$ なる範囲（式 (4.10) の領域）にある場合，推定値 $\hat{\beta}$ は帰無仮説 $\beta = 0$ のもとではめずらしい値ではないので，$\beta = 0$ を誤りであると判

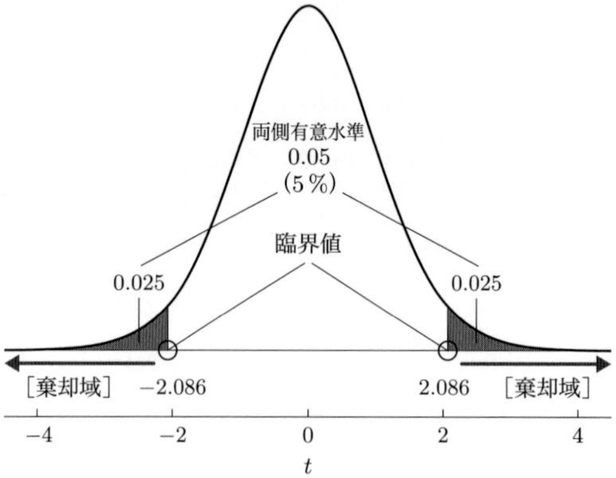

図 4.10　両側検定：臨界値と棄却域（自由度 20 の t 分布）

断するには不十分です。したがって，帰無仮説 $\beta = 0$ を棄却できず，推定値 $\hat{\beta}$ は有意でないと判定できます。

帰無仮説が $\beta = 0$，対立仮説が $\beta > 0$ または $\beta < 0$ である場合の（片側）仮説検定では，棄却域は分布の片側に設定されます。

対立仮説が $\beta > 0$ の場合には，次の棄却域が設定されます。

$$t_{\hat{\beta}} > t_{m,q} \tag{4.11}$$

図 4.11 (a) の自由度 20 の t 分布の場合，有意水準が 5％ならば臨界値は $t_{20,0.05} = 1.725$ となります。したがって，$t_{\hat{\beta}} > 1.725$ であれば，帰無仮説 $\beta = 0$ は棄却され，対立仮説 $\beta > 0$ が主張できます（推定値 $\hat{\beta}$ は有意に正である）。

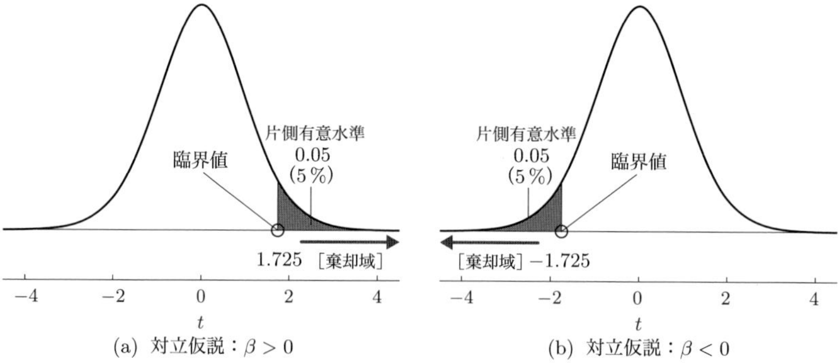

図 4.11　片側検定：臨界値と棄却域（自由度 20 の t 分布）

対立仮説が $\beta < 0$ の場合には次の棄却域が設定されます。

$$t_{\hat{\beta}} < -t_{m,q} \tag{4.12}$$

図 4.11 (b) の自由度 20 の t 分布の場合，有意水準が 5％ならば臨界値は $t_{20,0.05} = 1.725$ となります。したがって，$t_{\hat{\beta}} < -1.725$ であれば，帰無仮説 $\beta = 0$ は棄却され，対立仮説 $\beta < 0$ が主張できます（推定値 $\hat{\beta}$ は有意に負である）。

♦ 仮説検定の手順

両側検定を例に仮説検定の手順をまとめます。サンプルサイズ n のデータを利用して，回帰式 $Y_i = \alpha + \beta X_i + u_i$ を推定するケースを考えます。

- 手順 1：仮説の設定

$$H_0 : \beta = 0$$

$$H_1 : \beta \neq 0$$

H_0 は帰無仮説を，H_1 は対立仮説を表す記号です。H_1 を主張できるかどうかが回帰分析の目的になります。そのために，H_0 が棄却されるかどうかを判定します。

- 手順 2：有意水準 q の設定

  有意水準は分析者が設定しますが, 多くの場合 $q = 0.01$, $q = 0.05$, $q = 0.1$ とします。

- 手順 3：臨界値の設定

  両側検定の場合，自由度 $m = n - 2$ の t 分布における臨界値は $t_{m,q/2}$ となります（表 4.1)。

- 手順 4：棄却域の設定

$$|t_{\hat{\beta}}| > t_{m,q/2} \quad (t\text{ 値の絶対値のほうが臨界値よりも大きい})$$

  $t_{\hat{\beta}}$ は t 値であり，手順 5 以降で実際に計算します。図 4.10 の t 分布のように，$t_{\hat{\beta}}$ が臨界値 $t_{m,q/2}$ より大きい値，もしくは $t_{\hat{\beta}}$ が $-t_{m,q/2}$ よりも小さい値であれば，帰無仮説を棄却することができます。

- 手順 5：t 値の計算

  1. 残差分散 (3.17) を計算します：$\hat{\sigma}^2 = \dfrac{\sum \hat{u}_i^2}{n-2}$
  2. 推定値 $\hat{\beta}$ の分散 (4.3) を推定します：$s_{\hat{\beta}}^2 = \dfrac{\hat{\sigma}^2}{S_{xx}}$
  3. 推定値 $\hat{\beta}$ の標準誤差 (4.5) を計算します：$s_{\hat{\beta}} = \sqrt{s_{\hat{\beta}}^2}$
  4. t 値 (4.8) を計算します：$t_{\hat{\beta}} = \dfrac{\hat{\beta}}{s_{\hat{\beta}}}$

- 手順 6：判定

  手順 5 で計算した t 値が手順 4 で示した棄却域に入れば，H_0 を棄却して H_1 の内容を主張できます（推定値 $\hat{\beta}$ は有意である)。棄却域に入らなければ, H_0 を棄却できず H_1 の内容を主張できません (推定値 $\hat{\beta}$ は有意でない)。

●●● 例 4.2 ●●●

表 3.2 のデータ $\{X_i\} = \{2, 4, 6, 8\}$，$\{Y_i\} = \{3, 5, 6, 10\}$ を利用して仮説検定を行いましょう。はじめに傾き β について両側検定を行います。

- 手順 1：仮説の設定

$$H_0 : \beta = 0$$

$$H_1 : \beta \neq 0$$

- 手順 2：有意水準 q の設定

$$q = 0.05$$

- 手順 3：臨界値の設定

$$t_{2,0.025} = 4.303$$

- 手順 4：棄却域の設定

$$|t_{\hat{\beta}}| > 4.303$$

- 手順 5：推定値 $\hat{\beta}$ の t 値の計算

1. 残差分散：$\hat{\sigma}^2 = \dfrac{\sum \hat{u}_i^2}{n-2} = \dfrac{1.8}{4-2} = 0.9$
2. 推定値 $\hat{\beta}$ の分散：$s_{\hat{\beta}}^2 = \dfrac{\hat{\sigma}^2}{S_{xx}} = \dfrac{0.9}{20} = 0.045$
3. 推定値 $\hat{\beta}$ の標準誤差：$s_{\hat{\beta}} = \sqrt{s_{\hat{\beta}}^2} = \sqrt{0.045} = 0.21213$
4. t 値を計算します：$t_{\hat{\beta}} = \dfrac{\hat{\beta}}{s_{\hat{\beta}}} = \dfrac{1.1}{0.21213} = 5.185$

- 手順 6：判定

　t 値は棄却域に入るので（5.185 は臨界値 4.303 より大きいので），H_0 を棄却します（図 4.12）。すなわち，回帰係数 β が 0 でないと主張できます（推定値 $\hat{\beta}$ は有意である）。

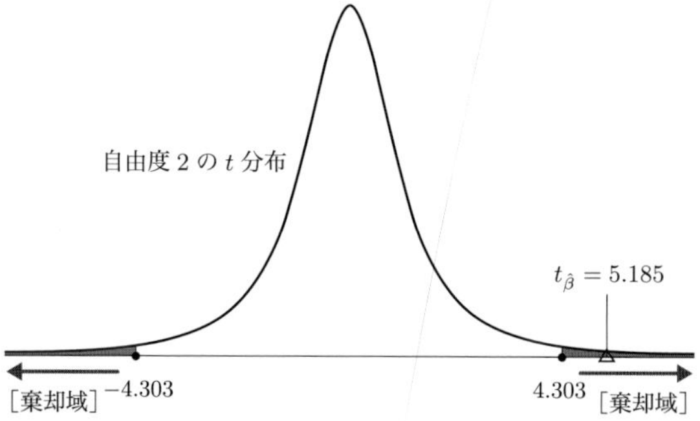

図 4.12　両側検定の棄却域と t 値

●●● 例 4.3 ●●●

次に傾き β について右片側検定を行います。

- 手順 1：仮説の設定

$$H_0 : \beta = 0$$
$$H_1 : \beta > 0$$

- 手順 2：有意水準 q の設定

$$q = 0.05$$

- 手順 3：臨界値の設定

$$t_{2,0.05} = 2.920$$

- 手順 4：棄却域の設定

$$t_{\hat{\beta}} > 2.920$$

- 手順 5：t 値の計算

$$t_{\hat{\beta}} = \frac{\hat{\beta}}{s_{\hat{\beta}}} = \frac{1.1}{0.21213} = 5.185$$

- 手順 6：判定

  t 値は棄却域に入るので（5.185 は臨界値 2.920 より大きいので），H_0 を棄却します（図 4.13）。すなわち，回帰係数 β が 0 よりも大きいと主張できます（推定値 $\hat{\beta}$ は有意に正である）。

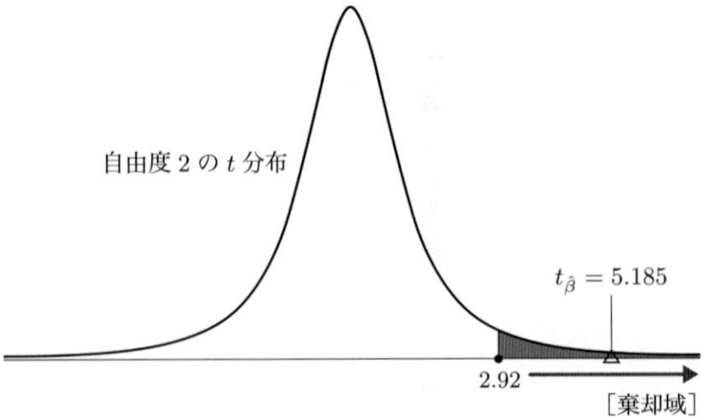

図 4.13　右片側検定の棄却域と t 値

例 4.4

最後に切片 α について両側検定を行います。

- 手順 1：仮説の設定

$$H_0 : \alpha = 0$$
$$H_1 : \alpha \neq 0$$

- 手順 2：有意水準 q の設定

$$q = 0.01$$

- 手順 3：臨界値の設定

$$t_{2,0.025} = 4.303$$

- 手順 4：棄却域の設定

$$|t_{\hat{\alpha}}| > 4.303$$

- 手順 5：t 値の計算

1. 残差分散：$\hat{\sigma}^2 = \dfrac{\sum \hat{u}_i^2}{n-2} = \dfrac{1.8}{4-2} = 0.9$
2. 推定値 $\hat{\alpha}$ の分散：$s_{\hat{\alpha}}^2 = \dfrac{\hat{\sigma}^2 \sum X_i^2}{nS_{xx}} = \dfrac{0.9 \cdot 120}{4 \cdot 20} = 1.35$
3. 推定値 $\hat{\alpha}$ の標準誤差：$s_{\hat{\alpha}} = \sqrt{s_{\hat{\alpha}}^2} = \sqrt{1.35} = 1.16190$
4. t 値を計算します：$t_{\hat{\alpha}} = \dfrac{\hat{\alpha}}{s_{\hat{\alpha}}} = \dfrac{0.5}{1.16190} = 0.430$

- 手順 6：判定

　t 値は棄却域に入らないので H_0 を棄却しません（図 4.14）。すなわち，回帰係数 α が 0 でないとは主張できません（推定値 $\hat{\alpha}$ は有意でない）。

♦ 分析結果の報告方法

論文やレポートなどで回帰分析の結果を報告する場合は，回帰係数の推定値や決定係数のほかに t 値を記述します。

$$\hat{Y}_i = \underset{(0.430)}{0.5} + \underset{(5.185)}{1.1} X_i, \ R^2 = 0.931, \ \text{adj}.R^2 = 0.896$$

ここで，係数推定値の下のカッコ内は t 値を示しています。

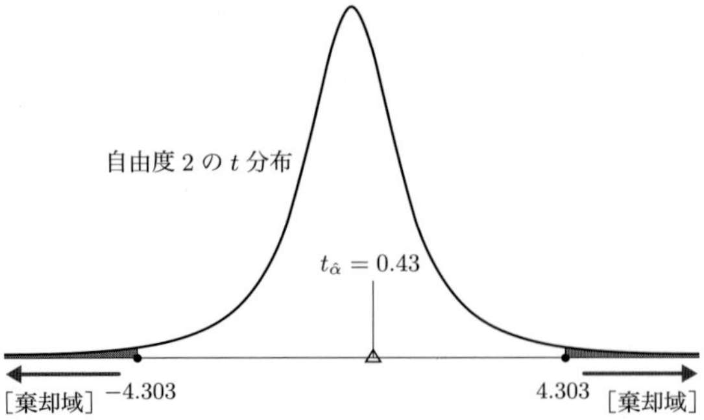

図 4.14 両側検定の棄却域と t 値

♦ p 値（確率値）

判定を行うには臨界値と t 値を比べますが，もう一つのやり方として **p 値**（p-value; 確率値）による判定方法があります。p 値とは，t 値の絶対値以上である確率のことです。たとえば，例 4.2 の場合 $\hat{\beta}$ の t 値は $t_{\hat{\beta}} = 5.185$ なので，$\hat{\beta}$ の p 値は

$$
\begin{aligned}
&-5.185 \text{ 以下である確率} + 5.185 \text{ 以上である確率} \\
&\quad = 2 \times (5.185 \text{ 以上である確率}) \qquad (4.13)
\end{aligned}
$$

から得られます。なお，確率表現を用いると，p 値は $p = \Pr(|t_{\hat{\beta}}| \leq |t|)$ となります。

図 4.15 の色の付いた領域は，(a) では −5.185 以下である確率，(b) では 5.185 以上である確率を示しており，二つを合わせた値が p 値になります。臨界値 4.303 以上（−4.303 以下）である確率は 0.025（2.5 %）なので，p 値は明らかに 0.05（5 %）未満であることがわかります。すなわち，有意水準が $q = 0.05$ のとき p 値が 0.05 未満ならば，帰無仮説は棄却されます。なぜなら，p 値が有意水準未満になるということは，t 値の絶対値が臨界値よりも大きいことを示しているからです。

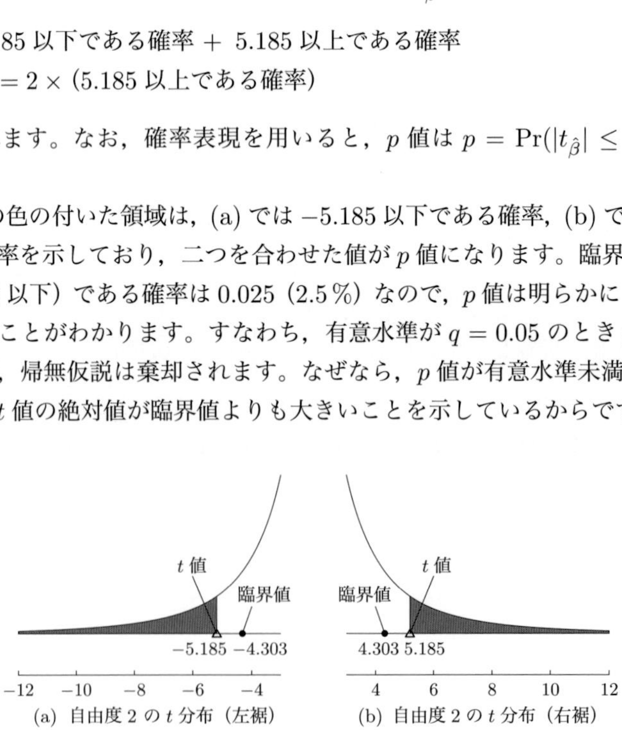

図 4.15 p 値を示す領域

Excel で計算する場合には，TDIST 関数を利用します。

```
=tdist(abs(t 値),自由度,2)
```

ここで ABS は絶対値を計算する関数です。上記の式から式 (4.13) を直接計算することができます。最後の 2 という値は，分布の両側を計算させるオプションです。同様にして

```
=2*tdist(abs(t 値),自由度,1)
```

からも同じ値が得られます。最後の 1 という値は，分布の片側を計算させるオプションなので，これを 2 倍した値も式 (4.13) になります。

●●● 例 4.5 ●●●

表 3.2 のデータについて，$t_{\hat{\alpha}} = 0.430$ および $t_{\hat{\beta}} = 5.185$ に対する p 値を Excel で計算しましょう（表 4.2)。

表 4.2　p 値の計算結果

	p 値	備考
$\hat{\alpha}$	0.709	p 値は有意水準（0.05）以上 → $\hat{\alpha}$ は有意でない
$\hat{\beta}$	0.035	p 値は有意水準（0.05）未満 → $\hat{\beta}$ は有意である

♦ 回帰係数の信頼区間

有意水準 q に対して，$1-q$ を信頼係数とよびます。たとえば $q=0.05$ の場合，信頼係数は $1-q=0.95$（95％）となります。帰無仮説を $H_0 : \beta = \beta_0$ とした場合，この信頼係数のもとで，仮に設定した真の値 β_0 が存在する範囲を 95％ 信頼区間とよびます。

$\beta = \beta_0$ が正しいのであれば，t 分布上で $\dfrac{\hat{\beta}-\beta_0}{s_{\hat{\beta}}}$ が $1-q$ の確率で存在する範囲は，次のように書けます。

$$-t_{m,q} \leq \frac{\hat{\beta}-\beta_0}{s_{\hat{\beta}}} \leq t_{m,q}$$

この式は式 (4.10) に対応しています。β_0 について解くと信頼区間が得られます。

$$[\text{信頼区間}]\quad \hat{\beta} - t_{m,q/2} \cdot s_{\hat{\beta}} \leq \beta_0 \leq \hat{\beta} + t_{m,q/2} \cdot s_{\hat{\beta}} \tag{4.14}$$

ここで，$\hat{\beta}-t_{m,q/2}\cdot s_{\hat{\beta}}$ は信頼区間の下限（下側信頼限界），$\hat{\beta}+t_{m,q/2}\cdot s_{\hat{\beta}}$ は信頼区間の上限（上側信頼限界）を示しています。β_0 がこの範囲の外にある場合は，帰無仮説自体が誤っている可能性があります。帰無仮説が H_0：$\beta=0$ の場合は，信頼区間が 0 を含まなければ H_0 を棄却できますが，含む場合は H_0 を棄却できません。

●●● 例 4.6 ●●●

表 3.2 のデータについて，β および α の 95％信頼区間を求めましょう。$\hat{\beta}=1.1$，$t_{2,0.025}=4.303$，$s_{\hat{\beta}}=0.21213$ より

$$\hat{\beta}-t_{2,0.025}\cdot s_{\hat{\beta}}=1.1-4.303\times 0.21213=0.187$$

$$\hat{\beta}+t_{2,0.025}\cdot s_{\hat{\beta}}=1.1+4.303\times 0.21213=2.013$$

となります。信頼区間は 0 を含んでいないので H_0：$\beta=0$ を棄却します。$\hat{\alpha}=0.5$，$t_{2,0.025}=4.303$，$s_{\hat{\alpha}}=1.16190$ より

$$\hat{\alpha}-t_{2,0.025}\cdot s_{\hat{\alpha}}=0.5-4.303\times 1.16190=-4.499$$
$$\hat{\alpha}+t_{2,0.025}\cdot s_{\hat{\alpha}}=0.5+4.303\times 1.16190=5.499$$

となります。信頼区間は 0 を含んでいるので，H_0：$\alpha=0$ は棄却できません（表 4.3）。

表 4.3　95％信頼区間

	下限	上限	備考
α	-4.499	5.499	0 を含む → $\hat{\alpha}$ は有意でない
β	0.187	2.013	0 を含まない → $\hat{\beta}$ は有意である

♦ Excel「分析ツール」による回帰分析

例題 13 の解答例で触れた Excel の「分析ツール」アドインの回帰分析を利用すると，推定値の標準誤差，t 値，p 値，95％信頼区間を自動的に計算してくれます。

図 4.16 は「分析ツール」の回帰分析の結果を示しています。「回帰統計」や「分散分析表」の見方についてはすでに説明したとおりです。三つ目の表について，「係数」の列には回帰係数の推定値，「標準誤差」の列には推定値の標準誤差，「t」の列には推定値の t 値，「P-値」の列には t 値に対する p 値（確率値），「下限 95％」の列には 95％信頼区間の下限（下側信頼限界），「上限 95％」の列には 95％信頼区間の上限（上側信頼限界）が示されています。この部分は表 4.4 のようにまとめることができます。

	A	B	C	D	E	F	G	H	I
1	概要								
2									
3	回帰統計								
4	重相関 R	0.964764							
5	重決定 R2	0.930769							
6	補正 R2	0.896154							
7	標準誤差	0.948683							
8	観測数	4							
9									
10	分散分析表								
11		自由度	変動	分散	された分散	有意 F			
12	回帰	1	24.2	24.2	26.88889	0.035236			
13	残差	2	1.8	0.9					
14	合計	3	26						
15									
16		係数	標準誤差	t	P-値	下限 95%	上限 95%	下限 95.0%	上限 95.0%
17	切片	0.5	1.161895	0.430331	0.708889	-4.49923	5.499231	-4.49923	5.499231
18	X	1.1	0.212132	5.18545	0.035236	0.18727	2.01273	0.18727	2.01273

図 4.16　「分析ツール」の回帰分析の結果

表 4.4　「分析ツール」の回帰分析の結果が示す意味

	係数推定値	標準誤差	t 値	p 値	下側信頼限界	上側信頼限界
定数項	$\hat{\alpha}$	$s_{\hat{\alpha}}$	$t_{\hat{\alpha}}$	$\Pr(\lvert t_{\hat{\alpha}}\rvert \le \lvert t\rvert)$	$\hat{\alpha} - t_{m,0.025} \cdot s_{\hat{\alpha}}$	$\hat{\alpha} + t_{m,0.025} \cdot s_{\hat{\alpha}}$
説明変数	$\hat{\beta}$	$s_{\hat{\beta}}$	$t_{\hat{\beta}}$	$\Pr(\lvert t_{\hat{\beta}}\rvert \le \lvert t\rvert)$	$\hat{\beta} - t_{m,0.025} \cdot s_{\hat{\beta}}$	$\hat{\beta} + t_{m,0.025} \cdot s_{\hat{\beta}}$

4.3　多重回帰分析における仮説検定

4.3.1　$K = 3$ の場合の t 検定

説明変数が複数ある場合は，推定値の標準誤差が異なります。説明変数が二つある $K = 3$ の多重回帰式 $Y_i = \beta_1 + \beta_2 X_{2i} + \beta_3 X_{3i} + u_i$ を例に，t 検定の方法を説明します。最小 2 乗推定値 $\hat{\beta}_1$, $\hat{\beta}_2$, $\hat{\beta}_3$ の分散の推定値は，次のようになります。

$$s_1^2 = \hat{\sigma}^2 \left\{ \frac{1}{n} + \frac{\bar{X}_2^2 S_{33} - 2\bar{X}_2 \bar{X}_3 S_{23} + \bar{X}_3^2 S_{22}}{S_{22} S_{33} - S_{23}^2} \right\} \tag{4.15}$$

$$s_2^2 = \hat{\sigma}^2 \frac{S_{33}}{S_{22} S_{33} - S_{23}^2} \tag{4.16}$$

$$s_3^2 = \hat{\sigma}^2 \frac{S_{22}}{S_{22} S_{33} - S_{23}^2} \tag{4.17}$$

推定値の標準誤差は，分散の推定値の平方根になります。

$$\begin{aligned} &[\hat{\beta}_1 \text{ の標準誤差}] \quad s_1 = \sqrt{s_1^2} \\ &[\hat{\beta}_2 \text{ の標準誤差}] \quad s_2 = \sqrt{s_2^2} \\ &[\hat{\beta}_3 \text{ の標準誤差}] \quad s_3 = \sqrt{s_3^2} \end{aligned} \tag{4.18}$$

そして，各推定値の t 値は

$$[\hat{\beta}_1 \text{ の } t \text{ 値}] \quad t_1 = \frac{\hat{\beta}_1}{s_1}$$
$$[\hat{\beta}_2 \text{ の } t \text{ 値}] \quad t_2 = \frac{\hat{\beta}_2}{s_2} \qquad (4.19)$$
$$[\hat{\beta}_3 \text{ の } t \text{ 値}] \quad t_3 = \frac{\hat{\beta}_3}{s_3}$$

となります。推定値を標準誤差で割ることによって t 値を求めるという方法は，単純回帰分析と同じです。ただし，残差分散は単純回帰分析において

$$\hat{\sigma}^2 = \frac{\sum \hat{u}_i^2}{n-2}$$

より計算しましたが，$K=3$ の多重回帰分析の場合は，式 (3.38) より自由度が一つ減って式 (3.39)，すなわち

$$\hat{\sigma}^2 = \frac{\sum \hat{u}_i^2}{n-3}$$

となります。したがって，t 値は自由度 $n-3$ の t 分布に従います。

多重回帰分析の t 検定では自由度 $n-K$ の t 分布を用いるので，説明変数の数がサンプルサイズよりも多い定式化（$n-K \leq 0$）はできません。

●●● 例 4.7 ●●●

例 3.5 の表 3.10（表 4.5 に一部を再掲）のデータ（$n=5$）を用いて $Y_i = \beta_1 + \beta_2 X_{2i} + \beta_3 X_{3i} + u_i$ を推定し，以下の仮説検定を行いましょう。推定値は $\hat{\beta}_1 = 1.412$，$\hat{\beta}_2 = 1.033$，$\hat{\beta}_3 = -0.038$ です。

表 4.5　表 3.10 の一部

i	X_{2i}	X_{3i}	Y_i
1	2	26	3
2	4	5	5
3	6	21	6
4	8	8	10
5	10	20	11

- 手順 1：仮説の設定

$$H_0 : \beta_k = 0 \qquad (k = 1, 2, 3)$$
$$H_1 : \beta_k \neq 0$$

- 手順 2：有意水準 q の設定

$$q = 0.05$$

- 手順 3：臨界値の設定

$$t_{n-3,q/2} = t_{2,0.025} = 4.303$$

- 手順 4：棄却域の設定

$$|t_k| > 4.303$$

- 手順 5：t 値の計算

1. 残差分散：$\hat{\sigma}^2 = \dfrac{\sum \hat{u}_i^2}{n-3} = \dfrac{1.439}{2} = 0.7197$
2. 推定値 $\hat{\beta}_k$ の分散：

$$s_1^2 = 0.7197 \cdot \left\{ \frac{1}{5} + \frac{6^2 \cdot 326 - 2 \cdot 6 \cdot 16 \cdot (-18) + 16^2 \cdot 40}{40 \cdot 326 - (-18)^2} \right\}$$
$$= 1.5834$$
$$s_2^2 = 0.7197 \cdot \frac{326}{40 \cdot 326 - (-18)^2} = 0.0185$$
$$s_3^2 = 0.7197 \cdot \frac{40}{40 \cdot 326 - (-18)^2} = 0.0023$$

3. 推定値 $\hat{\beta}_k$ の標準誤差：

$$s_1 = \sqrt{s_1^2} = \sqrt{1.5834} = 1.258$$
$$s_2 = \sqrt{s_2^2} = \sqrt{0.0185} = 0.136$$
$$s_3 = \sqrt{s_3^2} = \sqrt{0.0023} = 0.048$$

4. 推定値 $\hat{\beta}_k$ の t 値：

$$t_1 = \frac{1.412}{1.258} = 1.122$$
$$t_2 = \frac{1.033}{0.136} = 7.604$$
$$t_3 = \frac{-0.038}{0.048} = -0.800$$

- 手順 6：判定

$$
\begin{aligned}
t_1 &= 1.122 < 4.303 & \hat{\beta}_1 \text{ は有意でない} \\
t_2 &= 7.604 > 4.303 & \hat{\beta}_2 \text{ は有意に正} \\
t_3 &= -0.800 > -4.303 & \hat{\beta}_3 \text{ は有意でない}
\end{aligned}
$$

●●● 例 4.8 ●●●

サンプルサイズ，説明変数の数が多い場合は，Excel の「分析ツール」の回帰分析を積極的に利用します。表 3.25（例題 14）のデータ（$n = 47$, $K = 4$）を用いて

$$Y_i = \beta_1 + \beta_2 X_{2i} + \beta_3 X_{3i} + \beta_4 X_{4i} + u_i$$

を推定し，有意水準 5％ で次の仮説検定を行いましょう。

$$
\left.
\begin{aligned}
H_0 &: \beta_k = 0 \\
H_1 &: \beta_k \neq 0
\end{aligned}
\right. \quad (k = 2, 3, 4)
$$

Excel の「分析ツール」の回帰分析を利用すると，推定結果を表 4.6 のようにまとめることができます。$n = 47$，$K = 4$ より自由度 $m = 47 - 4 = 43$ の t 分布を用いて回帰係数の検定を行います。有意水準を 1％ に設定すると，両側検定に対する臨界値は $t_{43,0.005} = 2.695$ となります。表 4.1 の t 分布表からも確かめられますが，次の Excel の TINV 関数を用いることもできます。

```
=tinv(0.01,43)
```

TINV 関数は両側の有意確率と自由度を指定して臨界値を出力します。

表 4.6　例題 14 の推定結果

変数	推定値	t 値	p 値
定数項	−6.330	−3.324	0.002
X_2：一般世帯の平均人員	1.266	2.725	0.009
X_3：1 世帯あたり年間収入	0.467	2.888	0.006
X_4：年間平均気温	0.216	5.944	0.000
R^2	0.470		
adj.R^2	0.434		

それぞれの回帰係数の t 値の絶対値はすべて $t_{43,0.005} = 2.695$ より大きい値なので，1％ 水準で有意であることがわかります。これは p 値が 0.01 未満であることからも確認できます。

4.3.2　複数の回帰係数の同時検定：*F* 検定

♦ 仮説の設定

回帰係数の t 検定では，一つ一つの係数についての有意性を判断しましたが，**F 分布**を利用すると，複数の係数を同時に検定（**F 検定**）することができます。たとえば，$K=3$ の回帰式 $Y_i=\beta_1+\beta_2X_{2i}+\beta_3X_{3i}+u_i$ について，次の仮説検定を行います。

$$\begin{aligned} &H_0:\beta_2=\beta_3=0 \\ &H_1:H_0\text{でない} \end{aligned} \tag{4.20}$$

帰無仮説 (4.20) は，$\beta_2=0$ と $\beta_3=0$ が同時に成立するという想定（切片を除く係数がすべてゼロ）ですので，$K=3$ の回帰式は

$$[H_0\ \text{モデル}]\quad Y_i=\alpha+u_{0i} \tag{4.21}$$

と書き換えることができます（$K=3$ の回帰式と区別するために，β_1 を α に置き換えています)。一方，対立仮説の「H_0 でない」とは，$\beta_2=0$ と $\beta_3=0$ が同時に成立することがないことを示します。すなわち，

$$[H_1\ \text{モデル}]\quad Y_i=\beta_1+\beta_2X_{2i}+\beta_3X_{3i}+u_{1i} \tag{4.22}$$

を主張したいと考えています。この場合の対立仮説は「$\beta_2\neq 0$ あるいは $\beta_3\neq 0$ である」ことなので，少なくとも一つの回帰係数は 0 でないことが主張されます。

H_0 モデルは $\beta_2=0$，$\beta_3=0$ の二つの制約が付いているモデルなので「制約付きモデル」ともいいます。一方，H_1 モデルは「**制約なしモデル**」です。式 (4.20) は「**制約付きモデル**」と「制約なしモデル」のそれぞれの残差を比較することで検定できます。検定に用いる F 値は次の式で求めます。

$$F=\frac{\left(\sum\hat{u}_{0i}^2-\sum\hat{u}_{1i}^2\right)\Big/2}{\sum\hat{u}_{1i}^2\Big/(n-3)} \tag{4.23}$$

ここで，$\hat{u}_{0i}$ は H_0 モデルの残差を示しています。

$$\hat{u}_{0i}=Y_i-\hat{Y}_i=Y_i-\hat{\alpha}=Y_i-\bar{Y} \tag{4.24}$$

また，$\hat{u}_{1i}$ は H_1 モデルの残差を示しています。

$$\hat{u}_{1i}=Y_i-\hat{Y}_i=Y_i-(\hat{\beta}_1+\hat{\beta}_2X_{2i}+\hat{\beta}_3X_{3i}) \tag{4.25}$$

分子は，H_0 モデルの残差 2 乗和から H_1 モデルの残差 2 乗和を引いた値を制約の数 2 で割っています。分母は H_1 モデルの残差分散になります。

♦ F 分布

F 値は **F** 分布（フィッシャー＝スネデカーの分布; Fisher-Snedecor distribution）という確率分布の実現値を示します。どのような特徴を持った分布なのかを，以下で説明します。

たとえば，母分散が等しい二つの正規母集団 A, B があるとします。A からサンプルサイズ $n_{\rm A}$ の標本を抽出し，B からサンプルサイズ $n_{\rm B}$ の標本を抽出します。それぞれの標本から計算できる分散を $s_{\rm A}^2$，$s_{\rm B}^2$ とするとき

$$F = \frac{s_{\rm A}^2}{s_{\rm B}^2}$$

は自由度 $n_{\rm A}-1$，$n_{\rm B}-1$ の F 分布に従います。つまり，F 値は二つの母集団から抽出された標本の分散比を示しており，その分布は標本分散を計算するときに用いた二つの自由度に依存しています。

確率分布としての F 分布は，分子と分母の自由度によって決まります。上記の例の場合，分子の自由度は $m_1 = n_{\rm A}-1$，分母の自由度は $m_2 = n_{\rm B}-1$ となります。図 4.17 は 3 種類の F 分布を描いており，自由度の組み合わせによって形が異なることを示しています。F 分布は上側（右側）の裾が重い分布になります。

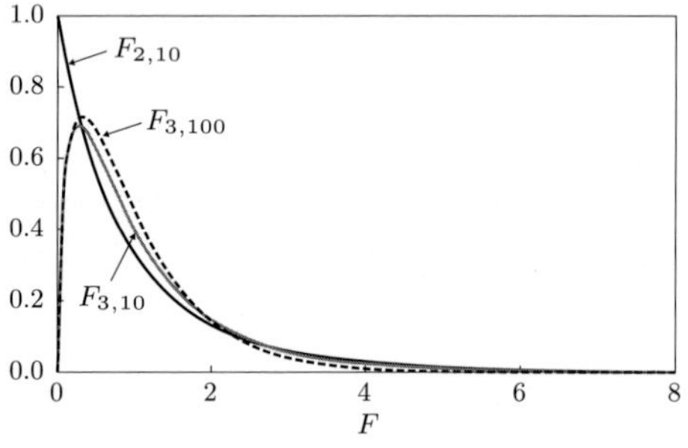

図 4.17　F 分布 $F_{2,10}$，$F_{3,10}$，$F_{3,100}$（F_{m_1,m_2} において，m_1 は分子の自由度，m_2 は分母の自由度を示す）

仮説検定において，帰無仮説を仮に正しいと考えた場合，計算された F 値が F 分布上でめずらしい値かどうかを判断しなければなりません。そのため，有意水準 5％ や 1％ に対応した F 分布上の臨界値が必要になります。t 検定の考え方と同様に，計算された F 値が臨界値よりも大きい場合，帰無仮説を棄却します。

表 4.7 は有意水準 5％ の臨界値，表 4.8 は有意水準 1％ の臨界値をそれぞれ示しています。たとえば，分子の自由度が $m_1 = 2$，分母の自由度が $m_2 = 2$ の場合の

表 4.7 F 分布表（有意水準 5% の臨界値）$F_{m_1,m_2,0.05}$

		m_1 分子の自由度								
		1	2	3	4	5	10	20	50	100
m_2 分母の自由度	1	161.45	199.50	215.71	224.58	230.16	241.88	248.01	251.77	253.04
	2	18.51	19.00	19.16	19.25	19.30	19.40	19.45	19.48	19.49
	3	10.13	9.55	9.28	9.12	9.01	8.79	8.66	8.58	8.55
	4	7.71	6.94	6.59	6.39	6.26	5.96	5.80	5.70	5.66
	5	6.61	5.79	5.41	5.19	5.05	4.74	4.56	4.44	4.41
	6	5.99	5.14	4.76	4.53	4.39	4.06	3.87	3.75	3.71
	7	5.59	4.74	4.35	4.12	3.97	3.64	3.44	3.32	3.27
	8	5.32	4.46	4.07	3.84	3.69	3.35	3.15	3.02	2.97
	9	5.12	4.26	3.86	3.63	3.48	3.14	2.94	2.80	2.76
	10	4.96	4.10	3.71	3.48	3.33	2.98	2.77	2.64	2.59
	11	4.84	3.98	3.59	3.36	3.20	2.85	2.65	2.51	2.46
	12	4.75	3.89	3.49	3.26	3.11	2.75	2.54	2.40	2.35
	13	4.67	3.81	3.41	3.18	3.03	2.67	2.46	2.31	2.26
	14	4.60	3.74	3.34	3.11	2.96	2.60	2.39	2.24	2.19
	15	4.54	3.68	3.29	3.06	2.90	2.54	2.33	2.18	2.12
	16	4.49	3.63	3.24	3.01	2.85	2.49	2.28	2.12	2.07
	17	4.45	3.59	3.20	2.96	2.81	2.45	2.23	2.08	2.02
	18	4.41	3.55	3.16	2.93	2.77	2.41	2.19	2.04	1.98
	19	4.38	3.52	3.13	2.90	2.74	2.38	2.16	2.00	1.94
	20	4.35	3.49	3.10	2.87	2.71	2.35	2.12	1.97	1.91
	21	4.32	3.47	3.07	2.84	2.68	2.32	2.10	1.94	1.88
	22	4.30	3.44	3.05	2.82	2.66	2.30	2.07	1.91	1.85
	23	4.28	3.42	3.03	2.80	2.64	2.27	2.05	1.88	1.82
	24	4.26	3.40	3.01	2.78	2.62	2.25	2.03	1.86	1.80
	25	4.24	3.39	2.99	2.76	2.60	2.24	2.01	1.84	1.78
	26	4.23	3.37	2.98	2.74	2.59	2.22	1.99	1.82	1.76
	27	4.21	3.35	2.96	2.73	2.57	2.20	1.97	1.81	1.74
	28	4.20	3.34	2.95	2.71	2.56	2.19	1.96	1.79	1.73
	29	4.18	3.33	2.93	2.70	2.55	2.18	1.94	1.77	1.71
	30	4.17	3.32	2.92	2.69	2.53	2.16	1.93	1.76	1.70
	40	4.08	3.23	2.84	2.61	2.45	2.08	1.84	1.66	1.59
	50	4.03	3.18	2.79	2.56	2.40	2.03	1.78	1.60	1.52
	60	4.00	3.15	2.76	2.53	2.37	1.99	1.75	1.56	1.48
	80	3.96	3.11	2.72	2.49	2.33	1.95	1.70	1.51	1.43
	100	3.94	3.09	2.70	2.46	2.31	1.93	1.68	1.48	1.39
	120	3.92	3.07	2.68	2.45	2.29	1.91	1.66	1.46	1.37

表 4.8　F 分布表（有意水準 1％ の臨界値）$F_{m_1,m_2,0.01}$

	m_1 分子の自由度								
m_2 分母の自由度	1	2	3	4	5	10	20	50	100
1	4,052	5,000	5,403	5,625	5,764	6,056	6,209	6,303	6,334
2	98.50	99.00	99.17	99.25	99.30	99.40	99.45	99.48	99.49
3	34.12	30.82	29.46	28.71	28.24	27.23	26.69	26.35	26.24
4	21.20	18.00	16.69	15.98	15.52	14.55	14.02	13.69	13.58
5	16.26	13.27	12.06	11.39	10.97	10.05	9.55	9.24	9.13
6	13.75	10.92	9.78	9.15	8.75	7.87	7.40	7.09	6.99
7	12.25	9.55	8.45	7.85	7.46	6.62	6.16	5.86	5.75
8	11.26	8.65	7.59	7.01	6.63	5.81	5.36	5.07	4.96
9	10.56	8.02	6.99	6.42	6.06	5.26	4.81	4.52	4.41
10	10.04	7.56	6.55	5.99	5.64	4.85	4.41	4.12	4.01
11	9.65	7.21	6.22	5.67	5.32	4.54	4.10	3.81	3.71
12	9.33	6.93	5.95	5.41	5.06	4.30	3.86	3.57	3.47
13	9.07	6.70	5.74	5.21	4.86	4.10	3.66	3.38	3.27
14	8.86	6.51	5.56	5.04	4.69	3.94	3.51	3.22	3.11
15	8.68	6.36	5.42	4.89	4.56	3.80	3.37	3.08	2.98
16	8.53	6.23	5.29	4.77	4.44	3.69	3.26	2.97	2.86
17	8.40	6.11	5.18	4.67	4.34	3.59	3.16	2.87	2.76
18	8.29	6.01	5.09	4.58	4.25	3.51	3.08	2.78	2.68
19	8.18	5.93	5.01	4.50	4.17	3.43	3.00	2.71	2.60
20	8.10	5.85	4.94	4.43	4.10	3.37	2.94	2.64	2.54
21	8.02	5.78	4.87	4.37	4.04	3.31	2.88	2.58	2.48
22	7.95	5.72	4.82	4.31	3.99	3.26	2.83	2.53	2.42
23	7.88	5.66	4.76	4.26	3.94	3.21	2.78	2.48	2.37
24	7.82	5.61	4.72	4.22	3.90	3.17	2.74	2.44	2.33
25	7.77	5.57	4.68	4.18	3.85	3.13	2.70	2.40	2.29
26	7.72	5.53	4.64	4.14	3.82	3.09	2.66	2.36	2.25
27	7.68	5.49	4.60	4.11	3.78	3.06	2.63	2.33	2.22
28	7.64	5.45	4.57	4.07	3.75	3.03	2.60	2.30	2.19
29	7.60	5.42	4.54	4.04	3.73	3.00	2.57	2.27	2.16
30	7.56	5.39	4.51	4.02	3.70	2.98	2.55	2.25	2.13
40	7.31	5.18	4.31	3.83	3.51	2.80	2.37	2.06	1.94
50	7.17	5.06	4.20	3.72	3.41	2.70	2.27	1.95	1.82
60	7.08	4.98	4.13	3.65	3.34	2.63	2.20	1.88	1.75
80	6.96	4.88	4.04	3.56	3.26	2.55	2.12	1.79	1.65
100	6.90	4.82	3.98	3.51	3.21	2.50	2.07	1.74	1.60
120	6.85	4.79	3.95	3.48	3.17	2.47	2.03	1.70	1.56

臨界値は，有意水準 5% で $F_{2,2,0.05} = 19.00$，有意水準 1% で $F_{2,2,0.01} = 99.00$ となります。すなわち，$m_1 = 2$ および $m_2 = 2$ の F 分布において，19.00 以上である確率は 5%，99.00 以上である確率は 1% となります。

式 (4.23) の F 値の場合は，$m_1 = 2$，$m_2 = n - 3$ の F 分布に従います。

$$F = \frac{\left(\sum \hat{u}_{0i}^2 - \sum \hat{u}_{1i}^2\right) \Big/ 2}{\sum \hat{u}_{1i}^2 \Big/ (n-3)} \qquad \begin{aligned} &\text{分子の自由度：} m_1 = 2 \\ &\text{分母の自由度：} m_2 = n - 3 \end{aligned}$$

分子の自由度は帰無仮説において設定される制約の数 G に等しく，分母の自由度は制約なしの H_1 モデル (4.22) における残差分散の自由度 $n - K$ に等しくなります。一般に，回帰式 $Y_i = \beta_1 + \beta_2 X_{2i} + \cdots + \beta_K X_{Ki} + u_i$ について

$$\begin{aligned} &H_0 : \beta_{K-G+1} = \beta_{K-G+2} = \cdots = \beta_K = 0 \\ &H_1 : H_0 \text{ でない} \end{aligned} \qquad (G \text{ 個の制約}) \tag{4.26}$$

に対する F 値は

$$F = \frac{\left(\sum \hat{u}_{0i}^2 - \sum \hat{u}_{1i}^2\right) \Big/ G}{\sum \hat{u}_{1i}^2 \Big/ (n-K)} \tag{4.27}$$

となり，式 (4.27) は自由度 $m_1 = G$ および $m_2 = n - K$ の F 分布に従います。

●●● 例 4.9 ●●●

表 3.10（例 3.5）のデータ（$n = 5$）を用いて $Y_i = \beta_1 + \beta_2 X_{2i} + \beta_3 X_{3i} + u_i$ を推定し，F 分布を用いて次の仮説を検定しましょう。

$$\begin{aligned} &H_0 : \beta_2 = \beta_3 = 0 \\ &H_1 : H_0 \text{ でない} \end{aligned}$$

ここで，H_0 モデルは $Y_i = \alpha + u_{0i}$，H_1 モデルは $Y_i = \beta_1 + \beta_2 X_{2i} + \beta_3 X_{3i} + u_{1i}$ です。

有意水準を 5% とすると，$m_1 = 2$ および $m_2 = 5 - 3 = 2$ より，F 分布の臨界値は $F_{2,2,0.05} = 19.00$ なので，棄却域は

$$F_{2,2,0.05} = 19.00 < F$$

となります。

次に式 (4.27) に基づいて F 値を計算します。例 4.7 でも示したように，H_1 モデルの残差 2 乗和および残差分散は

$$\sum \hat{u}_{1i}^2 = 1.439, \quad \hat{\sigma}^2 = \frac{\sum \hat{u}_{1i}^2}{n-3} = \frac{1.439}{2} = 0.7197$$

です。また，H_0 モデルの残差 2 乗和は，被説明変数の偏差 2 乗和で計算できます。

$$\sum \hat{u}_{0i}^2 = \sum \left(Y_i - \bar{Y}_i\right)^2 = S_{yy} = 46$$

したがって，F 値は

$$F = \frac{\left(\sum \hat{u}_{0i}^2 - \sum \hat{u}_{1i}^2\right) \Big/ G}{\sum \hat{u}_{1i}^2 \Big/ (n-K)} = \frac{(46-1.439)/2}{0.7197} = \frac{22.2805}{0.7197} = 30.96$$

となります。

$F = 30.96$ は臨界値 $F_{2,2,0.05} = 19.00$ よりも大きい値であり，棄却域に入ります。つまり，$H_0 : \beta_2 = \beta_3 = 0$ は棄却され，H_1 モデル：$Y_i = \beta_1 + \beta_2 X_{2i} + \beta_3 X_{3i}$ が好ましいモデルとして主張できます。なお，分子における $\sum \hat{u}_{0i}^2 - \sum \hat{u}_{1i}^2$ は式 (3.15) の関係を用いると，

$$\sum \hat{u}_{0i}^2 - \sum \hat{u}_{1i}^2 = S_{yy} - \sum \hat{u}_{1i}^2 = S_{\hat{y}\hat{y}}$$

なので，被説明変数の理論値の偏差 2 乗和から計算することもできます。

●●● 例 4.10 ●●●

表 3.25（例題 14）のデータを用いて $Y_i = \beta_1 + \beta_2 X_{2i} + \beta_3 X_{3i} + \beta_4 X_{4i} + u_i$ を推定し，有意水準 5％ で次の仮説検定を行いましょう。

$$H_0 : \beta_2 = \beta_3 = \beta_4 = 0$$
$$H_1 : H_0 \text{でない}$$

Excel の「分析ツール」の回帰分析を利用して H_1 モデルを推定すると，表 4.9 に示す「分散分析表」が出力されます。F 値は「観測された分散比」で示されます。つまり，［1］の［2］に対する比，すなわち式 (4.27) が F 値になります。

「有意 F」は F 値に対する p 値を示しています。4.3271E-06 における E-06 は小数点第 6 桁目以降に 0 以外の数値が現れること，すなわち 0.0000043271 を示しています。有意水準は 5％ なので，この確率が 0.05 未満であれば帰無仮説を棄却することができます。

表 4.9 分散分析表と F 値

	自由度	変動	分散	観測された分散比	有意 F
回帰	3	11.3880	[1] 3.7960	12.7357	4.3271E-06
	$K-1$	$S_{\hat{y}\hat{y}}$	$\dfrac{S_{\hat{y}\hat{y}}}{G}=\dfrac{\sum \hat{u}_{0i}^2-\sum \hat{u}_{1i}^2}{G}$	F	$\Pr(F>F_{G,n-K})$
残差	43	12.8166	[2] 0.2981		
	$n-K$	$\sum \hat{u}_{1i}^2$	$\hat{\sigma}^2$		
合計	46	24.2047			
	$n-1$	S_{yy}			

♦ 線形制約の検定

第 3 章の例題 15 におけるコブ＝ダグラス型生産関数は，規模に関する収穫状態を表現するのに便利な形をしています。生産関数 $Y_i = AL_i^{\alpha}K_i^{\beta}$ において，$\alpha+\beta=1$ ならば収穫一定の生産技術を持つことになります。生産技術が収穫一定かどうかを調べるには，生産関数の両辺の対数をとった

$$[H_1\ \text{モデル}]\quad \ln Y_i = \ln A + \alpha\ln L_i + \beta\ln K_i + u_{1i}$$

という回帰式について，

$$\begin{aligned} &H_0 : \alpha+\beta=1 \\ &H_1 : H_0\text{でない} \end{aligned} \qquad (G=1\ \text{の制約}) \tag{4.28}$$

を検定します。この場合も F 分布を利用します。

例 4.9 では $\beta_2=0$ および $\beta_3=0$ という 2 本の制約式を課していたので，分子の自由度は $m_1=G=2$ でしたが，式 (4.28) の場合の制約式は $\alpha+\beta=1$ の 1 本だけですので，$m_1=G=1$ となります。H_0 を正しいと考えると，$\alpha=1-\beta$ より，

$$\begin{aligned} \ln Y_i = \ln A + (1-\beta)\ln L_i + \beta\ln K_i &= \ln A + \ln L_i + \beta(\ln K_i - \ln L_i) \\ \Leftrightarrow \quad \ln Y_i - \ln L_i &= \ln A + \beta(\ln K_i - \ln L_i) \end{aligned}$$

となります。ここで，

$$\ln Y_i - \ln L_i = \ln\frac{Y_i}{L_i} = \ln y_i, \quad \ln K_i - \ln L_i = \ln\frac{K_i}{L_i} = \ln k_i$$

より，$\alpha+\beta=1$ のときの生産関数は

$$[H_0\ \text{モデル}]\quad \ln y_i = \ln A + \beta\ln k_i + u_{0i} \tag{4.29}$$

と書き直すことができます。ここで，$y_i = \dfrac{Y_i}{L_i}$ は労働者一人あたり売上高（労働の平均生産性），$k_i = \dfrac{K_i}{L_i}$ は労働者一人あたり資本装備率を示しています。したがって，式 (4.28) を F 検定をするには，H_0 と H_1 モデルの両方を推定する必要があります。

以上のことを踏まえ，表 3.27 のデータ（$n = 57$）を用いてこれらのモデルを推定し，有意水準 1% で式 (4.28) を検定してみましょう。まず，H_0 モデルを推定すると，次が得られます。

$$\widehat{\ln y_i} = \underset{(-4.660)}{-0.511} + \underset{(7.727)}{0.701} \cdot \ln k_i$$

$$R^2 = 0.521,\ \ \text{adj.}R^2 = 0.512,\ \ \sum \hat{u}_{0i}^2 = 9.277$$

次に H_1 モデルを推定します。

$$\widehat{\ln Y_i} = \underset{(-1.471)}{-0.398} + \underset{(3.219)}{0.295} \ln L_i + \underset{(7.098)}{0.686} \ln K_i$$

$$R^2 = 0.917,\ \ \text{adj.}R^2 = 0.914,\ \ \sum \hat{u}_{1i}^2 = 9.241$$

式 (4.27) に従って F 値を求めます。

$$F = \frac{(9.277 - 9.241)/1}{9.241/(57-3)} = \frac{0.0356}{0.1711} = 0.208$$

自由度 $m_1 = G = 1$，$m_1 = n - K = 54$ に対する 1% 臨界値は表 4.8 に掲載されていないので，Excel の `F.INV` 関数（または `FINV` 関数）を使います。

```
=f.inv(0.99,1,54)
```

入力方法は

```
=f.inv(1-有意水準, 分子の自由度, 分母の自由度)
```

です。有意水準は上側確率を示すので，右裾の臨界値を計算する `F.INV.RT` 関数を用いても計算できます。

```
=f.inv.rt(0.01,1,54)
```

ここで，入力方法は

```
=f.inv.rt(有意水準, 分子の自由度, 分母の自由度)
```

です。この計算により，$F_{1,54,0.01} = 7.13$ であることがわかります。検定統計量 $F = 0.208$ は明らかに $F_{1,54,0.01} = 7.13$ よりも大きい値ではないので，F 値は棄却域に入りません。したがって，$H_0 : \alpha + \beta = 1$ を棄却できず，生産関数は収穫一定でない（収穫逓増または収穫逓減）とは主張できません。また，p 値は Excel の FDIST 関数を利用して求めます。

```
=fdist(0.208,1,54)
```

入力方法は

```
=fdist(F 値, 分子の自由度, 分母の自由度)
```

です。この計算により p 値は 0.6502 となり，有意水準 0.01 よりも大きい値になってしまうことが確認できます。

なお，通常の F 検定である $H_0 : \alpha = \beta = 0$ に対する F 値は $F = 299.85$ なので，この場合の帰無仮説は有意水準 1％ で棄却されます。

4.4　第 4 章の例題

単純回帰分析の仮説検定

例題 19

表 4.10 のデータを用いて $Y_i = \alpha + \beta X_i$ を推定し，以下の問いに答えなさい。

(1) H_0 : $\beta = 0$，H_1 : $\beta \neq 0$ を有意水準 5％ で仮説検定しなさい。
(2) H_0 : $\alpha = 0$，H_1 : $\alpha \neq 0$ を有意水準 5％ で仮説検定しなさい。

表 4.10　例題 19 のデータ

i	1	2	3	4	5
X_i	2	4	6	8	10
Y_i	3	6	8	12	11

解答例

(1) データより推定値は

$$\hat{\beta} = \frac{S_{xy}}{S_{xx}} = \frac{44}{40} = 1.1$$

$$\hat{\alpha} = \bar{Y} - \hat{\beta}\bar{X} = 8 - 1.1 \times 6 = 1.4$$

となります。したがって，理論値と残差は

$$\{\hat{Y}_i\} = \{3.6, 5.8, 8, 10.2, 12.4\}$$
$$\{\hat{u}_i\} = \{-0.6, 0.2, 0, 1.8, -1.4\}$$

であり，残差2乗和は $\sum \hat{u}_i^2 = 5.6$，決定係数および自由度調整済み決定係数は

$$R^2 = 1 - \frac{\sum \hat{u}_i^2}{S_{yy}} = 1 - \frac{5.6}{54} = 0.896$$

$$\text{adj.}R^2 = 1 - \frac{\dfrac{\sum \hat{u}_i^2}{n-2}}{\dfrac{S_{yy}}{n-1}} = 1 - \frac{5.6/3}{54/4} = 0.862$$

となります。

仮説の設定（手順1）と有意水準 q の設定（手順2）は済んでいますので，手順3から始めます。

- 手順3：臨界値の設定

  有意水準5％の両側検定なので，臨界値は右裾で2.5％の確率を満たす値になります。自由度 $m = n - 2 = 3$ より，

  $$t_{3,0.025} = 3.182$$

  となります。

- 手順4：棄却域の設定

  両側検定なので，棄却域は t 分布の両側に設定されます。

  $$|t_{\hat{\beta}}| > 3.182 \quad (t_{\hat{\beta}} > 3.182 \text{ または } t_{\hat{\beta}} < -3.182 \text{ の領域})$$

- 手順5：推定値 $\hat{\beta}$ の t 値の計算

  1. 残差分散：$\hat{\sigma}^2 = \dfrac{\sum \hat{u}_i^2}{n-2} = \dfrac{5.6}{5-2} = 1.867$
  2. 推定値 $\hat{\beta}$ の分散：$s_{\hat{\beta}}^2 = \dfrac{\hat{\sigma}^2}{S_{xx}} = \dfrac{1.867}{40} = 0.0467$
  3. 推定値 $\hat{\beta}$ の標準誤差：$s_{\hat{\beta}} = \sqrt{s_{\hat{\beta}}^2} = \sqrt{0.0467} = 0.216$
  4. t 値を計算します：$t_{\hat{\beta}} = \dfrac{\hat{\beta}}{s_{\hat{\beta}}} = \dfrac{1.1}{0.216} = 5.09$

- 手順 6：判定

  t 値は棄却域に入るので（5.09 は臨界値 3.182 より大きいので），H_0 を棄却します。すなわち，回帰係数 β が 0 でないと主張できます（推定値 $\hat{\beta}$ は有意である）。

(2) (1) と同じく有意水準 5％ の両側検定なので，臨界値および棄却域はまったく同じです（$|t_{\hat{\alpha}}| > 3.182$）。

- 手順 5：推定値 $\hat{\alpha}$ の t 値の計算

  1. 残差分散：$\hat{\sigma}^2 = \dfrac{\sum \hat{u}_i^2}{n-2} = \dfrac{5.6}{5-2} = 1.867$
  2. 推定値 $\hat{\alpha}$ の分散：$s_{\hat{\alpha}}^2 = \dfrac{\hat{\sigma}^2 \sum X_i^2}{nS_{xx}} = \dfrac{1.867 \times 220}{5 \times 40} = 2.053$
  3. 推定値 $\hat{\alpha}$ の標準誤差：$s_{\hat{\alpha}} = \sqrt{s_{\hat{\alpha}}^2} = \sqrt{2.053} = 1.433$
  4. t 値を計算します：$t_{\hat{\alpha}} = \dfrac{\hat{\alpha}}{s_{\hat{\alpha}}} = \dfrac{1.4}{1.433} = 0.98$

- 手順 6：判定

  t 値は棄却域に入らないので (0.98 は臨界値 3.182 より小さく，-3.182 より大きいので)，H_0 を棄却できません。すなわち，回帰係数 α が 0 でないと主張できません（推定値 $\hat{\alpha}$ は有意でない）。

以上より推定結果をまとめると，次のように書くことができます。

$$\hat{Y}_i = \underset{(0.98)}{1.4} + \underset{(5.09)}{1.1} X_i, \ R^2 = 0.896, \ \text{adj}.R^2 = 0.862$$

デューゼンベリー相対所得仮説の検定

例題 20

表 4.11 のデータは日本の国民可処分所得 y_i と民間最終消費支出 C_i を示しています。M_i は i 時点における過去最高の国民可処分所得を表しています。以下の問いに答えなさい。

(1) ケインズ型消費関数 $C_i = \alpha + \beta y_i + u_i$（絶対所得仮説）における回帰係数 (α, β) を最小 2 乗法で推定し，t 検定を用いて次の仮説（回帰係数の有意性）を有意水準 5％ で検定しなさい。

$$H_0: \ \beta = 0, \ H_1: \ \beta \neq 0$$
$$H_0: \ \alpha = 0, \ H_1: \ \alpha \neq 0$$

また，回帰係数の 95％ 信頼区間を求めなさい。

表 4.11　所得と消費（2000 年を基準に実質化）〔兆円〕

年度 i	国民可処分所得 y_i	民間最終消費支出 C_i	i 時点における過去最高所得 M_i
1980	272	168	272
1981	272	172	272
1982	277	180	272
1983	286	185	277
1984	295	191	286
1985	312	199	295
1986	322	206	312
1987	338	216	322
1988	363	227	338
1989	375	237	363
1990	394	249	375
1991	410	255	394
1992	401	259	410
1993	396	262	410
1994	400	268	410
1995	402	274	410
1996	414	281	410
1997	412	278	414
1998	401	279	414
1999	399	282	414
2000	410	284	414
2001	405	288	414
2002	403	291	414
2003	409	293	414
2004	419	297	414
2005	426	302	419
2006	437	306	426
2007	442	311	437
2008	412	305	442

データ出所：『国民経済計算』（内閣府）

(2) デューゼンベリー（James Stemble Duesenberry）型消費関数 $\dfrac{C_i}{y_i} = \gamma + \delta \cdot \dfrac{y_i}{M_i} + v_i$（相対所得仮説）における回帰係数 (γ, δ) を最小 2 乗法で推定し，t 検定を用いて次の仮説（回帰係数の有意性）を有意水準 5％ で検定しなさい。

$$H_0:\ \delta = 0,\ \ H_1:\ \delta < 0$$
$$H_0:\ \gamma = 0,\ \ H_1:\ \gamma > 0$$

また，回帰係数の 95％ 信頼区間を求めなさい。

解答例

(1) データより最小 2 乗推定値は

$$\hat{\beta} = \frac{65,590}{79,908} = 0.821$$
$$\hat{\alpha} = 253.2759 - 0.821 \cdot 376 = -55.352$$

となります。

次に，$H_0:\ \beta = 0$，$H_1:\ \beta \neq 0$，および $H_0:\ \alpha = 0$，$H_1:\ \alpha \neq 0$ を検定します。有意水準 5 % の両側検定なので，自由度 $m = 29 - 2 = 27$ の t 分布において臨界値は $t_{27,0.025} = 2.052$ になります。したがって，棄却域は式 (4.9) より

$$|t_{\hat{\beta}}| > t_{27,0.025} = 2.052 \quad (|t_{\hat{\alpha}}| > t_{27,0.025} = 2.052)$$

となります。$\hat{\beta}$ および $\hat{\alpha}$ の標準誤差は，式 (4.5), (4.6) より

$$s_{\hat{\beta}} = \sqrt{\frac{123.7881}{79,908}} = 0.039359$$
$$s_{\hat{\alpha}} = \sqrt{\frac{123.7881 \cdot 4,179,812}{29 \cdot 79,908}} = 14.94251$$

なので，それぞれの t 値は，式 (4.8) より

$$t_{\hat{\beta}} = \frac{\hat{\beta}}{s_{\hat{\beta}}} = \frac{0.821}{0.039359} = 20.85$$
$$t_{\hat{\alpha}} = \frac{\hat{\alpha}}{s_{\hat{\alpha}}} = \frac{-55.352}{14.94251} = -3.70$$

となります。$t_{\hat{\beta}} = 20.85 > t_{27,0.025}$ より，$\hat{\beta}$ の t 値は棄却域（分布の右裾の領域）に入るので，$H_0:\ \beta = 0$ を棄却し，$\hat{\beta}$ は有意であると主張できます。また，$t_{\hat{\alpha}} = -3.70 < -t_{27,0.025}$ より，$\hat{\alpha}$ の t 値は棄却域（分布の左裾の領域）に入るので，$H_0:\ \alpha = 0$ を棄却し，$\hat{\alpha}$ は有意であると主張できます。推定結果をまとめると，以下のようになります。

$$\hat{C}_i = \underset{(-3.70)}{-55.352} + \underset{(20.85)}{0.821}\, y_i, \quad R^2 = 0.942$$

95 % 信頼区間は，式 (4.14) を用いて以下のように計算できます。

$$0.821 - 2.052 \cdot 0.039359 \leq \beta \leq 0.821 + 2.052 \cdot 0.039359$$

$$\Rightarrow \quad 0.740 \leq \beta \leq 0.902$$

$$-55.352 - 2.052 \cdot 14.94251 \leq \alpha \leq -55.352 + 2.052 \cdot 14.94251$$

$$\Rightarrow \quad -86.012 \leq \alpha \leq -24.693$$

(2) まず，データから $\dfrac{C_i}{y_i}$ および $\dfrac{y_i}{M_i}$ を計算します。最小 2 乗推定値は

$$\hat{\delta} = \frac{-0.02174}{0.031083} = -0.699$$

$$\hat{\gamma} = 0.67039 - (-0.699) \cdot 1.006394 = 1.374$$

となります。

次に，H_0 : $\delta = 0$，H_1 : $\delta < 0$，および H_0 : $\gamma = 0$，H_1 : $\gamma > 0$ を有意水準 5％ で検定します。有意水準 5％ の片側検定なので，自由度 $m = 29 - 2 = 27$ の t 分布において臨界値は $t_{27,0.05} = 1.703$ になります。したがって，棄却域は式 (4.11), (4.12) より

$$t_{\hat{\delta}} < t_{27,0.05} = -1.703, \quad t_{\hat{\gamma}} > t_{27,0.05} = 1.703$$

となります。$\hat{\delta}$ および $\hat{\gamma}$ の標準誤差は，式 (4.5), (4.6) より

$$s_{\hat{\delta}} = \sqrt{\frac{0.00076}{0.031083}} = 0.156226, \quad s_{\hat{\gamma}} = \sqrt{\frac{0.00076 \cdot 29.4}{29 \cdot 0.031083}} = 0.157308$$

なので，それぞれの t 値は，式 (4.8) より

$$t_{\hat{\delta}} = \frac{\hat{\delta}}{s_{\hat{\delta}}} = \frac{-0.699}{0.156226} = -4.48, \quad t_{\hat{\gamma}} = \frac{\hat{\gamma}}{s_{\hat{\gamma}}} = \frac{1.374}{0.157308} = 8.74$$

となります。$t_{\hat{\delta}} = -4.48 < t_{27,0.05}$ より，$\hat{\beta}$ の t 値は棄却域（分布の左裾の領域）に入るので，H_0 : $\delta = 0$ を棄却し，$\hat{\delta}$ は有意に負であると主張できます。また，$t_{\hat{\gamma}} = 8.74 > t_{27,0.05}$ より，$\hat{\gamma}$ の t 値は棄却域（分布の右裾の領域）に入るので，H_0 : $\gamma = 0$ を棄却し，$\hat{\gamma}$ は有意に正であると主張できます。推定結果をまとめると，以下のようになります。

$$\widehat{\left(\frac{C_i}{y_i}\right)} = \underset{(8.74)}{1.374} \underset{(-4.48)}{-0.699} \frac{y_i}{M_i}, \quad R^2 = 0.426$$

95％ 信頼区間は，式 (4.14) を用いて以下のように計算できます。

$$-0.699 - 2.052 \cdot 0.156226 \leq \delta \leq -0.699 + 2.052 \cdot 0.156226$$

$$\Rightarrow \quad -1.020 \leq \delta \leq -0.379$$

$$1.374 - 2.052 \cdot 0.157308 \leq \gamma \leq 1.374 + 2.052 \cdot 0.157308$$

$$\Rightarrow \quad 1.051 \leq \gamma \leq 1.697$$

■ **補足説明** ■　ケインズ型消費関数の傾きは限界消費性向に対応しており，短期の消費関数とよばれています（ただし，切片である基礎消費の推定値は負になっており，理論的に問題のある結果です）。これに対してクズネッツ（Simon Smith Kuznets）による長期の消費関数 $C_i = by_i$ を推定すると，

$$\hat{C}_i = \underset{(103.07)}{0.676}\ y_i, \quad R^2 = 0.997$$

となります。クズネッツは長期的には平均消費性向が一定になることを実証しています。図 4.18 はケインズおよびクズネッツの消費関数を描いています。クズネッツの消費関数は原点から伸びる直線（破線）です。

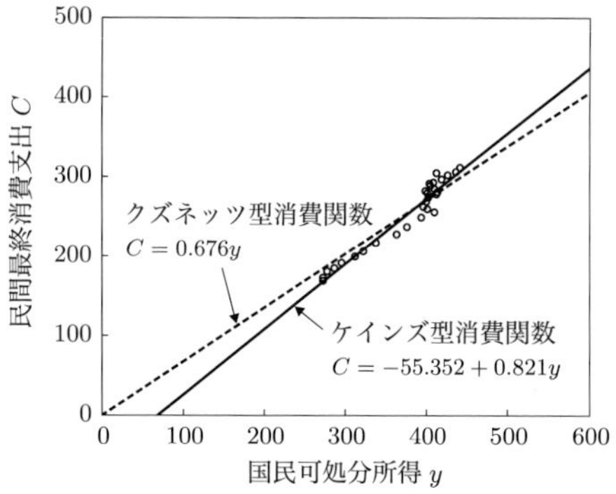

図 4.18　ケインズ型（短期）とクズネッツ型（長期）消費関数

図 4.19 は平均消費性向の推移を示したグラフです。これを見ると，上述の議論とは異なり，平均消費性向は必ずしも一定ではないことがわかります。1991 年までは若干の低下があり，それ以降は急激に上昇しています。デューゼンベリーは，家計の消費が現在の所得水準のみならず，過去に達成された最高の所得水準からも影響を受けるという仮説を考えました（相対所得仮説）。その理由は，人々が一度高い所得水準を達成して消費が伸びると，不況で所得が減少したとしても消費水準を簡単に下げることはできないという習慣形成（ラチェット効果）が生じるからです。この仮説のもとでは，平均消費性向は，所得の上昇期において相対的に小さくなり，不況期のような所得が低下する期間に相対的に大きくなります。

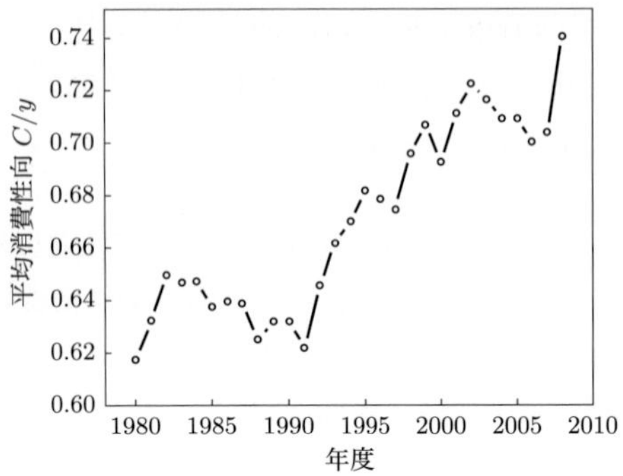

図 4.19　平均消費性向の推移

この関係性を推定しているのが，問題 (2) で取り上げた式です。図 4.20 は横軸に $\dfrac{y_i}{M_i}$，縦軸に $\dfrac{C_i}{y_i}$ をプロットした散布図で，実線は (2) で推定されたデューゼンベリー型消費関数です。所得が前年に比べて漸次上昇（$y_i > y_{t-1}$）し続ける場合，過去の最高所得は $M_i = y_{t-1}$ となり，$\dfrac{y_i}{M_i}$ は $\dfrac{y_i}{y_{i-1}}$ と同じ意味になります。つまり，所得が漸次上昇していれば，$\dfrac{y_i}{M_i} > 1$ であると考えられるわけです。しかし，不況などで所得が低下すると，過去の最高所得が達成できなくなるので，$\dfrac{y_i}{M_i} < 1$ となります。図 4.20 において，$\dfrac{y_i}{M_i} = 1$ のときの平均消費性向は 0.675 であり，この値自体はクズネッツ型の平均消費性向に近い値です。しかし，所得が増加して $\dfrac{y_i}{M_i} > 1$ となる時期の場合，平均消費性向は低下し，一方，所得が減少して $\dfrac{y_i}{M_i} < 1$

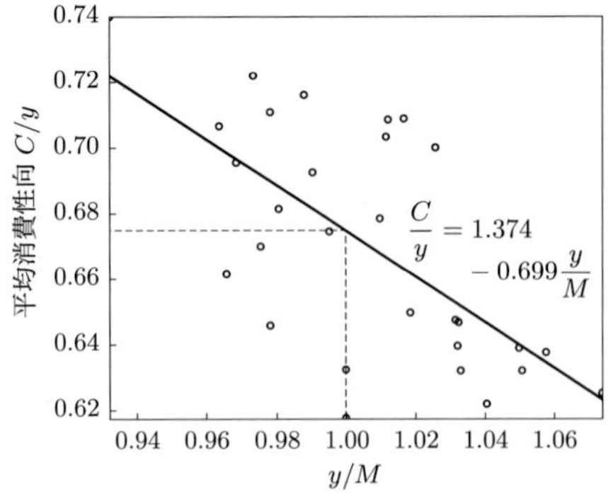

図 4.20　デューゼンベリー型消費関数

となる時期の場合，平均消費性向は上昇します。不況期において所得が下がったとしても，消費水準を下げられないのであれば，結果的に平均消費性向は上昇します。これがラチェット効果です。

多重回帰分析の仮説検定

例題 21

次のデータを利用して $Y_i = \beta_1 + \beta_2 X_{2i} + \beta_3 X_{3i} + u_i$ を推定しなさい。

$$\{Y_i\} = \{3, 6, 8, 12, 11\}$$
$$\{X_{2i}\} = \{2, 4, 6, 8, 10\}$$
$$\{X_{3i}\} = \{1, 1, 2, 2, 4\}$$

その上で

- $H_0: \ \beta_2 = 0$，$H_1: \ \beta_2 \neq 0$ を有意水準 5％で仮説検定しなさい。
- $H_0: \ \beta_3 = 0$，$H_1: \ \beta_3 \neq 0$ を有意水準 5％で仮説検定しなさい。

解答例

データより

$$S_{2y} = 44, \ S_{3y} = 13, \ S_{22} = 40, \ S_{33} = 6, \ S_{23} = 14$$
$$\bar{Y} = 8, \ \bar{X}_2 = 6, \ \bar{X}_3 = 2$$

が得られます。最小 2 乗推定値は

$$\hat{\beta}_2 = \frac{S_{2y}S_{33} - S_{23}S_{3y}}{S_{22}S_{33} - S_{23}^2} = \frac{44 \cdot 6 - 14 \cdot 13}{40 \cdot 6 - 14^2} = \frac{82}{44} = 1.8636$$
$$\hat{\beta}_3 = \frac{S_{3y}S_{22} - S_{23}S_{2y}}{S_{22}S_{33} - S_{23}^2} = \frac{13 \cdot 40 - 14 \cdot 44}{40 \cdot 6 - 14^2} = \frac{-96}{44} = -2.1818$$
$$\hat{\beta}_1 = \bar{Y} - \hat{\beta}_2 \bar{X}_2 - \hat{\beta}_3 \bar{X}_3 = 8 - 1.8636 \cdot 6 - (-2.1818) \cdot 2 = 1.1818$$

となります。次に残差を計算します。

$$\hat{u}_1 = Y_1 - \hat{Y}_1 = 3 - 2.727 = 0.2727$$
$$\hat{u}_2 = Y_2 - \hat{Y}_2 = 6 - 6.455 = -0.4545$$
$$\hat{u}_3 = Y_3 - \hat{Y}_3 = 8 - 8 = 0$$
$$\hat{u}_4 = Y_4 - \hat{Y}_4 = 12 - 11.727 = 0.2727$$
$$\hat{u}_5 = Y_5 - \hat{Y}_5 = 11 - 11.091 = -0.0909$$

この結果より，残差分散が求められます。自由度は $5 - 3 = 2$ です。

$$\hat{\sigma}^2 = \frac{\sum \hat{u}_i^2}{n-3} = \frac{0.0744 + 0.2066 + 0 + 0.0744 + 0.0083}{2} = 0.1818$$

$\hat{\beta}_2$ と $\hat{\beta}_3$ の標準誤差を計算します。

$$s_2^2 = \hat{\sigma}^2 \frac{S_{33}}{S_{22}S_{33} - S_{23}^2} = 0.1818 \cdot \frac{6}{44} = 0.0248$$

$$s_2 = \sqrt{s_2^2} = \sqrt{0.0248} = 0.1575$$

$$s_3^2 = \hat{\sigma}^2 \frac{S_{22}}{S_{22}S_{33} - S_{23}^2} = 0.1818 \cdot \frac{40}{44} = 0.1653$$

$$s_3 = \sqrt{s_3^2} = \sqrt{0.1653} = 0.4066$$

t 値を求めます。

$$t_2 = \frac{\hat{\beta}_2}{s_2} = \frac{1.86364}{0.15746} = 11.84$$

$$t_3 = \frac{\hat{\beta}_3}{s_3} = \frac{-2.1818}{0.4066} = -5.37$$

自由度 2 の t 分布における両側 5％（片側 2.5％）の臨界値は $t_{2,0.025} = 4.303$ よりどちらの t 値も棄却域に入ります。したがって，$\hat{\beta}_2$ と $\hat{\beta}_3$ はどちらも有意であると言えます。

例題 22　中古マンション価格の推定

表 4.12 のデータは 2011 年に東京都大田区で売買された中古マンションの面積 X_{2i}，建築後年数 X_{3i}，価格 Y_i を示しています。ただし，面積および価格は自然対数をとった値です。マンション価格を定数項，面積および建築後年数に回帰した関数 $Y_i = \beta_1 + \beta_2 X_{2i} + \beta_3 X_{3i} + u_i$ における回帰係数 $\beta_1, \beta_2, \beta_3$ を最小 2 乗法で推定し，以下の問いに答えなさい。

(1) t 検定を用いて次の仮説（回帰係数の有意性）を有意水準 5％ でそれぞれ検定しなさい。

- H_0 : $\beta_2 = 0$，H_1 : $\beta_2 \neq 0$
- H_0 : $\beta_2 = 1$，H_1 : $\beta_2 > 1$

(2) 次の仮説を (1) と同様に検定しなさい。

- H_0 : $\beta_3 = 0$，H_1 : $\beta_3 \neq 0$
- H_0 : $\beta_3 = -0.02$，H_1 : $\beta_3 < -0.02$

表 4.12 売買された中古マンションの面積，建築後年数および価格（東京都大田区，2011 年）

	面積 (対数)	建築後 年数	価格 (対数)		面積 (対数)	建築後 年数	価格 (対数)
id	X_{2i}	X_{3i}	Y_i	id	X_{2i}	X_{3i}	Y_i
1	3.2	11	16.8	18	3.4	37	15.8
2	4.2	12	17.3	19	3.6	37	16.1
3	3.9	33	17.2	20	4.7	12	17.9
4	3.0	11	16.6	21	3.0	37	15.3
5	3.4	38	16.1	22	4.2	28	17.0
6	3.7	36	16.5	23	4.2	28	17.2
7	4.4	23	17.4	24	4.0	32	16.8
8	3.2	37	15.8	25	4.0	32	17.1
9	3.2	37	15.5	26	3.0	32	16.0
10	3.0	13	16.5	27	3.0	22	15.5
11	4.2	12	17.3	28	3.0	8	16.5
12	3.0	6	16.6	29	2.7	20	15.7
13	4.1	27	17.4	30	2.7	20	15.7
14	2.7	19	16.0	31	4.1	15	17.5
15	3.7	34	16.6	32	4.0	28	16.9
16	3.9	32	16.8	33	4.2	5	17.6
17	4.0	15	17.5				

データ出所：『土地取引総合情報システム』（国土交通省）
http://www.land.mlit.go.jp/webland/

解答例

まず，回帰係数の推定を行います。データより

$$\hat{\beta}_2 = \frac{S_{2y}S_{33} - S_{23}S_{3y}}{S_{22}S_{33} - S_{23}^2}$$

$$= \frac{10.97 \cdot 3,734.73 - (-1.82) \cdot (-107.14)}{10.50 \cdot 3,734.73 - (-1.82)^2} = \frac{40,791}{39,207} = 1.040$$

$$\hat{\beta}_3 = \frac{S_{3y}S_{22} - S_{23}S_{2y}}{S_{22}S_{33} - S_{23}^2}$$

$$= \frac{(-107.14) \cdot 10.50 - (-1.82) \cdot 10.97}{10.50 \cdot 3,734.73 - (-1.82)^2} = \frac{-1,105}{39,207} = -0.028$$

$$\hat{\beta}_1 = \bar{Y} - \hat{\beta}_2\bar{X}_2 - \hat{\beta}_3\bar{X}_3$$

$$= 16.6 - 1.040 \cdot 3.6 - (-0.028) \cdot 23.9 = 13.556$$

が得られます。残差 2 乗和は $\sum \hat{u}_i^2 = 1.7184$，決定係数および自由度調整済み決定係数は

$$R^2 = 1 - \frac{1.7184}{16.1552} = 0.894$$

$$\text{adj.}R^2 = 1 - \frac{\dfrac{\sum \hat{u}_i^2}{n-2}}{\dfrac{S_{yy}}{n-1}} = 1 - \frac{\dfrac{1.7184}{33-3}}{\dfrac{16.1552}{33-1}} = 0.887$$

となります。

(1) H_0：$\beta_2 = 0$，H_1：$\beta_2 \neq 0$ を有意水準 5％ で検定します。両側検定なので棄却域は自由度 $n-3=30$ の t 分布の両側に設定されます。

$$|t_2| > t_{30,0.025} = 2.042 \quad (t_2 > 2.042 \text{ または } t_2 < -2.042 \text{ の領域})$$

$\hat{\beta}_2$ の t 値を計算します。

1. 残差分散：$\hat{\sigma}^2 = \dfrac{\sum \hat{u}_i^2}{n-3} = \dfrac{1.7184}{33-3} = 0.0573$
2. 推定値 $\hat{\beta}_2$ の分散：$s_2^2 = \hat{\sigma}^2 \dfrac{S_{33}}{S_{22}S_{33} - S_{23}^2} = \dfrac{0.0573 \cdot 3,734.73}{10.50 \cdot 3,734.73 - (-1.82)^2}$
   $= 0.00546$
3. 推定値 $\hat{\beta}_2$ の標準誤差：$s_2 = \sqrt{0.00546} = 0.07387$
4. t 値：$t_2 = \dfrac{\hat{\beta}_2}{s_2} = \dfrac{1.040}{0.07387} = 14.08$

以上より，t 値は棄却域に入るので（14.08 は臨界値 2.042 より大きいので），H_0 を棄却します。すなわち，回帰係数 β_2 は 0 でないと主張できます（推定値 $\hat{\beta}_2$ は有意である）。

次に同じ回帰係数 β_2 について，H_0：$\beta_2 = 1$，H_1：$\beta_2 > 1$ を有意水準 5％ で検定します。右片側検定なので，棄却域は自由度 $n-3=30$ の t 分布の右裾に設定されます。

$$t_2 > t_{30,0.05} = 1.697$$

この検定の t 値は H_0：$\beta_2 = 1$ を仮に正しいと考えて，次のように計算します。

$$t_2 = \frac{\hat{\beta}_2 - \beta_2}{s_2} = \frac{1.040 - 1}{0.07387} = 0.55$$

t 値は棄却域に入らないので（0.55 は臨界値 1.697 より小さいので），H_0 を棄却することはできません。すなわち，回帰係数 β_2 が 1 よりも有意に大きいと主張することはできません。

価格および面積は対数なので，回帰係数 β_2 は弾力性を示しています。つまり，面積が 1％ 増えると価格もちょうど 1％ 増えるという関係が，検定結果からわかります。

(2) H_0： $\beta_3 = 0$, H_1： $\beta_3 \neq 0$ を有意水準 5％ で検定します。両側検定なので，棄却域は自由度 $n - 3 = 30$ の t 分布の両側に設定されます。

$$|t_3| > t_{30,0.025} = 2.042 \quad (t_3 > 2.042 \text{ または } t_3 < -2.042 \text{ の領域})$$

$\hat{\beta}_3$ の t 値を計算します。

1. 残差分散： $\hat{\sigma}^2 = 0.0573$
2. 推定値 $\hat{\beta}_3$ の分散： $s_3^2 = \hat{\sigma}^2 \dfrac{S_{22}}{S_{22}S_{33} - S_{23}^2} = \dfrac{0.0573 \cdot 10.50}{10.50 \cdot 3,734.73 - (-1.82)^2}$
   $= 0.000015$
3. 推定値 $\hat{\beta}_3$ の標準誤差： $s_3 = \sqrt{0.000015} = 0.0039$
4. t 値： $t_3 = \dfrac{\hat{\beta}_3}{s_3} = \dfrac{-0.028}{0.0039} = -7.20$

以上より，t 値は棄却域に入るので（-7.20 は臨界値 -2.042 より小さいので），H_0 を棄却します。すなわち，回帰係数 β_3 は 0 でないと主張できます（推定値 $\hat{\beta}_3$ は有意である）。

次に，同じ回帰係数 β_3 について，H_0： $\beta_3 = -0.02$, H_1： $\beta_3 < -0.02$ を有意水準 5％ で検定します。左片側検定なので，棄却域は自由度 $n - 3 = 30$ の t 分布の左裾に設定されます。

$$t_3 < -t_{30,0.05} = -1.697$$

この検定の t 値は H_0： $\beta_3 = -0.02$ を仮に正しいと考えて，次のように計算します。

$$t_3 = \frac{\hat{\beta}_3 - \beta_3}{s_3} = \frac{-0.028 - (-0.02)}{0.0039} = -2.09$$

t 値は棄却域に入るので（-2.09 は臨界値 -1.697 より小さいので），H_0 を棄却します。すなわち，回帰係数 β_3 は -0.02 よりも有意に小さいと主張できます。

被説明変数が価格の対数であるのに対し，建築後年数は真数です。面積が同じで建築後年数が 1 年だけ異なる中古マンション価格（対数）は，次のように表現できます。

$$Y_A = 13.556 + 1.040X_2 - 0.028X_3$$

$$Y_B = 13.556 + 1.040X_2 - 0.028\,(X_3 - 1)$$

この式の差をとると，$Y_A - Y_B = -0.028$ が得られますが，$Y_A - Y_B$ は価格の対数差分なので，価格変化率の近似値とみなすことができます。つまり，この分析対象地域において，マンションが 1 年古くなると，価格はおよそ 2.8％ずつ下落していくことがわかります。建築後年数 X_{3i} の平均はおよそ 24 年なので，たとえばこの状態からさらに 16 年経過した後の築 40 年の物件は（その他の事情が等しければ），$(1-0.028)^{16} = 0.63$ より，現在の価格の 63％まで下落します。

例題 23　出生率の地域間格差

表 4.13 は，二つの年齢層（A：25〜29 歳，B：30〜34 歳）における女性の都道府県別出生率（同一年齢層の人口に対するパーセンテージ）を示しています。年齢層別に出生率の地域間格差について回帰分析を行い，回帰係数の仮説検定をします。以下の問いに答えなさい。

(1) 年齢層ごとに出生率 Y_i を定数項，未婚者割合 X_{2i}，賃金 X_{3i}，待機児童数 X_{4i} に回帰して，それぞれの回帰係数の t 検定を両側有意水準 5％で行いなさい。

　[A：25〜29 歳]　$Y_i^{\mathrm{A}} = \beta_1^{\mathrm{A}} + \beta_2^{\mathrm{A}} X_{2i}^{\mathrm{A}} + \beta_3^{\mathrm{A}} X_{3i}^{\mathrm{A}} + \beta_4^{\mathrm{A}} X_{4i} + u_i$

　[B：30〜34 歳]　$Y_i^{\mathrm{B}} = \beta_1^{\mathrm{B}} + \beta_2^{\mathrm{B}} X_{2i}^{\mathrm{B}} + \beta_3^{\mathrm{B}} X_{3i}^{\mathrm{B}} + \beta_4^{\mathrm{B}} X_{4i} + v_i$

(2) (1) の推定結果に基づいて，次の仮説を有意水準 5％で検定しなさい。

　(2-1)　[A：25〜29 歳]　$H_0:\ \beta_2^{\mathrm{A}} = \beta_3^{\mathrm{A}} = \beta_4^{\mathrm{A}} = 0$，$H_1:\ H_0$ でない

　(2-2)　[B：30〜34 歳]　$H_0:\ \beta_2^{\mathrm{B}} = \beta_3^{\mathrm{B}} = \beta_4^{\mathrm{B}} = 0$，$H_1:\ H_0$ でない

(3) 年齢層ごとに出生率 Y_i を定数項，未婚者割合 X_{2i}，賃金 X_{3i}，待機児童数 X_{4i}，賃金と待機児童数のクロス項 $X_{3i} \cdot X_{4i}$ に回帰して，それぞれの回帰係数の t 検定を両側有意水準 5％で行いなさい。

　[A：25〜29 歳]　$Y_i^{\mathrm{A}} = \beta_1^{\mathrm{A}} + \beta_2^{\mathrm{A}} X_{2i}^{\mathrm{A}} + \beta_3^{\mathrm{A}} X_{3i}^{\mathrm{A}} + \beta_4^{\mathrm{A}} X_{4i} + \beta_5^{\mathrm{A}} X_{3i}^{\mathrm{A}} \cdot X_{4i} + u_i$

　[B：30〜34 歳]　$Y_i^{\mathrm{B}} = \beta_1^{\mathrm{B}} + \beta_2^{\mathrm{B}} X_{2i}^{\mathrm{B}} + \beta_3^{\mathrm{B}} X_{3i}^{\mathrm{B}} + \beta_4^{\mathrm{B}} X_{4i} + \beta_5^{\mathrm{B}} X_{3i}^{\mathrm{B}} \cdot X_{4i} + v_i$

(4) (3) の推定結果に基づいて，次の仮説を有意水準 5％で検定しなさい。

　(4-1)　[A：25〜29 歳]　$H_0:\ \beta_3^{\mathrm{A}} = \beta_5^{\mathrm{A}} = 0$，$H_1:\ H_0$ でない

　(4-2)　[A：25〜29 歳]　$H_0:\ \beta_4^{\mathrm{A}} = \beta_5^{\mathrm{A}} = 0$，$H_1:\ H_0$ でない

　(4-3)　[B：30〜34 歳]　$H_0:\ \beta_3^{\mathrm{B}} = \beta_5^{\mathrm{B}} = 0$，$H_1:\ H_0$ でない

　(4-4)　[B：30〜34 歳]　$H_0:\ \beta_4^{\mathrm{B}} = \beta_5^{\mathrm{B}} = 0$，$H_1:\ H_0$ でない

表 4.13 都道府県別出生率

	出生率〔%〕		女性未婚者割合〔%〕		女性賃金〔万円/月〕		待機児童数
	25〜29 歳 Y_i^A	30〜34 歳 Y_i^B	25〜29 歳 X_{2i}^A	30〜34 歳 X_{2i}^B	25〜29 歳 X_{3i}^A	30〜34 歳 X_{3i}^B	人口 10 万人あたり X_{4i}
北海道	7.7	7.8	59	36	21.9	22.3	2.9
青森県	8.7	7.7	56	34	19.0	19.4	0.0
岩手県	9.6	8.2	52	31	18.9	19.6	12.2
宮城県	8.1	8.3	56	33	21.0	22.4	26.8
秋田県	9.7	7.9	55	31	20.0	19.6	4.0
山形県	9.9	9.2	53	28	19.0	19.8	19.7
福島県	10.3	8.8	51	28	20.5	21.5	7.1
茨城県	8.8	9.2	57	32	23.0	24.7	22.2
栃木県	9.6	9.5	55	30	22.4	23.4	5.8
群馬県	9.3	9.4	56	31	22.4	24.0	2.4
埼玉県	7.8	9.3	60	34	23.4	24.0	25.5
千葉県	7.9	9.2	60	34	23.2	25.2	24.8
東京都	5.7	8.3	64	40	27.1	30.0	79.7
神奈川県	7.3	9.5	62	34	25.5	27.2	18.1
新潟県	9.6	9.3	57	32	20.0	23.1	0.8
富山県	9.7	9.4	57	31	20.6	21.6	0.0
石川県	9.5	9.8	58	32	21.0	21.1	0.0
福井県	11.1	10.7	55	28	21.3	21.9	0.0
山梨県	8.6	9.3	59	31	21.6	22.4	0.0
長野県	9.6	9.8	58	31	21.4	22.4	0.0
岐阜県	9.4	9.8	56	29	21.8	23.6	2.2
静岡県	9.8	9.7	55	30	21.7	23.1	11.0
愛知県	9.3	10.3	55	29	23.4	24.6	4.0
三重県	9.2	9.6	55	29	22.1	22.9	17.5
滋賀県	9.3	10.6	57	29	22.2	24.6	49.0
京都府	6.6	9.0	65	38	24.1	24.9	7.8
大阪府	7.7	8.9	61	37	24.9	26.6	22.3
兵庫県	8.3	9.4	61	35	22.9	24.1	11.5
奈良県	7.2	9.3	65	37	22.8	24.1	13.0
和歌山県	9.2	8.8	58	33	23.1	25.6	4.3
鳥取県	10.0	9.5	56	32	19.3	20.7	4.9
島根県	11.1	9.9	54	29	18.9	20.4	22.6
岡山県	9.3	9.4	57	32	22.7	23.2	2.9
広島県	10.1	9.7	55	32	21.5	22.7	2.2
山口県	10.0	9.1	55	32	21.6	22.5	3.4
徳島県	9.3	9.0	56	32	20.6	22.0	20.2
香川県	10.5	9.3	55	31	21.7	22.9	1.0
愛媛県	9.8	9.0	55	32	20.0	20.8	0.0
高知県	8.5	8.3	59	36	20.8	22.5	0.9
福岡県	8.4	9.3	61	37	22.8	23.4	10.9
佐賀県	10.3	9.5	57	33	20.0	21.1	7.5
長崎県	10.3	9.7	57	34	20.9	20.3	2.8
熊本県	10.7	10.0	56	33	20.4	21.7	18.3
大分県	10.4	9.8	57	34	19.7	20.9	3.6
宮崎県	12.0	9.7	52	31	19.3	20.2	0.5
鹿児島県	10.2	10.3	56	33	19.5	20.7	9.6
沖縄県	10.5	10.9	55	33	18.8	19.9	218.5

データ出所：『賃金構造基本統計調査』(厚生労働省),『人口動態統計』(厚生労働省),『社会生活基本調査報告』(総務省統計局), 石川晃 (2010)「都道府県別女性の年齢 (5 歳階級) 別出生率および合計特殊出生率：2009 年」『人口問題研究』, 第 66 巻, 第 4 号, pp.99–104.

解答例

(1) Excel を利用して回帰分析を行います。推定結果は次のようになります。

$$[\text{A：25〜29 歳}]\quad \hat{Y}_i^{\mathrm{A}} = \underset{(15.79)}{27.512} \underset{(-5.47)}{-0.235}\, X_{2i}^{\mathrm{A}} \underset{(-3.044)}{-0.222}\, X_{3i}^{\mathrm{A}} \underset{(-0.536)}{-0.002}\, X_{4i}$$

$$[\text{B：30〜34 歳}]\quad \hat{Y}_i^{\mathrm{B}} = \underset{(10.27)}{12.390} \underset{(-3.57)}{-0.132}\, X_{2i}^{\mathrm{B}} \underset{(1.06)}{+0.049}\, X_{3i}^{\mathrm{B}} \underset{(2.625)}{+0.007}\, X_{4i}$$

表 4.14 にこれらの結果をまとめました。

表 4.14　問題 (1) 出生率の推定

	A：25〜29 歳				B：30〜34 歳			
	推定値	t 値	p 値		推定値	t 値	p 値	
定数項	27.512	15.793	0.000	***	12.390	10.269	0.000	***
X_2	−0.235	−5.466	0.000	***	−0.132	−3.570	0.001	***
X_3	−0.222	−3.044	0.004	***	0.049	1.060	0.295	
X_4	−0.002	−0.536	0.595		0.007	2.625	0.012	**
R^2	0.747				0.289			
adj.R^2	0.730				0.239			
残差 2 乗和	17.650				16.305			
$\hat{\sigma}$	0.641				0.616			
F	42.359		0.000	***	5.828		0.002	***

注：***は有意水準 1% で有意，**は有意水準 5% で有意であることを示す。

サンプルサイズは $n = 47$，説明変数は 3 なので，$K = 4$ です。残差分散 $\hat{\sigma}^2$ は，残差 2 乗和を自由度 $n - K = 43$ で割った値で計算できます。したがって，t 検定も自由度 43 の t 分布を用いて行います。Excel の TINV 関数を用いて，

```
=tinv(0.05,43)
```

より，両側 5% 臨界値は $t_{43,0.025} = 2.017$ となります。

(1) の推定式は，地域間での出生率のばらつきを，未婚者割合 X_{2i}，女性賃金 X_{3i}，待機児童数 X_{4i} で説明しています。

A, B どちらの年齢層においても，未婚者割合 X_{2i} の係数推定値 $\hat{\beta}_2^{\mathrm{A}}$，$\hat{\beta}_2^{\mathrm{B}}$ は有意に負です。つまり，未婚者割合が低いほど（婚姻している人の割合が大きいほど）出生率は高くなります。

女性賃金 X_{3i} の係数推定値は［A：25〜29 歳］で有意ですが，［B：30〜34 歳］では有意ではありません。女性の賃金が高いほど，妊娠期間や子育てに費やす時間に対する機会費用も上昇します。したがって，［A：25〜29 歳］

の場合では，高い賃金が出生率に負の影響を与えています。［B：30〜34 歳］でこの影響が存在しないのは，たとえばすでに第 1 子を出産したあとで仕事を辞めているケースが多い[*1]からかもしれませんが，これ以上は憶測の域を出ません。

待機児童数 X_{4i} が多いことは，それだけ保育所の供給が不足していることを意味します。したがって，待機児童が多いほど出産に負の影響を与えていることが予想されますが，［A：25〜29 歳］では有意性がなく，［B：30〜34 歳］では予想に反して符号が正になっています。このことは，出生率が高くなると保育所が不足して，待機児童が増えてしまうという逆の因果関係をきちんと制御できていないことが原因かもしれません。

(2) H_0 モデルの残差 2 乗和 $\sum \hat{u}_{0i}^2$ は，被説明変数の偏差 2 乗和になります。H_1 モデルの残差 2 乗和 $\sum \hat{u}_{1i}^2$ は，(1) の残差から計算できます。制約の数は $\beta_2 = 0$，$\beta_3 = 0$，$\beta_4 = 0$ より $G = 3$，$\sum \hat{u}_{1i}^2$ の自由度は $n - K = 43$ なので，F 値は次のように計算できます。

(2-1)［A：25〜29 歳］
$$F = \frac{\left(\sum \hat{u}_{0i}^2 - \sum \hat{u}_{1i}^2\right) \Big/ G}{\sum \hat{u}_{1i}^2 \Big/ (n-K)} = \frac{(69.809 - 17.650)/3}{17.650/43} = 42.36$$

(2-2)［B：30〜34 歳］
$$F = \frac{\left(\sum \hat{v}_{0i}^2 - \sum \hat{v}_{1i}^2\right) \Big/ G}{\sum \hat{v}_{1i}^2 \Big/ (n-K)} = \frac{(22.934 - 16.305)/3}{16.305/43} = 5.83$$

自由度 $m_1 = G = 3$（分子），$m_2 = n - K = 43$（分母）の F 分布における 5％臨界値は，Excel の `F.INV.RT` 関数もしくは `FINV` 関数を用いて

```
=f.inv.RT(0.05,3,43)  または  =finv(0.05,3,43)
```

より，$F_{3,43,0.05} = 2.82$ と計算できます。F 値は A, B どちらのケースにおいても臨界値よりも大きいので，棄却域に入ります。すなわち，切片を除く回帰係数がすべて 0 であるという帰無仮説は棄却されます。なお，p 値は

*1 『労働力調査』（総務省）によると，2011 年における 30〜34 歳の女性労働力率は 67.5％ であり，2006 年における 25〜29 歳の 75.7％ に比べて 8.2％ 低下しています。

Excel の F.DIST.RT 関数もしくは FDIST 関数を用いて

`=f.dist.rt(F 値,3,43)`　または　`=fdist(F 値,3,43)`

より

［A：25〜29 歳］　p 値 6.71×10^{-13}　$(= 0.000000000000671)$
［B：30〜34 歳］　p 値 0.002

となり，どちらも 0.05 未満になっていることがわかります。

(3) Excel を利用して回帰分析を行います。推定結果は次のようになります。

$$[\text{A：25〜29 歳}]\quad \hat{Y}_i^{\mathrm{A}} = \underset{(13.05)}{25.871} \underset{(-5.57)}{-0.235}\, X_{2i}^{\mathrm{A}} \underset{(-1.67)}{-0.144}\, X_{3i}^{\mathrm{A}} \underset{(1.57)}{+0.042}\, X_{4i} \underset{(-1.63)}{-0.002}\, X_{3i}^{\mathrm{A}} \cdot X_{4i}$$

$$[\text{B：30〜34 歳}]\quad \hat{Y}_i^{\mathrm{B}} = \underset{(6.67)}{10.519} \underset{(-3.26)}{-0.120}\, X_{2i}^{\mathrm{B}} + \underset{(1.98)}{0.117}\, X_{3i}^{\mathrm{B}} \underset{(2.08)}{+0.048}\, X_{4i} \underset{(-1.78)}{-0.002}\, X_{3i}^{\mathrm{B}} \cdot X_{4i}$$

これらの結果を表 4.15 にまとめました。

表 4.15　例題 23 (3)：出生率の推定

	A：25〜29 歳				B：30〜34 歳			
	推定値	t 値	p 値		推定値	t 値	p 値	
定数項	25.871	13.047	0.000	***	10.519	6.669	0.000	***
X_2	−0.235	−5.565	0.000	***	−0.120	−3.264	0.002	***
X_3	−0.144	−1.668	0.103		0.117	1.979	0.054	*
X_4	0.042	1.567	0.125		0.048	2.081	0.044	**
$X_3 \cdot X_4$	−0.002	−1.633	0.110		−0.002	−1.782	0.082	*
R^2	0.762				0.339			
adj.R^2	0.740				0.276			
残差 2 乗和	16.596				15.159			
$\hat{\sigma}$	0.629				0.601			
F	33.667		0.000	***	5.385		0.001	***

注：***は有意水準 1％ で有意，**は 5％ で有意，*は 10％ で有意であることを示す。

サンプルサイズは $n = 47$，説明変数は 4 なので，$K = 5$ です。$X_{3i}^{\mathrm{A}} \cdot X_{4i}$ および $X_{3i}^{\mathrm{B}} \cdot X_{4i}$ はあらかじめ作成しておき，それぞれ一つの説明変数と考えます (たとえば，$X_{5i}^{\mathrm{A}} = X_{3i}^{\mathrm{A}} \cdot X_{4i}$ として $Y_i^{\mathrm{A}} = \beta_1^{\mathrm{A}} + \beta_2^{\mathrm{A}} X_{2i}^{\mathrm{A}} + \beta_3^{\mathrm{A}} X_{3i}^{\mathrm{A}} + \beta_4^{\mathrm{A}} X_{4i} + \beta_5^{\mathrm{A}} X_{5i}^{\mathrm{A}}$ を推定します)。残差分散 $\hat{\sigma}^2$ は残差 2 乗和を自由度 $n - K = 42$ で

割った値で計算できます。したがって，t 検定も自由度 42 の t 分布を用いて行います。Excel の TINV 関数を用いて，

```
=tinv(0.05,42)
```

より，両側 5 % 臨界値は $t_{42,0.025} = 2.018$ となります。

A, B どちらの年齢層においても，未婚者割合 X_{2i} の係数推定値 $\hat{\beta}_2^{\mathrm{A}}$, $\hat{\beta}_2^{\mathrm{B}}$ は有意に負です。つまり未婚者割合が低いほど（婚姻している人の割合が大きいほど）出生率は高くなります。

女性賃金 X_{3i} の係数推定値 $\hat{\beta}_3^{\mathrm{A}}$ は［A：25〜29 歳］において有意性がなくなり，［B：30〜34 歳］において $\hat{\beta}_3^{\mathrm{B}}$ が 10 % 水準で有意です。待機児童数 X_{4i} もまた［A：25〜29 歳］において有意性がありませんが，［B：30〜34 歳］においては有意に正です（期待される符号は負です）。

(1) の推定と異なるのは，女性賃金と待機児童数の交差項（$X_{3i}^{\mathrm{A}} \cdot X_{4i}$ および $X_{3i}^{\mathrm{B}} \cdot X_{4i}$）が説明変数に加えられている点です。女性賃金の変化が出生率に与える影響は，次の式を計算することによって得られます。

$$\frac{\partial \hat{Y}_i}{\partial X_{3i}} = \hat{\beta}_3 + \hat{\beta}_5 X_{4i} = \begin{cases} -0.144 - 0.002X_{4i} & [\text{A：25〜29 歳}] \\ 0.117 - 0.002X_{4i} & [\text{B：30〜34 歳}] \end{cases}$$

つまり，［A：25〜29 歳］においては，待機児童数が多い地域ほど，女性賃金が上昇すると出生率はより低下することになります。［B：30〜34 歳］においては，待機児童数が 60 人（人口 10 万人あたり）を超えると，女性賃金の上昇は出生率の低下につながります。

待機児童数の変化が出生率に与える影響は，次の式を計算することによって得られます。

$$\frac{\partial \hat{Y}_i}{\partial X_{4i}} = \hat{\beta}_4 + \hat{\beta}_5 X_{3i} = \begin{cases} 0.042 - 0.002X_{3i}^{\mathrm{A}} & [\text{A：25〜29 歳}] \\ 0.048 - 0.002X_{3i}^{\mathrm{B}} & [\text{B：30〜34 歳}] \end{cases}$$

［A：25〜29 歳］においては，賃金が 19.1 万円を超える地域では，待機児童数が増えると出生率が低下します。［B：30〜34 歳］においては，賃金が 24.6 万円を超える地域では，待機児童数が増えると出生率が低下します。$\hat{\beta}_4^{\mathrm{B}}$ は有意に正でしたが，実際には地域差があることが示されます。

なお，交差項がある場合の標準誤差は，次のようにして計算します。

$$[\hat{\beta}_3 + \hat{\beta}_5 X_{4*} \text{ の標準誤差}] \quad \sqrt{s_3^2 + 2X_{4*}s_{35} + X_{4*}^2 s_5^2}$$

$$[\hat{\beta}_4 + \hat{\beta}_5 X_{3*} \text{ の標準誤差}] \quad \sqrt{s_4^2 + 2X_{3*}s_{45} + X_{3*}^2 s_5^2}$$

ここで，s_3^2, s_4^2, s_5^2 はそれぞれ $\hat{\beta}_3$, $\hat{\beta}_4$, $\hat{\beta}_5$ の分散の推定値 (標準誤差の 2 乗)，s_{35} は $\hat{\beta}_3$, $\hat{\beta}_5$ の，s_{45} は $\hat{\beta}_4$, $\hat{\beta}_5$ の共分散の推定値，X_{3*}, X_{4*} は説明変数の何らかの代表値を示しています。第 1 四分位点，中央値および第 3 四分位点とは，データを小さい順に並べたとき，

第 1 四分位点： データの 1/4 (25％) が含まれる位置を示す値
中央値： データの 1/2 (50％) が含まれる位置を示す値
第 3 四分位点： データの 3/4 (75％) が含まれる位置を示す値

です (表 4.16)。

表 4.16 賃金および待機児童数の変化が出生率に与える影響

				賃金変化		待機児童数変化	
				[A]	[B]	[A]	[B]
	X_{3i}^{A}	X_{3i}^{B}	X_{4i}	$\hat{\beta}_3^{A} + \hat{\beta}_5^{A} X_{4i}$	$\hat{\beta}_3^{B} + \hat{\beta}_5^{B} X_{4i}$	$\hat{\beta}_4^{A} + \hat{\beta}_5^{A} X_{3i}^{A}$	$\hat{\beta}_4^{B} + \hat{\beta}_5^{B} X_{3i}^{B}$
最小値	18.9	19.4	0	−0.144	0.117	0.000	0.010
第 1 四分位点	20	21	2.2	−0.149	0.113	−0.002	0.007
中央値	21.5	22.5	5.8	−0.157	0.106	−0.005	0.004
第 3 四分位点	22.75	24	18.2	−0.184	0.081	−0.008	0.001
最大値	27.1	30	218.5	−0.621	−0.312	−0.018	−0.011

(4) F 値を計算して，次の仮説 (4-1) を検定します。

$$\text{(4-1)} \quad [\text{A：25〜29 歳}] \quad H_0: \ \beta_3^{A} = \beta_5^{A} = 0, \ H_1: \ H_0 \text{ でない}$$

帰無仮説および対立仮説の推定式は，次のように書けます。

$$H_0\text{モデル：} \quad Y_i^{A} = \beta_1^{A} + \beta_2^{A} X_{2i}^{A} + \beta_4^{A} X_{4i} + u_{0i}$$

$$H_1\text{モデル：} \quad Y_i^{A} = \beta_1^{A} + \beta_2^{A} X_{2i}^{A} + \beta_3^{A} X_{3i}^{A} + \beta_4^{A} X_{4i} + \beta_5^{A} X_{3i}^{A} \cdot X_{4i} + u_{1i}$$

まず，H_0 モデルを推定すると，次の結果が得られます。

$$\hat{Y}_i^{A} = \underset{(14.83)}{28.028} \underset{(-9.92)}{-0.328} X_{2i}^{A} \underset{(-0.36)}{-0.001} X_{4i}$$

$$R^2 = 0.693, \ \text{adj.}R^2 = 0.679, \ \sum \hat{u}_{0i}^2 = 21.452$$

一方，H_1 モデルは (3) において推定されており，残差 2 乗和は $\sum \hat{u}_{1i}^2 = 16.596$，自由度は $n-K=47-5=42$ となります。したがって，H_0： $\beta_3^{\mathrm{A}} = \beta_5^{\mathrm{A}} = 0$ のもとで，制約が $G=2$ なので，

$$[F\ 値]\quad F = \frac{\left(\sum \hat{u}_{0i}^2 - \sum \hat{u}_{1i}^2\right)\Big/ G}{\sum \hat{u}_{1i}^2 \Big/ (n-K)} = \frac{(21.452 - 16.596)/2}{16.596/42} = 6.14$$

が得られます。Excel の FINV 関数を用いて，

```
=finv(0.05,2,42)
```

より，5％ 臨界値は $F_{0.05,2,42} = 3.220$ となります。F 値は臨界値よりも大きいので，帰無仮説 H_0： $\beta_3^{\mathrm{A}} = \beta_5^{\mathrm{A}} = 0$ は有意水準 5％ で棄却されます。$F = 6.14$ の p 値は Excel の F.DIST.RT 関数を用いて，

```
=f.dist.rt(6.14,2,42)
```

より p 値 $= 0.0046$ となり，有意水準 0.05 未満の値になっています。

同様にして仮説 (4-2) を検定します。

(4-2) ［A：25〜29 歳］ H_0： $\beta_4^{\mathrm{A}} = \beta_5^{\mathrm{A}} = 0$， H_1： H_0 でない

帰無仮説および対立仮説の推定式は，次のように書けます。

H_0モデル： $Y_i^{\mathrm{A}} = \beta_1^{\mathrm{A}} + \beta_2^{\mathrm{A}} X_{2i}^{\mathrm{A}} + \beta_3^{\mathrm{A}} X_{3i}^{\mathrm{A}} + u_{0i}$

H_1モデル： $Y_i^{\mathrm{A}} = \beta_1^{\mathrm{A}} + \beta_2^{\mathrm{A}} X_{2i}^{\mathrm{A}} + \beta_3^{\mathrm{A}} X_{3i}^{\mathrm{A}} + \beta_4^{\mathrm{A}} X_{4i} + \beta_5^{\mathrm{A}} X_{3i}^{\mathrm{A}} \cdot X_{4i} + u_{1i}$

まず，H_0 モデルを推定すると，次の結果が得られます。

$$\hat{Y}_i^{\mathrm{A}} = \underset{(15.95)}{27.452} \underset{(-5.56)}{-0.237}\, X_{2i}^{\mathrm{A}} \underset{(-3.05)}{-0.220}\, X_{3i}^{\mathrm{A}}$$

$$R^2 = 0.745,\ \ \mathrm{adj}.R^2 = 0.734,\ \ \sum \hat{u}_{0i}^2 = 17.767$$

一方，H_1 モデルは (3) において推定されており，残差 2 乗和は $\sum \hat{u}_{1i}^2 = 16.596$，自由度は $n-K=47-5=42$ となります。したがって，H_0： $\beta_4^{\mathrm{A}} = \beta_5^{\mathrm{A}} = 0$ のもとで，制約が $G=2$ なので，

$$[F\ 値]\quad F = \frac{\left(\sum \hat{u}_{0i}^2 - \sum \hat{u}_{1i}^2\right)\Big/ G}{\sum \hat{u}_{1i}^2 \Big/ (n-K)} = \frac{(17.767 - 16.596)/2}{16.596/42} = 1.48$$

が得られます。Excel の FINV 関数を用いて，

```
=finv(0.05,2,42)
```

より，5％臨界値は $F_{0.05,2,42} = 3.220$ となります。F 値は臨界値よりも小さいので，帰無仮説 H_0：$\beta_4^{\mathrm{A}} = \beta_5^{\mathrm{A}} = 0$ を有意水準5％で棄却することはできません。$F = 1.48$ の p 値は Excel の F.DIST.RT 関数を用いて，

```
=f.dist.rt(1.48,2,42)
```

より，p 値 $= 0.2388$ となり，有意水準 0.05 以上の値になっています。

仮説 (4-3) を検定します。

(4-3)［B：30〜34歳］ H_0：$\beta_3^{\mathrm{B}} = \beta_5^{\mathrm{B}} = 0$，$H_1$：$H_0$ でない

帰無仮説および対立仮説の推定式は，次のように書けます。

$$
\begin{aligned}
&H_0\text{モデル：}\quad Y_i^{\mathrm{B}} = \beta_1^{\mathrm{B}} + \beta_2^{\mathrm{B}} X_{2i}^{\mathrm{B}} + \beta_4^{\mathrm{B}} X_{4i} + v_{0i} \\
&H_1\text{モデル：}\quad Y_i^{\mathrm{B}} = \beta_1^{\mathrm{B}} + \beta_2^{\mathrm{B}} X_{2i}^{\mathrm{B}} + \beta_3^{\mathrm{B}} X_{3i}^{\mathrm{B}} + \beta_4^{\mathrm{B}} X_{4i} + \beta_5^{\mathrm{B}} X_{3i}^{\mathrm{B}} \cdot X_{4i} \\
&\qquad\qquad\qquad + v_{1i}
\end{aligned}
$$

まず，H_0 モデルを推定すると，次の結果が得られます。

$$
\hat{Y}_i^{\mathrm{B}} = \underset{(11.96)}{12.956} \underset{(-3.45)}{-0.115}\, X_{2i}^{\mathrm{B}} + \underset{(2.62)}{0.007}\, X_{4i}^{\mathrm{B}}
$$

$$
R^2 = 0.270,\ \ \mathrm{adj}.R^2 = 0.237,\ \ \sum \hat{v}_{0i}^2 = 16.730
$$

一方，H_1 モデルは (3) において推定されており，残差2乗和は $\sum \hat{v}_{1i}^2 = 15.159$, 自由度は $n - K = 47 - 5 = 42$ となります。したがって，H_0：$\beta_3^{\mathrm{B}} = \beta_5^{\mathrm{B}} = 0$ のもとで，制約が $G = 2$ なので，

$$
[F\text{ 値}]\quad F = \frac{\left(\sum \hat{v}_{0i}^2 - \sum \hat{v}_{1i}^2\right)\Big/ G}{\sum \hat{v}_{1i}^2\Big/ (n-K)} = \frac{(16.730 - 15.159)/2}{15.159/42} = 2.18
$$

が得られます。5％臨界値は $F_{0.05,2,42} = 3.220$ なので，F 値は臨界値よりも小さい値になります。したがって，帰無仮説 H_0：$\beta_3^{\mathrm{B}} = \beta_5^{\mathrm{B}} = 0$ を有意水準5％で棄却することはできません。$F = 2.18$ の p 値は Excel の F.DIST.RT 関数を用いると，

```
=f.dist.rt(2.18,2,42)
```

より p 値 $= 0.1260$ となり，有意水準 0.05 以上の値になっています。

仮説 (4-4) を検定します。

$$\text{(4-4)}\quad［\text{B：30〜34 歳}］\quad H_0:\ \beta_4^{\mathrm{B}} = \beta_5^{\mathrm{B}} = 0,\ \ H_1:\ H_0 \text{ でない}$$

帰無仮説および対立仮説の推定式は，次のように書けます。

$$H_0\text{モデル：}\quad Y_i^{\mathrm{B}} = \beta_1^{\mathrm{B}} + \beta_2^{\mathrm{B}} X_{2i}^{\mathrm{B}} + \beta_3^{\mathrm{B}} X_{3i}^{\mathrm{B}} + v_{0i}$$

$$H_1\text{モデル：}\quad Y_i^{\mathrm{B}} = \beta_1^{\mathrm{B}} + \beta_2^{\mathrm{B}} X_{2i}^{\mathrm{B}} + \beta_3^{\mathrm{B}} X_{3i}^{\mathrm{B}} + \beta_4^{\mathrm{B}} X_{4i} + \beta_5^{\mathrm{B}} X_{3i}^{\mathrm{B}} \cdot X_{4i} + v_{1i}$$

まず，H_0 モデルを推定すると，次の結果が得られます。

$$\hat{Y}_i^{\mathrm{B}} = \underset{(9.44)}{12.059} \underset{(-3.04)}{-0.118}\, X_{2i}^{\mathrm{B}} + \underset{(0.993)}{0.049}\, X_{3i}^{\mathrm{B}}$$

$$R^2 = 0.175,\ \ \mathrm{adj}.R^2 = 0.138,\ \ \sum \hat{v}_{0i}^2 = 18.918$$

一方，H_1 モデルは (3) において推定されており，残差 2 乗和は $\sum \hat{v}_{1i}^2 = 15.159$，自由度は $n-K = 47-5 = 42$ となります。したがって，$H_0:\ \beta_4^{\mathrm{B}} = \beta_5^{\mathrm{B}} = 0$ のもとで，制約が $G = 2$ なので，

$$［F\ \text{値}］\quad F = \frac{\left(\sum \hat{v}_{0i}^2 - \sum \hat{v}_{1i}^2\right) \Big/ G}{\sum \hat{v}_{1i}^2 \Big/ (n-K)} = \frac{(18.918 - 15.159)/2}{15.159/42} = 5.21$$

が得られます。5％臨界値は $F_{0.05,2,42} = 3.220$ なので，F 値は臨界値よりも大きい値になります。したがって，帰無仮説 $H_0:\ \beta_4^{\mathrm{B}} = \beta_5^{\mathrm{B}} = 0$ は有意水準 5％で棄却できます。$F = 5.21$ の p 値は，Excel の `F.DIST.RT` 関数を用いて，

```
=f.dist.rt(5.21,2,42)
```

より p 値 $= 0.0095$ となり，有意水準 0.05 未満の値になっています。

コブ＝ダグラス型生産関数の推定

例題 24

表 4.17 は従業員数が 100 人以上の上場企業（製薬会社）の従業員数 L，有機固定資産 K_1，無形固定資産 K_2，売上高 Y を示しています。次のコブ＝ダグラス型生産関数

$$Y_i = AL_i^{\beta_2} K_{1i}^{\beta_3} K_{2i}^{\beta_4} e^{u_i}$$

を推定し，以下の問いに答えなさい。

表 4.17　製薬会社の従業員数，有形/無形固定資産，売上高（従業員数 100 人以上）〔百万円〕

i	連結従業員数 L_i	有形固定資産 K_{1i}	無形固定資産 K_{2i}	売上高 Y_i	i	連結従業員数 L_i	有形固定資産 K_{1i}	無形固定資産 K_{2i}	売上高 Y_i
1	30,488	237,710	156,923	967,365	22	1,377	24,067	201	47,469
2	25,188	256,832	77,088	1,090,212	23	1,287	21,538	13,930	49,482
3	18,498	407,480	517,427	1,419,385	24	930	13,390	2,643	45,849
4	16,279	190,160	367,178	953,947	25	912	32,316	1,148	63,853
5	11,560	149,132	268,211	768,914	26	905	5,670	680	45,334
6	9,198	113,512	119,249	409,540	27	792	21,047	5,190	77,741
7	7,746	69,793	143,266	379,513	28	711	10,054	763	27,361
8	7,484	159,738	172,602	413,738	29	668	9,652	380	27,562
9	6,709	87,953	2,362	379,508	30	649	10,292	330	27,117
10	5,277	70,220	99,593	282,350	31	554	12,723	286	25,225
11	5,201	39,427	2,492	115,472	32	509	2,303	61	6,701
12	2,867	24,956	991	110,812	33	501	5,901	1,141	19,698
13	2,717	42,154	250	94,778	34	427	5,720	107	9,670
14	2,655	48,616	955	135,255	35	399	10,319	121	14,458
15	2,635	44,259	12,940	137,184	36	377	5,307	102	13,282
16	2,294	14,916	816	104,069	37	347	1,092	392	6,250
17	1,911	27,096	1,378	64,393	38	243	6,863	115	9,322
18	1,815	18,823	672	63,525	39	228	5,479	169	7,732
19	1,721	17,630	1,167	79,340	40	210	3,175	77	4,619
20	1,679	28,148	396	86,428	41	161	7,000	16	9,073
21	1,454	26,833	606	46,145	42	143	2,782	78	4,642

注：有形固定資産は建物・構築物・機械・器具備品・車両・土地などを含み，無形固定資産は連結調整勘定・営業権・特許権などを含む。

データ出所：有価証券報告書

(1) 各回帰係数を有意水準 5％で t 検定（両側）しなさい。

(2) 仮説「H_0： $\beta_2+\beta_3+\beta_4=1$， H_1： H_0でない」を有意水準 5％で F 検定しなさい。

解答例

(1) Excel を利用して回帰分析を行います。コブ＝ダグラス型生産関数の両辺の対数をとると，次が得られます。

$$\ln Y_i = \beta_1 + \beta_2 \ln L_i + \beta_3 \ln K_{1i} + \beta_4 \ln K_{2i} + u_i$$

ただし，$\beta_1 = \ln A$ です。すべてのデータの自然対数をとり，$\ln Y_i$ を定数項，$\ln L_i$，$\ln K_{1i}$，$\ln K_{2i}$ に回帰します。推定結果は次のとおりです。

$$\widehat{\ln Y_i} = \underset{(4.79)}{1.893} + \underset{(6.64)}{0.577} \ln L_i + \underset{(5.42)}{0.442} \ln K_{1i} + \underset{(2.42)}{0.069} \ln K_{2i}$$

$$R^2 = 0.976,\ \text{adj}.R^2 = 0.974,\ \sum \hat{u}_i^2 = 2.515$$

サンプルサイズは $n = 42$，説明変数の数は 3（$= K - 1$）なので，残差 2 乗和の自由度は $n - K = 42 - 4 = 38$ となります。自由度 38 の t 分布における両側 5％臨界値は Excel の TINV 関数を用いて，

```
=tinv(0.05,38)
```

より，$t_{38,0.025} = 2.024$ となります。$\hat{\beta}_1, \hat{\beta}_2, \hat{\beta}_3, \hat{\beta}_4$ の t 値はどれも 2.024 以上の値なので，有意性があると言えます。

(2) 帰無仮説 H_0： $\beta_2 + \beta_3 + \beta_4 = 1$ は，1 次同次（収穫一定）の生産関数を意味します。すなわち，帰無仮説が正しい（棄却できない）のであれば，生産関数は収穫一定の技術を持ちます。つまり，L, K_1, K_2 がすべて 2 倍に増えるとき，売上高 Y もちょうど 2 倍になります。

この仮説を検定するために F 値を計算します。はじめに，H_0 モデルの残差 2 乗和を求めます。H_0： $\beta_2 + \beta_3 + \beta_4 = 1$ を仮に正しいと考えると，$\beta_2 = 1 - \beta_3 - \beta_4$ より

$$\begin{aligned}
\ln Y_i &= \beta_1 + (1 - \beta_3 - \beta_4) \ln L_i + \beta_3 \ln K_{1i} + \beta_4 \ln K_{2i} \\
&= \beta_1 + \ln L_i + \beta_3 (\ln K_{1i} - \ln L_i) + \beta_4 (\ln K_{2i} - \ln L_i) \\
&\Leftrightarrow \quad \ln Y_i - \ln L_i = \beta_1 + \beta_3 (\ln K_{1i} - \ln L_i) \\
&\qquad\qquad\qquad\qquad + \beta_4 (\ln K_{2i} - \ln L_i)
\end{aligned}$$

が得られます。ここで，

$$\begin{aligned}
\ln Y_i - \ln L_i &= \ln \frac{Y_i}{L_i} = \ln y_i \\
\ln K_{1i} - \ln L_i &= \ln \frac{K_{1i}}{L_i} = \ln k_{1i} \\
\ln K_{2i} - \ln L_i &= \ln \frac{K_{2i}}{L_i} = \ln k_{2i}
\end{aligned}$$

とおくと，収穫一定技術のもとでの従業者一人あたり生産関数が得られます。

$$\ln y_i = \beta_1 + \beta_3 \ln k_{1i} + \beta_4 \ln k_{2i} + u_{0i}$$

すなわち，従業者一人あたり売上高 y_i の対数値を，定数項，従業者一人あたり有形固定資産 k_{1i} の対数値，従業者一人あたり無形固定資産 k_{2i} の対数値に回帰させます。したがって，表 4.18 のように，従業員一人あたりのデータを作成した上で対数を計算します。

表 4.18　従業員一人あたりのデータと対数データ

i	$k_{1i}=\dfrac{K_{1i}}{L_i}$	$k_{2i}=\dfrac{K_{2i}}{L_i}$	$y_i=\dfrac{Y_i}{L_i}$	$\ln k_{1i}$	$\ln k_{2i}$	$\ln y_i$
1	7.80	5.15	31.73	2.054	1.638	3.457
2	10.20	3.06	43.28	2.322	1.119	3.768
3	22.03	27.97	76.73	3.092	3.331	4.340
4	11.68	22.56	58.60	2.458	3.116	4.071
5	12.90	23.20	66.52	2.557	3.144	4.197
⋮	⋮	⋮	⋮	⋮	⋮	⋮
42	19.45	0.55	32.46	2.968	−0.606	3.480

H_0 モデル（従業者一人あたり生産関数の推定結果）は次のとおりです。

$$\widehat{\ln y_i} = \underset{(12.20)}{2.686} + \underset{(4.67)}{0.382}\ln k_{1i} + \underset{(4.51)}{0.113}\ln k_{2i}$$

$$R^2 = 0.516,\ \ \text{adj.}R^2 = 0.491,\ \ \sum \hat{u}_{0i}^2 = 2.884$$

H_1 モデルは (1) において推定されており，残差 2 乗和は $\sum \hat{u}_{1i}^2 = 2.515$，自由度は $n-K = 42-4 = 38$ となります。したがって，$H_0:\ \beta_2+\beta_3+\beta_4 = 1$ のもとで，制約が $G=1$ なので

$$[F\ 値]\quad F = \frac{\left(\sum \hat{u}_{0i}^2 - \sum \hat{u}_{1i}^2\right)\Big/ G}{\sum \hat{u}_{1i}^2\Big/ (n-K)} = \frac{(2.884-2.515)/1}{2.515/38} = 5.57$$

が得られます。Excel の `FINV` 関数を用いて，

```
=finv(0.05,1,38)
```

より，5 % 臨界値は $F_{0.05,1,38} = 4.098$ なので，F 値は臨界値よりも大きい値になります。したがって，帰無仮説 $H_0:\ \beta_2+\beta_3+\beta_4 = 1$ を有意水準 5 % で棄却します。$F = 5.57$ の p 値は Excel の `F.DIST.RT` 関数を用いて，

```
=f.dist.rt(5.57,1,38)
```

より p 値 $= 0.02349$ となり，有意水準 0.05 未満の値になっています。以上より，生産関数の 1 次同次性は満たされません。

$\boldsymbol{F}$ 検定

サイズ $n = 35$ のデータを利用して，回帰式

$$Y_i = \beta_1 + \beta_2 X_{2i} + \beta_3 X_{3i} + \beta_4 X_{4i} + \beta_5 X_{5i} + u_i$$

を推定したときの残差 2 乗和が $SSR_1 = 0.40$，そして，$\beta_3 = \beta_4 = \beta_5 = 0$ となる制約を置いた回帰式の残差 2 乗和が $SSR_0 = 1.90$ だったとします。有意水準 5% で

$$H_0:\ \beta_3 = \beta_4 = \beta_5 = 0$$
$$H_1:\ H_0\text{でない}$$

を検定しなさい[*2]。

解答例

検定統計量は

$$F = \frac{\dfrac{SSR_0 - SSR_1}{G}}{\dfrac{SSR_1}{n-K}} = \frac{\dfrac{1.90 - 0.40}{3}}{\dfrac{0.40}{35-5}} = 37.5$$

となります。分子の自由度が $m_1 = 3$，分母の自由度が $m_2 = 30$ より，有意水準 5% 臨界値は $F_{30,3,0.05} = 2.92$ となり，F 値が臨界値を超えているので帰無仮説を棄却します。

4.5 練習問題

4.1　推定値が分布を持つ理由を説明しなさい。

4.2　t 分布を用いて回帰係数の仮説検定を行う仕組みを説明しなさい。

4.3　サンプルサイズ $n = 20$ のデータ $\{X_i\}$, $\{Y_i\}$ を用いて $\{Y_i\}$ を定数項と $\{X_i\}$ に回帰したところ，次の結果が得られました。

$$\hat{Y}_i = 4.4 + 0.43X_i$$

また，残差 2 乗和は $\sum \hat{u}_i^2 = 25.92$，$\{X_i\}$ の偏差 2 乗和は $S_{xx} = 720$ でした。$\{X_i\}$ の回帰係数 β の推定値の標準誤差および t 値を求め，有意水準 5% で $\beta = 0$ を（両側）検定しなさい。

[*2] SSR は sum of squared residual（残差 2 乗和）の頭文字を取った略語です。

4.4　サンプルサイズ $n = 36$ のデータを利用して，多重回帰式

$$Y_i = \beta_1 + \beta_2 X_{2i} + \beta_3 X_{3i} + \beta_4 X_{4i} + u_i$$

を推定したところ，次の結果が得られました。

$$\hat{Y}_i = \underset{(6.50)}{10.2} + \underset{(2.09)}{0.3} X_{2i} \underset{(-3.20)}{-1.2} X_{3i} + \underset{(2.55)}{0.8} X_{4i}$$

各回帰係数について有意水準 1% で両側検定を行い，結果を報告しなさい。

4.5　問題 4.4 と同じデータを利用して帰無仮説 $H_0 : \beta_3 = \beta_4 = 0$ を検定します。H_0 モデルの残差 2 乗和は $\sum \hat{u}_{0i}^2 = 48$，H_1 モデルの残差 2 乗和は $\sum \hat{u}_{1i}^2 = 32$ でした。有意水準 1% で F 検定を行いなさい。

第5章 ダミー変数

これまでの回帰分析では，説明変数として価格，支出，従業員数，人口などの量的なデータを扱ってきました。しかし，第 1 章で学んだように，データには質的データもあります。質的データはそのままでは分析に不向きなので，何らかの基準に従って分類し，順序を与えます。たとえば，カテゴリー数に応じた 0 と 1 からなる 2 値変数を質的データから作成し，データの集約を図ることができます。

回帰分析においても，ダミー変数とよばれる 2 値変数を利用して，質的な情報の違いが被説明変数に与える影響を測定することができます。5.1 節では異常なデータを制御するためのダミー変数について，5.2 節ではグループによる違いを制御するためのダミー変数について，5.3 節では観察時期の違いを制御するためのダミー変数について説明をします。

(キーワード) ダミー変数，異常値，定数項ダミー，係数ダミー，時間ダミー，パネルデータ，プーリングデータ

5.1 異常値に対するダミー変数

5.1.1 異常値

実験，観察，調査などを通じて得られるデータの中には，明らかにおかしい数値が紛れ込む可能性があります。たとえば，分析者の単純なデータ入力ミス，調査に使用した機器の故障，アンケートに回答した人の錯誤などです。また，自然災害や戦争などによって一時的に大きな値や小さな値が生じることもあります。このように何らかの原因で明らかに他の値から大きく外れた値のことを**異常値**または外れ値とよんでいます。

統計分析を行うとき，異常値が分析結果に大きな影響を与えるケースがあります。そのため，外れた原因が明確につかめる場合には，異常値をデータセットから除外します。原因が明確でない場合にも，たとえば，平均値から標準偏差の ±3 倍以上離れた値，あるいは分布の両端からそれぞれ 1% を取り除くといった方法がとられることもあります。

5.1.2　異常値に対するダミー変数

表 5.1 とその散布図を描いた図 5.1 では，$i = 5$ 番目のデータがかなり外れた位置にあることがわかります。$i = 5$ 番目のデータを除いて回帰直線（実線）を推定すると，

$$\hat{Y}_i = \underset{(0.43)}{0.5} + \underset{(5.19)}{1.1}\ X_i,\ R^2 = 0.93 \tag{5.1}$$

が得られますが，$i = 5$ 番目のデータを含むと，回帰直線（破線）は $\hat{Y}_i = -2.22 + 2.19X_i$ となり，切片も傾きも大きく変化します。これは直線そのものが異常値に引っ張られてしまうためです。

表 5.1　異常値のあるデータセット

i	X_i	D_i	Y_i
1	2	0	3
2	4	0	5
3	6	0	6
4	8	0	10
5	7	1	24

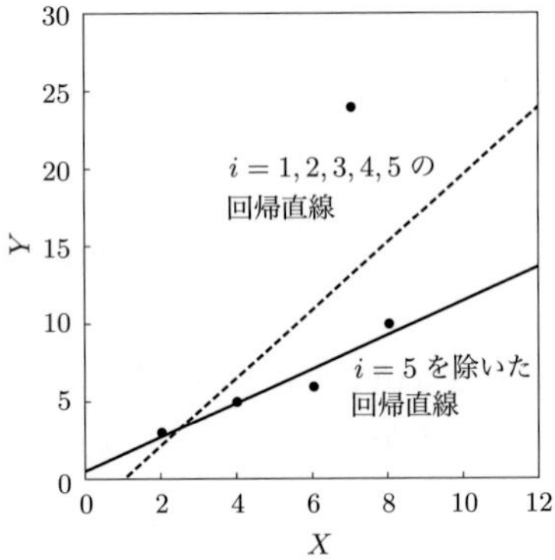

図 5.1　異常値のある散布図

仮に，自然災害や戦争などのように値が外れた原因は明確にわかっているが，原因のデータ（たとえば冷害であれば気温データ）は利用できない状況にあるものとしましょう。$i = 5$ 番目のデータを落として回帰分析を行う方法もありますが，データを落とさずに次の**ダミー変数**を用いて分析する方法があります。

$$\text{［ダミー変数］}\quad D_i = \begin{cases} 1 & i = 5 \text{ のとき} \\ 0 & i = 1, 2, 3, 4 \text{ のとき} \end{cases}$$

表 5.1 でも示されているように，ダミー変数 D_i は異常値とみなされている $i = 5$ 番目が 1，それ以外の部分が 0 となる特殊な変数です。その上で次を推定します。

$$Y_i = \alpha + \beta X_i + \gamma D_i + u_i$$

つまり，X_i と D_i を説明変数，未知パラメータを α, β, γ とする多重回帰式です。推定結果は次のとおりです。

$$\hat{Y}_i = \underset{(0.43)}{0.5} + \underset{(5.19)}{1.1}\, X_i + \underset{(13.83)}{15.8}\, D_i, \quad R^2 = 0.994 \tag{5.2}$$

ここで，ダミー変数 D_i の係数推定値 $\hat{\gamma} = 15.8$ は $D_i = 1$ のときだけ意味を持ちます。すなわち

$$\hat{Y}_i = \begin{cases} (0.5 + 15.8) + 1.1X_i & D_i = 1 \text{ のとき} \\ 0.5 + 1.1X_i & D_i = 0 \text{ のとき} \end{cases} \tag{5.3}$$

となります。$D_i = 1$ のとき回帰直線の切片は $0.5 + 15.8 = 16.3$ であり，$D_i = 0$ のときの回帰直線の切片は 0.5 です。また，$D_i = 0$ のときの回帰直線は $i = 5$ 番目のデータを除いて推定した式 (5.1) とまったく同じ式になっています。つまり，ダミー変数を用いることで異常値の影響が係数推定値 $\hat{\gamma}$ に吸収されていることがわかります。図 5.2 には，$D_i = 1$ のとき，傾きは式 (5.1) と同じで切片だけが異なる式 (5.2) の推定結果が描かれています。

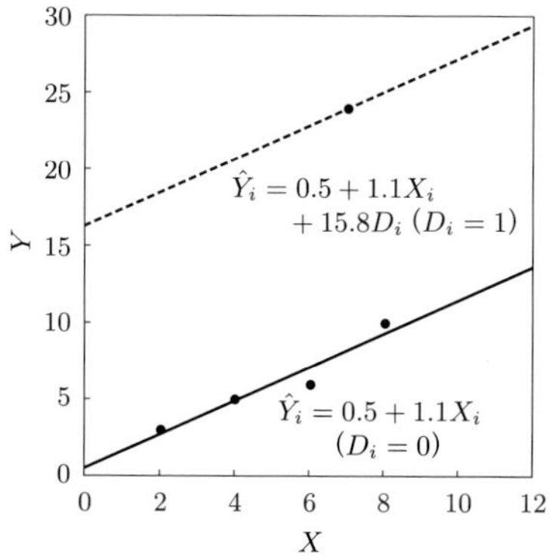

図 5.2　$D_i = 0$ の回帰直線（実線）と $D_i = 1$ の回帰直線（破線）

●●● 例 5.1 ●●●

表 5.2 は 1981 年から 2011 年までの水稲の作付面積や収穫量を示しています。収穫量は作付面積に比例して増えていくものと考えられますが，1993 年は作付面積が前年よりも増えているにも関わらず，収穫量が大きく低下しています（平成の大凶作）。稲作は夏季に低い気温の日が続くと実りが悪くなると言われます。

表 5.2　水稲の収穫量（1981〜2011 年）

年次 i	作付面積〔千 ha〕 X_i	ダミー変数 D_i	8 月平均気温〔°C〕 Z_i	収穫量〔千 t〕 Y_i
1981	2,251	0	25.3	10,204
1982	2,230	0	25.8	10,212
1983	2,246	0	26.8	10,308
1984	2,290	0	27.3	11,832
1985	2,318	0	27.7	11,613
1986	2,280	0	26.3	11,592
1987	2,123	0	26.1	10,571
1988	2,087	0	26.2	9,888
1989	2,076	0	26.2	10,297
1990	2,055	0	27.5	10,463
1991	2,033	0	25.5	9,565
1992	2,092	0	26.0	10,546
1993	2,127	1	24.2	7,811
1994	2,200	0	28.4	11,961
1995	2,106	0	27.7	10,724
1996	1,967	0	26.1	10,328
1997	1,944	0	26.3	10,004
1998	1,793	0	26.8	8,939
1999	1,780	0	27.4	9,159
2000	1,763	0	27.5	9,472
2001	1,700	0	26.4	9,048
2002	1,683	0	26.6	8,876
2003	1,660	0	25.7	7,779
2004	1,697	0	26.6	8,721
2005	1,702	0	27.1	9,062
2006	1,684	0	27.6	8,546
2007	1,669	0	27.6	8,705
2008	1,624	0	26.4	8,815
2009	1,621	0	26.0	8,466
2010	1,625	0	28.8	8,478
2011	1,576	0	27.2	8,402

データ出所：『作物統計』（農林水産省）

図 5.3 は作付面積と収穫量の関係を散布図にしたものです。1993 年の観測値だけが外れた位置にあることがわかります。1 ha あたり収穫量 $\dfrac{Y_i}{X_i}$ の時系列グラフを図 5.4 に示しました。1 ha あたり収穫量は，1993 年において著しく低い値をとっています。

まず，$Y_i = \alpha + \beta X_i + u_i$ を推定すると次が得られます。

$$\hat{Y}_i = \underset{(2.42)}{2,323.662} + \underset{(7.75)}{3.806}\, X_i,\ \ R^2 = 0.674,\ \ \text{adj.}R^2 = 0.663 \tag{5.4}$$

次に，冷害があったかどうかを示すダミー変数を

$$D_i = \begin{cases} 1 & i = 1993\text{ 年のとき} \\ 0 & \text{それ以外} \end{cases}$$

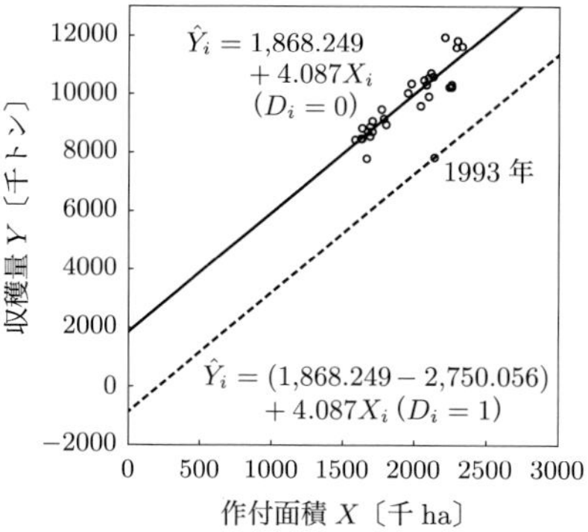

図 5.3 作付面積と収穫量

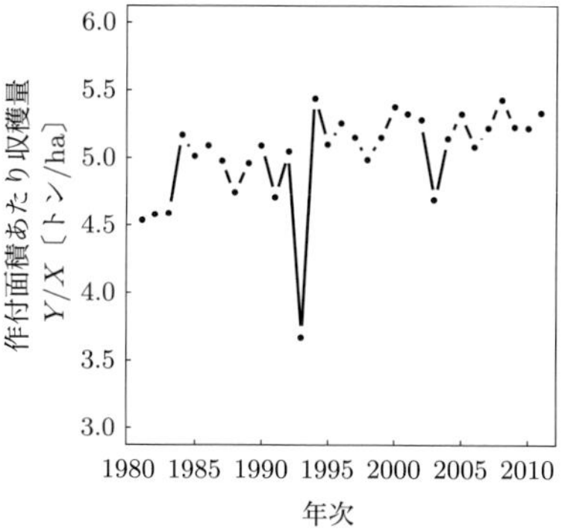

図 5.4 1 ha あたり収穫量の推移

と定義し，$Y_i = \alpha + \beta X_i + \gamma D_i + u_i$ を推定します。

$$\hat{Y}_i = \underset{(2.83)}{1,868.249} + \underset{(12.02)}{4.087}\,X_i \underset{(-5.81)}{-2,750.056}\,D_i,\ \ R^2 = 0.852,\ \ \text{adj.}R^2 = 0.842 \tag{5.5}$$

最後に，$i = 1993$ 年のデータを除外したサンプルで再び推定します。

$$\hat{Y}_i = \underset{(2.83)}{1,868.249} + \underset{(12.02)}{4.087}\,X_i,\ \ R^2 = 0.838,\ \ \text{adj.}R^2 = 0.832 \tag{5.6}$$

ダミー変数を用いたモデルでは，切片は次のように分類できます。

$$\hat{Y}_i = \begin{cases} (1,868.249 - 2,759.056) + 4.087X_i & D_i = 1\ (i = 1993\ \text{年のとき}) \\ 1,868.249 + 4.087X_i & D_i = 0\ (\text{それ以外}) \end{cases}$$

図 5.3 において，実線と破線の高さの差は，ダミー変数の係数推定値 $\hat{\gamma} = -2,759.056$ に対応しています。冷害による収穫量の減少はダミー変数によってうまく処理されています。また，傾きは $i = 1993$ 年のデータを除外したサンプルで回帰分析した場合と同じ結果になっていることがわかります。

なお，データが外れた原因は明確にわかっており，なおかつそのデータを利用できるのであれば理想的です。1993 年の凶作の原因が冷夏であるならば，8 月の平均気温は収穫量を説明するための良い根拠になりそうです。ダミー変数ではなく，8 月平均気温 Z_i を利用して，$Y_i = \alpha + \beta X_i + \delta Z_i + u_i$ を推定すると，次が得られます。

$$\hat{Y}_i = \underset{(-3.80)}{-10,901.759} + \underset{(11.00)}{4.177}\, X_i + \underset{(4.76)}{468.690}\, Z_i,\ \ R^2 = 0.820,\ \ \text{adj.}R^2 = 0.807 \tag{5.7}$$

作付面積の係数推定値はダミー変数を用いた結果と大きな違いはなく，係数推定値 $\hat{\delta} = 468.690$ は有意性があります。

この場合のダミー変数は，1993 年に生じた（収穫量に関連する）あらゆる要因を他の年次と区別するための変数です。したがって，ダミー変数の係数推定値には，8 月平均気温の効果だけでなく，分析者には観察できないその他の要因が収穫量に与える効果も含まれていると考えるべきです。たとえば，ダミー変数の項は，次のように複数の要因 $Z_{1i}, Z_{2i}, \cdots, Z_{Li}$ で構成されているかもしれません。

$$\gamma D_i = \delta_1 Z_{1i} + \delta_2 Z_{2i} + \cdots + \delta_L Z_{Li}$$

分析者はこれらすべての要因を利用できるわけではないので，本来含めなければならない変数を除外していることになります。その影響は推定結果に必ず表れます。しかしながら，ダミー変数を利用することで，本来の要因をまさに偽装することができるわけです。

作付面積，8 月平均気温にさらにダミー変数を加えた $Y_i = \alpha + \beta X_i + \gamma D_i + \delta Z_i + u_i$ を推定すると，次の結果が得られます。

$$\begin{aligned}\hat{Y}_i &= \underset{(-2.58)}{-6,272.382} + \underset{(14.51)}{4.246}\, X_i \underset{(-4.51)}{-2,037.912}\, D_i + \underset{(3.44)}{292.672}\, Z_i \\ R^2 &= 0.897,\ \ \text{adj.}R^2 = 0.886\end{aligned} \tag{5.8}$$

この場合も，作付面積 X_i と 8 月平均気温 Z_i の係数推定値は有意であり，なおかつダミー変数の係数推定値も有意です。凶作となった原因を考えるには，気温以外の要因も（可能であれば）探してくる必要があることがわかります（表 5.3）。

表 5.3　例 5.1 の推定結果のまとめ

変数	係数推定値（t 値）				
	式 (5.4)	式 (5.5)	式 (5.6)	式 (5.7)	式 (5.8)
定数項	2,323.662 (2.42)	1,868.249 (2.83)	1,868.249 (2.83)	−10,901.759 (−3.80)	−6,272.382 (−2.58)
作付面積 X	3.806 (7.75)	4.087 (12.02)	4.087 (12.02)	4.177 (11.00)	4.246 (14.51)
1993 年ダミー D		−2,750.056 (−5.81)			−2,037.912 (−4.51)
8 月平均気温 Z				468.690 (4.76)	292.672 (3.44)
R^2	0.674	0.852	0.838	0.820	0.897
adj.R^2	0.663	0.842	0.832	0.807	0.886
n	31	31	30	31	31

注：カッコ内は t 値を示している。

5.2　グループに対するダミー変数

5.2.1　性別による違い

ダミー変数を利用すると，所属するグループによる違いがもたらす効果を推定することができます。図 5.5 は 20 歳代の勤労者男女 20 人の所得 X_i と，理容美容品・サービスへの支出額 Y_i を散布図にして描いています。所得が高くなるほど支出額は増える傾向があることが期待できますが，理容美容品・サービスの場合は，所得の高さに関わらず，男性よりも女性のほうがお金をかけるようです。表 5.4 に詳細なデータを示します（架空のデータです）。理容美容品・サービスへの支出額 Y_i の平均値は女性 16.7 千円，男性 7.94 千円となっています。平均値において，支出額は

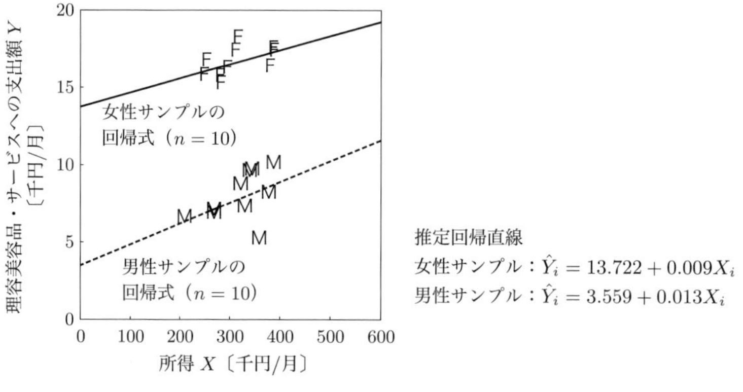

図 5.5　理容美容品・サービスへの支出額

表 5.4　20 歳代男女の理容美容品・サービスへの支出額

i	性別	X_i	Y_i	i	性別	X_i	Y_i
1	女性	255.5	15.8	11	男性	352.2	9.7
2	女性	259.7	16.8	12	男性	367.1	5.2
3	女性	385.3	16.4	13	男性	276.9	7.1
4	女性	286.5	15.7	14	男性	348.4	9.6
5	女性	302.1	16.3	15	男性	277.8	6.9
6	女性	317.8	17.4	16	男性	386.5	8.2
7	女性	321.5	18.3	17	男性	337.7	7.3
8	女性	393.0	17.6	18	男性	219.2	6.6
9	女性	393.7	17.4	19	男性	330.2	8.7
10	女性	289.2	15.3	20	男性	395.8	10.1

女性のほうが大きいことを示していますが，これは所得の違いを考慮していません。

女性サンプルを用いて $Y_i = \alpha + \beta X_i + u_i$ を推定すると，次が得られます。

$$\hat{Y}_i = \underset{(7.63)}{13.722} + \underset{(1.68)}{0.009}\, X_i, \;\; R^2 = 0.260$$

一方，男性だけのサンプルを用いると

$$\hat{Y}_i = \underset{(1.19)}{3.559} + \underset{(1.48)}{0.013}\, X_i, \;\; R^2 = 0.216$$

となり，明らかに切片に違いがあります。

そこで，次のダミー変数を作成します。

$$D_i = \begin{cases} 1 & \text{サンプルが女性の場合} \\ 0 & \text{それ以外} \end{cases}$$

すべてのサンプルを利用して定数項ダミーを含む $Y_i = \alpha + \beta X_i + \gamma D_i + u_i$ を推定すると，次が得られます。

$$\hat{Y}_i = \underset{(2.40)}{4.190} + \underset{(2.20)}{0.011}\, X_i + \underset{(16.55)}{8.860}\, D_i, \;\; R^2 = 0.942, \;\; \text{adj.}R^2 = 0.935$$

ダミー変数の係数推定値は有意なので，この結果は所得の大きさに関わらず，女性の支出額は男性よりも 8.860 千円多いことを示しています。

$$\hat{Y}_i = \begin{cases} [4.190 + 8.860] + 0.011X_i & \text{サンプルが女性の場合（}D_i = 1\text{）} \\ 4.190 + 0.011X_i & \text{サンプルが男性の場合（}D_i = 0\text{）} \end{cases}$$

上記のように推定回帰式の切片は，女性サンプルの場合 $4.190 + 8.860$，男性サンプルの場合 4.190 になります。

●●● 例 5.2 ●●●

表 5.5 は女性労働者の年齢 X_i と月額給与 Y_i を示したデータです（架空のデータです）。非正規雇用ダミー D_i は，労働者が非正規雇用（派遣社員，契約社員など）であれば 1，正規雇用であれば 0 となる変数です。

$Y_i = \alpha + \beta X_i + \gamma D_i + u_i$ を推定すると，次が得られます。

$$\hat{Y}_i = \underset{(-1.72)}{-15.129} + \underset{(5.82)}{1.823}\,X_i \underset{(-2.23)}{-5.755}\,D_i,\ \ R^2 = 0.398,\ \ \text{adj.}R^2 = 0.378$$

表 5.5 正規雇用者と非正規雇用者の賃金

i	年齢 X_i	非正規雇用ダミー D_i	月額給与〔万円〕 Y_i	i	年齢 X_i	非正規雇用ダミー D_i	月額給与〔万円〕 Y_i
1	24	1	23.1	33	29	0	41.1
2	23	1	23.1	34	28	0	21.1
3	26	1	23.5	35	35	0	38.3
4	24	0	23.8	36	25	1	25.0
5	28	0	26.0	37	26	0	39.5
6	24	0	26.5	38	24	0	23.4
7	30	0	28.9	39	24	0	30.0
8	27	0	29.2	40	28	1	33.5
9	26	0	29.5	41	29	0	37.5
10	26	0	30.3	42	27	0	37.6
11	26	0	30.4	43	28	0	39.0
12	27	0	31.0	44	32	0	31.2
13	26	0	31.5	45	30	0	32.0
14	28	0	33.1	46	29	0	32.0
15	27	0	33.3	47	30	0	50.0
16	25	0	33.5	48	31	0	54.2
17	24	0	33.5	49	31	1	33.3
18	29	0	33.8	50	28	0	34.6
19	32	1	34.4	51	25	0	25.0
20	30	0	35.6	52	25	1	27.1
21	28	0	35.8	53	25	0	28.3
22	29	0	39.1	54	27	1	28.8
23	28	0	41.7	55	29	1	29.2
24	37	0	57.5	56	28	0	30.2
25	37	0	87.5	57	29	0	34.5
26	31	1	38.0	58	25	0	35.3
27	24	0	40.6	59	26	0	36.8
28	25	0	43.5	60	26	0	37.3
29	25	0	26.7	61	26	0	37.3
30	23	0	30.0	62	31	0	38.0
31	29	0	30.0	63	31	0	40.9
32	34	0	31.2	64	27	0	48.5

自由度 61 の有意水準 5% 臨界値は $t_{61,0.025} = 2.000$ です。この結果から，非正規雇用労働者の賃金は同じ年齢の正規雇用労働者に比べて 5.755 万円低いことがわかります。

5.2.2　複数のグループに対するダミー変数

表 5.6 は求人情報誌に掲載されたアルバイト求人についてのデータを示しています。15 の事業所で求人があり，事業は「小売店」「飲食店」「ホテル・遊興施設」の三つに分類されています。また，就業時間帯によって時給が異なることも示されています。事業の種類や時間帯による時給の違いを，ダミー変数を利用した回帰分析

表 5.6　アルバイトの時給

求人番号 (事業所番号)	事業分類	就業時間帯：時給
1	小売店	早朝：　850 円 昼間：　800 円 深夜：　950 円
2	飲食店	早朝：　800 円 昼間：　750 円 深夜：　900 円
3	ホテル・遊興施設	昼間：　850 円 深夜：1,100 円
4	ホテル・遊興施設	昼間：　800 円 深夜：1,150 円
5	小売店	昼間：　750 円
6	小売店	昼間：　780 円
7	飲食店	昼間：　800 円 深夜：　850 円
8	小売店	早朝：　830 円 昼間：　770 円 深夜：　950 円
9	飲食店	昼間：　900 円 深夜：　900 円
10	ホテル・遊興施設	昼間：　880 円
11	小売店	昼間：　720 円 深夜：　900 円
12	飲食店	昼間：　750 円
13	小売店	早朝：　850 円 昼間：　750 円 深夜：1,000 円
14	飲食店	昼間：　800 円
15	ホテル・遊興施設	早朝：1,000 円 深夜：1,200 円

で明らかにすることができます。

回帰分析を行うために，まず表 5.6 を表 5.7 のように時給を軸にしたデータ表に作り替える必要があります。事業分類および時間帯についてのダミー変数を次のように作成します。

$$D1_i = \begin{cases} 1 & i\text{の事業分類が「飲食店」のとき} \\ 0 & i\text{の事業分類が「飲食店」以外のとき} \end{cases}$$

$$D2_i = \begin{cases} 1 & i\text{の事業分類が「ホテル・遊興施設」のとき} \\ 0 & i\text{の事業分類が「ホテル・遊興施設」以外のとき} \end{cases}$$

表 5.7 回帰分析用のデータ

i	求人番号	時給〔円〕 Y_i	事業分類	就業時間帯	$D1_i$	$D2_i$	$E1_i$	$E2_i$
1	1	850	小売店	早朝	0	0	1	0
2	1	800	小売店	昼間	0	0	0	0
3	1	950	小売店	深夜	0	0	0	1
4	2	800	飲食店	早朝	1	0	1	0
5	2	750	飲食店	昼間	1	0	0	0
6	2	900	飲食店	深夜	1	0	0	1
7	3	850	ホテル・遊興施設	昼間	0	1	0	0
8	3	1,100	ホテル・遊興施設	深夜	0	1	0	1
9	4	800	ホテル・遊興施設	昼間	0	1	0	0
10	4	1,150	ホテル・遊興施設	深夜	0	1	0	1
11	5	750	小売店	昼間	0	0	0	0
12	6	780	小売店	昼間	0	0	0	0
13	7	800	飲食店	昼間	1	0	0	0
14	7	850	飲食店	深夜	1	0	0	1
15	8	830	小売店	早朝	0	0	1	0
16	8	770	小売店	昼間	0	0	0	0
17	8	950	小売店	深夜	0	0	0	1
18	9	900	飲食店	昼間	1	0	0	0
19	9	900	飲食店	深夜	1	0	0	1
20	10	880	ホテル・遊興施設	昼間	0	1	0	0
21	11	720	小売店	昼間	0	0	0	0
22	11	900	小売店	深夜	0	0	0	1
23	12	750	飲食店	昼間	1	0	0	0
24	13	850	小売店	早朝	0	0	1	0
25	13	750	小売店	昼間	0	0	0	0
26	13	1,000	小売店	深夜	0	0	0	1
27	14	800	飲食店	昼間	1	0	0	0
28	15	1,000	ホテル・遊興施設	早朝	0	1	1	0
29	15	1,200	ホテル・遊興施設	深夜	0	1	0	1

$$E1_i = \begin{cases} 1 & i\text{ の時間帯が「早朝」のとき} \\ 0 & i\text{ の時間帯が「早朝」以外のとき} \end{cases}$$

$$E2_i = \begin{cases} 1 & i\text{ の時間帯が「深夜」のとき} \\ 0 & i\text{ の時間帯が「深夜」以外のとき} \end{cases}$$

事業分類について「小売店」に関するダミー変数は使用しません。これは $D1_i = 0$ および $D2_i = 0$ が同時に成り立つケースで考慮されているからです。同様に，時間帯について「昼間」のダミー変数も使いません。多重回帰式は次のようになります。

$$Y_i = \alpha + \beta_1 D1_i + \beta_2 D2_i + \gamma_1 E1_i + \gamma_2 E2_i + u_i \tag{5.9}$$

この式は定数項とダミー変数だけからなる式なので，係数推定値 $\hat{\beta}_1, \hat{\beta}_2, \hat{\gamma}_1, \hat{\gamma}_2$ は，それぞれのダミー変数が1のときだけ意味を持ちます。たとえば，事業分類が「飲食店」で就業時間帯が「深夜」の場合は

$$D1_i = 1,\ D2_i = 0,\ E1_i = 0,\ E2_i = 1$$

なので，時給の理論値は $\hat{Y}_i = \hat{\alpha} + \hat{\beta}_1 + \hat{\gamma}_2$ となります。また，事業分類が「小売店」で就業時間帯が「昼間」の場合は

$$D1_i = 0,\ D2_i = 0,\ E1_i = 0,\ E2_i = 0$$

なので（すべてのダミー変数が0），時給の理論値は $\hat{Y}_i = \hat{\alpha}$ となります。表5.8はすべての事業分類と就業時間帯の組み合わせについて，係数推定値と理論値の関係を一覧にしたものです。切片 $\hat{\alpha}$ には除かれたダミー変数の係数推定値が含まれており，この値がすべての「基準」になっています。

表5.8　ダミー変数の係数推定値と理論値の意味

	早朝	昼間	深夜
小売店	$\hat{\alpha} + \hat{\gamma}_1$	$\hat{\alpha}$	$\hat{\alpha} + \hat{\gamma}_2$
飲食店	$\hat{\alpha} + \hat{\beta}_1 + \hat{\gamma}_1$	$\hat{\alpha} + \hat{\beta}_1$	$\hat{\alpha} + \hat{\beta}_1 + \hat{\gamma}_2$
ホテル・遊興施設	$\hat{\alpha} + \hat{\beta}_2 + \hat{\gamma}_1$	$\hat{\alpha} + \hat{\beta}_2$	$\hat{\alpha} + \hat{\beta}_2 + \hat{\gamma}_2$

式(5.9)の推定結果を表5.9に示しました。定数項の係数推定値 $\hat{\alpha} = 764.6$ 円は，事業分類が「小売店」で就業時間帯が「昼間」の時給を示しています。$\hat{\beta}_1$ および $\hat{\gamma}_1$ には有意性がないので，「小売店」と「飲食店」という事業分類による差異，そして「昼間」と「早朝」という就業時間帯による差異はないと言えます。しかし，$\hat{\beta}_2$ お

表 5.9 式 (5.9) の推定結果

	推定値	t 値	p 値
定数項	764.6	39.17	0.000
$D1$	−6.5	−0.26	0.795
$D2$	142.9	5.33	0.000
$E1$	74.2	2.48	0.020
$E2$	184.5	7.82	0.000
R^2	0.814		
adj.R^2	0.783		

よび $\hat{\gamma}_2$ には有意性があります。たとえば，事業分類が「ホテル・遊興施設」で就業時間帯が「昼間」の場合は，

$$\hat{Y}_i = \hat{\alpha} + \hat{\beta}_2 = 764.6 + 142.9 = 907.5 \text{〔円〕}$$

となります。また，事業分類が「ホテル・遊興施設」，就業時間帯が「深夜」の場合は，

$$\hat{Y}_i = \hat{\alpha} + \hat{\beta}_2 + \hat{\gamma}_2 = 764.6 + 142.9 + 184.5 = 1,092.0 \text{〔円〕}$$

となります。

●●● 例 5.3 ●●●

表 5.10 は，医薬品，食料品，繊維製品，化学製品の 4 業種のメーカー 10 社ずつの総費用（対数）と売上高（対数）を示しています。業種による費用構造の違いを捉えるために，次の式を推定します。

$$\ln C_i = \alpha + \beta \ln x_i + \gamma_1 D1_i + \gamma_2 D2_i + \gamma_3 D3_i + u_i \tag{5.10}$$

ここで，$D1_i$ は食料品メーカー，$D2_i$ は繊維製品メーカー，$D3_i$ は化学製品メーカーに対するダミー変数を示しています。四つの業種のうち医薬品メーカーを基準にして定数項ダミーを作成しています。

推定結果は表 5.11 のようになります。式 (5.10) の費用と売上高の関係は両対数の関係式なので，β は弾力性（売上高が 1 % 変化するときの総費用の変化率）に対応します。この場合，売上高を 1 % 増やすために総費用を 0.98 % 増大させていることがわかります。ダミー変数の係数推定値は，売上高が医薬品メーカーとまったく同じとき，各業種の総費用が何 % 異なっているのかを（近似値で）示しています。食料品メーカーは医薬品メーカーよりもおよそ 6.1 % だけ，同じ売上高に対して費用が有意に大きくなります（正確には $\exp(0.061) - 1 = 0.063$ [*1]）。同様に，

[*1] $\exp(x)$ は e^x と同じ意味です。

表 5.10　4業種のメーカーの総費用と売上高

i	業種	総費用（対数）$\ln C_i$	売上高（対数）$\ln x_i$	i	業種	総費用（対数）$\ln C_i$	売上高（対数）$\ln x_i$
1	医薬品	13.97	14.17	21	繊維製品	14.24	14.28
2	医薬品	13.82	13.90	22	繊維製品	13.64	13.66
3	医薬品	13.69	13.77	23	繊維製品	12.82	12.85
4	医薬品	13.71	13.78	24	繊維製品	12.75	12.76
5	医薬品	13.46	13.55	25	繊維製品	12.38	12.40
6	医薬品	12.83	12.92	26	繊維製品	12.06	12.07
7	医薬品	12.73	12.85	27	繊維製品	12.01	12.05
8	医薬品	12.80	12.85	28	繊維製品	11.96	11.98
9	医薬品	12.88	12.93	29	繊維製品	12.07	11.90
10	医薬品	12.48	12.55	30	繊維製品	11.82	11.82
11	食料品	14.54	14.54	31	化学製品	13.75	13.78
12	食料品	14.16	14.20	32	化学製品	13.64	13.66
13	食料品	13.96	14.00	33	化学製品	13.48	13.51
14	食料品	13.91	13.92	34	化学製品	13.43	13.44
15	食料品	13.83	13.84	35	化学製品	13.41	13.43
16	食料品	13.74	13.75	36	化学製品	13.33	13.37
17	食料品	13.29	13.51	37	化学製品	13.26	13.32
18	食料品	13.26	13.27	38	化学製品	13.07	13.11
19	食料品	13.12	13.14	39	化学製品	13.03	13.08
20	食料品	13.08	13.09	40	化学製品	13.03	13.07

データ出所：損益計算書

表 5.11　式 (5.10) の推定結果

	推定値	t 値	p 値
定数項	0.173	0.88	0.386
$\ln x$	0.980	66.47	0.000
$D1$：食料品	0.061	2.63	0.013
$D2$：繊維製品	0.073	2.93	0.006
$D3$：化学製品	0.057	2.54	0.016
R^2	0.995		
adj.R^2	0.994		

繊維製品メーカーは 7.3％（正確には $\exp(0.073) - 1 = 0.076$），化学製品メーカーは 5.7％（正確には $\exp(0.057) - 1 = 0.059$）だけ有意に費用が大きいことが示されています。

■ 5.2.3　ダミー変数と多重共線性

多重回帰分析においてグループに対するダミー変数を利用する場合，すべてのカテゴリーについてのダミー変数は用いません。たとえば，性別をグループ分けする場合，女性サンプルに対してダミー変数を利用するのであれば，男性サンプルに対するダミー変数は分析上必要ありません。利用しない（できない）もう一つの理由は，女性ダミーと男性ダミーを同時に用いると，ダミー変数間に完全な線形関係が生じてしまい，第 3 章で学んだように推定不能（多重共線性）に陥ってしまうからです。

例として次の回帰モデルを考えます。

$$Y_i = \alpha + \beta_1 D1_i + \beta_2 D2_i + u_i \tag{5.11}$$

ここで，$D1_i$ はサンプルが男性であれば 1，そうでなければ 0 となるダミー変数，$D2_i$ はサンプルが女性であれば 1，そうでなければ 0 となるダミー変数です。すなわち，

$$D1_i + D2_i = 1 \tag{5.12}$$

が必ず成立します。どのサンプルも男性もしくは女性のどちらかであるということです。式 (5.12) は $D1_i = 1 - D2_i$ ですから，第 3 章の式 (3.50) の $c = 1$，$d = -1$ のケースに該当します。$\{D1_i\}$ と $\{D2_i\}$ の相関係数はちょうど -1 になるので，推定値の分母が 0 となり計算ができません。

カテゴリーが三つ以上のケースでも同様です。表 5.7 のデータでは，「小売店」「飲食店」「ホテル・遊興施設」のすべてについてダミー変数を利用すると多重共線性が生じます。「早朝」「昼間」「深夜」の場合も同じく，必ずダミー変数のどれかを一つ落とす必要があります。

ところが，式 (5.11) において定数項を落とした

$$Y_i = \beta_1 D1_i + \beta_2 D2_i + u_i \tag{5.13}$$

は推定可能です。たとえばサンプルサイズが n で，このうち $i = 1, 2, \cdots, m$ が $D1_i = 1$ となり（サイズは m），$i = m+1, m+2, \cdots, n$ が $D2_i = 1$ となる（サイズは $n - m$）としましょう。この場合の最小 2 乗推定値は

$$\hat{\beta}_1 = \frac{1}{m}\sum_{i=1}^{m} Y_i, \quad \hat{\beta}_2 = \frac{1}{n-m}\sum_{i=m+1}^{n} Y_i$$

となります。すなわち，推定値はそれぞれのカテゴリーの平均値に対応していることがわかります。このように定数項を落とすと多重共線性は崩れます。

5.2.4 係数ダミー

ダミー変数は切片の違いを表すので，**定数項ダミー**ともよばれます。これに加えて，ダミー変数は傾きの違いを検証するときにも利用できます（**係数ダミー**）。例5.2では，賃金と年齢の関係（賃金カーブ）において正規雇用と非正規雇用の違いを定数項ダミーで表現しました。それにより，年齢とともに賃金は上昇するが，同じ年齢であっても非正規雇用のほうが賃金が低いという推定結果が得られました。それでは，年齢が上がっていくときの賃金の上がり方には，正規雇用と非正規雇用とで差があるのでしょうか。

ダミー変数を次のように定義します。

$$D_i = \begin{cases} 1 & \text{非正規雇用の場合} \\ 0 & \text{その他} \end{cases}$$

その上で次のモデルを推定すると，正規雇用と非正規雇用の賃金の上がり方についての違いを検証することができます。

$$Y_i = \alpha + (\beta + \delta D_i)\,X_i + u_i \tag{5.14}$$

第 i 番目のデータが非正規雇用であれば，$D_i = 1$ なので，その場合の理論値は $\hat{Y}_i = \hat{\alpha} + (\hat{\beta} + \hat{\delta})X_i$ となり，第 i 番目のデータが正規雇用であれば，$D_i = 0$ なので，理論値は $\hat{Y}_i = \hat{\alpha} + \hat{\beta}X_i$ となります。すなわち，賃金カーブの傾きは

$$\frac{\partial \hat{Y}_i}{\partial X_i} = \begin{cases} (\hat{\beta} + \hat{\delta})X_i & \text{非正規雇用の場合} \\ \hat{\beta}X_i & \text{その他の場合} \end{cases}$$

となり，違いが表現できます。

式(5.14)を推定するために，次のように変形します。

$$Y_i = \alpha + \beta X_i + \delta D_i X_i + u_i \tag{5.15}$$

すなわち，式(5.15)は Y_i を定数項と X_i, D_iX_i に回帰した多重回帰式になっています。したがって，ダミー変数と年齢の**交差項**（クロス項）である D_iX_i を，表5.12のように作成しておく必要があります。

式(5.15)の推定結果は次のとおりです。

$$\hat{Y}_i = \underset{(-1.83)}{-16.01} + \underset{(5.93)}{1.86}\ X_i \underset{(-2.26)}{-0.21}\ D_iX_i,\ \ R^2 = 0.400,\ \ \text{adj.}R^2 = 0.380$$

年齢が1歳上がるときの月額給与の上昇は，非正規雇用の場合 $\hat{\beta} + \hat{\delta} = 1.86 - 0.21 = 1.64$〔万円〕，正規雇用の場合 $\hat{\beta} = 1.86$〔万円〕となります（図5.6）。

表 5.12 交差項の作成

i	月額給与〔万円〕 Y_i	年齢 X_i	非正規雇用ダミー × 年齢 D_iX_i	非正規雇用ダミー D_i
1	23.1	24	24	1
2	23.1	23	23	1
3	23.5	26	26	1
4	23.8	24	0	0
5	26.0	28	0	0
⋮	⋮	⋮	⋮	⋮

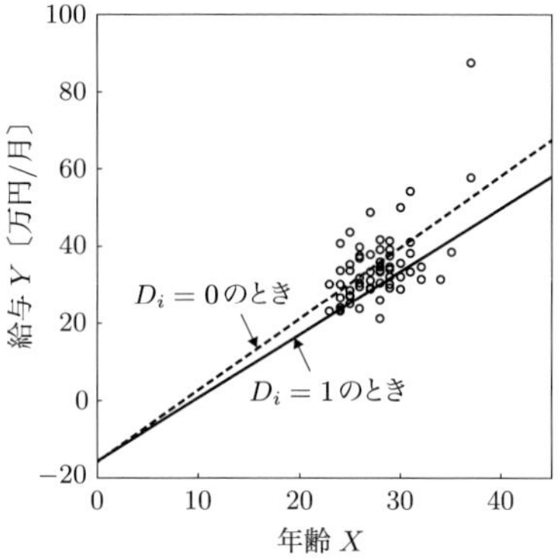

図 5.6 係数ダミーを含む回帰直線

5.3 時系列データとクロスセクションデータ

5.3.1 四半期ダミー

第 1 章で見たように，時系列データのうち四半期データや月次データには，季節による変動があります。この季節性をダミー変数によってある程度処理することができます。表 5.13 は，マクロ経済における民間企業設備投資（対数）Y_i と 1 期前の GDP（対数）X_i を四半期ごとに示しています（2000 年第 1 四半期から 2011 年第 4 四半期まで，$n = 48$）。GDP と設備投資の関係性を四半期データから考えてみましょう。

四半期なので，季節に関して四つのカテゴリーが存在します。このうち三つの季節に対してダミー変数を作成します。

$$Q1_i = \begin{cases} 1 & \text{第 1 四半期} \\ 0 & \text{その他} \end{cases}$$

表 5.13　四半期データの民間企業設備投資と 1 期前 GDP

年次	四半期	民間企業設備投資（対数）Y_i	1 期前 GDP（対数）X_i	第 1 四半期ダミー $Q1_i$	第 2 四半期ダミー $Q2_i$	第 3 四半期ダミー $Q3_i$	トレンド変数 T_i
2000	第 1 四半期	9.81	11.71	1	0	0	1
	第 2 四半期	9.56	11.67	0	1	0	2
	第 3 四半期	9.72	11.66	0	0	1	3
	第 4 四半期	9.66	11.68	0	0	0	4
2001	第 1 四半期	9.82	11.73	1	0	0	5
	第 2 四半期	9.61	11.69	0	1	0	6
	第 3 四半期	9.72	11.67	0	0	1	7
	第 4 四半期	9.57	11.68	0	0	0	8
2002	第 1 四半期	9.74	11.72	1	0	0	9
	第 2 四半期	9.52	11.67	0	1	0	10
	第 3 四半期	9.67	11.67	0	0	1	11
	第 4 四半期	9.59	11.69	0	0	0	12
2003	第 1 四半期	9.77	11.73	1	0	0	13
	第 2 四半期	9.59	11.69	0	1	0	14
	第 3 四半期	9.70	11.68	0	0	1	15
	第 4 四半期	9.66	11.71	0	0	0	16
2004	第 1 四半期	9.80	11.75	1	0	0	17
	第 2 四半期	9.63	11.73	0	1	0	18
	第 3 四半期	9.74	11.71	0	0	1	19
	第 4 四半期	9.68	11.73	0	0	0	20
2005	第 1 四半期	9.87	11.76	1	0	0	21
	第 2 四半期	9.70	11.73	0	1	0	22
	第 3 四半期	9.81	11.72	0	0	1	23
	第 4 四半期	9.70	11.74	0	0	0	24
2006	第 1 四半期	9.90	11.78	1	0	0	25
	第 2 四半期	9.72	11.76	0	1	0	26
	第 3 四半期	9.83	11.74	0	0	1	27
	第 4 四半期	9.78	11.75	0	0	0	28
2007	第 1 四半期	9.99	11.80	1	0	0	29
	第 2 四半期	9.76	11.78	0	1	0	30
	第 3 四半期	9.86	11.76	0	0	1	31
	第 4 四半期	9.81	11.77	0	0	0	32
2008	第 1 四半期	10.02	11.81	1	0	0	33
	第 2 四半期	9.76	11.80	0	1	0	34
	第 3 四半期	9.84	11.76	0	0	1	35
	第 4 四半期	9.68	11.77	0	0	0	36
2009	第 1 四半期	9.85	11.76	1	0	0	37
	第 2 四半期	9.57	11.70	0	1	0	38
	第 3 四半期	9.67	11.69	0	0	1	39
	第 4 四半期	9.60	11.71	0	0	0	40
2010	第 1 四半期	9.78	11.76	1	0	0	41
	第 2 四半期	9.60	11.75	0	1	0	42
	第 3 四半期	9.71	11.73	0	0	1	43
	第 4 四半期	9.63	11.77	0	0	0	44
2011	第 1 四半期	9.82	11.79	1	0	0	45
	第 2 四半期	9.59	11.75	0	1	0	46
	第 3 四半期	9.71	11.72	0	0	1	47
	第 4 四半期	9.72	11.76	0	0	0	48

データ出所：『国民経済計算』（内閣府）

$$Q2_i = \begin{cases} 1 & \text{第 2 四半期} \\ 0 & \text{その他} \end{cases}$$

$$Q3_i = \begin{cases} 1 & \text{第 3 四半期} \\ 0 & \text{その他} \end{cases}$$

時系列データの変動成分には，短期的なものと長期的なものが存在すると言われます。季節的な変動は繰り返し起こる短期的な変動とみなせます。一方，短期的な上下変動も含みつつ，長い周期で上昇または下降しているケースもあります。長期的な趨勢をパラメータで表現するために，**トレンド変数** $\{T_i\} = \{1, 2, 3, \cdots\}$ を用います。トレンド変数を回帰式に用いると，説明変数（前期 GDP）以外の要因による設備投資の長期的変動を拾うことができます。

四半期ダミー変数とトレンド変数を用いると，1 期前の GDP が民間企業設備投資額に与える影響は，次の回帰式で表現できます。

$$Y_i = \alpha + \beta X_i + \gamma_1 Q1_i + \gamma_2 Q2_i + \gamma_3 Q3_i + \delta T_i + u_i \tag{5.16}$$

推定結果は次のようになります。

$$\hat{Y}_i = \underset{(-8.21)}{-20.981} + \underset{(11.97)}{2.628}\, X_i + \underset{(5.54)}{0.091}\, Q1_i \underset{(-2.38)}{-0.035}\, Q2_i + \underset{(8.34)}{0.128}\, Q3_i \underset{(-6.16)}{-0.003}\, T_i$$
$$R^2 = 0.906,\ \ \text{adj}.R^2 = 0.894,\ \ n = 48$$

Y_i と X_i はどちらも対数なので，前期の GDP が 1％ 増大すると，民間企業設備投資は 2.628％ 増えると解釈できます。四半期ダミー変数は第 4 四半期（10〜12 月期）を除外しているので，これを基準に考えます。その他の事情が等しければ，第 4 四半期の民間企業設備投資に比べて，第 1 四半期のそれはおよそ 9.1％（正確には $\exp(0.091) - 1 = 9.49\%$）高く，第 2 四半期は 3.5％（正確には $\exp(-0.035) - 1 = 3.43\%$）低く，第 3 四半期は 12.8％（正確には $\exp(0.128) - 1 = 13.63\%$）高くなることがわかります。また，トレンド変数の係数推定値は 1 期間あたりの変化率に対応するので，このサンプルにおける民間企業設備投資は毎期 0.3％ ずつ減少していることがわかります。

5.3.2　時間ダミー

表 5.14 は三つの時点の中国・四国地方 9 県における就業者数と県内総生産データです。労働投入と産出の基本的な関係ですので，就業者数が県内総生産に与える影響は正であることが期待されます。このデータは時系列方向で見ると 1999 年，2004 年，2009 年の 3 時点であり，クロスセクションでは 9 県あります。つまり，

表 5.14　中国・四国地方の就業者数〔千人〕と県内総生産〔十億円〕

	1999年		2004年		2009年	
	就業者数 L_i	県内総生産 Y_i	就業者数 L_i	県内総生産 Y_i	就業者数 L_i	県内総生産 Y_i
鳥取県	331	2,166	311	2,319	295	2,236
島根県	401	2,575	382	2,710	367	2,660
岡山県	973	7,410	953	7,501	926	7,692
広島県	1,481	11,237	1,443	11,983	1,448	11,922
山口県	764	5,662	732	6,023	728	5,973
徳島県	405	2,751	387	3,092	375	3,005
香川県	533	3,714	507	3,891	493	3,874
愛媛県	767	5,114	726	5,315	698	5,140
高知県	404	2,474	381	2,461	360	2,361

データ出所：『県民経済計算』（内閣府）

就業者数と県内総生産の関係を調べるとき，一つの県における3時点での動きに着目する視点と，一つの時点における9地域間の関係に着目する視点があります。

♦ 時間効果の推定

年次に注目すると，このデータは三つのカテゴリーを持っています。年次に対する**時間ダミー**（time dummy）

$$D2004_i = \begin{cases} 1 & 2004\text{年} \\ 0 & \text{その他} \end{cases}, \quad D2009_i = \begin{cases} 1 & 2009\text{年} \\ 0 & \text{その他} \end{cases}$$

を作成し，クロスセクションデータの塊を時系列ごとに積み重ねて，表5.15のように表を作り直します。就業者数および県内総生産を対数化して，次のように推定式を書きます。

$$\ln Y_i = \alpha + \beta \ln L_i + \gamma_1 D2004_i + \gamma_2 D2009_i + u_i \tag{5.17}$$

つまり，年次によって切片が異なる定数項ダミーを含む式になっています。1999年ダミーは除外されているので，ダミー変数の係数推定値 $\hat{\gamma}_1, \hat{\gamma}_2$ は1999年を基準にして考えます。

推定結果は次のようになります。

$$\widehat{\ln Y_i} = \underset{(8.44)}{1.278} + \underset{(46.95)}{1.102} \ln L_i + \underset{(3.61)}{0.101}\, D2004_i + \underset{(4.23)}{0.118}\, D2009_i$$

$$R^2 = 0.990, \ \ \text{adj.}R^2 = 0.988$$

就業者数と県内総生産の間には有意な関係があります。それだけではなく，ダミー

表 5.15 3 時点のクロスセクションデータ（表 5.14）を積み重ねたデータ

i	都道府県	地域番号 r	年次 t	L_i	Y_i	$\ln Y_i$	$\ln L_i$	$D2004_i$	$D2009_i$
1	鳥取県	1	1999	331	2,166	7.681	5.802	0	0
2	島根県	2	1999	401	2,575	7.854	5.994	0	0
3	岡山県	3	1999	973	7,410	8.911	6.880	0	0
4	広島県	4	1999	1,481	11,237	9.327	7.300	0	0
5	山口県	5	1999	764	5,662	8.642	6.639	0	0
6	徳島県	6	1999	405	2,751	7.920	6.004	0	0
7	香川県	7	1999	533	3,714	8.220	6.279	0	0
8	愛媛県	8	1999	767	5,114	8.540	6.642	0	0
9	高知県	9	1999	404	2,474	7.814	6.001	0	0
10	鳥取県	1	2004	311	2,319	7.749	5.740	1	0
11	島根県	2	2004	382	2,710	7.905	5.945	1	0
12	岡山県	3	2004	953	7,501	8.923	6.860	1	0
13	広島県	4	2004	1,443	11,983	9.391	7.274	1	0
14	山口県	5	2004	732	6,023	8.703	6.596	1	0
15	徳島県	6	2004	387	3,092	8.037	5.958	1	0
16	香川県	7	2004	507	3,891	8.266	6.229	1	0
17	愛媛県	8	2004	726	5,315	8.578	6.588	1	0
18	高知県	9	2004	381	2,461	7.808	5.943	1	0
19	鳥取県	1	2009	295	2,236	7.712	5.687	0	1
20	島根県	2	2009	367	2,660	7.886	5.905	0	1
21	岡山県	3	2009	926	7,692	8.948	6.831	0	1
22	広島県	4	2009	1,448	11,922	9.386	7.278	0	1
23	山口県	5	2009	728	5,973	8.695	6.590	0	1
24	徳島県	6	2009	375	3,005	8.008	5.927	0	1
25	香川県	7	2009	493	3,874	8.262	6.201	0	1
26	愛媛県	8	2009	698	5,140	8.545	6.548	0	1
27	高知県	9	2009	360	2,361	7.767	5.886	0	1

変数の係数推定値が有意に正であることから，年次が変わると就業者数以外の要因が変化して，生産を押し上げています。推定値は，1999 年と比べて県内総生産が

- 2004 年は 10.1％（正確には $\exp(0.101) - 1 = 10.6\%$）だけ大きい
- 2009 年は 11.8％（正確には $\exp(0.118) - 1 = 12.5\%$）だけ大きい

ことを示しています。

年次に関するダミー変数は，各地域固有の要因だけでなく，このサンプル全体に生じた変化の要因も包含しています。すでに述べたように，ダミー変数はグループ（年次）に共通している複数の説明要因を偽装しています。すなわち，時間の変化に伴って生じた要因を本来含めるべきですが，分析者はこれらすべてを観察し利用できるわけではないので，係数推定値にはさまざまな効果が含まれていると見るべ

きです。このような理由から，年次によって切片が異なる定数項ダミーの係数である γ_1 や γ_2 を**時間効果**（time effects）とよんでいます。

◆ 指数の計測

時間効果を用いると，ある時点を基準においた指数を計測することができます。まず，2004 年と 1999 年の 2 時点について，式 (5.17) の理論値を次のように書きます。

$$\begin{aligned}\ln Y[2004] &= \hat{\alpha} + \hat{\beta}\ln \bar{L} + \hat{\gamma}_1 D2004 + \hat{\gamma}_2 D2009 = \hat{\alpha} + \hat{\beta}\ln \bar{L} + \hat{\gamma}_1 \\ \ln Y[1999] &= \hat{\alpha} + \hat{\beta}\ln \bar{L} + \hat{\gamma}_1 D2004 + \hat{\gamma}_2 D2009 = \hat{\alpha} + \hat{\beta}\ln \bar{L}\end{aligned} \tag{5.18}$$

ここで，県内総生産の理論値は，サンプルが 2004 年のとき $\ln Y[2004]$，1999 年のとき $\ln Y[1999]$ と記述しています。

サンプルが 2004 年のとき： $D2004 = 1$，$D2009 = 0$
サンプルが 1999 年のとき： $D2004 = 0$，$D2009 = 0$

となります。就業者数が $\bar{L}$ の水準で一定であるとき，式 (5.18) について 2004 年と 1999 年の差分をとると，次が得られます。

$$\ln Y[2004] - \ln Y[1999] = \hat{\gamma}_1 \tag{5.19}$$

第 1 章で学んだように，対数差分は変化率の近似値です。つまり，式 (5.19) は 5 年間の成長率を表しています。対数の差分は比の対数なので，式 (5.19) の左辺は $\ln\left(\dfrac{Y[2004]}{Y[1999]}\right)$ です。したがって，

$$I_{2004} = \frac{Y[2004]}{Y[1999]} = \exp(\hat{\gamma}_1) \tag{5.20}$$

となります。式 (5.20) は対前期比であり，I_{2004} という記号で示しています。同様にして，1999 年に対する 2009 年の比は

$$I_{2009} = \frac{Y[2009]}{Y[1999]} = \exp(\hat{\gamma}_2)$$

です。式 (5.17) では，多重共線性を回避するために 1999 年のダミー変数を除外し，この年次をダミー変数の基準にしました。1999 年のダミー変数の係数は $\gamma_0 = 0$ と考えることができます。つまり，

$$I_{1999} = \frac{Y[1999]}{Y[1999]} = 1 \quad (= \exp(0))$$

と書けます。以上より，就業者数が一定の場合の生産指数は

$$I_{1999} = 1,\quad I_{2004} = \exp(\hat{\gamma}_1),\quad I_{2009} = \exp(\hat{\gamma}_2)$$

と書くことができます。ここでは 1999 年が基準年になります。

5.3.3　クロスセクションに対するダミー変数

式 (5.17) では年次を一塊のグループと考え，ダミー変数を用いてそのグループ効果を推定しました。地域に注目すると，このデータは $r = 1, 2, \cdots, 9$ のカテゴリーを持っているので，都道府県に対するダミー変数が定義できます。以下の推定式から地域固有の**個別効果**（individual effects）を推定することができます。

$$\ln Y_i = \alpha + \beta \ln L_i + \sum_{r=2}^{9} \delta_r Er_i + u_i \tag{5.21}$$

ここで，$\{Er_i\} = \{E1_i, E2_i, \cdots, E9_i\}$ はサンプル i が地域 r のデータのとき 1，それ以外のときは 0 となるダミー変数であり，δ_r は地域 r のダミー変数に対する係数（地域固有の個別効果）です。多重共線性を避けるために，$r = 1$ 番目（鳥取県）のダミー変数を除外しています。

式 (5.21) では，就業者数の変化が県内総生産に与える影響は考慮していますが，このサンプル期間におけるそれ以外の変化の影響は含まれていません。そこで，2004 年と 2009 年に対するダミー変数を利用して，以下のように時間効果を考慮した推定式を考えます。

$$\ln Y_i = \alpha + \beta \ln L_i + \sum_{r=2}^{9} \delta_r Er_i + \gamma_1 D2004_i + \gamma_2 D2009_i + u_i \tag{5.22}$$

推定結果は表 5.16 のとおりです。式 (5.21) の推定結果では，地域固有の個別効果が有意に推定されていますが，$\ln L_i$ の係数推定値は期待に反して符号が負になっています。県内総生産に影響する就業者数以外の要因がサンプル期間内で変化しているにも関わらず，その要因を推定式から除外してしまったことが，その原因かもしれません。

式 (5.22) は，時間効果によって就業者数以外の要因の変化を代替しています。この場合，$\ln L_i$ の係数推定値の p 値が 0.05 未満にはならず，5％ 水準で有意とは言えませんが，10％ 水準では有意に正です。地域の個別効果を見ると，ほとんどの地域で有意性がないので，就業者数と時間効果をコントロールすると，顕著な地域差は見られないことが予想されます。式 (5.17) の推定結果と同様に時間効果に有意性が見られるので，年次が変わると就業者数以外の要因が変化して，生産を押し上げていることがわかります。

表 5.16　地域効果の推定

	式 (5.21) の推定結果			式 (5.22) の推定結果		
	係数	t 値	p 値	係数	t 値	p 値
定数項	9.672	9.482	0.000	4.200	2.227	0.042
$\ln L$	−0.341	−1.920	0.072	0.603	1.848	0.084
島根県 $E2$	0.237	5.339	0.000	0.044	0.633	0.537
岡山県 $E3$	1.593	7.986	0.000	0.542	1.489	0.157
広島県 $E4$	2.180	7.929	0.000	0.725	1.442	0.170
山口県 $E5$	1.261	8.096	0.000	0.444	1.572	0.137
徳島県 $E6$	0.349	7.484	0.000	0.141	1.916	0.075
香川県 $E7$	0.703	7.717	0.000	0.238	1.474	0.161
愛媛県 $E8$	1.130	7.383	0.000	0.328	1.182	0.256
高知県 $E9$	0.151	3.440	0.003	−0.039	−0.570	0.577
$D2004$	-	-	-	0.078	4.358	0.001
$D2009$	-	-	-	0.080	2.969	0.010
R^2	0.998			0.999		
adj.R^2	0.997			0.999		

5.3.4　パネルデータ分析

表 5.14 のように，クロスセクションだけでなく時系列方向にもデータが利用できれば，サンプルサイズが格段に増えるので，分析精度が向上します。一般にクロスセクションデータのそれぞれの主体（家計，企業，地域など）を継続的に観察し，時系列方向に積み重ねたデータのことを**パネルデータ**（panel data）とよびます。このうち，経済主体を何らかの基準で集計したものを，疑似パネルデータとよぶこともあります。このようなデータを用いる回帰分析手法を，パネルデータ分析とよんでいます。

♦ 固定効果の推定

パネルデータ分析について厳密に解説することは本書の範囲を超えるので，その概略を簡単に示します。表 5.15 では，データ全体の通し番号を添え字 $i = 1, 2, \cdots, 27$ で記述しています。これを個体（地域）番号 $r = 1, 2, \cdots, 9$ と時間の番号 $t = 1, 2, 3$ で書き直すと，第 r 地域における第 t 期の県内総生産は Y_{rt}，就業者数は L_{rt} と書けます。パネルデータ分析では，式 (5.21) を推定した場合とほぼ同じ発想で，分析者が観察できない個別要因に対するダミー変数を用いて，個体ごとに特有で時間を通じて変化しない効果（たとえば，地域の地理的環境条件や歴史的な経緯など）を偽装します。ダミー変数の係数は**固定効果**（fixed effects）とよばれるものになります。式で書くと，次のようになります。

$$\ln Y_{rt} = \beta \ln L_{rt} + \alpha_r + u_{rt} \quad (r = 1, 2, \cdots, 9,\ t = 1, 2, 3) \tag{5.23}$$

固定効果 α_r は，回帰式において切片の役割をしていることがわかります。式 (5.21) と異なり，ここではすべての地域の固定効果 $\alpha_1, \alpha_2, \cdots, \alpha_9$ を計算するために，モデル全体の切片パラメータ α を除いています。つまり，傾きは同じで，地域ごとに切片の異なる回帰式を推定することになります。地域のダミー変数を $E1_r$, $E2_r$, $\cdots$, $E9_r$ とすると，式 (5.23) は次のようにも表現できます。

$$\ln Y_{rt} = \beta \ln L_{rt} + \alpha_1 E1_r + \alpha_2 E2_r + \cdots + \alpha_9 E9_r + u_{rt} \tag{5.24}$$

ここでダミー変数は，たとえば

$$E1_r = \begin{cases} 1 & r = 1\text{のとき} \\ 0 & r \neq 1\text{のとき} \end{cases}$$

$$E2_r = \begin{cases} 1 & r = 2\text{のとき} \\ 0 & r \neq 2\text{のとき} \end{cases}$$

などのように定義されます。固定効果はダミー変数を用いて推定できるので，この手法を最小 2 乗ダミー変数法ともよびます。表 5.17 はダミー変数 $E1_r$, $E2_r$, $\cdots$, $E9_r$ の作り方を明示しています。表 5.15 ではクロスセクションデータを 3 時点で積み重ねる方法で表示しましたが，ここでは時系列データを地域の番号順に積み重ねています。

表 5.17 のデータセットを用いて式 (5.24) を推定した結果を，表 5.18 に示します。この場合，傾きの係数推定値は負であり，期待される符号とは逆になっています。固定効果の値は，次のように考えると，式 (5.21) の推定結果と同じであることがわかります。

$$\hat{\alpha}_1 = \hat{\alpha},\ \hat{\alpha}_2 = \hat{\alpha} + \hat{\delta}_2,\ \cdots,\ \hat{\alpha}_9 = \hat{\alpha} + \hat{\delta}_9$$

つまり，式 (5.21) の切片は除外された変数の地域効果に等しくなります。

傾きが負になってしまった理由は，式 (5.21) の推定と同様に，就業者数以外の要因がサンプル期間内で変化しているにも関わらず，その要因を推定式から除外してしまったことによる可能性があります。この影響を取り除くために，式 (5.23) に時間効果 γ_t を加える方法があります。

$$\ln Y_{rt} = \beta \ln L_{rt} + \alpha_r + \gamma_t + u_{rt} \quad (r = 1, 2, \cdots, 9,\ t = 1, 2, 3) \tag{5.25}$$

つまり，切片の値は地域と時間によって異なることがわかります。地域のダミー変数を $E1_r$, $E2_r$, $\cdots$, $E9_r$ とし，時間に対するダミー変数を $D2004_t$, $D2009_t$ とす

表 5.17　固定効果に対するダミー変数

都道府県	年次	r	t	$\ln Y_{rt}$	$\ln L_{rt}$	$E1_r$	$E2_r$	$E3_r$	$E4_r$	$E5_r$	$E6_r$	$E7_r$	$E8_r$	$E9_r$
鳥取県	1999	1	1	7.681	5.802	1	0	0	0	0	0	0	0	0
	2004	1	2	7.749	5.740	1	0	0	0	0	0	0	0	0
	2009	1	3	7.712	5.687	1	0	0	0	0	0	0	0	0
島根県	1999	2	1	7.854	5.994	0	1	0	0	0	0	0	0	0
	2004	2	2	7.905	5.945	0	1	0	0	0	0	0	0	0
	2009	2	3	7.886	5.905	0	1	0	0	0	0	0	0	0
岡山県	1999	3	1	8.911	6.880	0	0	1	0	0	0	0	0	0
	2004	3	2	8.923	6.860	0	0	1	0	0	0	0	0	0
	2009	3	3	8.948	6.831	0	0	1	0	0	0	0	0	0
広島県	1999	4	1	9.327	7.300	0	0	0	1	0	0	0	0	0
	2004	4	2	9.391	7.274	0	0	0	1	0	0	0	0	0
	2009	4	3	9.386	7.278	0	0	0	1	0	0	0	0	0
山口県	1999	5	1	8.642	6.639	0	0	0	0	1	0	0	0	0
	2004	5	2	8.703	6.596	0	0	0	0	1	0	0	0	0
	2009	5	3	8.695	6.590	0	0	0	0	1	0	0	0	0
徳島県	1999	6	1	7.920	6.004	0	0	0	0	0	1	0	0	0
	2004	6	2	8.037	5.958	0	0	0	0	0	1	0	0	0
	2009	6	3	8.008	5.927	0	0	0	0	0	1	0	0	0
香川県	1999	7	1	8.220	6.279	0	0	0	0	0	0	1	0	0
	2004	7	2	8.266	6.229	0	0	0	0	0	0	1	0	0
	2009	7	3	8.262	6.201	0	0	0	0	0	0	1	0	0
愛媛県	1999	8	1	8.540	6.642	0	0	0	0	0	0	0	1	0
	2004	8	2	8.578	6.588	0	0	0	0	0	0	0	1	0
	2009	8	3	8.545	6.548	0	0	0	0	0	0	0	1	0
高知県	1999	9	1	7.814	6.001	0	0	0	0	0	0	0	0	1
	2004	9	2	7.808	5.943	0	0	0	0	0	0	0	0	1
	2009	9	3	7.767	5.886	0	0	0	0	0	0	0	0	1

ると，式 (5.25) は次のようにも表現できます。

$$\ln Y_{rt} = \beta \ln L_{rt} + \alpha_1 E1_r + \cdots + \alpha_9 E9_r + \gamma_1 D2004_t + \gamma_2 D2009_t + u_{rt} \quad (5.26)$$

ここで，時間のダミー変数は次のように定義します。

$$D2004_t = \begin{cases} 1 & t = 2 \\ 0 & t \neq 2 \end{cases}, \quad D2009_t = \begin{cases} 1 & t = 3 \\ 0 & t \neq 3 \end{cases}$$

推定結果は表 5.18 のようになります。この場合，就業者数の係数推定値は正であり，時間効果も正になります。

表 5.18 固定効果の推定

	式 (5.24) の推定結果			式 (5.26) の推定結果		
	推定値	t 値	p 値	推定値	t 値	p 値
$\ln L$	−0.341	−1.920	0.072	0.603	1.848	0.084
鳥取県 $E1$	9.672	9.482	0.000	4.200	2.227	0.042
島根県 $E2$	9.909	9.380	0.000	4.244	2.173	0.046
岡山県 $E3$	11.265	9.250	0.000	4.742	2.108	0.052
広島県 $E4$	11.851	9.161	0.000	4.925	2.062	0.057
山口県 $E5$	10.933	9.315	0.000	4.644	2.142	0.049
徳島県 $E6$	10.021	9.462	0.000	4.341	2.217	0.042
香川県 $E7$	10.375	9.368	0.000	4.438	2.168	0.047
愛媛県 $E8$	10.802	9.225	0.000	4.528	2.093	0.054
高知県 $E9$	9.822	9.305	0.000	4.161	2.132	0.050
$D2004$	-	-	-	0.078	4.358	0.001
$D2009$	-	-	-	0.080	2.969	0.010
R^2	0.999			0.999		
adj.R^2	0.941			0.933		

◆ 固定効果の検定

固定効果が存在しなければ，式 (5.24) において $\alpha_2 = \cdots = \alpha_9 = 0$ が成立していることになります。このことは，個体数が m $(r = 1, 2, \cdots, m)$ の場合，式 (5.24) に $m-1$ 個の制約が付けられていることにほかなりません。そこで，この制約が棄却できるかどうかを F 分布で検定します。制約付きモデルの残差 2 乗和を SSR_0，制約の付いていないモデル（固定効果モデル）の残差 2 乗和を SSR_1 とすると，F 検定統計量は次のように書けます。

$$F = \frac{\dfrac{SSR_0 - SSR_1}{m-1}}{\dfrac{SSR_1}{mT-m-k}} \sim F_{m-1,mT-m-k} \tag{5.27}$$

ここで，分子の自由度は制約の数 $m-1$ になり，分母の自由度は制約なしモデルの残差 2 乗和の自由度になります。T は時系列の数，k は定数項を除く説明変数の数を示しています。F 検定統計量の値が臨界値を超えていれば，帰無仮説を棄却し，固定効果モデルを採択します。

式 (5.24) の固定効果モデルについて，帰無仮説 $\alpha_2 = \cdots = \alpha_9 = 0$ を検定してみましょう。帰無仮説および対立仮説の明示的なモデルは，次のようになります。

$$H_0\text{ モデル：}\quad \ln Y_{rt} = \alpha + \beta \ln L_{rt} + u_{rt} \qquad \text{（制約付き）}$$
$$H_1\text{ モデル：}\quad \ln Y_{rt} = \beta \ln L_{rt} + \alpha_1 E1_r + \alpha_2 E2_r + \cdots + \alpha_9 E9_r + u_{rt} \qquad \text{（制約なし）}$$

それぞれのモデルの残差2乗和は，H_0 モデル：$SSR_0 = 0.153153$，H_1 モデル：$SSR_1 = 0.016546$ と計算できます。分子の自由度は $m-1=9-1=8$，分母の自由度は $mT-m-k=9\cdot 3-9-1=17$ となります。したがって，F 検定統計量は次のように計算できます。

$$F = \frac{\dfrac{0.153153-0.016546}{8}}{\dfrac{0.016546}{17}} = \frac{0.017076}{0.000973} = 17.54 \sim F_{8,17}$$

分子の自由度8，分母の自由度17の F 分布における上側5％の臨界値は2.548なので，帰無仮説を棄却できます。この場合，固定効果モデルが好ましいことになります。

5.3.5　プーリングデータ

すべてのクロスセクションデータが一定間隔で観察されない場合には，パネルデータは不完全なものになります。その場合，固定効果を推定できなくなりますが，それでも時系列方向にデータが蓄積（プール）されているのであれば，時間ダミーをうまく用いて推定精度を上げることができます。このように観察時点の異なる値を含むデータを**プーリングデータ**とよびます。

表5.19は，2008年から2012年の間に売買された住宅（土地と建物）に関するデータです。床面積 m^2 あたりの価格（平米単価）は敷地が広くなると上昇します。しかし，住宅価格には設備費，人件費，資材運搬費，土地の改良工事費など，敷地の広さに依存しない一定の費用が含まれるので，床面積が狭くなると平米単価は逆に上昇することが予想されます。建築後年数は，それぞれの住宅の竣工時点から観察時点（取引年次）までの経過年数，つまり住宅の年齢を示しています。住宅の性能や外観は時間の経過とともに劣化するので，建築後年数が増すと住宅の取引価格は低下することが予想されます。

床面積 m^2 あたり価格を説明する推定モデルを次のように書きます。

$$Y_{it} = \beta_1 + \beta_2 X_{2i} + \beta_3 X_{3i} + \beta_4 X_{4i} + \gamma_1 D09_t + \gamma_2 D10_t + \gamma_3 D11_t + \gamma_4 D12_t + u_{it}$$

ここで次のように変数を定義します。

Y_{it}：対数床面積あたり価格（第 i 物件，t 時点）

表 5.19　住宅の取引価格（2008〜2012 年，大阪府豊中市刀根山）

i	取引年次	床面積 m^2 あたり価格〔万円〕	敷地面積〔m^2〕	床面積〔m^2〕	建築後年数
1	2008	25	85	60	43
2	2008	19	65	110	31
3	2009	43	155	60	47
4	2009	39	110	100	0
5	2010	16	115	115	33
6	2010	38	125	100	1
7	2010	24	150	155	19
8	2010	30	110	105	13
9	2010	40	95	100	0
10	2010	60	130	90	0
11	2011	37	105	115	0
12	2011	42	90	100	0
13	2011	37	95	105	0
14	2011	42	120	100	0
15	2011	57	145	105	0
16	2011	53	120	100	0
17	2011	49	120	110	0
18	2011	53	120	100	0
19	2011	55	145	100	0
20	2011	55	160	100	0
21	2011	57	135	100	0
22	2011	47	125	100	0
23	2011	53	120	100	0
24	2011	24	65	100	12
25	2012	57	120	100	0
26	2012	20	85	125	17
27	2012	58	125	100	0
28	2012	57	120	105	0
29	2012	52	120	100	0
30	2012	57	120	105	0
31	2012	52	120	100	0
32	2012	56	120	100	0
33	2012	53	120	100	0
34	2012	58	155	100	0
35	2012	45	300	95	53

データ出所：『土地総合情報システム』（国土交通省）における不動産の取引価格情報（http://www.land.mlit.go.jp/webland/）

X_{2i}：対数土地面積（第 i 物件）
X_{3i}：対数床面積（第 i 物件）
X_{4i}：建築後年数（第 i 物件）
$D09_t, D10_t, D11_t, D12_t$：取引年次に対する時間ダミー

推定結果は次のようになります。

$$\hat{Y}_{it} = \underset{(5.70)}{4.720} + \underset{(9.06)}{0.830}\, X_{2i} \underset{(-6.76)}{-1.018}\, X_{3i} \underset{(-11.30)}{-0.020}\, X_{4i} \underset{(-1.21)}{-0.155}\, D09_t \underset{(-1.83)}{-0.233}\, D10_t$$
$$\underset{(-0.84)}{-0.107}\, D11_t \underset{(-0.11)}{-0.015}\, D12_t$$
$$R^2 = 0.928,\ \ \text{adj.}R^2 = 0.909$$

左辺が対数のとき，時間ダミーの係数推定値は変化率の近似値として考えられます。つまり，面積や他の属性が同じ物件を異なる時点で取引した場合，基準時点からどの程度変化しているのかを測ることができます。この場合，2008 年を基準にして（1 として）推定値の指数をとると，住宅価格指数は

$$\{1, 0.86, 0.79, 0.90, 0.99\}$$

となります。

5.4　第5章の例題

例題 26　異常値ダミー

表 5.20 の $n = 5$ のデータを用いて，ダミー変数を含む回帰式 $Y_i = \beta_1 + \beta_2 X_i + \beta_3 D_i$ を推定しなさい。

表 5.20　$n = 5$ のデータ

i	Y_i	X_i	D_i
1	3	2	0
2	5	4	0
3	6	6	0
4	10	8	0
5	12	1	1

解答例

データより次の推定結果が得られます。

$$\hat{Y}_i = \underset{(0.43)}{0.5} + \underset{(5.19)}{1.1} X_i \underset{(-6.96)}{-12.7} D_i, \ R^2 = 0.961, \ \text{adj}.R^2 = 0.922$$

つまり，$i = 1, \cdots, 4$ のデータと $i = 5$ のデータの推定回帰直線の傾きは同一ですが，切片の値が異なっています。異常値がある場合のもう一つの対処方法は，サンプルから異常値データを取り除いてしまうことです。$i = 1, \cdots, 4$ のデータだけを利用して $Y_i = \beta_1 + \beta_2 X_i + u_i$ を推定すると，次が得られます。

$$\hat{Y}_i = \underset{(0.43)}{0.5} + \underset{(5.19)}{1.1} X_i, \ R^2 = 0.931, \ \text{adj}.R^2 = 0.896$$

この回帰直線は，$i = 1, \cdots, 5$ のサンプルで $D_i = 0$ とおいた推定結果と同じものになります。

男女別ダミー

表 5.21 のデータを利用して，サラリーマンの年収を年齢と女性ダミー変数で説明する回帰モデルを推定しなさい。

表 5.21 男女別年収〔万円〕と年齢

i	性別	年収	年齢	i	性別	年収	年齢
1	男	420	23	19	男	380	30
2	男	280	23	20	女	280	31
3	男	400	24	21	男	490	31
4	男	300	26	22	男	520	31
5	女	400	27	23	男	580	32
6	男	380	27	24	男	530	32
7	女	380	27	25	女	420	32
8	男	396	28	26	女	330	32
9	男	550	28	27	男	500	33
10	女	341	28	28	女	468	33
11	男	480	29	29	男	500	34
12	男	420	29	30	女	530	34
13	男	360	29	31	男	600	37
14	女	450	29	32	男	720	39
15	男	475	30	33	男	450	43
16	男	530	30	34	男	724	48
17	男	300	30	35	男	820	54
18	男	500	30				

解答例

データが女性のとき1，それ以外は0となるダミー変数を作成します。Excelを使う場合はIF関数が便利です。年収をY_i，年齢をX_i，女性ダミーをD_iとして

$$Y_i = \beta_1 + \beta_2 X_i + \beta_3 D_i + u_i \quad (i = 1, 2, \cdots, 35)$$

を推定します。推定結果は次のとおりです。

$$\hat{Y}_i = \underset{(0.38)}{26.7} + \underset{(6.76)}{14.4}\, X_i \underset{(-2.04)}{-62.1}\, D_i, \quad R^2 = 0.626, \quad \text{adj.}R^2 = 0.602$$

自由度32の両側5％臨界値は2.037なので，ダミー変数の係数推定値は有意です。

例題 28　複数グループダミー

表5.22のデータは，大卒女性労働者の年収Y_i，勤務している企業の従業員数（企業規模），年齢を示しています。まず，企業規模と年齢について以下のダミー変数を作成しなさい。

$$S1_i = \begin{cases} 1 & \text{企業規模が 100 人以上 999 人以下のとき} \\ 0 & \text{それ以外} \end{cases}$$

$$S2_i = \begin{cases} 1 & \text{企業規模が 1,000 人以上 9,999 人以下のとき} \\ 0 & \text{それ以外} \end{cases}$$

$$S3_i = \begin{cases} 1 & \text{企業規模が 10,000 人以上のとき} \\ 0 & \text{それ以外} \end{cases}$$

表5.22　大卒女性労働者の年収，勤務先の企業規模，年齢

i	年収 Y_i	企業規模	年齢	i	年収 Y_i	企業規模	年齢
1	260	3	29	17	340	250	29
2	428	5	28	18	250	300	25
3	290	10	25	19	250	300	27
4	200	30	25	20	290	300	30
5	430	30	27	21	560	300	37
6	250	80	25	22	390	1,000	31
7	300	90	27	23	500	1,200	26
8	280	100	26	24	620	1,300	26
9	445	104	32	25	555	1,362	27
10	280	150	26	26	350	2,122	24
11	750	150	38	27	660	5,000	31
12	450	190	27	28	740	9,646	30
13	190	200	23	29	430	12,000	25
14	250	200	24	30	600	20,000	28
15	380	230	27	31	750	70,000	34
16	350	250	24				

$$A1_i = \begin{cases} 1 & \text{年齢が 25 歳以上 29 歳以下のとき} \\ 0 & \text{それ以外} \end{cases}$$

$$A2_i = \begin{cases} 1 & \text{年齢が 30 歳以上 34 歳以下のとき} \\ 0 & \text{それ以外} \end{cases}$$

$$A3_i = \begin{cases} 1 & \text{年齢が 35 歳以上のとき} \\ 0 & \text{それ以外} \end{cases}$$

その上で次の回帰式を推定しなさい。

$$Y_i = \alpha + \beta_1 S1_i + \beta_2 S2_i + \beta_3 S3_i + \gamma_1 A1_i + \gamma_2 A2_i + \gamma_3 A3_i + u_i$$

解答例

企業規模は従業員数 100 人未満を，年齢は 25 歳未満を基準にして，それぞれ表 5.23 のようにダミー変数を作成します。

表 5.23 ダミー変数の作成

i	$S1_i$	$S2_i$	$S3_i$	$A1_i$	$A2_i$	$A3_i$
1	0	0	0	1	0	0
2	0	0	0	1	0	0
3	0	0	0	1	0	0
4	0	0	0	1	0	0
5	0	0	0	1	0	0
6	0	0	0	1	0	0
7	0	0	0	1	0	0
8	1	0	0	1	0	0
9	1	0	0	0	1	0
10	1	0	0	1	0	0
11	1	0	0	0	0	1
12	1	0	0	1	0	0
13	1	0	0	0	0	0
14	1	0	0	0	0	0
15	1	0	0	1	0	0
16	1	0	0	0	0	0
17	1	0	0	1	0	0
18	1	0	0	1	0	0
19	1	0	0	1	0	0
20	1	0	0	0	1	0
21	1	0	0	0	0	1
22	0	1	0	0	1	0
23	0	1	0	1	0	0
24	0	1	0	1	0	0
25	0	1	0	1	0	0
26	0	1	0	0	0	0
27	0	1	0	0	1	0
28	0	1	0	0	1	0
29	0	0	1	1	0	0
30	0	0	1	1	0	0
31	0	0	1	0	1	0

推定結果は表 5.24 のようになります。従業員数 100 人未満の企業の年収と従業員数 100 人以上 999 人以下の企業の年収との間には，統計的に差がありません（$S1_i$ の係数推定値）。しかし，1,000 人以上 9,999 人以下（$S2_i$ の係数推定値）と 10,000 人以上（$S3_i$ の係数推定値）の企業との間では有意差があり，企業規模が大きくなると従業員の年収も高くなることがわかります。年齢 25 歳未満の労働者を基準にすると，25 歳以上 29 歳以下（$A1_i$ の係数推定値）の労働者との間には，有

表 5.24 大卒女性労働者の年収

変数	推定値	t 値	p 値
定数項	222.9***	3.16	[.004]
$S1$	11.9	0.23	[.820]
$S2$	212.8***	3.55	[.002]
$S3$	256.9***	3.58	[.002]
$A1$	85.4	1.44	[.163]
$A2$	169.8**	2.50	[.020]
$A3$	420.2***	4.75	[.000]
R^2	0.710		
adj.R^2	0.637		

注：***は 1% 水準で，**は 5% 水準で有意であることを示す。

意な年収の違いはありませんが，30 歳以上 34 歳以下（$A2_i$ の係数推定値）と 35 歳以上（$A3_i$ の係数推定値）との間では有意な差が現れます。

例題 29 四半期ダミー

表 5.25 のデータは，2 人以上の世帯のうち，勤労者世帯（農林漁家世帯を除く）の四半期ごとの電気代（月額）Y_i および可処分所得（月額）X_i を示しています ($n = 31$)。以下の問いに答えなさい。

表 5.25 電気代と可処分所得〔千円/月〕

年次	四半期	電気代 Y_i	可処分所得 X_i	年次	四半期	電気代 Y_i	可処分所得 X_i
2000	第 1 四半期	10.4	401.9	2004	第 1 四半期	10.4	388.6
	第 2 四半期	8.3	471.4		第 2 四半期	8.0	448.4
	第 3 四半期	9.6	446.5		第 3 四半期	9.2	423.3
	第 4 四半期	8.0	571.4		第 4 四半期	8.0	519.6
2001	第 1 四半期	10.2	394.3	2005	第 1 四半期	10.5	388.2
	第 2 四半期	7.9	469.5		第 2 四半期	8.1	449.8
	第 3 四半期	9.3	434.2		第 3 四半期	8.6	409.8
	第 4 四半期	7.9	560.9		第 4 四半期	8.0	510.9
2002	第 1 四半期	10.4	399.6	2006	第 1 四半期	11.1	373.3
	第 2 四半期	7.7	455.5		第 2 四半期	8.4	431.0
	第 3 四半期	9.2	420.1		第 3 四半期	8.6	427.2
	第 4 四半期	7.9	534.7		第 4 四半期	7.9	532.8
2003	第 1 四半期	10.3	374.8	2007	第 1 四半期	10.1	384.1
	第 2 四半期	7.9	444.3		第 2 四半期	8.2	444.6
	第 3 四半期	8.2	415.9		第 3 四半期	8.5	413.9
	第 4 四半期	8.0	526.9				

データ出所：『家計調査』（総務省）

(1) 第 4 四半期を基準にして，第 1 四半期ダミー $Q1_i$，第 2 四半期ダミー $Q2_i$，第 3 四半期ダミー $Q3_i$ を作成し，電気代の対数値を定数項と四半期ダミーに回帰した次の式を推定しなさい。

$$\ln Y_i = \alpha + \beta_1 Q1_i + \beta_2 Q2_i + \beta_3 Q3_i + u_i$$

(2) 四半期ダミーに加えて可処分所得の対数値を含めた次の回帰式を推定しなさい。

$$\ln Y_i = \alpha + \beta_1 Q1_i + \beta_2 Q2_i + \beta_3 Q3_i + \gamma \ln X_i + u_i$$

解答例

(1) 四半期ダミーを表 5.26 のように作成します。推定結果は次のようになります。

$$\ln \hat{Y}_i = \underset{(157.53)}{2.074} + \underset{(14.97)}{0.270}\, Q1_i + \underset{(0.71)}{0.013}\, Q2_i + \underset{(6.14)}{0.111}\, Q3_i$$

$$R^2 = 0.917,\ \text{adj.}R^2 = 0.908$$

第 4 四半期を基準とすると，第 1 四半期（1〜3 月）および第 3 四半期（7〜9 月）は有意に電気代が上昇することがわかります。

表 5.26 四半期ダミーの作成

i	$Q1_i$	$Q2_i$	$Q3_i$	i	$Q1_i$	$Q2_i$	$Q3_i$
1	1	0	0	17	1	0	0
2	0	1	0	18	0	1	0
3	0	0	1	19	0	0	1
4	0	0	0	20	0	0	0
5	1	0	0	21	1	0	0
6	0	1	0	22	0	1	0
7	0	0	1	23	0	0	1
8	0	0	0	24	0	0	0
9	1	0	0	25	1	0	0
10	0	1	0	26	0	1	0
11	0	0	1	27	0	0	1
12	0	0	0	28	0	0	0
13	1	0	0	29	1	0	0
14	0	1	0	30	0	1	0
15	0	0	1	31	0	0	1
16	0	0	0				

表 5.27 住宅の取引価格とその属性（豊中市・阪急蛍池駅付近）（例題 30）

i	地区名	取引年次	住宅価格〔万円/m^2〕	土地面積〔m^2〕	延床面積〔m^2〕	建築後年数	最寄駅までの距離〔分〕
1	刀根山	2008	25	85	60	43	13
2	刀根山	2008	19	65	110	31	10
3	刀根山	2009	43	155	60	47	13
4	刀根山	2009	39	110	100	0	11
5	刀根山	2010	16	115	115	33	8
6	刀根山	2010	38	125	100	1	8
7	刀根山	2010	24	150	155	19	10
8	刀根山	2010	30	110	105	13	13
9	刀根山	2010	40	95	100	0	9
10	刀根山	2010	60	130	90	0	14
11	刀根山	2011	37	105	115	0	8
12	刀根山	2011	42	90	100	0	10
13	刀根山	2011	37	95	105	0	8
14	刀根山	2011	42	120	100	0	8
15	刀根山	2011	57	145	105	0	10
16	刀根山	2011	53	120	100	0	9
17	刀根山	2011	49	120	110	0	9
18	刀根山	2011	53	120	100	0	9
19	刀根山	2011	55	145	100	0	7
20	刀根山	2011	55	160	100	0	9
21	刀根山	2011	57	135	100	0	9
22	刀根山	2011	47	125	100	0	14
23	刀根山	2011	53	120	100	0	13
24	刀根山	2011	24	65	100	12	11
25	刀根山	2012	57	120	100	0	9
26	刀根山	2012	20	85	125	17	11
27	刀根山	2012	58	125	100	0	9
28	刀根山	2012	57	120	105	0	9
29	刀根山	2012	52	120	100	0	13
30	刀根山	2012	57	120	105	0	9
31	刀根山	2012	52	120	100	0	9
32	刀根山	2012	56	120	100	0	8
33	刀根山	2012	53	120	100	0	9
34	刀根山	2012	58	155	100	0	10
35	刀根山	2012	45	300	95	53	13
36	螢池西町	2008	36	115	95	1	6
37	螢池西町	2008	26	110	70	35	7
38	螢池西町	2009	17	45	45	42	7
39	螢池西町	2010	34	125	100	0	7
40	螢池西町	2010	34	75	110	0	7
41	螢池西町	2010	25	80	115	0	8
42	螢池西町	2010	9	75	70	32	8
43	螢池西町	2010	13	50	50	41	4
44	螢池西町	2010	42	115	105	0	6

表 5.27 (続き)

i	地区名	取引年次	住宅価格〔万円/m^2〕	土地面積〔m^2〕	延床面積〔m^2〕	建築後年数	最寄駅までの距離〔分〕
45	螢池西町	2010	38	80	90	0	6
46	螢池西町	2011	40	105	100	1	5
47	螢池西町	2011	36	80	90	0	5
48	螢池西町	2011	37	85	100	0	7
49	螢池西町	2011	28	95	90	0	6
50	螢池西町	2011	26	50	85	0	5
51	螢池西町	2012	21	70	70	37	8
52	螢池西町	2012	36	100	95	0	8
53	螢池中町	2009	31	95	105	0	6
54	螢池中町	2009	12	75	85	24	5
55	螢池中町	2009	34	65	100	0	2
56	螢池中町	2010	20	65	65	32	4
57	螢池中町	2011	33	85	100	0	4
58	螢池中町	2011	35	85	95	0	3
59	螢池東町	2008	24	120	130	31	6
60	螢池東町	2008	44	120	100	1	3
61	螢池東町	2009	45	125	110	0	5
62	螢池東町	2009	27	110	110	19	3
63	螢池東町	2010	36	100	100	0	5
64	螢池東町	2010	15	65	105	15	4
65	螢池東町	2010	24	65	105	15	4
66	螢池東町	2012	31	95	95	0	10
67	螢池南町	2009	37	55	65	0	9
68	螢池南町	2010	30	85	100	1	8
69	螢池南町	2010	6	30	40	45	9
70	螢池南町	2011	27	115	95	0	10
71	螢池南町	2011	29	115	110	0	9
72	螢池南町	2011	19	70	95	14	11
73	螢池南町	2011	27	80	100	0	8
74	螢池南町	2012	33	100	95	0	9
75	螢池南町	2012	35	85	95	0	9
76	螢池北町	2008	42	45	45	40	6
77	螢池北町	2008	20	155	165	32	7
78	螢池北町	2009	6	30	35	45	12
79	螢池北町	2010	9	35	45	39	9
80	螢池北町	2010	33	105	90	0	7
81	螢池北町	2010	35	100	105	0	9
82	螢池北町	2011	33	100	100	1	4
83	螢池北町	2011	14	85	90	15	8
84	螢池北町	2011	27	85	110	0	11
85	螢池北町	2012	29	105	95	0	5
86	螢池北町	2012	7	60	45	48	12
87	螢池北町	2012	14	200	160	27	10
88	螢池北町	2012	34	90	95	0	9

データ出所：『土地総合情報システム・不動産取引価格情報検索』(国土交通省)

(2) 推定結果は次のようになります。

$$\ln \hat{Y}_i = \underset{(0.87)}{1.174} + \underset{(4.38)}{0.316}\, Q1_i + \underset{(0.91)}{0.037}\, Q2_i + \underset{(2.67)}{0.144}\, Q3_i + \underset{(0.66)}{0.143} \ln X_i$$

$$R^2 = 0.918,\ \text{adj.}R^2 = 0.906$$

可処分所得を加えたケースでも，第1四半期（1〜3月）および第3四半期（7〜9月）において電気代は有意に上昇します。定数項の係数推定値が大幅に低下していますが，可処分所得の係数推定値は有意ではありません。サンプル期間が短いため，所得に十分なばらつきが見られなかったのが原因かもしれません。

例題30　時間ダミー

表5.27のデータは，2008年から2012年までの豊中市・阪急蛍池駅付近で売買された住宅の取引価格などを示しています。住宅価格（m^2 あたり）の対数値を $\ln Y_i$ として，定数項，土地面積（X_{2i}），延床面積（X_{3i}），建築後年数（X_{4i}），最寄駅までの距離（X_{5i}），$X_{6i} = X_{2i} \cdot X_{5i}$，取引年次ダミー，地区ダミーに回帰し，この駅周辺の価格指数（2008年を基準）を計測しなさい。ただし，地区ダミーは「刀根山」地区を基準にします。

解答例

推定結果は表5.28のようになります。土地面積（X_{2i}）の係数推定値は有意ではありませんが，土地面積と最寄駅までの距離（X_{5i}）のクロス項 $X_{6i} = X_{2i} \cdot X_{5i}$ の係数推定値は有意です。その他の変数がすべて同じで，土地の面積だけが $1\,\text{m}^2$ 異なる住宅の対数価格差は $\hat{\beta}_2 + \hat{\beta}_6 X_5$ ですから，これを X_{5i} の標本平均で評価すると，

$$\hat{\beta}_2 + \hat{\beta}_6 \bar{X}_5 = -0.00356 + 0.00093 \times 8.1 = 0.004$$

となります。つまり，駅からの距離が平均的な地区において，住宅の土地面積が広くなると平米単価が上昇します。また，最寄駅からの距離が長くなると，利便性が低下するので，X_{5i} の係数推定値は期待どおり有意に負です。距離が1分だけ異なる場合，他の事情が等しければ，その場合の対数価格差分は

$$\hat{\beta}_5 + \hat{\beta}_6 \bar{X}_2 = -0.1149 + 0.00093 \times 101.9 = -0.020$$

となり，依然として遠い距離にある住宅ほど低い価格になります。しかし，土地面積が広い場合には，価格と距離の勾配はより緩やかになります。

表 5.28 住宅価格関数の推定結果

	係数推定値	t 値	p 値
定数項	5.5275	15.64	0.000
X_2	-0.0036	-1.18	0.241
X_3	-0.0064	-4.24	0.000
X_4	-0.0282	-13.60	0.000
X_5	-0.1149	-3.90	0.000
$X_2 \cdot X_5$	0.0009	3.48	0.001
$D2009$	-0.3959	-3.47	0.001
$D2010$	-0.5728	-5.72	0.000
$D2011$	-0.5510	-5.18	0.000
$D2012$	-0.4612	-4.37	0.000
螢池西町	-0.3456	-4.04	0.000
螢池中町	-0.5107	-3.64	0.001
螢池東町	-0.3486	-3.02	0.003
螢池南町	-0.4137	-4.76	0.000
螢池北町	-0.4079	-5.06	0.000
R^2	0.859		
adj.R^2	0.831		

時間ダミーは 2008 年を基準にしているので，他の事情が等しければ，2008 年から 2009 年にかけての価格変化（対数差分）は，2009 年の時間ダミーの係数推定値で示すことができます。すなわち，

$$\ln Y\,[2009] - \ln Y\,[2008] = -0.3959$$

なので，2008 年基準の 2009 年価格指数は $\exp(-0.3959) = 0.67$ となります。同様にして，他の年次についても 2008 年基準の価格指数を求めると，表 5.29 の結果が得られます。住宅価格は 2009 年に急激に下落し，2012 年に若干上向いていることがわかります。

表 5.29 住宅価格指数

2008 年	2009 年	2010 年	2011 年	2012 年
1	0.67	0.56	0.58	0.63

例題 31 パネルデータ分析

表 5.30 は，2008 年から 2012 年までの $T = 5$ 期間について，鉄鋼業大手 $m = 6$ 社（$i = 1, \cdots, 6$）の費用と売上高のデータを示しています。

表 5.30 鉄鋼業 6 社の費用と売上高〔千億円〕

i	t	費用 C_{it}	売上高 y_{it}	i	t	費用 C_{it}	売上高 y_{it}
1	2008	44.7	48.3	4	2008	6.7	7.0
	2009	46.1	47.7		2009	5.9	5.9
	2010	35.0	34.9		2010	4.3	4.3
	2011	40.2	41.1		2011	5.0	5.2
	2012	40.3	40.9		2012	5.4	5.6
2	2008	32.8	35.4	5	2008	5.8	5.9
	2009	37.1	39.1		2009	5.4	5.3
	2010	28.0	28.4		2010	3.8	3.6
	2011	31.4	32.0		2011	4.5	4.7
	2012	32.0	31.7		2012	4.7	4.9
3	2008	20.4	21.3	6	2008	2.5	2.5
	2009	22.1	21.8		2009	2.4	2.2
	2010	16.6	16.7		2010	1.7	1.7
	2011	18.1	18.6		2011	2.0	2.2
	2012	18.8	18.6		2012	2.2	2.3

データ出所：有価証券報告書

このパネルデータを用いて，以下の問いに答えなさい。

(1) 固定効果モデル

$$C_{it} = \beta y_{it} + \alpha_1 D1_i + \alpha_2 D2_i + \alpha_3 D3_i + \alpha_4 D4_i + \alpha_5 D5_i + \alpha_6 D6_i + u_{it}$$

を最小 2 乗ダミー変数法で推定しなさい。

(2) 次の仮説を検定しなさい。

$$H_0: \quad \alpha_2 = \alpha_3 = \alpha_4 = \alpha_5 = \alpha_6 = 0$$
$$H_1: \quad H_0 \text{ でない}$$

解答例

(1) 6 社ごとにダミー変数 $D1_i$, $D2_i$, $D3_i$, $D4_i$, $D5_i$, $D6_i$ を作成します。たとえば，1 番目の企業については $i = 1$ のとき $D1_i = 1$，それ以外では $D1_i = 0$ となるダミー変数を作ります。固定効果モデルの推定結果を表 5.31 に示します。6 番目の企業を除いて固定効果が有意に推定されています。また，1 番目の企業の固定効果が最も大きいことがわかります。

表 5.31 パネルデータの推定結果

	H_1 モデル			H_0 モデル		
	推定値	t 値	p 値	推定値	t 値	p 値
定数項	-	-	-	0.215	1.14	0.265
y	0.799	22.19	0.000	0.962	121.29	0.000
$D1$	7.228	4.66	0.000	-	-	-
$D2$	5.629	4.60	0.000	-	-	-
$D3$	3.694	5.01	0.000	-	-	-
$D4$	0.984	3.17	0.004	-	-	-
$D5$	0.940	3.19	0.004	-	-	-
$D6$	0.418	1.68	0.106	-	-	-
R^2	0.999			0.998		
adj.R^2	0.956			0.998		
SSR 残差 2 乗和	6.396			12.865		

(2) H_0 モデルの推定式は

$$C_{it} = \alpha + \beta y_{it} + v_{it}$$

となります。この式の推定結果も表 5.31 に示されています。このときの残差 2 乗和は $SSR_0 = 12.865$ と計算できます。H_1 モデルの推定はすでに (1) で行われています。残差 2 乗和は $SSR_1 = 6.396$ です。式 (5.27) より，この仮説の検定統計量は

$$F = \frac{\dfrac{SSR_0 - SSR_1}{m-1}}{\dfrac{SSR_1}{mT-m-k}} = \frac{\dfrac{12.865 - 6.396}{6-1}}{\dfrac{6.396}{6 \times 5 - 6 - 1}} = \frac{1.2939}{0.2781} = 4.65$$

と計算できます。この F 統計量は分子の自由度 $m-1=5$，分母の自由度 $mT-m-k=23$ の F 分布に従います。Excel の関数を利用して有意水準 5％ の臨界値を求めると

```
=f.inv.rt(0.05,5,23)
```

より 2.640 と計算できます。有意水準 1％ の場合は 3.939 となります。F 検定統計量はこの値よりも大きいので，帰無仮説を棄却します。つまり，企業ごとの固定効果は 0 でないと主張できます。なお，F 検定の p 値は

```
=f.dist.rt(4.65,5,23)
```

より 0.004 と計算できます。

5.5 練習問題

5.1　性別の違いをダミー変数で識別しようとする際に，男性ダミーと女性ダミーの二つを同時に使わない理由を述べなさい。

5.2　多重回帰モデルの推定結果 $\hat{Y}_i = \hat{\beta}_1 + \hat{\beta}_2 X_{2i} + \hat{\beta}_3 X_{3i} + \hat{\beta}_4 D_i + \hat{\beta}_5 X_{2i} D_i + \hat{\beta}_6 X_{3i} D_i$ について，X_{2i}（X_{3i}）が1単位変化するときに $\hat{Y}_i$ に与える影響を説明しなさい。ただし，D_i はある基準で分類されたダミー変数です。

5.3　2010, 2011, 2012 年の観察時点を含むプーリングデータについて，2010 年を基準とするダミー変数を作成し，次の推定結果を得ました。

$$\widehat{\ln Y_i} = 9.25 + 1.50 X_i + 0.05 D2011_i - 0.12 D2012_i$$

ここで，被説明変数は対数，説明変数は X_i，2011 年ダミーは $D2011_i$，2012 年ダミーは $D2012_i$ です。X_i を一定とした場合，Y_i の値は 2010 年から 2011 年にかけて，また 2011 年から 2012 年にかけて何 % 変化したか答えなさい。

第6章 最小2乗推定量の性質

本章では確率モデルという考え方を導入して，推定量とよばれているものの概念を説明します。さらに，最小 2 乗法にどのような利点があるのかを今一度詳しく検討します。最小 2 乗法はある仮定のもとで優れた推定量を与えます。この優れた性質のために，回帰分析で最小 2 乗法が多用されています。確率変数を利用すると，優れている理由を明らかにすることができます。しかし，前提条件となる仮定が崩れると，最小 2 乗法を使う利点がなくなる場合も出てきます。本章では，まず 6.1 節において確率モデルの基本的な考え方を説明します。次に，6.2 節で，ある仮定のもとでの最小 2 乗推定量の利点を明らかにします。6.3 節では，前提条件となる仮定が崩れるときの問題点を提示します。6.4 節は確率変数についての付論です。統計学で習う確率変数の期待値や分散などについて十分な理解がない場合は，この節に目を通すとよいでしょう。本章では，Excel で疑似的な乱数データを大量に発生させて統計実験を行う方法についても，例題を交えて解説します。

(キーワード) データ発生過程，確率モデル，疑似乱数，推定量，線形推定量，不偏性，有効性，一致性，最小分散線形不偏推定量（最良線形不偏推定量），説明変数と誤差項の相関，分散不均一，系列相関

6.1 データ発生過程

6.1.1 観測値が変動する仕組み

♦ 確率モデル

例として，ある地域で自治体が川に橋をかけるために川幅を測定する状況を考えましょう。自治体は橋を建設するために，橋梁工事施工業者を 4 社選んで河川の状況調査と建設の見積もりを依頼します。4 社が提出した川幅が表 6.1 のようになったとします。真の川幅は一つしか存在しないにも関わらず，業者によって異なる値が観測されています。たとえば，使った測定機器の精度の違い，測定した技術者の能力の違い，測定する場所が間違っていたなど，さまざまな理由が考えられます。

ここで関心を持つべきなのは，データが異なってしまった個々の理由ではありません。真の川幅に何らかの理由で加わった「誤差」のためにこれらの観測値が得られたという視点が重要です。統計学では観測値が変動する仕組みを模型（モデ

表 6.1　川幅の測定結果

	測定した川幅〔m〕
業者 1	50.3
業者 2	48.9
業者 3	49.5
業者 4	50.6

ル）を使って表現します。観測値が変動する仕組みのことを**データ発生過程**（data generating process; DGP）とよび，次の確率変数を利用した模型を**確率モデル**（stochastic model）とよびます。

$$\text{[確率モデル]}\quad \text{川幅の測定データ} = \text{真の川幅} + \text{誤差項} \tag{6.1}$$

ここで，誤差項とよばれる部分は確率変数[*1]であるとします。真の川幅は 50 m だとしましょう。もちろんこの長さは誰も知らない未知の値です。表 6.1 のデータ $\{50.3, 48.9, 49.5, 50.6\}$ は，式 (6.1) の確率モデルに当てはめると，次の計算式で記述できます。

$$\begin{array}{ccccc} \overbrace{\text{観測データ}} & & \overbrace{\text{真の値}} & & \overbrace{\text{誤差}} \\ 50.3 & = & 50 & + & 0.3 \\ 48.9 & = & 50 & - & 1.1 \\ 49.5 & = & 50 & - & 0.5 \\ 50.6 & = & 50 & + & 0.6 \end{array} \tag{6.2}$$

このように，確率モデルは真の値に何らかの誤差が加わって観測データとなる仕組みを示しています。

♦ 確率変数としての誤差項

第 i 番目の観測値を Y_i，真の値を α，第 i 番目の観測値を生じせしめる誤差項を u_i とおくと，Y_i のデータ発生過程は次のように書けます。

$$Y_i = \alpha + u_i \tag{6.3}$$

ここで誤差項 u_i に対して，次の仮定を設けます。

*1 確率変数についての基本は，6.4 節を参照。

［確率モデル誤差項の仮定］

$$E(u_i) = 0 \quad (i = 1, 2, \cdots, n) \tag{6.4}$$

$$V(u_i) = E\left(u_i^2\right) = \sigma^2 \quad (i = 1, 2, \cdots, n) \tag{6.5}$$

$$\mathrm{Cov}(u_i, u_j) = E(u_i u_j) = 0 \quad (i \neq j,\ \ i, j = 1, 2, \cdots, n) \tag{6.6}$$

ただし，$E(\cdot)$ は確率変数の期待値，$V(\cdot)$ は確率変数の分散，Cov $(\cdot, \cdot)$ は二つの確率変数の共分散を示しています。式 (6.4) は確率変数 u_i の**期待値**（expectation）がすべての i について 0 になることを仮定する条件です。式 (6.5) は u_i の**分散**（variance）がすべての i について σ^2 という一定の値をとるという仮定です（**分散均一**の仮定）。式 (6.6) は誤差項間に相関がない（誤差項は互いに独立な確率変数である）という仮定です。**共分散**（covariance）が 0 ならば相関もなくなります。

誤差項 u_i が確率変数であるとき，式 (6.3) より Y_i も確率変数であると考えることができます。確率モデルにおける Y_i は，いろいろな値をとる可能性を持ちます。表 6.1 において，実際にデータとして生じた業者 1 の 50.3 という値は，確率変数 Y_1 の（無数にあるかもしれない）実現値の一つです。このように確率変数としての Y_1 を**理論観測値**，その実現値を単に**観測値**とよび，区別します。

仮定 (6.4), (6.5), (6.6) が満たされるとき，理論観測値 $Y_i = \alpha + u_i$ は次の特徴を持ちます。

［確率モデルの分布］

$$E(Y_i) = \alpha + E(u_i) = \alpha$$

$$V(Y_i) = E\left[\{Y_i - E(Y_i)\}^2\right] = E\left[u_i^2\right] = \sigma^2$$

$$\mathrm{Cov}(Y_i, Y_j) = E\left[\{Y_i - E(Y_i)\}\{Y_j - E(Y_j)\}\right] = E\left[u_i u_j\right] = 0$$

すなわち，式 (6.3) の理論観測値は，平均が真の値 α，分散が誤差項と同じ σ^2 であり，理論観測値は互いに無相関となります。

●●● 例 6.1 ●●●

Excel を用いて，確率モデルの考え方に即した疑似的な観測データを作り出すことができます。例として，真の値は $\alpha = 50$ で，誤差項 u_i は互いに独立に一様分布（区間を $[-2, 2]$ とします）に従うとします。区間 $[-2, 2]$ の一様分布の期待値は 0，分散は $\sigma^2 = 4/3$ です。

図 6.1 は，Excel を用いてサンプルサイズ $n = 20$ の観測データを，$Y_i = 50 + u_i$ に従って生成した結果を示しています。一様分布に従う確率変数の実現値（一様乱

	A	B	C	D
1	i	alpha	u	Y
2	1	50	1.5153	51.5153
3	2	50	−0.1812	49.8188
4	3	50	0.0991	50.0991
5	4	50	−1.5709	48.4291
6	5	50	0.8833	50.8833
7	6	50	0.6041	50.6041
8	7	50	0.6675	50.6675
9	8	50	1.8102	51.8102
10	9	50	−1.1538	48.8462
11	10	50	1.4503	51.4503
12	11	50	−1.9003	48.0997
13	12	50	−1.2836	48.7164
14	13	50	1.5502	51.5502
15	14	50	−1.4702	48.5298
16	15	50	−1.1723	48.8277
17	16	50	1.4899	51.4899
18	17	50	−0.3399	49.6601
19	18	50	0.7631	50.7631
20	19	50	−0.6039	49.3961
21	20	50	−1.8985	48.1015
22				
23	標本平均		−0.0371	49.9629
24	標本分散		1.6403	1.6403

図 6.1　疑似観測データの生成

数）の生成には，RAND 関数を用います。区間 $[-2, 2]$ の場合は

```
=4*rand()-2
```

とセルに入力します。図 6.1 では生成された疑似データについての標本平均および標本分散が計算されています。観測データは誤差項の実現値よりも $\alpha = 50$ だけ大きい値になり，標本平均も同じく $\alpha = 50$ だけ大きくなります。また，誤差項の実現値と観測データの標本分散は完全に一致しています。

6.1.2　真の値の推定

♦ 最小 2 乗法

確率モデル (6.1) は，観測データがどのような仕組みで生じたのかを表そうとしています。しかし，実際には真の値 α は未知です。そこで，観測データを利用して確率モデルに沿った真の値 α を推定します。第 3 章で学んだ最小 2 乗法は代表的な推定方法の一つです。最小 2 乗法とは，誤差（残差）の 2 乗和を最小にするパラメータを見つける方法でした。真の値が $\hat{\alpha}$ という値で予想されるものとし，そのときの残差の実現値を次のように書きます。

$$\hat{u}_i = Y_i - \hat{\alpha} \quad (i = 1, 2, \cdots, n) \tag{6.7}$$

残差 2 乗和は

$$H = \sum \hat{u}_i^2 = \sum (Y_i - \hat{\alpha})^2 = \sum \left(Y_i^2 - 2\hat{\alpha}Y_i + \hat{\alpha}^2\right)$$

$$= \sum Y_i^2 - 2\hat{\alpha}\sum Y_i + n\hat{\alpha}^2$$

と計算できるので，これを $\hat{\alpha}$ について微分して 0 とおくと

$$\hat{\alpha} = \frac{\sum Y_i}{n} = \bar{Y} \tag{6.8}$$

が得られます。つまり，観測データの平均を計算すれば真の値を推定できることがわかります。たとえば，表 6.1 のデータの場合，4 社の平均値 49.825 m は真の川幅の推定値になります。また，図 6.1 の疑似データの場合は，標本平均である 49.9629 が推定値になります。

♦ 統計量，推定量，推定値

式 (6.8) は，$\hat{\alpha}$ が理論観測値 $Y_1, \cdots, Y_n$ から計算できることを示しています。このような理論観測値からなる式を**統計量**（statistic）とよびます。統計量のうち，パラメータ推定に用いられるものを**推定量**（estimator）とよびます。$\hat{\alpha}$ はまさに推定のために利用するので，推定量にほかなりません。特に，最小 2 乗法で得られる推定量を**最小 2 乗推定量**（ordinary least squares estimator; OLSE）とよびます。そして，この推定量の式に理論観測値の実現値（観測データ）を代入して実際に計算した値を推定値とよびます。言い換えれば，推定量とは推定値を得るための計算方法を記した式であり，推定値は実際の観測データを当てはめて計算された値です。

図 6.2 は，理論観測値を利用して表現できる統計量と推定量の関係を集合図で示しています。推定量は推定に用いない統計量（たとえば検定のための統計量）などを除いた統計量です。推定量は推定のやり方に応じてさまざまな種類のものが考えられます。最小 2 乗推定量はそのうちの一つです。

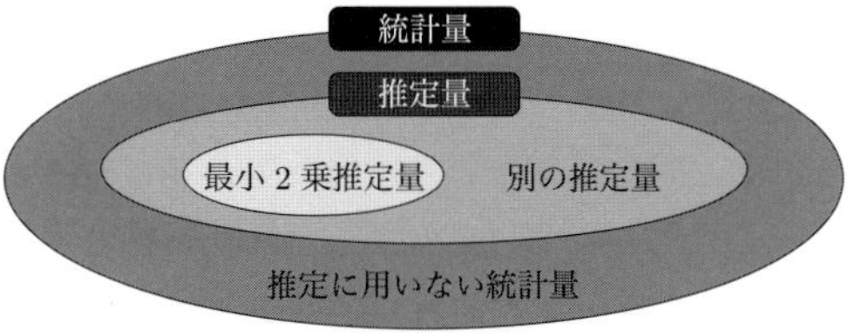

図 6.2　統計量と推定量

理論観測値からなる式のうち，推定に用いられるものは推定量となりうるので，さまざまなものが考えられます。たとえば，次の式はどれも推定量です。

$$a = \frac{1}{2}Y_1 + \frac{1}{2}Y_n, \quad b = Y_1, \quad c = \sqrt[n]{Y_1 \cdot Y_2 \cdots Y_{n-1} \cdot Y_n}$$

それぞれ異なる分布を持ち，推定値（計算結果）に違いが生じることは明らかです。したがって，さまざまな推定量の中で好ましい性質を持つ推定量を探し出すことが重要になります。一般に，推定量が持つべき良い性質として，**不偏性**（unbiasedness），**有効性**（efficiency），**一致性**（consistency）があります。

♦ 好ましい推定量の性質

不偏性，有効性，一致性とは次のような推定量の性質を指していいます。

不偏性：推定量の期待値が真の値に等しい。
有効性：推定量の分散が他の推定量のそれよりも小さい。
一致性：サンプルサイズを増やすと真の値に一致する傾向がある。

不偏性とは，推定量の期待値をとった場合，それが真の値に等しくなることを指します。たとえば，真の値を β，その推定量を $\hat{\beta}$ とするとき，

$$E(\hat{\beta}) = \beta \tag{6.9}$$

が成立することを意味し，$\hat{\beta}$ を**不偏推定量**（unbiased estimator）とよびます。二つの推定量 $\hat{\beta}^A$, $\hat{\beta}^B$ について

$$V(\hat{\beta}^A) < V(\hat{\beta}^B)$$

のとき $\hat{\beta}^A$ は $\hat{\beta}^B$ よりも相対的に**有効な推定量**です。サンプルサイズ n の理論観測値で定義できる推定量を $\hat{\beta}\,[Y_1, \cdots Y_n]$ とし，その期待値が真の値 β に等しくないとしましょう。サンプルサイズが十分に大きくなると（その大きさを N とします），推定量 $\hat{\beta}\,[Y_1, \cdots, Y_n, \cdots, Y_N]$ が β に一致する傾向がある場合，この推定量を**一致推定量**（consistent estimator）とよびます。図6.3はサンプルサイズの変化によって一致推定量の分布がどのように変わるのかを示した図です。

推定量の性質（不偏性，有効性，一致性）をダーツの的に矢を当てる状況（射的）に置き換えてみましょう。射的のうまい人は射た矢の多くを的の中心に集めることができます。つまり，一般に的の中心を外さない人は射的のうまい人だと言ってよいでしょう（不偏性）。的の中心にたくさん射ることができる人の中でも，たまに大きく外してしまう人もいるかもしれません。もちろんばらつきが小さく安定して真ん中に射ることができる人のほうがうまいと言えるでしょう（有効性）。まるで見当違いの方向に矢が刺さってしまう人でも，練習を重ねることで矢を徐々に中心へと集めることができるようになるかもしれません（一致性）。

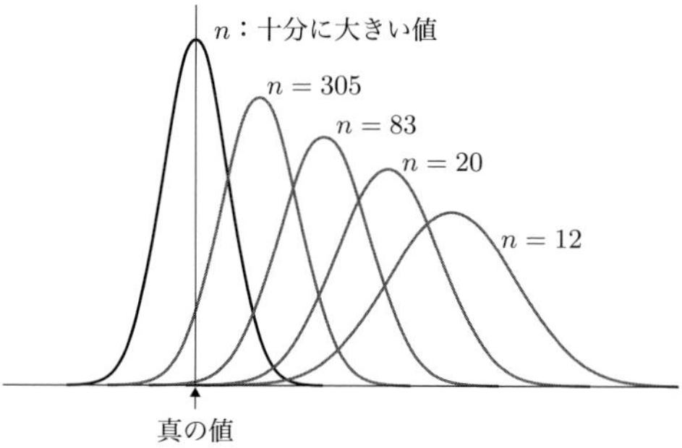

図 6.3 一致推定量の分布

♦ 最小 2 乗推定量の期待値と不偏性

式 (6.8) の最小 2 乗推定量について考えてみましょう。式 (6.8) は

$$\hat{\alpha} = \frac{1}{n}Y_1 + \cdots + \frac{1}{n}Y_n$$

ですので，理論観測値 $\{Y_1, \cdots, Y_n\}$ の線形結合式になっています。このように表現される推定量を**線形推定量**（linear estimator）とよびます。確率モデルが $Y_i = \alpha + u_i$ であることを考慮して式 (6.8) を書き直すと，次が得られます。

$$\hat{\alpha} = \frac{\sum(\alpha + u_i)}{n} = \alpha + \frac{1}{n}\sum u_i \tag{6.10}$$

このように，推定量は確率変数である誤差項 $\{u_1, \cdots, u_n\}$ からなる式で表現できます。式 (6.10) の期待値をとると

$$E(\hat{\alpha}) = \alpha + \frac{1}{n}\sum E(u_i) = \alpha \tag{6.11}$$

が得られます。ここで，仮定 (6.4) より誤差項の期待値はゼロです。したがって，$\hat{\alpha}$ の期待値は真の値に等しくなるので，最小 2 乗推定量は**線形不偏推定量**（linear unbiased estimator）であることがわかります。また，式 (6.10) においてサンプルサイズ n が大きくなると，$\frac{1}{n}$ は 0 に近づいていきます。したがって，$\frac{1}{n}\sum u_i$ もゼロに近づき，最小 2 乗推定量 $\hat{\alpha}$ は真の値 α に一致するので，一致推定量であることもわかります。

♦ 最小2乗推定量の分散と有効性

次に $\hat{\alpha}$ の分散を求めます。確率変数から確率変数の期待値を引いた値の2乗の期待値が分散の定義ですので $V(\hat{\alpha}) = E[\{\hat{\alpha} - E(\hat{\alpha})\}^2]$ と書けます。ここで，式(6.3), (6.11) を利用すると $\hat{\alpha} - E(\hat{\alpha}) = \frac{1}{n}\sum u_i$ であり，式(2.35), (2.36) を応用して

$$\{\hat{\alpha} - E(\hat{\alpha})\}^2 = \left(\frac{1}{n}\right)^2 \left(\sum u_i\right)^2 = \left(\frac{1}{n}\right)^2 \left(\sum_{i=1}^{n} u_i^2 + \sum_{i\neq j}^{n}\sum_{j\neq i}^{n} u_i u_j\right)$$

となるので，

$$V(\hat{\alpha}) = \frac{1}{n^2}\left\{\sum_{i=1}^{n} E\left(u_i^2\right) + \sum_{i\neq j}^{n}\sum_{j\neq i}^{n} E(u_i u_j)\right\} = \frac{\sigma^2}{n} \tag{6.12}$$

が得られます。ただし，仮定(6.5), (6.6) が成立しているとします。

推定量の有効性を考えるには，式(6.12) の分散 $\frac{\sigma^2}{n}$ の大きさについての考察が必要です。そこで，最小2乗推定量とは異なる別の線形不偏推定量の分散と $\frac{\sigma^2}{n}$ と比較します。いま，任意の定数 $c_1, \cdots, c_n$ で定義できる次の線形推定量を考えます。

$$\tilde{\alpha} = c_1 Y_1 + \cdots + c_n Y_n = \sum c_i Y_i \tag{6.13}$$

最小2乗推定量は式(6.13) における $c_1 = \cdots = c_n = \frac{1}{n}$ の特殊ケースと言えます。式(6.3) より $\tilde{\alpha} = \alpha\sum c_i + \sum c_i u_i$ なので，$\tilde{\alpha}$ の期待値は式(6.4) が仮定されるとき

$$E(\tilde{\alpha}) = \alpha\sum c_i + \sum c_i E(u_i) = \alpha\sum c_i \tag{6.14}$$

となります。したがって，$\tilde{\alpha}$ が線形不偏推定量であるためには $\sum c_i = 1$ である必要があります。$\tilde{\alpha}$ の分散は式(6.4), (6.5), (6.6) が仮定されるとき

$$\begin{aligned} V(\tilde{\alpha}) &= E\left[\left(\sum c_i u_i\right)^2\right] = \sum_{i=1}^{n} c_i^2 E\left(u_i^2\right) + \sum_{i\neq j}^{n}\sum_{j\neq n}^{n} c_i c_j E(u_i u_j) \\ &= \sigma^2 \sum_{i=1}^{n} c_i^2 \end{aligned} \tag{6.15}$$

となります。いま，$\tilde{\alpha}$ が線形不偏推定量で任意の定数 $c_1, \cdots, c_n$ について $\sum c_i = 1$ が成り立っているとしましょう。さらに，$c_1, \cdots, c_n$ は任意なので

$$c_i = d_i + \frac{1}{n} \tag{6.16}$$

と書けるものとします。$\sum c_i = 1$ より，

$$\sum \left(d_i + \frac{1}{n} \right) = \sum d_i + 1 = 1 \quad \rightarrow \quad \sum d_i = 0 \tag{6.17}$$

であることがわかります。式 (6.16) を式 (6.15) に代入して整理すると

$$V(\tilde{\alpha}) = \sigma^2 \left(\sum d_i^2 + \frac{2}{n} \sum d_i + \frac{1}{n} \right) = \sigma^2 \left(\sum d_i^2 + \frac{1}{n} \right) \geq \frac{\sigma^2}{n} \tag{6.18}$$

となります。2 乗和 $\sum d_i^2$ は少なくとも負の値にはならないので，最小 2 乗推定量の分散は任意の線形不偏推定量の分散と同じか，それより小さい値を持つことがわかります。

$$V(\tilde{\alpha}) \geq V(\hat{\alpha}) = \frac{\sigma^2}{n}$$

言い換えれば，最小 2 乗推定量はあらゆる線形不偏推定量の中で最も分散が小さい**最小分散線形不偏推定量**となります。このことを別の言葉で**最良線形不偏推定量**（best linear unbiased estimator; BLUE）とよびます。

以上より，線形不偏推定量は無数に存在しますが，最小 2 乗法はその中で分散が最も小さい線形不偏推定量を与える優れた手法であると言えます。

●●● 例 6.2 ●●●

$n = 3$ のケースについて，確率モデル (6.3) の真の値 α の推定量として，次の三つを考えます。

$$\hat{\alpha}^A = \frac{1}{3}Y_1 + \frac{1}{3}Y_2 + \frac{1}{3}Y_3$$

$$\hat{\alpha}^B = \frac{1}{8}Y_1 + \frac{1}{8}Y_2 + \frac{3}{4}Y_3$$

$$\hat{\alpha}^C = \frac{1}{2}Y_1 + \frac{1}{3}Y_2 + \frac{1}{4}Y_3$$

上記はどれも線形推定量です。$\hat{\alpha}^A$ は最小 2 乗推定量と同じ形をしています。仮定 (6.4) が成立するならば，$E(Y_i) = \alpha$ ですから，次のように期待値が計算できます。

$$E\left(\hat{\alpha}^A\right) = \frac{1}{3}E(Y_1) + \frac{1}{3}E(Y_2) + \frac{1}{3}E(Y_3) = \frac{1}{3}\alpha + \frac{1}{3}\alpha + \frac{1}{3}\alpha = \alpha$$

$$E\left(\hat{\alpha}^B\right)=\frac{1}{8}E\left(Y_1\right)+\frac{1}{8}E\left(Y_2\right)+\frac{3}{4}E\left(Y_3\right)=\frac{1}{8}\alpha+\frac{1}{8}\alpha+\frac{3}{4}\alpha=\alpha$$
$$E\left(\hat{\alpha}^C\right)=\frac{1}{2}E\left(Y_1\right)+\frac{1}{3}E\left(Y_2\right)+\frac{1}{4}E\left(Y_3\right)=\frac{1}{2}\alpha+\frac{1}{3}\alpha+\frac{1}{4}\alpha=\frac{13}{12}\alpha$$

すなわち，$\hat{\alpha}^A$, $\hat{\alpha}^B$ は線形不偏推定量ですが，$\hat{\alpha}^C$ には不偏性がありません。次に分散を求めます。仮定 (6.4) に加えて仮定 (6.5), (6.6) が成立するとき，$V\left(Y_i\right)=\sigma^2$, $\mathrm{Cov}\left(Y_i,Y_j\right)=0$ なので，次が得られます。

$$\begin{aligned}V\left(\hat{\alpha}^A\right)&=\left(\frac{1}{3}\right)^2V\left(Y_1\right)+\left(\frac{1}{3}\right)^2V\left(Y_2\right)+\left(\frac{1}{3}\right)^2V\left(Y_3\right)\\&=\frac{1}{3}\sigma^2\quad\left(\cong 0.333\sigma^2\right)\\V\left(\hat{\alpha}^B\right)&=\left(\frac{1}{8}\right)^2V\left(Y_1\right)+\left(\frac{1}{8}\right)^2V\left(Y_2\right)+\left(\frac{3}{4}\right)^2V\left(Y_3\right)\\&=\frac{38}{64}\sigma^2\quad\left(\cong 0.594\sigma^2\right)\\V\left(\hat{\alpha}^C\right)&=\left(\frac{1}{2}\right)^2V\left(Y_1\right)+\left(\frac{1}{3}\right)^2V\left(Y_2\right)+\left(\frac{1}{4}\right)^2V\left(Y_3\right)\\&=\frac{61}{144}\sigma^2\quad\left(\cong 0.424\sigma^2\right)\end{aligned}$$

つまり，$\hat{\alpha}^A$ は最も分散の小さい相対的に有効な推定量であることがわかります。

●●● 例 6.3 ●●●

例 6.1 の Excel の疑似乱数を用いて例 6.2 の実験を行います。真の値は $\alpha=50$, 確率モデルにおける誤差項は区間 $[-2,2]$ の一様分布に従うとします（$E\left(u_i\right)=0$, $V\left(u_i\right)=\sigma^2=4/3$）。例 6.2 の考察より，次の値が理論的に判明しています。

$$\begin{aligned}&E\left(\hat{\alpha}^A\right)=50, &&V\left(\hat{\alpha}^A\right)\cong 0.44\\&E\left(\hat{\alpha}^B\right)=50, &&V\left(\hat{\alpha}^B\right)\cong 0.79\\&E\left(\hat{\alpha}^C\right)\cong 54.17, &&V\left(\hat{\alpha}^C\right)\cong 0.56\end{aligned}$$

通常，統計分析を行うときには一組のデータ $\{Y_1,Y_2,Y_3\}$ を用いて，$\hat{\alpha}^A$, $\hat{\alpha}^B$, $\hat{\alpha}^C$ をそれぞれ一つずつ計算します。しかし，$\{Y_1,Y_2,Y_3\}$ を人工的にたくさん作り出すと，$\hat{\alpha}^A$, $\hat{\alpha}^B$, $\hat{\alpha}^C$ もまたたくさん計算できますので，$\hat{\alpha}^A$, $\hat{\alpha}^B$, $\hat{\alpha}^C$ がどのような分布をしているかを確かめることができます。

これから説明する実験の人工的なデータが，図 6.4 に示されています。たとえば，1 回目の実験ではデータは $Y_1=48.7951$，$Y_2=49.5150$，$Y_3=48.8395$ となって

	A	B	C	D	E	F	G
1	i	Y1	Y2	Y3	A	B	C
2	1	48.7951	49.5150	48.8395	49.0498	48.9184	53.1124
3	2	50.1349	50.3087	51.6262	50.6899	51.2751	54.7436
4	3	51.2818	51.9390	51.2069	51.4759	51.3078	55.7557
5	4	49.2077	48.3621	50.6759	49.4152	50.2031	53.3935
6	5	50.1779	51.4468	51.3762	51.0003	51.2352	55.0819
7	6	49.4921	48.2694	51.0465	49.6027	50.5051	53.5975
8	7	50.9774	48.1242	51.3712	50.1576	50.9161	54.3729
9	8	50.0140	50.6044	51.5055	50.7080	51.2064	54.7515
10	9	50.8409	50.2533	50.5441	50.5461	50.5448	54.8076
11	10	51.0292	51.4363	49.4046	50.6234	49.8616	55.0112
12	11	50.2739	51.4348	50.3034	50.6707	50.4411	54.8577
13	12	48.5381	48.7606	48.0021	48.4336	48.1639	52.5231
14	13	50.8909	51.2668	49.8731	50.6769	50.1745	55.0027

（実験の試行回数は500回）

図 6.4　推定量の比較実験ワークシート

います。これは確率モデル $Y_i = 50 + u_i$ に従って作られたデータです。これを用いて

$$\hat{\alpha}^A = \frac{1}{3}\cdot 48.7951 + \frac{1}{3}\cdot 49.5150 + \frac{1}{3}\cdot 48.8395 = 49.0498$$

と計算できます。同様に，$\hat{\alpha}^B$, $\hat{\alpha}^C$ も定義に従って計算できます。2回目の実験では1回目とは異なる別のデータ $Y_1 = 50.1349$，$Y_2 = 50.3087$，$Y_3 = 51.6262$ が作り出され，これらを用いた $\hat{\alpha}^A$, $\hat{\alpha}^B$, $\hat{\alpha}^C$ が計算されます。1回目と2回目では異なるデータを利用しているので，当然 $\hat{\alpha}^A$, $\hat{\alpha}^B$, $\hat{\alpha}^C$ もそれぞれ異なった値になります。図6.4では13回目までしか表示されていませんが，実験の精度を高めるために，このような作業を500回（この回数を試行回数といいます）繰り返します。

Excelでの具体的な作業手順を説明します。図6.4を参照してください。データ $\{Y_1, Y_2, Y_3\}$ は

```
=50+4*rand()-2
```

をB2セルに入力して，B2のフィルハンドルをクリックしたままD列まで引っ張り，B2, C2, D2を選択した状態でフィルハンドルを501行目まで再度引っ張ってください（または，フィルハンドルをダブルクリックしてください）。これで，データ Y_1, Y_2, Y_3 がそれぞれ500個ずつ作成されます。次に，推定量はそれぞれ以下のようにE2, F2, G2のセルに入力します。

$\hat{\alpha}^A$：　`=average(B2:D2)`

$\hat{\alpha}^B$：　`=(1/8)*B2+(1/8)*C2+(3/4)*D2`

$\hat{\alpha}^C$：　`=(1/2)*B2+(1/3)*C2+(1/4)*D2`

501行目までフィルハンドルを使ってコピーし，それぞれ500個用意します。

$\hat{\alpha}^A$, $\hat{\alpha}^B$, $\hat{\alpha}^C$ の計算結果を表6.2の度数分布表にまとめました。$\hat{\alpha}^A$, $\hat{\alpha}^B$ は不偏推定量なので，真の値 $\alpha = 50$ の周りにデータが集まっている傾向が観察できます。$\hat{\alpha}^C$ は偏りのある推定量であり，理論上は $E\left(\hat{\alpha}^C\right) \cong 54.17$ であることから，53.75以上55.25未満の区間にデータが集中しています。500個の実験データについて平均および分散を求めると，表6.3が得られます。$\hat{\alpha}^A$ は $\hat{\alpha}^B$ よりも分散が小さく，相対的に有効であることが確認できます。

表6.2　推定値の度数分布表（実験回数500）

	$\hat{\alpha}^A$	$\hat{\alpha}^B$	$\hat{\alpha}^C$
47.75 ～ 48.25	0	0	0
48.25 ～ 48.75	1	3	0
48.75 ～ 49.25	16	49	0
49.25 ～ 49.75	52	68	0
49.75 ～ 50.25	123	81	0
50.25 ～ 50.75	136	89	0
50.75 ～ 51.25	109	94	0
51.25 ～ 51.75	51	77	0
51.75 ～ 52.25	12	37	0
52.25 ～ 52.75	0	2	1
52.75 ～ 53.25	0	0	9
53.25 ～ 53.75	0	0	51
53.75 ～ 54.25	0	0	94
54.25 ～ 54.75	0	0	133
54.75 ～ 55.25	0	0	109
55.25 ～ 55.75	0	0	66
55.75 ～ 56.25	0	0	31
56.25 ～ 56.75	0	0	6
56.75 ～ 57.25	0	0	0
合計	500	500	500

表6.3　推定値の分布

	実験データによる値		理論上の値	
	平均	分散	平均	分散
$\hat{\alpha}^A$	50.0059	0.4635	50	0.4444
$\hat{\alpha}^B$	50.0116	0.8094	50	0.7917
$\hat{\alpha}^C$	54.1756	0.5968	50.1667	0.5648

◆ 誤差分散の推定

推定量の分散は，誤差項の分散 σ^2 の大きさによって決まります。一般に，誤差項の分散は未知ですが，残差分散 $\dfrac{\sum \hat{u}_i^2}{n-1}$ はこのための良い推定量になります。式 (6.7) に式 (6.3) と式 (6.10) を代入すると，$\hat{u}_i = u_i - \bar{u}$ が得られます。すなわち，残差 2 乗和は $\sum \hat{u}_i^2 = \sum u_i^2 - n\bar{u}^2$ と書けます。ここで，$\bar{u} = \dfrac{\sum u_i}{n}$ であり，

$$\bar{u}^2 = \left(\frac{1}{n}\right)^2 \left(\sum u_i\right)\left(\sum u_i\right) = \left(\frac{1}{n}\right)^2 \left(\sum u_i^2 + \sum_{i\neq j}\sum_{j\neq i} u_i u_j\right)$$

より，$\sum \hat{u}_i^2$ の期待値は仮定 (6.5), (6.6) を用いれば

$$\begin{aligned} E\left(\sum \hat{u}_i^2\right) &= \sum E\left(u_i^2\right) - \frac{1}{n}\left(\sum E\left(u_i^2\right) + \sum_{i\neq j}\sum_{j\neq i} E\left(u_i u_j\right)\right) \\ &= n\sigma^2 - \sigma^2 = (n-1)\,\sigma^2 \end{aligned}$$

となります。したがって，次が成立します。

$$E\left(\frac{\sum \hat{u}_i^2}{n-1}\right) = \sigma^2$$

このことは，自由度 $n-1$ で残差 2 乗和を割った残差分散が σ^2 の不偏推定量になっていることを示しています。残差 2 乗和の自由度が一つ減ってしまう原因は，$\sum \hat{u}_i = 0$ が成立する，すなわち，$\hat{\alpha} = \bar{Y}$ より $\sum \hat{u}_i = \sum \left(Y_i - \bar{Y}\right) = 0$ となることによります。

6.2 単純回帰モデルにおける推定量

6.2.1 回帰モデルの最小 2 乗推定量

◆ 回帰モデルの標準的仮定

第 3 章では回帰直線における被説明変数データが誤差を伴うものであることを述べました。6.1 節と同様に誤差項を確率変数と考える場合，

$$Y_i = \alpha + \beta X_i + u_i \tag{6.19}$$

は**単純回帰モデル**（simple regression model）とよばれています。回帰分析を行う場合，一般に次の標準的仮定が回帰モデルにおいて満たされていることを前提とします。

[回帰モデルの標準的仮定]

i) 説明変数 X_i は固定された値をとる（確率変数ではない）
ii) $E(u_i) = 0 \quad (i = 1, 2, \cdots, n)$
iii) $V(u_i) = E(u_i^2) = \sigma^2 \quad (i = 1, 2, \cdots, n)$
iv) $\mathrm{Cov}(u_i, u_j) = E(u_i u_j) = 0 \quad (i \neq j,\ i, j = 1, 2, \cdots, n)$
v) $u_i \sim N(0, \sigma^2) \quad (i = 1, 2, \cdots, n)$

回帰モデル右辺における $\alpha + \beta X_i$ は直線を表していますが，説明変数 X_i は仮定 i で示されているように，あらかじめ決まった固定値をとります。そして，未知のパラメータ α, β もそれぞれただ一つ値をとるので，$\alpha + \beta X_i$ は真の直線が 1 本だけあることを示しています。実験，観察，調査などを通じて得られるデータ Y_i は，真の直線に誤差が加わった値であると考えます。誤差項 u_i について，6.1 節の確率モデルと同じ仮定が ii, iii, iv でおかれています。ii は誤差項の期待値が 0 であることを，iii は誤差項の分散が σ^2 という一定の値をとること（分散均一の仮定）を，iv は誤差項の間の相関（系列相関）が 0 であることを示しています。仮定 v は誤差項が互いに独立に平均 0，分散 σ^2 の正規分布に従うことを示しています。

◆ **線形不偏推定量**

未知のパラメータ α, β の最小 2 乗法による推定は第 3 章ですでに学んでいます。ここでは，標準的な仮定を考慮して最小 2 乗推定量の特徴を考えます。傾きと切片の計算公式 (3.1), (3.2) は，次で与えられました。

[傾き]　$\hat{\beta} = \dfrac{S_{xy}}{S_{xx}} = \dfrac{\sum (X_i - \bar{X})(Y_i - \bar{Y})}{\sum (X_i - \bar{X})^2}$

[切片]　$\hat{\alpha} = \bar{Y} - \hat{\beta}\bar{X}$

式 (3.1) は β の最小 2 乗推定量です。分子の偏差の積和は式 (2.29) を利用すると，

$$S_{xy} = \sum (X_i - \bar{X})(Y_i - \bar{Y}) = \sum (X_i - \bar{X}) Y_i$$

と書けます。すなわち，

$$\hat{\beta} = \sum \left\{ \frac{\left(X_i - \bar{X}\right)}{\sum \left(X_i - \bar{X}\right)^2} \right\} Y_i = \sum w_i Y_i \tag{6.20}$$

と書き直すことができます。ここで，

$$w_i = \frac{\left(X_i - \bar{X}\right)}{\sum \left(X_i - \bar{X}\right)^2} \tag{6.21}$$

は固定された値（仮定 i）からなる定数と考えることができます。つまり，式 (6.20) は回帰モデルの最小 2 乗推定量が理論観測値 $\{Y_1, \cdots, Y_n\}$ の線形結合式になっていることを示しています（線形推定量)。定数 w_i について，次の三つの重要な性質があります。

$$\sum w_i = \sum \left\{ \frac{\left(X_i - \bar{X}\right)}{\sum \left(X_i - \bar{X}\right)^2} \right\} = \frac{\overbrace{\sum \left(X_i - \bar{X}\right)}^{=0}}{\sum \left(X_i - \bar{X}\right)^2} = 0 \tag{6.22}$$

$$\begin{aligned} \sum w_i X_i &= \sum \left\{ \frac{\left(X_i - \bar{X}\right)}{\sum \left(X_i - \bar{X}\right)^2} \right\} X_i = \frac{\overbrace{\sum \left(X_i - \bar{X}\right) X_i}^{\text{式 (2.27) より } \sum \left(X_i - \bar{X}\right)^2}}{\sum \left(X_i - \bar{X}\right)^2} \\ &= \frac{\sum \left(X_i - \bar{X}\right)^2}{\sum \left(X_i - \bar{X}\right)^2} = 1 \end{aligned} \tag{6.23}$$

$$\begin{aligned} \sum w_i^2 &= \sum \left\{ \frac{\left(X_i - \bar{X}\right)}{\sum \left(X_i - \bar{X}\right)^2} \right\}^2 = \frac{\sum \left(X_i - \bar{X}\right)^2}{\left\{\sum \left(X_i - \bar{X}\right)^2\right\}^2} \\ &= \frac{1}{\sum \left(X_i - \bar{X}\right)^2} = \frac{1}{S_{xx}} \end{aligned} \tag{6.24}$$

さらに，式 (6.10) と同じように理論観測値を確率変数（誤差項）$\{u_1, \cdots, u_n\}$ で置き換えることができます。式 (6.20) に式 (6.19) を代入すると，

$$\hat{\beta} = \sum w_i \left(\alpha + \beta X_i + u_i\right) = \beta + \sum w_i u_i \tag{6.25}$$

となります。ここで，式 (6.22) より $\sum w_i = 0$，式 (6.23) より $\sum w_i X_i = 1$ です。

次に，切片の計算公式について見ていきます。$\bar{Y}=\sum\frac{Y_i}{n}$ および式 (6.20) を利用して，$\hat{\alpha}$ は理論観測値からなる線形推定量として記述できます。

$$\hat{\alpha}=\sum\frac{Y_i}{n}-\bar{X}\sum w_iY_i=\sum\left(\frac{1}{n}-\bar{X}w_i\right)Y_i=\sum w_i^*Y_i \tag{6.26}$$

ただし，

$$w_i^*=\frac{1}{n}-\bar{X}w_i \tag{6.27}$$

は固定された値からなる定数です。式 (6.27) について次が成立します。

$$\sum w_i^*=\sum\left(\frac{1}{n}-\bar{X}w_i\right)=1-\bar{X}\sum w_i=1 \tag{6.28}$$

$$\sum w_i^*X_i=\sum\left(\frac{1}{n}-\bar{X}w_i\right)X_i=\sum\frac{X_i}{n}-\bar{X}\sum w_iX_i=0 \tag{6.29}$$

$$\sum w_i^{*2}=\sum\left(\frac{1}{n}-\bar{X}w_i\right)^2=\frac{1}{n}+\frac{\bar{X}^2}{S_{xx}}=\frac{\sum X_i^2}{nS_{xx}} \tag{6.30}$$

式 (6.26) の理論観測値を確率変数 $\{u_1,\cdots,u_n\}$ で置き換えると

$$\hat{\alpha}=\sum w_i^*\left(\alpha+\beta X_i+u_i\right)=\alpha+\sum w_i^*u_i \tag{6.31}$$

となります。

式 (6.25) および式 (6.31) の期待値をとると，次が得られます。

$$E(\hat{\beta})=\beta+\sum w_iE\left(u_i\right)=\beta \tag{6.32}$$

$$E(\hat{\alpha})=\alpha+\sum w_i^*E\left(u_i\right)=\alpha \tag{6.33}$$

以上より仮定 i, ii が満たされるならば，最小2乗推定量は線形不偏推定量であることがわかります。

線形推定量は任意の定数を用いて，$\tilde{\beta}=\sum c_iY_i$，$\tilde{\alpha}=\sum c_i^*Y_i$ と書くことができます。これが不偏であるためには，$E(\tilde{\beta})=\beta$，$E\left(\tilde{\alpha}\right)=\alpha$ でなければなりません。いま，任意の定数が $c_i=w_i+d_i$，$c_i^*=w_i^*+d_i^*$ であるとしましょう。このとき $\tilde{\beta}$, $\tilde{\alpha}$ の期待値は次のように計算できます。

$$\begin{aligned}E(\tilde{\beta})&=\alpha\sum c_i+\beta\sum c_iX_i+\sum c_iE\left(u_i\right)\\&=\alpha\sum\left(w_i+d_i\right)+\beta\sum\left(w_i+d_i\right)X_i\end{aligned}$$

$$E(\tilde{\alpha}) = \alpha \sum c_i^* + \beta \sum c_i^* X_i + \sum c_i^* E(u_i)$$
$$= \alpha \sum (w_i^* + d_i^*) + \beta \sum (w_i^* + d_i^*) X_i$$

式 (6.22), (6.23), (6.28), (6.29) を用いると

$$E(\tilde{\beta}) = \beta + \alpha \sum d_i + \beta \sum d_i X_i \tag{6.34}$$

$$E(\tilde{\alpha}) = \alpha + \alpha \sum d_i^* + \beta \sum d_i^* X_i \tag{6.35}$$

が得られます。したがって，不偏性を持つためには，$\tilde{\beta}$ について

$$\sum d_i = 0 \quad \text{かつ} \quad \sum d_i X_i = 0 \tag{6.36}$$

$\tilde{\alpha}$ について

$$\sum d_i^* = 0 \quad \text{かつ} \quad \sum d_i^* X_i = 0 \tag{6.37}$$

が成立する必要があります。

例 6.4

$n = 4$ のケースについて，$\{X_i\} = \{2, 4, 6, 8\}$ は固定された値を持ち（仮定 i），誤差項の期待値は 0 であるとします（仮定 ii）。$Y_i = \alpha + \beta X_i + u_i$ に対する次の線形推定量の不偏性を調べます。

$$\tilde{\beta}^1 = -\frac{3}{20}Y_1 + \frac{3}{20}Y_2 - \frac{7}{20}Y_3 + \frac{7}{20}Y_4$$
$$\tilde{\beta}^2 = \frac{Y_4 - Y_1}{X_4 - X_1}$$

$\{X_i\} = \{2, 4, 6, 8\}$ より，$\bar{X} = 5$，$S_{xx} = 20$ なので，

$$\{w_i\} = \left\{-\frac{3}{20},\ -\frac{1}{20},\ \frac{1}{20},\ \frac{3}{20}\right\}$$

です。

$\tilde{\beta}^1$ は $c_1 = -3/20$，$c_2 = 3/20$，$c_3 = -7/20$，$c_4 = 7/20$ を定数として持つ理論観測値の線形推定式になっています。いま，$d_i = c_i - w_i$ となる別の定数を考えます。

$$d_1 = -\frac{3}{20} - \left(-\frac{3}{20}\right) = 0, \quad d_2 = \frac{3}{20} - \left(-\frac{1}{20}\right) = \frac{4}{20},$$
$$d_3 = -\frac{7}{20} - \frac{1}{20} = -\frac{8}{20}, \quad d_4 = \frac{7}{20} - \frac{3}{20} = \frac{4}{20}$$

これを利用すると，

$$\sum d_i = \frac{4}{20} - \frac{8}{20} + \frac{4}{20} = 0$$
$$\sum d_i X_i = \frac{4}{20} \cdot 4 - \frac{8}{20} \cdot 6 + \frac{4}{20} \cdot 8 = 0$$

より $E(\tilde{\beta}^1) = \beta$ が成立し，線形不偏推定量であることがわかります。

$\tilde{\beta}^2$ は

$$\tilde{\beta}^2 = -\frac{1}{X_4 - X_1} \cdot Y_1 + \frac{1}{X_4 - X_1} \cdot Y_4$$

より，$c_1 = -1/6$，$c_2 = 0$，$c_3 = 0$，$c_4 = 1/6$ を定数として持つ理論観測値の線形結合式になっています。$d_i = c_i - w_i$ は次のように計算できます。

$$d_1 = -\frac{1}{6} - \left(-\frac{3}{20}\right) = -\frac{1}{60}, \quad d_2 = 0 - \left(-\frac{1}{20}\right) = \frac{3}{60},$$
$$d_3 = 0 - \frac{1}{20} = -\frac{3}{60}, \quad d_4 = \frac{1}{6} - \frac{3}{20} = \frac{1}{60}$$

したがって，

$$\sum d_i = -\frac{1}{60} + \frac{3}{60} - \frac{3}{60} + \frac{1}{60} = 0$$
$$\sum d_i X_i = -\frac{1}{60} \cdot 2 + \frac{3}{60} \cdot 4 - \frac{3}{60} \cdot 6 + \frac{1}{60} \cdot 8 = 0$$

より $E(\tilde{\beta}^2) = \beta$ が成立し，線形不偏推定量であることがわかります。

♦ 最小分散線形不偏推定量

最初2乗推定量の分散を調べてみましょう。式 (6.20), (6.32) より

$$V(\hat{\beta}) = E\left[\left\{\hat{\beta} - E(\hat{\beta})\right\}^2\right] = E\left[\left\{\sum w_i u_i\right\}^2\right]$$
$$= E\left[\sum_i w_i^2 u_i^2 + \sum_{i \neq j} \sum_{j \neq i} w_i w_j u_i u_j\right]$$

が得られます。ここで，仮定 iii，仮定 iv が成り立つならば，

$$V(\hat{\beta}) = \sum_i w_i^2 E\left(u_i^2\right) + \sum_{i \neq j} \sum_{j \neq i} w_i w_j E\left(u_i u_j\right) = \sigma^2 \sum w_i^2 = \frac{\sigma^2}{S_{xx}} \quad (6.38)$$

となります。ただし，式 (6.24) より $\sum w_i^2 = \dfrac{1}{S_{xx}}$ です。式 (6.26), (6.33) より

$$\begin{aligned} V(\hat{\alpha}) &= E\left[\{\hat{\alpha} - E(\hat{\alpha})\}^2\right] = E\left[\left\{\sum w_i^* u_j\right\}^2\right] \\ &= E\left[\sum_i w_i^{*2} u_i^2 + \sum_{i \neq j}\sum_{j \neq i} w_i^* w_j^* u_i u_j\right] \end{aligned}$$

であり，$\hat{\beta}$ と同じく仮定 iii，仮定 iv が成り立つならば，

$$\begin{aligned} V(\hat{\alpha}) &= \sum_i w_i^{*2} E\left(u_i^2\right) + \sum_{i \neq j}\sum_{j \neq i} w_i^* w_j^* E\left(u_i u_j\right) \\ &= \sigma^2 \sum w_i^{*2} = \sigma^2 \left(\frac{\sum X_i^2}{n S_{xx}}\right) \end{aligned} \tag{6.39}$$

となります。ただし，式 (6.30) より

$$\sum w_i^{*2} = \frac{\sum X_i^2}{n S_{xx}}$$

です。

式 (6.38) および式 (6.39) があらゆる線形不偏推定量の中で最も分散が小さい推定量であることを示すために，再び任意の定数 $c_i = w_i + d_i$，$c_i^* = w_i^* + d_i^*$ からなる線形不偏推定量 $\tilde{\beta} = \sum c_i Y_i$，$\tilde{\alpha} = \sum c_i^* Y_i$ の分散を考えます。$\tilde{\beta}$ の分散は

$$V(\tilde{\beta}) = E\left[\left\{\sum c_i u_i\right\}^2\right] = \sigma^2 \sum c_i^2 = \sigma^2 \sum w_i^2 + 2\sigma^2 \sum w_i d_i + \sigma^2 \sum d_i^2$$

と書けます。ここで，式 (6.24) より

$$\sum w_i^2 = \frac{1}{S_{xx}}$$

であり，式 (6.36) より

$$\sum w_i d_i = \sum \frac{\left(X_i - \bar{X}\right) d_i}{S_{xx}} = \frac{\overbrace{\sum d_i X_i}^{=0} - \bar{X} \overbrace{\sum d_i}^{=0}}{S_{xx}} = 0$$

なので，次の結果が得られます。

$$V(\tilde{\beta}) = \frac{\sigma^2}{S_{xx}} + \sigma^2 \underbrace{\sum d_i^2}_{\geq 0} \geq \frac{\sigma^2}{S_{xx}} = V(\hat{\beta}) \tag{6.40}$$

このことは，最小 2 乗推定量 $\hat{\beta}$ の分散は任意の線形不偏推定量の分散の下限になっていることを示しています。すなわち，最小 2 乗推定量は最小分散線形不偏推定量（最良線形不偏推定量）です。

$\tilde{\alpha}$ についても同様です。

$$V(\tilde{\alpha}) = \sigma^2 \sum c_i^{*2} = \sigma^2 \sum w_i^{*2} + 2\sigma^2 \sum w_i^* d_i^* + \sigma^2 \sum d_i^{*2}$$

式 (6.30) より

$$\sum w_i^{*2} = \frac{\sum X_i^2}{nS_{xx}}$$

であり，式 (6.37) より

$$\sum w_i^* d_i^* = \sum \left(\frac{1}{n} - \bar{X} w_i \right) d_i^* = \frac{\overbrace{\sum d_i^*}^{=0}}{n} - \frac{\overbrace{\sum d_i^* X_i}^{=0} - \bar{X} \overbrace{\sum d_i^*}^{=0}}{S_{xx}} = 0$$

なので，次の結果が得られます。

$$V(\tilde{\alpha}) = \frac{\sigma^2 \sum X_i^2}{nS_{xx}} + \sigma^2 \underbrace{\sum d_i^{*2}}_{\geq 0} \geq \frac{\sigma^2 \sum X_i^2}{nS_{xx}} = V(\hat{\alpha}) \tag{6.41}$$

この場合も最小 2 乗推定量の分散は任意の線形不偏推定量の分散の下限になっています。

以上より，最小 2 乗推定量が最小分散線形不偏推定量となるためには，仮定 i, ii, iii, iv が必要であることがわかります。これは**ガウス＝マルコフの定理**（Gauss-Markov theorem）として知られています。誤差項が正規分布に従っている（仮定 v）必要はないということです。

●●● 例 6.5 ●●●

例 6.4 の線形不偏推定量について，分散の大きさを比較しましょう。ここで，仮定 i, ii, iii, iv が成り立っているものとし，$Y_i = \alpha + \beta X_i + u_i$ に対する次の線形推定量の分散を調べます。ただし，$\{X_i\} = \{2, 4, 6, 8\}$ とします。

$$\tilde{\beta}^1 = -\frac{3}{20}Y_1 + \frac{3}{20}Y_2 - \frac{7}{20}Y_3 + \frac{7}{20}Y_4$$

$$\tilde{\beta}^2 = \frac{Y_4 - Y_1}{X_4 - X_1}$$

$$\hat{\beta} = \sum w_i Y_i \quad \text{(最小 2 乗推定量)}$$

$\{X_i\} = \{2, 4, 6, 8\}$ より $S_{xx} = 20$ です。$\tilde{\beta}^1$ について $\{d_i\} = \left\{0, \frac{4}{20}, -\frac{8}{20}, \frac{4}{20}\right\}$ より

$$V(\tilde{\beta}^1) = \frac{\sigma^2}{S_{xx}} + \sigma^2 \sum d_i^2 = \frac{\sigma^2}{20} + \frac{6\sigma^2}{25} = \frac{29}{100}\sigma^2$$

となり，$\tilde{\beta}^2$ について $\{d_i\} = \left\{-\frac{1}{60}, \frac{3}{60}, -\frac{3}{60}, \frac{1}{60}\right\}$ より

$$V(\tilde{\beta}^2) = \frac{\sigma^2}{S_{xx}} + \sigma^2 \sum d_i^2 = \frac{\sigma^2}{20} + \frac{\sigma^2}{180} = \frac{1}{18}\sigma^2$$

となり，$\hat{\beta}$ について

$$V(\hat{\beta}) = \frac{\sigma^2}{S_{xx}} = \frac{1}{20}\sigma^2$$

となります。以上より，$V(\hat{\beta}) < V(\tilde{\beta}^1) < V(\tilde{\beta}^2)$ であることがわかります。

例 6.6

疑似乱数データを利用して $Y_i = \alpha + \beta X_i + u_i$ を発生させ，例 6.4，例 6.5 の線形不偏推定量 $\tilde{\beta}^1$ と最小 2 乗推定量 $\hat{\beta}$ の分布が理論どおりになるか実験してみましょう。ここで，サンプルサイズは $n = 4$，真の値は $\alpha = 1$ および $\beta = 2$，誤差項 u_i は区間 $[-2, 2]$ の一様分布に従うものとします。説明変数 $\{X_i\} = \{2, 4, 6, 8\}$ は固定された値で（仮定 i），誤差項の期待値は 0（仮定 ii），分散は $\sigma^2 = 4/3$ であり（仮定 iii），系列相関はない（仮定 iv）ものとします。実験の試行回数は 500 回とします。

はじめに，誤差項データを一様乱数から作成します。実験 1 回目の u_1 の実現値は B2 セル（図 6.5 (a)）に

```
=4*rand()-2
```

を入力して，これを u_1, u_2, u_3, u_4 のすべてに反映させます。試行回数は 500 回なので 500 セット用意します。次に，観測データ Y_1, Y_2, Y_3, Y_4 を作ります。

$Y_1 = 1 + 2 \times 2 + u_1$ なので

```
= 1 + 2*2 + B2
```

です。同様に，$Y_2 = 1+2\times4+u_2$, $Y_3 = 1+2\times6+u_3$, $Y_4 = 1+2\times8+u_4$ も作成し，500 セット用意します（図 6.5 (b)）。線形推定量は Y_1, Y_2, Y_3, Y_4 から計算できます。まず，最小 2 乗推定量は $\hat{\beta} = \sum w_i Y_i$ なので，$\{w_i\} = \left\{-\frac{3}{20}, -\frac{1}{20}, \frac{1}{20}, \frac{3}{20}\right\}$ を利用して

```
= (-3/20)*F2 + (-1/20)*G2 + (1/20)*H2 + (3/20)*I2
```

より計算します。F2, G2, H2, I2 はそれぞれ参照している Y_1, Y_2, Y_3, Y_4 の値です。同様に，$\tilde{\beta}^1 = \sum c_i Y_i$ も $c_1 = -3/20$，$c_2 = 3/20$，$c_3 = -7/20$，$c_4 = 7/20$ より

```
= (-3/20)*F2 + (3/20)*G2 + (-7/20)*H2 + (7/20)*I2
```

として計算します。それぞれ 500 セットずつの推定値ができあがります。

B2　=4*RAND()-2

	A	B	C	D	E
1	i	u1	u2	u3	u4
2	1	−0.7752	0.9169	1.1874	1.4178
3	2	0.4875	0.4536	−0.8852	−0.5612
4	3	1.7860	−1.5343	−1.0904	0.0447
5	4	−0.3052	−0.9354	1.1493	−1.8314
6	5	0.9762	−0.7301	1.7180	−0.7683
7	6	1.0312	−0.1626	−0.5764	−0.1421
8	7	−0.9504	1.5123	−1.0321	−0.4748
9	8	−0.4691	1.3304	−0.8816	0.6729
10	9	0.5681	−0.1906	−1.1230	0.6474
11	10	1.3714	1.1522	1.2927	−0.4407
12	11	0.3051	0.0248	0.5384	1.3930

(a) 誤差項データ

F	G	H	I
Y1	Y2	Y3	Y4
4.787302	10.42793	11.15012	16.46927
6.141141	7.095722	14.50784	15.15156
3.263267	8.197455	14.91344	16.46029
5.729351	7.828793	14.1203	18.37831
3.460855	9.467136	11.85459	15.72895
5.484491	9.487416	11.22799	18.06477
5.135532	9.899445	14.38152	17.06632
3.361916	8.719768	13.5132	18.06295
4.67253	9.708733	11.19644	17.03093
3.045235	9.899482	13.43393	18.95132
4.884059	7.84122	13.40778	17.45849
5.492897	7.628228	11.80941	16.36898

(b) 観測データ

図 6.5　データの発生

実験結果を表 6.4 に示します。真の値は $\beta = 2$ であり，$\hat{\beta}$, $\tilde{\beta}^1$ はどちらも不偏推定量なので，予想どおり 1.9 から 2.1 の範囲に最もデータが集まっています。分散の値は $V(\hat{\beta}) = \frac{\sigma^2}{20} \cong 0.067$，$V(\tilde{\beta}^1) = \frac{29\sigma^2}{100} \cong 0.387$ であり，$\tilde{\beta}^1$ のほうがばらつきの大きい分布になって，これも理論どおりです。

♦ 推定量の共分散

最小 2 乗推定量 $\hat{\alpha}$, $\hat{\beta}$ は式 (6.26), (6.25) より誤差項を含んでいるので，どちらも確率変数であり，計算公式を見てもわかるように独立ではありません。つまり，共

表 6.4 実験結果（推定値の度数分布表）

階級	$\hat{\beta}$	$\tilde{\beta}^1$
0.1 ～ 0.3	0	0
0.3 ～ 0.5	0	2
0.5 ～ 0.7	0	9
0.7 ～ 0.9	0	13
0.9 ～ 1.1	0	16
1.1 ～ 1.3	0	28
1.3 ～ 1.5	13	35
1.5 ～ 1.7	49	50
1.7 ～ 1.9	126	56
1.9 ～ 2.1	146	65

階級	$\hat{\beta}$	$\tilde{\beta}^1$
2.1 ～ 2.3	107	60
2.3 ～ 2.5	52	46
2.5 ～ 2.7	7	45
2.7 ～ 2.9	0	37
2.9 ～ 3.1	0	19
3.1 ～ 3.3	0	9
3.3 ～ 3.5	0	9
3.5 ～ 3.7	0	0
3.7 ～ 3.9	0	1
3.9 ～ 4.1	0	0
合計	500	500
平均	2.002	1.990
分散	0.063	0.407

分散 $\mathrm{Cov}(\hat{\alpha},\hat{\beta})$ が存在します。まず，仮定 i，ii が成立して $E(\hat{\beta})=\beta$，$E(\hat{\alpha})=\alpha$ であるとします。

$$\begin{aligned}\mathrm{Cov}(\hat{\alpha},\hat{\beta}) &= E\left[(\hat{\alpha}-\alpha)(\hat{\beta}-\beta)\right]\\ &= E\left[\left(\sum w_i^* u_i\right)\left(\sum w_i u_i\right)\right]\\ &= E\left[\sum w_i^* w_i u_i^2 + \sum_{i\neq j}\sum_{j\neq i} w_i^* w_j u_i u_j\right]\end{aligned}$$

ここで，式 (6.26), (6.25) より $\hat{\alpha}-\alpha=\sum w_i^* u_i$，$\hat{\beta}-\beta=\sum w_i u_i$ です。仮定 iii, iv が成り立つ場合，$\mathrm{Cov}(\hat{\alpha},\hat{\beta})=\sigma^2\sum w_i^* w_i$ です。また，式 (6.22), (6.24) を利用して

$$\sum w_i^* w_i = \sum\left(\frac{1}{n}-\bar{X}w_i\right)w_i = \frac{1}{n}\sum w_i - \bar{X}\sum w_i^2 = -\frac{\bar{X}}{S_{xx}}$$

より

$$\mathrm{Cov}(\hat{\alpha},\hat{\beta}) = -\sigma^2\frac{\bar{X}}{S_{xx}} \tag{6.42}$$

が得られます。

6.2.2　残差分散の不偏性

帰無仮説 H_0 : $\beta = 0$ を検定するための統計量として，推定値をその標準誤差で割った t 値を利用しました。ここで，標準誤差とは分散の推定値の平方根です。式 (4.3), (4.4) で定義された分散の推定値は

$$[\hat{\beta}\text{の分散の推定値}]\quad s_{\hat{\beta}}^2 = \frac{\hat{\sigma}^2}{S_{xx}}$$

$$[\hat{\alpha}\text{の分散の推定値}]\quad s_{\hat{\alpha}}^2 = \frac{\hat{\sigma}^2 \sum X_i^2}{nS_{xx}}$$

となっており，実際の検定では誤差項の分散 σ^2 ではなく，残差分散 $\hat{\sigma}^2$ を利用していることがわかります。すなわち，σ^2 の推定値として

$$\hat{\sigma}^2 = \frac{\sum \hat{u}_i^2}{n-2}$$

が使われているわけです。以下では，仮定 i, ii, iii, iv が成り立つものとして最小2乗残差の分散 $\hat{\sigma}^2$ の性質を考えてみましょう。

残差の定義より $\hat{u}_i = Y_i - \hat{Y}_i = u_i - [(\hat{\alpha} - \alpha) + (\hat{\beta} - \beta)X_i]$ なので，残差2乗和は次のように計算できます。

$$\begin{aligned}\sum \hat{u}_i^2 = &\sum u_i^2 - 2\left[(\hat{\alpha} - \alpha)\sum u_i + (\hat{\beta} - \beta)\sum X_i u_i\right] \\ &+n(\hat{\alpha} - \alpha)^2 + 2(\hat{\alpha} - \alpha)(\hat{\beta} - \beta)\sum X_i + (\hat{\beta} - \beta)^2 \sum X_i^2\end{aligned}$$

両辺の期待値をとると，次が得られます。

$$\begin{aligned}E\left(\sum \hat{u}_i^2\right) = &\sum E\left(u_i^2\right) - 2\Big[E\left(\hat{\alpha}\sum u_i\right) - \alpha \sum E\left(u_i\right) \\ &\qquad +E\left(\hat{\beta}\sum X_i u_i\right) - \beta \sum X_i E\left(u_i\right)\Big] \\ &+nE[(\hat{\alpha} - \alpha)^2] + 2E[(\hat{\alpha} - \alpha)(\hat{\beta} - \beta)]\sum X_i \\ &+E[(\hat{\beta} - \beta)^2]\sum X_i^2\end{aligned}$$

ここで，以下が成立します。

$$\sum E\left(u_i^2\right) = n\sigma^2$$

$$E\left(u_i\right) = 0$$

$$E\left(\hat{\alpha}\sum u_i\right) = E\left[\alpha\sum u_i + \left(\sum w_i^* u_i\right)\sum u_i\right] = \sum w_i^* E\left(u_i^2\right) = \sigma^2$$

$$E\left(\hat{\beta}\sum X_i u_i\right) = E\left[\beta\sum X_i u_i + \left(\sum w_i u_i\right)\sum X_i u_i\right]$$
$$= \sum w_i X_i E\left(u_i^2\right) = \sigma^2$$

$$E\left[(\hat{\alpha}-\alpha)^2\right] = V(\hat{\alpha}) = \frac{\sigma^2\sum X_i^2}{nS_{xx}}$$

$$E\left[(\hat{\alpha}-\alpha)(\hat{\beta}-\beta)\right] = \mathrm{Cov}(\hat{\alpha},\hat{\beta}) = -\frac{\bar{X}}{S_{xx}}$$

$$E\left[(\hat{\beta}-\beta)^2\right] = V(\hat{\beta}) = \frac{\sigma^2}{S_{xx}}$$

これらを考慮して

$$E\left(\sum \hat{u}_i^2\right) = n\sigma^2 - 2\sigma^2 = (n-2)\,\sigma^2$$

が得られます。つまり

$$E\left(\hat{\sigma}^2\right) = E\left(\frac{\sum \hat{u}_i^2}{n-2}\right) = \sigma^2$$

となり，最小 2 乗残差の分散は誤差項の分散の不偏推定量になっていることがわかります。

6.3 標準的仮定からの逸脱

経済データを用いて回帰分析を行う場合，6.2 節で示した仮定がすべて満たされている状況は稀です。経済データの多くは，制御された実験室で繰り返し何度でも生成できるデータとは異なり，多くのノイズを含んでいるものと考えるべきでしょう。したがって，どのような場合に仮定が満たされなくなるのか，仮定が満たされないとき推定量にどのような影響が出るのか，仮定が満たされず推定量に悪影響があるとき，どのような対処方法があるのかなどについて知ることが重要です。本節では，仮定が満たされないときの推定量への影響を検討します。

6.3.1 説明変数が確率変数である場合

♦ 説明変数と誤差項が独立な場合

最小 2 乗推定量 (6.25), (6.26) において，説明変数 $\{X_i\}$ が確率変数であったとしましょう。もし，$\{X_i\}$ と誤差項 $\{u_i\}$ が独立ならば，式 (6.32) や式 (6.33) のよ

うに X_i と u_i を別々に扱うことができます。したがって，そのような場合，最小2乗推定量の不偏性や有効性などの性質に影響はないと言えます。

一致性についてはどうでしょうか。サンプルサイズ n が大きくなるとき，推定量が真の値に近づいていき最終的に等しくなる性質が，推定量の一致性です。説明変数は確率変数であるが，$\{X_i\}$ と $\{u_i\}$ は独立であるとしましょう。式 (6.25) を再び記述します。

$$\hat{\beta} = \beta + \sum w_i u_i = \beta + \frac{\sum \left(X_i - \bar{X}\right) u_i}{S_{xx}} = \beta + \frac{S_{xu}/n}{S_{xx}/n} \tag{6.43}$$

ここで，標本分散 $\dfrac{S_{xx}}{n-1}$ は，n が十分に大きいとき $\dfrac{S_{xx}}{n}$ との違いはほとんどなくなります。標本分散は母分散 σ_x^2 の推定量です。いま，仮定 i〜v に続いて次の仮定が成立するとします。

vi) n が十分に大きい場合 $\dfrac{S_{xx}}{n}$ は $\{X_i\}$ の母分散 σ_x^2 に一致する

このことは，n が大きくなると，式 (6.43) における $\dfrac{S_{xx}}{n}$ の部分はある一定の大きさになることを表しています。

$\dfrac{S_{xu}}{n}$ の部分はどうでしょうか。一致性は n が大きくなるにつれてばらつきが小さくなる（分散がゼロに近づく）ことを意味します。そこで，$\dfrac{S_{xu}}{n}$ の分散を考えます。$\{X_i\}$ と $\{u_i\}$ が独立で，仮定 iii, iv が成立するとき

$$V\left(\frac{S_{xu}}{n}\right) = \frac{1}{n^2} E\left[\left(\sum \left(X_i - \bar{X}\right) u_i\right)^2\right] = \frac{\sigma^2}{n} E\left(\frac{S_{xx}}{n}\right) \tag{6.44}$$

です。n が大きくなると $\dfrac{\sigma^2}{n}$ はゼロに近づき，$\dfrac{S_{xx}}{n}$ は仮定 vi よりある一定の大きさになります。したがって，式 (6.44) の分散は，n が十分に大きいとき 0 であると言えます。以上より，n が十分に大きいとき，式 (6.43) の $\dfrac{S_{xu}/n}{S_{xx}/n}$ も 0 であり，$\hat{\beta}$ は β に一致します。

◆ 説明変数と誤差項が独立でない場合

$\{X_i\}$ と誤差項 $\{u_i\}$ が独立でない場合，$w_i u_i$ あるいは $w_i^* u_i$ の期待値の計算は 6.2 節のように単純ではありません。最小2乗推定量の期待値は

$$E(\hat{\beta}) = \beta + \sum E\left(w_i u_i\right), \quad E(\hat{\alpha}) = \alpha + \sum E\left(w_i^* u_i\right)$$

となり，偶然にも $\sum E(w_i u_i) = 0$，$\sum E(w_i^* u_i) = 0$ とでもならない限り，不偏性は失われます。したがって，仮定 i が崩れる場合，最小 2 乗推定量は問題のある推定量になります。

また，説明変数と誤差項が独立でなく，その共分散も 0 でない場合には，一致性にも問題が生じます。つまり，n が大きくなっても $V\left(\dfrac{S_{xu}}{n}\right)$ はゼロになりません。

説明変数と誤差項に相関があるときの偏りの程度は，説明変数と誤差項の共分散 $E(X_i u_i)$ の程度によります。n が十分に大きければ，式 (6.43) より次のことが言えます。

$$E(X_i u_i) > 0 \text{ ならば } \hat{\beta} = \beta + \frac{S_{xu}/n}{S_{xx}/n} > \beta$$

$$E(X_i u_i) < 0 \text{ ならば } \hat{\beta} = \beta + \frac{S_{xu}/n}{S_{xx}/n} < \beta$$

●●● 例 6.7 ●●●

説明変数が誤差項と相関を持つ場合，推定値にどの程度の影響があるのかを Excel を使用して調べましょう。推定するモデルは $Y_i = \alpha + \beta X_i + u_i$ ですが，$X_i = \theta u_i + v_i$ となる関係が存在して，$\{X_i\}$ と $\{u_i\}$ は相関を持ちます。事前にパラメータや誤差項の分布を次のように定めます。

$$n = 100$$
$$\alpha = 1,\ \beta = 2$$
$$u_i \sim N(0, 1)$$
$$\theta = \begin{cases} 2 \\ -2 \end{cases}$$
$$v_i \sim N\left(0, \sigma_v^2\right)$$
$$\sigma_v = 1, 4, 10$$

$\theta = 2$ のとき説明変数と誤差項は正の相関を持ちます（$E(X_i u_i) > 0$）。$\theta = -2$ のとき説明変数と誤差項は負の相関を持ちます（$E(X_i u_i) < 0$）。v_i のばらつきが大きくなれば，説明変数と誤差項の相関の程度はより強くなります。これらの条件のもとで，次のケースをそれぞれ 1,000 回調べます。

(a) $\theta = 2,\ \sigma_v = 1$
(b) $\theta = 2,\ \sigma_v = 10$
(c) $\theta = -2,\ \sigma_v = 4$

(d) $\theta = -2$, $\sigma_v = 1$

すべての実験結果について推定値 $\hat{\beta}$ とそれが推定されたときの $\{X_i\}$ と $\{u_i\}$ の相関係数を，図 6.6 の散布図にまとめました。

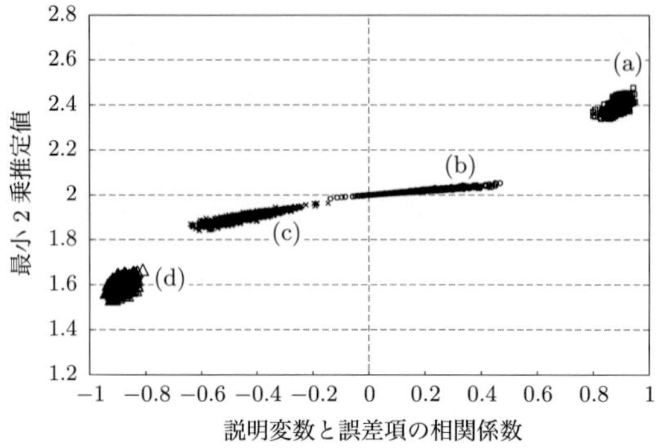

図 6.6　説明変数と誤差項の相関と推定値

ケース (a) のデータの塊（□マーク）は，高い正の相関を持つ場合の相関係数と推定値を示しています。真の値 $\beta = 2$ に比べて，推定値は正のバイアス（偏り）を持っていることがわかります。このときの推定値の平均は 2.399，相関係数の平均は 0.893 です。

ケース (b) は，v_i のばらつきを大きくすることで，(a) に比べて相関の程度が弱いときの推定値を示しています（○マーク）。相関係数が 0 に近いと，推定値はほぼ真の値と等しくなりますが，それでもある程度の相関があれば，推定値は若干大き目になります。このときの推定値の平均は 2.019，相関係数の平均は 0.191 です。

ケース (c) は，負の相関を持つ場合を示しています（×マーク）。そのため，推定値には負のバイアスがかかっています。このときの推定値の平均は 1.898，相関係数の平均は −0.450 です。

ケース (d) は，強い負の相関がある場合を示しています（△マーク）。そのため，推定値もかなり過小に推定されていることがわかります。このときの推定値の平均は 1.599，相関係数の平均は −0.894 です。

6.3.2　誤差項の期待値と分散・共分散

♦ 誤差項の期待値

仮定 ii について，誤差項の期待値が 0 でない場合はどのような影響が生じるでしょうか。$E(u_i) = \mu$ となるケースで考えてみましょう。その他の仮定は満たされているものとして，式 (6.25) および式 (6.31) を用いて推定量の不偏性を調べると，次が得られます。

$$E(\hat{\beta}) = \beta + \sum w_i E(u_i) = \beta + \mu \sum w_i = \beta$$
$$E(\hat{\alpha}) = \alpha + \sum w_i^* E(u_i) = \alpha + \mu \sum w_i^* = \alpha + \mu$$

ここで，式 (6.22), (6.28) より $\sum w_i = 0$，$\sum w_i^* = 1$ です。$\hat{\beta}$ に関しては不偏性に何ら影響がないことがわかります。$\hat{\alpha}$ の期待値は $\alpha + \mu$ であるため，真の回帰直線は $E(Y_i) = \alpha + \beta X_i$ ではなく，$E(Y_i) = \alpha + \mu + \beta X_i$ であることがわかります。誤差項を $v_i = u_i - \mu$ と定義し直すと，回帰モデルは次のように書けます。

$$Y_i = \alpha + \mu + \beta X_i + v_i = \alpha' + \beta X_i + v_i$$

この場合，$v_i = u_i - \mu$ の期待値は 0 であり，α' の推定量の期待値は $\alpha + \mu$ になります。したがって，$E(u_i) = \mu$ の場合，α, μ を別々に推定することはできないにしても，最小 2 乗法は自動的に α' を推定していることになります。

♦ **分散不均一性**

仮定 iii が成り立たず,

$$V(u_i) = E\left(u_i^2\right) = \sigma_i^2 \tag{6.45}$$

となるケースを考えます。誤差項の分散は均一ではなく，観測データによって異なります。これを誤差項の**分散不均一**（heteroskedasticity）とよびます。式 (6.32), (6.33) で示したように，仮定 iii は不偏性に影響しません。したがって，推定量の分散に対する影響を検討します。

仮定 i, ii, iv は成立しているものとします。β の最小 2 乗推定量の分散は，次のように書けます。

$$\begin{aligned} V(\hat{\beta}) &= \sum_i w_i^2 E\left(u_i^2\right) + \sum_{i \neq j} \sum_{j \neq i} w_i w_j E(u_i u_j) \\ &= \sum w_i^2 \sigma_i^2 = \frac{\sum \left(X_i - \bar{X}\right)^2 \sigma_i^2}{S_{xx}^2} \end{aligned} \tag{6.46}$$

$\beta = 0$ を検定するときの標準誤差は，残差分散 $\hat{\sigma}^2$ を用いて

$$s_{\hat{\beta}} = \sqrt{\frac{\hat{\sigma}^2}{S_{xx}}}$$

より計算しているので，式 (6.46) の分散を正しく推定できていません。したがって，$s_{\hat{\beta}}$ を利用して計算される t 値には信憑性がありません。また，仮定 iii が成立

しない場合は，ガウス＝マルコフの定理も成立しないので，最小2乗推定量の有効性（最小分散線形不偏推定量）も失われます。

◆ **系列相関**

次に，仮定 iv が成り立たず，

$$\mathrm{Cov}\left(u_i, u_j\right) = E\left(u_i u_j\right) = \sigma_{ij} \neq 0 \tag{6.47}$$

となるケースを考えます。誤差項の共分散が0ではなく，互いに相関を持っていることを**系列相関**（serial correlation）とよびます。仮定 iv がなくても不偏性は成立するので，分散に対する影響を検討します。

仮定 i, ii, iii が成立しているとします。β の最小2乗推定量の分散は，次のように書けます。

$$V(\hat{\beta}) = \frac{\sigma^2}{S_{xx}} + \sum_{i \neq j} \sum_{j \neq i} w_i w_j \sigma_{ij} \tag{6.48}$$

したがって，t 値に利用される標準誤差 $s_{\hat{\beta}}$ は誤ったものとなります。また，ガウス＝マルコフの定理も成立しないので，最小2乗推定量はもはや最小分散ではありません。

6.4　付論：確率変数

6.4.1　確率変数とは

確率変数とはある値（**実現値**）が確率を伴って実現するような変数のことです。たとえばサイコロを投げるとき，出る目の種類は知っていますが，実際にどの目が出るかは投げてみないとわかりません。ただし，6の目がどの程度の可能性（確率）を持って出てくるかについて，経験的に推し量ることはできます。

◆ **確率分布**

公平なサイコロを投げたときに出る目を確率変数と考えると，その実現値は 1, 2, 3, 4, 5, 6 のどれかです。確率変数を X という記号で表すと，実現値は次のように対応付けられます。

$$X = \{1, 2, 3, 4, 5, 6\}$$

6の目が出るということは，6通りのうち1通りが実現するということなので，経験的にその確率を次のように表現できます。

$$\Pr\left(X = 6\right) = \frac{1}{6}$$

ここで，$\Pr(\ )$ は実現値とそれが起こる確率の対応関係を示す関数（**確率関数**）を表す記号です。つまり，確率変数がある実現値をとるとき，それに対応する確率を返す式です。

その他の目についても同様に

$$\Pr(X=1)=\frac{1}{6},\ \Pr(X=2)=\frac{1}{6},\ \Pr(X=3)=\frac{1}{6},$$
$$\Pr(X=4)=\frac{1}{6},\ \Pr(X=5)=\frac{1}{6}$$

と記述できます。実現値とその確率をすべて書き出したものを**確率分布**とよんでいます。

$$[\text{確率分布}]\quad \Pr(X=i)=\frac{1}{6}\quad (i=1,\cdots,6)$$

実現値が起こる確率をすべての実現値について合計すると，その値は 1 になります。

$$\sum_{i=1}^{6}\Pr(X=i)=1$$

これは確率変数の重要な性質の一つです。ところで，サイコロに存在しない 7 や -2 の目は，何度サイコロを振っても実現しません。つまり

$$\Pr(X=7)=0,\quad \Pr(X=-2)=0$$

と記述できます。確率は 0 以上の値を持っていると考えることができます。これも確率変数のもう一つの重要な性質です。

例 6.8

別の例で説明しましょう。公平なサイコロを投げて，

- 1 の目が出たら 2 点
- 2, 3, 4, 5 の目が出たら 0 点
- 6 の目が出たら -1 点

とするゲームを考えます。この場合の得点の確率分布は

$$\Pr(X=2)=\frac{1}{6},\ \Pr(X=0)=\frac{2}{3},\ \Pr(X=-1)=\frac{1}{6}$$

です。合計すると $\Pr(X=-1)+\Pr(X=0)+\Pr(X=2)=1$ であり，どの確率も 0 以上なので，確率変数の重要な性質を満たしています。

◆ 確率変数の期待値

確率分布の特徴を簡単に示すために，確率変数の代表的な値（**期待値**）と分布のばらつき（**分散**）を記述します。n 個の実現値を持つ確率変数を $X = \{x_1, x_2, \cdots, x_n\}$，その確率関数を $\Pr(X = x_i)$ $(i = 1, 2, \cdots, n)$ とします。確率変数の期待値は次の式で計算します。

$$[\text{期待値}] \quad E(X) = \sum_{i=1}^{n} x_i \Pr(X = x_i) \tag{6.49}$$

ここで，$E(\ )$ は期待値（expectation）を表す記号です。

例 6.8 の場合は

$$\begin{aligned} E(X) &= -1 \times \Pr(X = -1) + 0 \times \Pr(X = 0) + 2 \times \Pr(X = 2) \\ &= -1 \times \frac{1}{6} + 0 \times \frac{2}{3} + 2 \times \frac{1}{6} = \frac{1}{6} \end{aligned}$$

となります。表形式にすると，よりわかりやすくなります（表 6.5）。

表 6.5　期待値の演算

実現値 x_i	確率 $\Pr(X = x_i)$	$x_i \Pr(X = x_i)$
-1	$\frac{1}{6}$	$-1 \times \frac{1}{6} = -\frac{1}{6}$
0	$\frac{2}{3}$	$0 \times \frac{2}{3} = 0$
2	$\frac{1}{6}$	$2 \times \frac{1}{6} = \frac{1}{3}$
合計	1	$E(X) = \frac{1}{6}$

◆ 期待値の演算ルール

a, b, c を任意の定数とするとき，次が成立します。

$$E(X + c) = E(X) + c \tag{6.50}$$

$$E(cX) = cE(X) \tag{6.51}$$

$$E(c) = c \tag{6.52}$$

$$E(aX + b) = aE(X) + b \tag{6.53}$$

期待値の定義式 (6.49) に戻ると，これらが成立することが簡単にわかります。まず，式 (6.50) は

$$\begin{aligned}E(X+c) &= \sum (x_i+c)\Pr(X=x_i)\\ &= \sum \{x_i\Pr(X=x_i)+c\Pr(X=x_i)\}\\ &= \underbrace{\sum x_i\Pr(X=x_i)}_{=E(X)}+c\underbrace{\sum \Pr(X=x_i)}_{=1}=E(X)+c\end{aligned}$$

式 (6.51) は

$$\begin{aligned}E(cX) &= \sum cx_i\Pr(X=x_i)\\ &= c\underbrace{\sum x_i\Pr(X=x_i)}_{=E(X)}=cE(X)\end{aligned}$$

式 (6.52) は

$$E(c)=\sum c\Pr(X=x_i)=c\underbrace{\sum \Pr(X=x_i)}_{=1}=c$$

式 (6.53) は

$$\begin{aligned}E(aX+b) &= \sum (ax_i+b)\Pr(X=x_i)\\ &= \sum \{ax_i\Pr(X=x_i)+b\Pr(X=x_i)\}\\ &= a\underbrace{\sum x_i\Pr(X=x_i)}_{=E(X)}+b\underbrace{\sum \Pr(X=x_i)}_{=1}=aE(X)+b\end{aligned}$$

となります。

応用例として，$X-E(X)$ の期待値を考えます。

$$\begin{aligned}E[X-E(X)] &= \sum (x_i-E(X))\Pr(X=x_i)\\ &= \sum \{x_i\Pr(X=x_i)-E(X)\Pr(X=x_i)\}\\ &= \underbrace{\sum x_i\Pr(X=x_i)}_{=E(X)}-E(X)\underbrace{\sum \Pr(X=x_i)}_{=1}\\ &= E(X)-E(X)=0\end{aligned} \tag{6.54}$$

期待値の中にもう一つ期待値があり戸惑いますが，期待値は定数です（当然ですが一つの値しかとりません）。したがって，式 (6.54) は式 (6.50) と同じケースになります。

♦ 確率変数の分散

さらに，応用例として $X-E(X)$ の 2 乗の期待値を考えます。

$$[\text{確率変数の分散}]\quad V(X)=E\left[\{X-E(X)\}^2\right] \\ =\sum\{x_i-E(X)\}^2\Pr(X=x_i) \tag{6.55}$$

$X-E(X)$ は確率変数の平均的な値からの距離です。確率分布のばらつきを考えるときには，この距離の 2 乗に注目します。そして $X-E(X)$ の 2 乗の期待値のことを確率変数の分散（variance）とよんでいます。

例 6.8 の場合は次のように計算できます。

$$\begin{aligned} V(X) &= \sum\{x_i-E(X)\}^2\Pr(X=x_i) \\ &= \left(-1-\frac{1}{6}\right)^2\Pr(X=-1)+\left(0-\frac{1}{6}\right)^2\Pr(X=0) \\ &\quad +\left(2-\frac{1}{6}\right)^2\Pr(X=2) \\ &= \left(-\frac{7}{6}\right)^2\times\frac{1}{6}+\left(-\frac{1}{6}\right)^2\times\frac{4}{6}+\left(\frac{11}{6}\right)^2\times\frac{1}{6} \\ &= \frac{49}{216}+\frac{4}{216}+\frac{121}{216}=\frac{174}{216}=\frac{29}{36} \end{aligned}$$

式 (6.55) はさらに計算を進めていくことができます。

$$\begin{aligned} V(X) &= E\left[\{X-E(X)\}^2\right] \\ &= E\left[X^2-2E(X)X+\{E(X)\}^2\right] \\ &= E\left(X^2\right)-2E(X)E(X)+\{E(X)\}^2 \\ &= E\left(X^2\right)-\{E(X)\}^2 \end{aligned} \tag{6.56}$$

すなわち，確率変数の分散は「確率変数の 2 乗の期待値」と「確率変数の期待値の 2 乗」の差で計算できます。なお，確率変数の標準偏差は，分散の平方根 $\sqrt{V(X)}$ で定義されます。

$aX+b$ の分散は次のように計算します（a,b は任意の定数）。

$$\begin{aligned} V(aX+b) &= E\left[\{(aX+b)-E(aX+b)\}^2\right] \\ &= E\left[\{aX-aE(X)\}^2\right] \end{aligned}$$

$$= a^2 \underbrace{E\left[\{X - E(X)\}^2\right]}_{=V(X)} = a^2 V(X) \tag{6.57}$$

このことは，X の分散と $X+10$ の分散が等しいことを示しています（実現値が $+10$ 移動しただけで，ばらつきはまったく変わっていません）。

確率変数の 2 次式の期待値の応用として，次の計算ができます。

$$\begin{aligned}
E\left[(aX+b)^2\right] &= \sum \{ax_i + b\}^2 \Pr(X = x_i) \\
&= \sum \left(a^2 x_i^2 + 2abx_i + b^2\right) \Pr(X = x_i) \\
&= a^2 \sum x_i^2 \Pr(X = x_i) + 2ab \sum x_i \Pr(X = x_i) \\
&\quad + b^2 \sum \Pr(X = x_i) \\
&= a^2 E\left(X^2\right) + 2abE(X) + b^2
\end{aligned}$$

6.4.2 同時確率分布

♦ 同時確率と周辺確率

2 個の実現値を持つ確率変数 $X = \{x_1, x_2\}$ と $Y = \{y_1, y_2\}$ を考えます。このとき，$X = x_1$ と $Y = y_1$ が同時に起こる確率 $p_{11} = \Pr(X = x_1, Y = y_1)$ を**同時確率**とよびます。表 6.6 のように，その他の同時確率も表すことができます。また，Y の実現値に関わらず，$X = x_1$ である確率を $p_{11} + p_{12} = \Pr(X = x_1)$，$X = x_2$ である確率を $p_{21} + p_{22} = \Pr(X = x_2)$ と表します。$\Pr(X = x_1)$ や $\Pr(X = x_2)$ は 2 変数確率変数のもとでは**周辺確率**とよばれます。このとき，

$$\sum_j \Pr(X = x_i, Y = y_i) = \sum_j p_{ij} = p_i = \Pr(X = x_i)$$

$$\sum_i \Pr(X = x_i, Y = y_i) = \sum_i p_{ij} = p_j = \Pr(Y = y_j)$$

が成り立ちます。

表 6.6 同時確率分布と周辺確率分布

		実現値		
	X \ Y	$Y=y_1$	$Y=y_2$	合計
実現値	$X=x_1$	$p_{11}=\Pr(X=x_1, Y=y_1)$	$p_{12}=\Pr(X=x_1, Y=y_2)$	$p_{11}+p_{12}=\Pr(X=x_1)$
	$X=x_2$	$p_{21}=\Pr(X=x_2, Y=y_1)$	$p_{22}=\Pr(X=x_2, Y=y_2)$	$p_{21}+p_{22}=\Pr(X=x_2)$
	合計	$p_{11}+p_{21}=\Pr(Y=y_1)$	$p_{12}+p_{22}=\Pr(Y=y_2)$	$p_{11}+p_{12}+p_{21}+p_{22}=1$

♦ 2変数確率変数の期待値と分散

2変数確率変数の期待値は，次のように計算します（式(2.34)の添え字の入れ替えルールが適用できます）。

$$
\begin{aligned}
E(X) &= \sum_i \sum_j x_i \Pr(X = x_i, Y = y_i) \\
&= \sum_i \sum_j x_i p_{ij} = \sum_i x_i \sum_j p_{ij} = \sum_i x_i p_i = \sum_i x_i \Pr(X = x_i) \\
E(Y) &= \sum_i \sum_j y_j \Pr(X = x_i, Y = y_i) \\
&= \sum_i \sum_j y_j p_{ij} = \sum_j y_j \sum_i p_{ij} = \sum_j y_j p_j = \sum_j y_j \Pr(Y = y_j)
\end{aligned}
$$

つまり，2変数の場合でも，周辺確率を利用すれば，1変数のときと同じように期待値が計算できます。分散も以下で示すように周辺確率を用います。

$$
\begin{aligned}
V(X) &= \sum_i \sum_j \{x_i - E(X)\}^2 \Pr(X = x_i, Y = y_i) \\
&= \sum_i \sum_j \{x_i - E(X)\}^2 p_{ij} = \sum_i \{x_i - E(X)\}^2 \sum_j p_{ij} \\
&= \sum_i \{x_i - E(X)\}^2 p_i = \sum_i \{x_i - E(X)\}^2 \Pr(X = x_i) \\
V(Y) &= \sum_i \sum_j \{y_j - E(Y)\}^2 \Pr(X = x_i, Y = y_i) \\
&= \sum_i \sum_j \{y_j - E(Y)\}^2 p_{ij} = \sum_j \{y_j - E(Y)\}^2 \sum_i p_{ij} \\
&= \sum_j \{y_j - E(Y)\}^2 p_j = \sum_j \{y_j - E(Y)\}^2 \Pr(Y = y_j)
\end{aligned}
$$

2変数確率変数の関数の期待値の例として，$g(X, Y) = XY$ の期待値を考えます。

$$
\begin{aligned}
E(XY) &= \sum_{i=1}^{K} \sum_{j=1}^{L} x_i y_j \Pr(X = x_i, Y = y_j) \\
&= x_1 y_1 p_{11} + x_2 y_1 p_{21} + \cdots + x_K y_1 p_{K1} \\
&\quad + x_1 y_2 p_{12} + x_2 y_2 p_{22} + \cdots + x_K y_2 p_{K2} \\
&\qquad \vdots
\end{aligned}
$$

$$+x_1y_Lp_{1L}+x_2y_Lp_{2L}+\cdots+x_Ky_Lp_{KL}$$

この場合，周辺確率は使わず，同時確率だけで計算しなければなりません。

◆ 共分散

二つの確率変数の関連性を**共分散**で定義します。

$$\begin{aligned}\mathrm{Cov}(X,Y)&=E\left[\{X-E(X)\}\{Y-E(Y)\}\right]\\&=\sum_i\sum_j\{x_i-E(X)\}\{y_i-E(Y)\}\Pr(X=x_i,Y=y_i)\end{aligned}\tag{6.58}$$

計算方法は次のようになります。

$$\begin{aligned}\mathrm{Cov}(X,Y)&=\sum_{i=1}^{K}\sum_{j=1}^{L}\{x_i-E(X)\}\{y_j-E(Y)\}\Pr(X=x_i,Y=y_j)\\&=\{x_1-E(X)\}\{y_1-E(Y)\}p_{11}+\\&\qquad\cdots+\{x_K-E(X)\}\{y_1-E(Y)\}p_{K1}\\&\quad+\{x_1-E(X)\}\{y_2-E(Y)\}p_{12}+\\&\qquad\cdots+\{x_K-E(X)\}\{y_2-E(Y)\}p_{K2}\\&\qquad\qquad\vdots\\&\quad+\{x_1-E(X)\}\{y_L-E(Y)\}p_{1L}+\\&\qquad\cdots+\{x_K-E(X)\}\{y_L-E(Y)\}p_{KL}\end{aligned}$$

また，式 (6.58) は

$$\mathrm{Cov}(X,Y)=E(XY)-E(X)E(Y)\tag{6.59}$$

と書き換えることもできます。

◆ 確率変数の独立性

確率変数 X の実現値が別の確率変数 Y の生起に依存しないとき，X は Y と独立であるといいます。また，確率変数 Y の実現値が確率変数 X の生起に依存しないとき，Y は X と独立であるといいます。二つが同時に成立する場合，X と Y は互いに独立であると表現します。このとき，すべての i,j について

$$\Pr(X=x_i)\times\Pr(Y=y_j)=\Pr(X=x_i,Y=y_i)\tag{6.60}$$

が成立します。

式 (6.60) が成立するとき，すなわち確率変数 X と Y が互いに独立であるとき，共分散は次のように 0 になります。

$$\begin{aligned}\mathrm{Cov}(X,Y) &= \sum_i \sum_j \{x_i - E(X)\}\{y_i - E(Y)\}\Pr(X = x_i, Y = y_i) \\ &= \sum_i \sum_j \{x_i - E(X)\}\{y_i - E(Y)\}\Pr(X = x_i)\Pr(Y = y_i) \\ &= \sum_i \{x_i - E(X)\}\Pr(X = x_i)\sum_j \{y_i - E(Y)\}\Pr(Y = y_i) \\ &= 0\end{aligned}$$

また X と Y が互いに独立ならば，式 (6.59) より

$$E(XY) = E(X)E(Y)$$

も成立します。積の期待値は期待値の積に等しくなります。

♦ 確率変数の和の期待値と分散

a, b を任意の定数とするとき

$$\begin{aligned}E(aX + bY) &= aE(X) + bE(Y) \\ V(aX + bY) &= a^2 V(X) + 2ab\mathrm{Cov}(X,Y) + b^2 V(Y) \qquad (6.61)\end{aligned}$$

となります。X と Y が互いに独立ならば $V(aX + bY) = a^2 V(X) + b^2 V(Y)$ です。

N 個の確率変数 $X_1, X_2, \cdots, X_N$ について，$c_1, c_2, \cdots, c_N$ を任意の定数とすると

$$\begin{aligned}E\left(\sum_{i=1}^N c_i X_i\right) &= \sum_{i=1}^N c_i E(X_i) \\ V\left(\sum_{i=1}^N c_i X_i\right) &= \sum_{i=1}^N c_i^2 V(X_i) + \sum_{i \neq j}^N \sum_{j \neq i}^N c_i c_j \mathrm{Cov}(X_i, X_j)\end{aligned}$$

と書くことができます。

6.5 第 6 章の例題

確率モデル

確率モデル $Y_i = \alpha + u_i$ について，真の値は $\alpha = 1$ であり，誤差項 u_i は互いに独立に区間 $[-1, 1]$ の一様分布に従うとします（一様分布の期待値は 0，分散は $\sigma^2 = 1/3$）。Excel を用いて一様乱数による誤差 u_i を作成し，データ Y_i を 500 個発生させなさい。また，500 個のデータより，u_i の標本分散と Y_i の標本分散が同じであることを確かめなさい。

解答例

Excel の「分析ツール」アドインの乱数発生を用いて，以下の手順で乱数データを作成します（図 6.7）。

1. Excel で［データ］タブから［分析］→［データ分析］を選び，［データ分析］ダイアログを表示します。
2. ［乱数発生］を選択します。
3. ［乱数発生］ダイアログで，［変数の数］を 1，［乱数の数］を 500，［分布］を均一，［パラメータ］を −1 から 1 までとします。
4. ［出力オプション］の［出力先］を選択して，適当な場所を指定します。

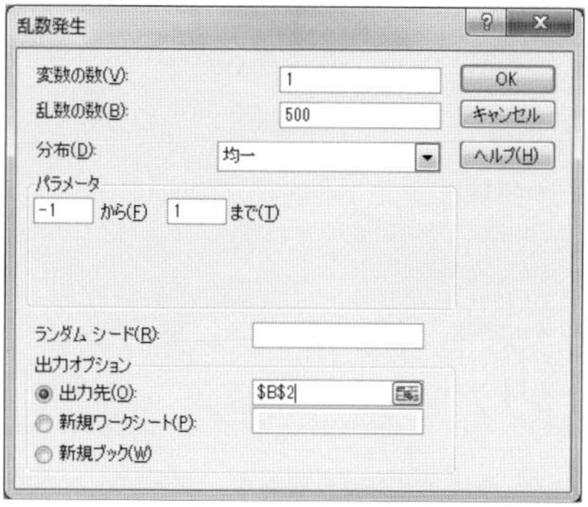

図 6.7 例題 32 の［乱数発生］ダイアログの設定

5. 作成した誤差 u_i を利用して $Y_i = 1 + u_i$ を求めます。フィルハンドルを使って，500 個をすべて自動計算させます。

`VAR` 関数を使って $\{u_i\}$ および $\{Y_i\}$ の標本分散を求めます。理論上は 1/3 であり，$\{u_i\}$ および $\{Y_i\}$ の標本分散がこれに近い値であることを確認してください。

例題 33　線形不偏推定量の分散

確率モデル $Y_i = \alpha + u_i$ において，$\alpha = 100$ であり，誤差項は互いに独立に平均 0，分散 64 の正規分布に従うものとします（$u_i \sim N\left(0, 8^2\right)$，$\sigma^2 = 64$）。サンプルサイズ $n = 4$ の標本を疑似的に 500 回だけ発生させ，α を次の二つの方法で推定しなさい。

$$\hat{\alpha}^A = \frac{1}{4}Y_1 + \frac{1}{4}Y_2 + \frac{1}{4}Y_3 + \frac{1}{4}Y_4$$
$$\hat{\alpha}^B = \frac{1}{4}Y_1 + \frac{1}{8}Y_2 + \frac{3}{8}Y_3 + \frac{1}{4}Y_4$$

上記の推定量の $E\left(\hat{\alpha}^A\right)$，$V\left(\hat{\alpha}^A\right)$，$E\left(\hat{\alpha}^B\right)$，$V\left(\hat{\alpha}^B\right)$ を求め，500 個の推定値に関する標本平均，標本分散を計算しなさい。

解答例

Excel の「分析ツール」の乱数発生を利用してデータを作成します（図 6.8）。

1. ［乱数発生］ダイアログで，［変数の数］を 4，［乱数の数］を 500，［分布］を正規，［平均］を 0，［標準偏差］を 8 とします。
2. ［出力オプション］の［出力先］を選択して，適当な場所を指定します。

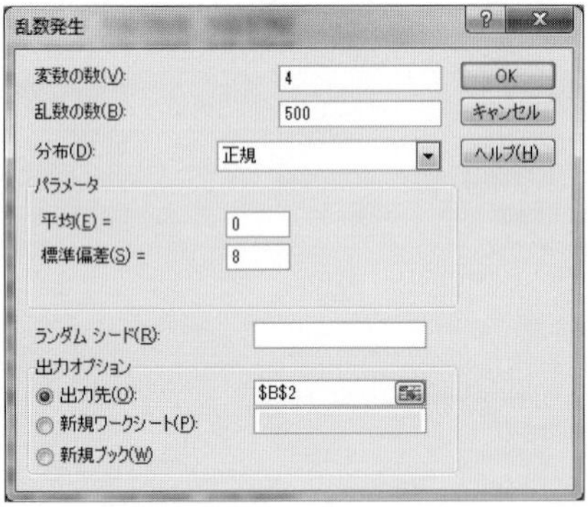

図 6.8　例題 33 の［乱数発生］ダイアログの設定

3. 作成した誤差 u_i を利用して，$Y_i = 100 + u_i$（$i = 1, 2, 3, 4$）を求めます。
4. $\hat{\alpha}^A$，$\hat{\alpha}^B$ をそれぞれ 500 個計算します。

推定量の期待値および分散は次のとおりです。

$$E\left(\hat{\alpha}^A\right) = \frac{1}{4}E(Y_1) + \frac{1}{4}E(Y_2) + \frac{1}{4}E(Y_3) + \frac{1}{4}E(Y_4) = 100$$

$$E\left(\hat{\alpha}^B\right) = \frac{1}{4}E(Y_1) + \frac{1}{8}E(Y_2) + \frac{3}{8}E(Y_3) + \frac{1}{4}E(Y_4) = 100$$

$$\begin{aligned} V\left(\hat{\alpha}^A\right) &= \left(\frac{1}{4}\right)^2 V(Y_1) + \left(\frac{1}{4}\right)^2 V(Y_2) + \left(\frac{1}{4}\right)^2 V(Y_3) + \left(\frac{1}{4}\right)^2 V(Y_4) \\ &= \frac{1}{4} \cdot 64 = 16 \\ V\left(\hat{\alpha}^B\right) &= \left(\frac{1}{4}\right)^2 V(Y_1) + \left(\frac{1}{8}\right)^2 V(Y_2) + \left(\frac{3}{8}\right)^2 V(Y_3) + \left(\frac{1}{4}\right)^2 V(Y_4) \\ &= \frac{9}{32} \cdot 64 = 18 \end{aligned}$$

どちらも線形不偏推定量ですが，分散は $V\left(\hat{\alpha}^A\right) < V\left(\hat{\alpha}^B\right)$ となります。500 個の推定値について標本平均（AVERAGE），標本分散（VAR）を計算し，理論上の値と比較してください。

線形推定量

例題 34

サンプルサイズ $n = 5$ のデータ $\{X_i\} = \{2, 4, 6, 8, 10\}$，$\{Y_i\} = \{54, 47, 43, 37, 29\}$ について，$\{w_i\}$ を計算しなさい。ただし，$w_i = \dfrac{X_i - \bar{X}}{S_{xx}}$ です。その上で，$\sum w_i = 0$，$\sum w_i X_i = 1$，$\sum w_i^2 = \dfrac{1}{S_{xx}}$ となることを計算で確かめなさい。また，$\hat{\beta} = \sum w_i Y_i$ を用いて推定値を求めなさい。

解答例

データより，$\bar{X} = 6$，$S_{xx} = 40$ なので，

$$w_1 = -\frac{1}{10},\ w_2 = -\frac{1}{20},\ w_3 = 0,\ w_4 = \frac{1}{20},\ w_5 = \frac{1}{10}$$

が得られます。したがって，

$$\begin{aligned} \sum w_i &= -\frac{1}{10} - \frac{1}{20} + \frac{1}{20} + \frac{1}{10} = 0 \\ \sum w_i X_i &= -\frac{1}{10} \cdot 2 - \frac{1}{20} \cdot 4 + \frac{1}{20} \cdot 8 + \frac{1}{10} \cdot 10 = 1 \\ \sum w_i^2 &= \left(-\frac{1}{10}\right)^2 + \left(-\frac{1}{20}\right)^2 + \left(\frac{1}{20}\right)^2 + \left(\frac{1}{10}\right)^2 = \frac{10}{400} = \frac{1}{40} \end{aligned}$$

が成立します。推定値は

$$\hat{\beta} = \sum w_i Y_i = -\frac{1}{10} \cdot 54 - \frac{1}{20} \cdot 47 + \frac{1}{20} \cdot 37 + \frac{1}{10} \cdot 29$$

$$= -5.4 - 2.35 + 1.85 + 2.9 = -3$$

となります。

例題 35　単純回帰モデルにおける推定量

サンプルサイズ $n = 5$，$\{X_i\} = \{2, 4, 6, 8, 10\}$，$\alpha = 60$，$\beta = -3$，$u_i \sim N(0, 1)$ のもとで，単純回帰モデル $Y_i = \alpha + \beta X_i + u_i$ のデータ $\{Y_i\}$ を 500 セット作成しなさい。その上で，次の推定量に基づく推定値を同じく 500 セット計算し，理論上の期待値，分散と比較しなさい。

$$\tilde{\beta}^A = w_1Y_1 + w_2Y_2 + w_3Y_3 + w_4Y_4 + w_5Y_5$$
$$\tilde{\beta}^B = \frac{Y_5 - Y_1}{X_5 - X_1}$$

解答例

Excel の「分析ツール」の乱数発生を利用してデータを作成します。はじめに正規乱数 $\{u_1, u_2, u_3, u_4, u_5\}$ を作成します。次に $\{Y_i\}$ を $Y_1 = 60 - 3 \times 2 + u_1$，$Y_2 = 60 - 3 \times 4 + u_2$ のように計算します。$\tilde{\beta}^A$（最小 2 乗推定量と同じ形）において $S_{xx} = 40$，$\bar{X} = 6$ より，$\{w_i\} = \{-0.1, -0.05, 0, 0.05, 0.1\}$ なので，作成したデータ $\{Y_i\}$ を利用して，

$$\tilde{\beta}^A = -0.1Y_1 - 0.05Y_2 + 0.05Y_4 + 0.1Y_5$$

を計算します。

$$\tilde{\beta}^B = \frac{-1}{X_5 - X_1}Y_1 + \frac{1}{X_5 - X_1}Y_5 = -0.125Y_1 + 0.125Y_5$$

なので，$\tilde{\beta}^B$ は定数 $\{c_i\} = \{-0.125, 0, 0, 0, 0.125\}$ による線形推定量であり，$c_i = w_i + d_i$ となる関係を考えると $\{d_i\} = \{-0.025, 0.05, 0, -0.05, 0.025\}$ となるため，

$$\sum d_i = -0.025 + 0.05 - 0.05 + 0.025 = 0$$
$$\sum d_iX_i = -0.025 \cdot 2 + 0.05 \cdot 4 - 0.05 \cdot 8 + 0.025 \cdot 10 = 0$$

が成立し，不偏推定量であることがわかります（$E(\tilde{\beta}^A) = E(\tilde{\beta}^B) = -3$）。分散はそれぞれ，

$$V(\tilde{\beta}^A) = \frac{\sigma^2}{S_{xx}} = \frac{1}{40} = 0.025$$

$$V(\tilde{\beta}^B) = \frac{2\sigma^2}{(X_5 - X_1)^2} = \frac{1}{32} = 0.03125$$

となります。計算した 500 個の推定値 $\tilde{\beta}^A$, $\tilde{\beta}^B$ の標本平均，標本分散を求め，理論上の値と大差ないことを確認します。

残差分散の不偏性

例題 35 の $\tilde{\beta}^A$ を用いて，最小 2 乗法による残差分散を 500 セット計算し，その平均が誤差分散の不偏推定量になっていることを確かめなさい。

解答例

残差は $\hat{u}_i = Y_i - \hat{Y}_i = \left(Y_i - \bar{Y}\right) - \hat{\beta}\left(X_i - \bar{X}\right)$ なので，残差 2 乗和は次のように書き換えることができます。

$$\sum \hat{u}_i^2 = S_{yy} - S_{xx} \cdot \hat{\beta}^2 = S_{yy} - 40 \cdot \hat{\beta}^2$$

S_{yy} は発生させたデータ $\{Y_i\}$ の偏差 2 乗和なので 500 セット計算します。$\hat{\beta}$ には例題 35 の $\tilde{\beta}^A$ を用いて，これも 500 セット計算します。

実験結果は乱数に依存しますが，おおよその傾向として図 6.9 のような分布が得られます。残差 2 乗和は 2 乗和であるため，右裾が長い分布になります。最頻値（最も度数が大きい階級値）を示す階級は 0.25 以上 0.75 未満，中央値は 0.812 ですが，この実験での 500 個の残差分散の平均値は，1.023 になります（平均値は右裾の値に引っ張られます）。これらの統計量から見て，残差分散は真の値 $\sigma^2 = 1$ に等しいと言えるでしょう。

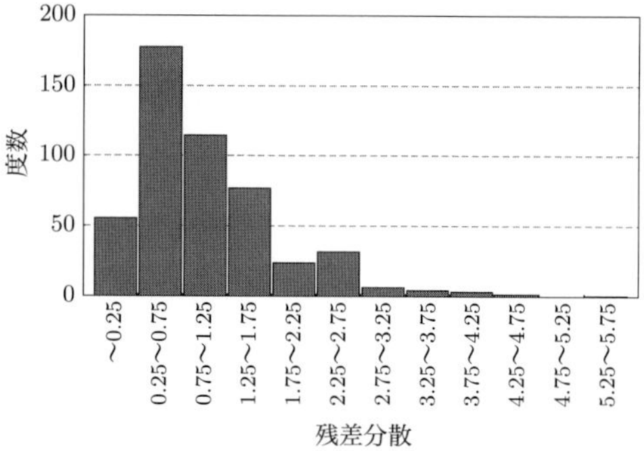

図 6.9 残差分散の分布

例題 37　説明変数と誤差項の相関

回帰モデル $Y_i = \alpha + \beta X_i + u_i$ において，$\{X_i\}$ と $\{u_i\}$ が相関を持つケースを考えます。ここで，

$$X_i = 5u_i + v_i, v_i \sim N\left(0, 10^2\right)$$

という関係が存在するものとします。サンプルサイズ，パラメータ，誤差項の分布を $n = 5$，$\alpha = 3$，$\beta = 0.3$，$u_i \sim N(0, 1)$ と定めます。この条件で最小 2 乗推定量 $\hat{\beta}$ を 500 個計算し，推定量がどのようにバイアスを持つかを確かめなさい。

解答例

例題 35 と同じように，まず誤差項 $u_i \sim N(0,1)$ $(i = 1, \cdots, 5)$ を用意します。次に $v_i \sim N\left(0, 10^2\right)$ $(i = 1, \cdots, 5)$ も用意します。ここで，v_i の母標準偏差は $\sigma_v = 10$ です。作成した $\{u_i\}$ と $\{v_i\}$ を利用して，$X_i = 5u_i + v_i$ $(i = 1, \cdots, 5)$ を作ります。$Y_i = 3 + 0.3X_i + u_i$ より，データ $\{Y_i\}$ を発生させます。図 6.10 のように，$n = 5$ の $\{u_i\}$, $\{v_i\}$, $\{X_i\}$, $\{Y_i\}$ が 500 セット用意できれば推定を行えます。

	A	B	C	D	E	F	G	H	I	J	K	L	M	N	O	P	Q	R	S	T	U
1	i	u1	u2	u3	u4	u5	v1	v2	v3	v4	v5	X1	X2	X3	X4	X5	Y1	Y2	Y3	Y4	Y5
2	1	−0.014	−0.259	−0.624	0.881	0.169	12.931	−22.057	7.482	−11.723	20.342	12.862	−23.352	4.364	−7.315	21.186	6.845	−4.265	3.686	1.687	9.524
3	2	−1.245	0.350	−0.296	−0.596	−0.625	11.175	8.388	6.300	4.184	−2.553	4.947	10.140	4.820	1.204	−5.677	3.239	6.392	4.150	2.765	0.672
4	3	0.277	−0.865	−0.188	0.839	1.284	18.210	−1.244	−2.728	−18.693	−6.382	19.597	−5.570	−3.669	−14.499	0.038	9.156	0.464	1.711	−0.511	4.295
5	4	−1.103	0.516	−1.458	0.480	−0.348	−21.469	−6.434	18.230	−10.005	−5.946	−26.986	−3.854	10.939	−7.603	−7.684	−6.199	2.360	4.824	1.199	0.347
6	5	−1.354	−0.848	0.885	−0.626	−1.099	−1.081	16.660	15.446	−5.068	−0.226	−7.849	12.421	19.871	−8.200	−5.723	−0.708	5.878	9.846	−0.086	0.184
7	6	2.240	−1.421	−0.604	0.209	0.209	7.330	10.934	−18.025	15.464	−13.642	18.530	3.831	−21.043	16.511	−12.599	10.799	2.729	−3.917	8.163	−0.571
8	7	−0.139	0.933	0.347	−0.509	0.328	−8.206	−6.274	−19.885	11.179	5.076	−8.899	−1.610	−18.152	8.636	6.719	0.192	3.450	−2.099	5.082	5.344
9	8	−0.727	−0.063	0.667	1.636	0.698	−0.485	8.141	16.560	−3.242	−3.208	−4.122	7.824	19.893	4.941	0.281	1.036	5.284	9.634	6.119	3.782
10	9	−0.928	0.348	1.066	0.370	0.513	−9.030	20.324	−1.551	−0.620	6.907	−13.669	22.064	3.778	1.230	9.473	−2.029	9.967	5.199	3.739	6.355

図 6.10　説明変数と誤差項の相関があるデータ

最小 2 乗推定量は Excel の `SLOPE` 関数を用いて計算します。500 個の推定値のヒストグラムを図 6.11 に示します。この実験では推定値の平均値は 0.341 となったので (使用する乱数に依存します)，真の値よりも過大に推定される傾向があることがわかります。図 6.11 では，0.325 以上 0.375 未満の階級にデータが多く集まっています。

説明変数と誤差項が独立であれば，推定量における $\sum w_i u_i$ の期待値は 0 になります。しかし，独立でない場合は，その偏りは S_{xx} および $\sum\left(X_i - \bar{X}\right)u_i = S_{xu}$ の大きさによって決まります。データより，S_{xx} および S_{xu} を求めると，$\hat{\beta} = \beta + \dfrac{S_{xu}}{S_{xx}}$ となっていることが確認できます。この実験での $\dfrac{S_{xu}}{S_{xx}}$ の平均値は 0.041 であり，推定値の平均値が 0.341 であったことから，$0.341 = 0.3 + 0.041$ であり，整合的で

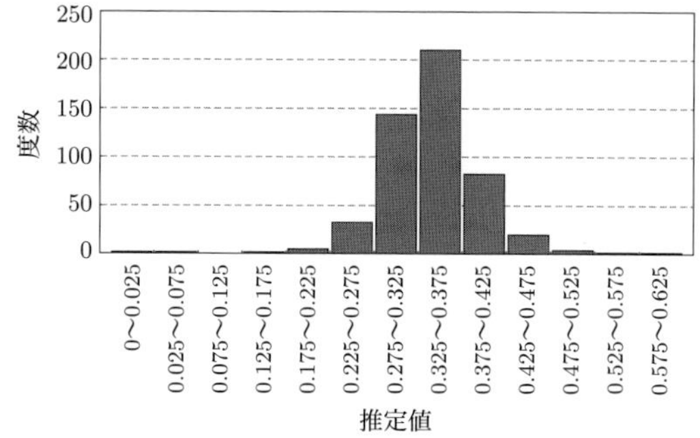

図 6.11 偏りのある推定値の分布（真の値 $\beta = 0.3$）

す。バイアスの大きさは $\{X_i\}$ と $\{u_i\}$ の相関の程度によります。500 個の相関係数の平均値は 0.422 でした。

例題 38 分散不均一

説明変数を $\{X_i\} = \{2, 4, 6, 8, 10\}$ とする回帰モデル $Y_i = \alpha + \beta X_i + u_i$ において，誤差項が次の構造を持っているとします。

$$u_i = X_i v_i, v_i \sim N(0, 1)$$

サンプルサイズ $n = 5$，パラメータ $\alpha = 60$，$\beta = -3$ と定めます。この条件で最小 2 乗推定値 $\hat{\beta}$ を 500 個計算し，推定値の平均・分散と推定量の期待値・分散とを比較しなさい。

解答例

はじめに $v_i \sim N(0, 1)$ に従う正規乱数を作成し，$u_i = X_i v_i$ を求めます。$\alpha = 60$，$\beta = -3$，$\{X_i\} = \{2, 4, 6, 8, 10\}$ より，$Y_i = \alpha + \beta X_i + u_i$ に従ってデータを 500 個発生させます。誤差項の期待値と分散は

$$E(u_i) = X_i E(v_i) = 0$$
$$V(u_i) = X_i^2 E\left(v_i^2\right) = X_i^2 = \sigma_i^2$$

となっており，不偏性はありますが，明らかに分散不均一になります。推定量の期待値は $E(\hat{\beta}) = \beta = -3$，分散は

$$V(\hat{\beta}) = \frac{\sum \left(X_i - \bar{X}\right)^2 \sigma_i^2}{S_{xx}^2} = \frac{\sum \left(X_i - \bar{X}\right)^2 X_i^2}{S_{xx}^2}$$

$$= \frac{16 \cdot 4 + 4 \cdot 16 + 4 \cdot 64 + 16 \cdot 100}{40^2} = \frac{1,984}{1,600} = 1.24$$

となります。500 個の推定値は平均 -3.0977，分散 1.2810 となります（乱数なので参考値です）。

6.6 練習問題

6.1　推定量と推定値の違いについて説明しなさい。

6.2　確率モデル $Y_i = \alpha + u_i$，$u_i \sim N\left(0, \sigma^2\right)$ について，$n = 5$ の標本からなる線形不偏推定量の例を一つ挙げ，その不偏性を示しなさい。

6.3　単純回帰モデル $Y_i = \alpha + \beta X_i + u_i$ $(i = 1, 2, \cdots, 50)$ について，仮定 i, ii, iii, iv が満たされ，誤差項の分散は $\sigma^2 = 25$ であるとします。また，説明変数 $\{X_i\}$ の偏差 2 乗和は $S_{xx} = 10$ とします。β の最小 2 乗推定量の分散を求めなさい。

6.4　$n = 4$ のデータ $\{X_i\} = \{4, 7, 8, 9\}$, $\{Y_i\} = \{8, 9, 17, 14\}$ について $\{w_i\}$ を計算しなさい。ただし，$w_i = \dfrac{X_i - \bar{X}}{S_{xx}}$ です。その上で，$\sum w_i = 0$, $\sum w_i X_i = 1$, $\sum w_i^2 = \dfrac{1}{S_{xx}}$ となることを計算で確かめなさい。また，$\hat{\beta} = \sum w_i Y_i$ を用いて推定値を求めなさい。

6.5　仮定 i が満たされず，説明変数が確率変数であるとします。説明変数と誤差項が独立である場合と独立でない場合とでは，不偏性および一致性についてどのような違いが生じるかを論じなさい。

6.6　回帰モデルの仮定 i, ii は満たされるが，iii と iv は同時に満たされないとします。$Y_i = \alpha + \beta X_i + u_i$ の最小 2 乗推定量 $\hat{\alpha}$, $\hat{\beta}$ の分散を求めなさい。

第7章 回帰モデルの診断と選択

第3, 4, 5章では，さまざまな推定式を例に，回帰分析の実践例を説明しました。初歩的な分析方法を理解した分析者が直面する次の問題は，分析しようとしている推定式自体が十分に検討されたものであるという証拠を示すことです。7.1節では，説明変数が少なすぎたり多すぎたりすると，どのような問題が起こりうるのかを検討します。7.2節では，第6章で問題点が指摘された説明変数と誤差項に相関がある場合の対処法について学びます。7.3節では，誤差項の分散不均一，系列相関の検出方法および対処方法について学びます。

キーワード　過少定式化，過剰定式化，多重共線性，操作変数法，連立（同時）方程式モデル，同時方程式バイアス，2段階最小2乗法，ブルーシュ＝ペイガン検定，ホワイト検定，分散不均一一致標準誤差，重み付き最小2乗法，1階の自己回帰モデル，ダービン＝ワトソン検定

7.1 説明変数の選択

7.1.1 説明変数の過不足

第5章では，男性と女性の経済行動の違いについて，ダミー変数を用いた回帰分析で検討しました。たとえば，同一年齢層の独身男女のサンプルを用いて，ある商品の支出額 Y_i，可処分所得 X_{2i}，女性のとき1となるダミー変数 X_{3i} からなる回帰モデルを推定するとします。

$$[\mathrm{A}] \quad Y_i = \beta_1 + \beta_2 X_{2i} + \beta_3 X_{3i} + u_i \tag{7.1}$$

性別による違いは，ダミー変数係数 β_3 の推定値の有意性に依存しています。有意性がないのであれば，

$$[\mathrm{B}] \quad Y_i = \alpha + \beta X_{2i} + u_i \tag{7.2}$$

が好ましいモデルであると言えます。

分析者がすべてのデータを利用できるのであれば，このようなチェックは苦もなくできるでしょう。しかしながら，実際には分析者は利用可能なデータの範囲内で

しかモデルを推定できません。その場合，真のモデルを構成する重要な変数がないまま分析結果を吟味せざるを得ません。逆に，真のモデルとは無関係に利用可能な変数を使用することもできます。いずれにしろ，分析者が間違いを犯す危険性は十分にあるということです。このような制約下で分析者にとって大事な点は，重要な変数が欠落している場合の問題点と無関係な変数がモデルに含まれてしまうときの問題点を理解することです。

♦ 過少定式化

真のモデルが［A］(7.1) であるにも関わらず，誤って［B］(7.2) を推定したときの影響を考えます。［B］の推定量は

$$\hat{\beta} = \frac{S_{2y}}{S_{22}} = \sum w_{2i} Y_i \tag{7.3}$$

となります。ただし，S_{22} は $\{X_{2i}\}$ の偏差2乗和，S_{2y} は $\{X_{2i}\}$ と $\{Y_i\}$ の偏差の積和であり，$w_{2i} = \dfrac{X_{2i} - \bar{X}_2}{\sum \left(X_{2i} - \bar{X}_2\right)^2}$ です。しかしながら，真のモデルは［A］なので，式 (7.3) の推定量に式 (7.1) を代入すると

$$\hat{\beta} = \sum w_{2i} \left(\beta_1 + \beta_2 X_{2i} + \beta_3 X_{3i} + u_i\right) \tag{7.4}$$

が得られます。ここで，次が成立します。

$$\sum w_{2i} = \frac{1}{S_{22}} \sum \left(X_{2i} - \bar{X}_2\right) = 0$$
$$\sum w_{2i} X_{2i} = \frac{1}{S_{22}} \sum \left(X_{2i} - \bar{X}_2\right) X_{2i} = \frac{S_{22}}{S_{22}} = 1$$
$$\sum w_{2i} X_{3i} = \frac{1}{S_{22}} \sum \left(X_{2i} - \bar{X}_2\right) X_{3i} = \frac{S_{23}}{S_{22}}$$

つまり，過少に定式化されたモデルの推定量は，次のように書けます。

$$\hat{\beta} = \beta_2 + \beta_3 \frac{S_{23}}{S_{22}} + \sum w_{2i} u_i \tag{7.5}$$

式 (7.5) の推定量としての性質を調べてみましょう。まず，期待値をとると

$$E(\hat{\beta}) = \beta_2 + \beta_3 \frac{S_{23}}{S_{22}} + \sum w_{2i} E\left(u_i\right) = \beta_2 + \beta_3 \frac{S_{23}}{S_{22}} \tag{7.6}$$

であり，明らかに不偏性がありません。偏りの大きさ $E(\hat{\beta}) - \beta_2$ は β_3 と S_{23} の符号の組み合わせで決まってきます（表7.1）。このように，必要な変数が除外されることによって生じる偏りのことを**除外変数バイアス**とよびます。

表 7.1 除外変数バイアス

	$\beta_3 > 0$	$\beta_3 < 0$
$S_{23} > 0$	+	−
$S_{23} < 0$	−	+

●●● 例 7.1 ●●●

真のモデル［A］(7.1) の推定量 $\hat{\beta}_2$ と過少定式化モデル［B］(7.2) の推定量 $\hat{\beta}$ の分布を，実験で比較しましょう。サンプルサイズは $n = 5$，説明変数は $\{X_{2i}\} = \{1, 2, 3, 4, 5\}$, $\{X_{3i}\} = \{10, 4, 2, 4, 1\}$, 誤差項は $u_i \sim N(0, 1)$, パラメータは $\beta_1 = 1$, $\beta_2 = 2$, $\beta_3 = 3$ とします。観測データ $\{Y_i\}$ を $Y_i = 1 + 2X_{2i} + 3X_{3i} + u_i$ より 500 セット発生させ，次のモデルから $\{X_{2i}\}$ の係数推定値をそれぞれ 500 セット計算します。

$$\text{真のモデル［A］} \quad Y_i = \beta_1 + \beta_2 X_{2i} + \beta_3 X_{3i} + u_i$$
$$\text{過少定式化モデル［B］} \quad Y_i = \alpha + \beta X_{2i} + u_i$$

式 (7.6) より［B］の推定量 $\hat{\beta}$ の期待値は，$\beta_3 \dfrac{S_{23}}{S_{22}}$ の大きさに応じて偏りを持ちます。$\beta_2 = 2$，$\beta_3 = 3$，$S_{23} = -18$，$S_{22} = 10$ より

$$E(\hat{\beta}) = \beta_2 + \beta_3 \frac{S_{23}}{S_{22}} = 2 + 3 \cdot \frac{-18}{10} = -3.4$$

となり，すなわち，過少定式化モデルは $E(\hat{\beta}) = -3.4$ を中心とする分布を持つことが予想されます。図 7.1 は実験結果のヒストグラムです。真のモデル［A］の推定値は $\beta_2 = 2$ を中心にした分布であり，不偏性があると言えます。一方，過少定式化モデル［B］の推定値は，$\{X_{3i}\}$ を除外したことによって負のバイアスが生じています。

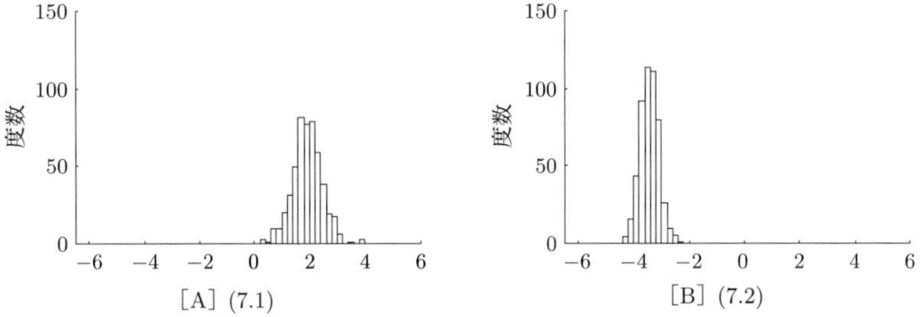

図 7.1 真のモデル［A］と過少定式化モデル［B］の推定値

♦ 過剰定式化

真のモデルが［B］(7.2) であるにも関わらず，誤って［A］(7.1) を推定したときの影響を考えます。［A］の推定量は

$$\tilde{\beta}_2 = \frac{S_{33}S_{2y} - S_{23}S_{3y}}{S_{22}S_{33} - S_{23}^2} = \sum h_i Y_i \tag{7.7}$$

と書けます。ただし，

$$h_i = \frac{S_{33}\left(X_{2i} - \bar{X}_2\right) - S_{23}\left(X_{3i} - \bar{X}_3\right)}{S_{22}S_{33} - S_{23}^2}$$

です。真のモデルは［B］なので，式 (7.2) を式 (7.7) に代入すると

$$\tilde{\beta}_2 = \sum h_i\left(\alpha + \beta X_{2i} + u_i\right) = \beta + \sum h_i u_i \tag{7.8}$$

が得られます。ただし，

$$\sum h_i = \frac{S_{33}\sum\left(X_{2i} - \bar{X}_2\right) - S_{23}\sum\left(X_{3i} - \bar{X}_3\right)}{S_{22}S_{33} - S_{23}^2} = 0$$

$$\sum h_i X_{2i} = \frac{S_{33}\sum\left(X_{2i} - \bar{X}_2\right)X_{2i} - S_{23}\sum\left(X_{3i} - \bar{X}_3\right)X_{2i}}{S_{22}S_{33} - S_{23}^2}$$

$$= \frac{S_{33}S_{22} - S_{23}^2}{S_{22}S_{33} - S_{23}^2} = 1$$

です。式 (7.8) の期待値をとると，$E(\tilde{\beta}_2) = \beta + \sum h_i E\left(u_i\right) = \beta$ より，不偏性があります。また，回帰モデルの仮定 iii, iv が成立するとき，式 (7.8) の分散は

$$V(\tilde{\beta}_2) = E\left[\sum_i h_i^2 u_i^2 + \sum_{i \neq j}\sum_{j \neq i} h_i h_j u_i u_j\right]$$

$$= \sum h_i^2 E\left(u_i^2\right) = \sigma^2 \frac{S_{33}}{S_{22}S_{33} - S_{23}^2} \tag{7.9}$$

となります。ここで，

$$\sum h_i^2 = \sum \frac{S_{33}^2(X_{2i}-\bar{X}_2)^2 - 2S_{33}S_{23}(X_{2i}-\bar{X}_2)(X_{3i}-\bar{X}_3) + S_{23}^2(X_{3i}-\bar{X}_3)^2}{(S_{22}S_{33} - S_{23}^2)^2}$$

$$= \frac{S_{33}^2 S_{22} - 2S_{33}S_{23}^2 + S_{23}^2 S_{33}}{(S_{22}S_{33} - S_{23}^2)^2} = \frac{S_{33}(S_{22}S_{33} - S_{23}^2)}{(S_{22}S_{33} - S_{23}^2)^2} = \frac{S_{33}}{S_{22}S_{33} - S_{23}^2}$$

です。真のモデル［B］の推定量 $\hat{\beta} = \dfrac{S_{2y}}{S_{22}}$ の分散は

$$V(\hat{\beta}) = \sigma^2 \frac{1}{S_{22}}$$

なので，

$$\frac{S_{33}}{S_{22}S_{33} - S_{23}^2} = \frac{1}{S_{22} - \underbrace{\dfrac{S_{23}^2}{S_{33}}}_{\geq 0}} > \frac{1}{S_{22}}$$

より $V(\tilde{\beta}_2) \geq V(\hat{\beta})$ となり，最小 2 乗推定量の有効性が失われます。

●●● 例 7.2 ●●●

真のモデル［B］(7.2) の推定量 $\hat{\beta}$ と過剰定式化モデル［A］(7.1) の推定量 $\hat{\beta}_2$ の分布を実験で比較しましょう。サンプルサイズは $n = 5$，説明変数は $\{X_{2i}\} = \{1, 2, 3, 4, 5\}$，$\{X_{3i}\} = \{10, 4, 2, 4, 1\}$，誤差項は $u_i \sim N(0, 1)$，パラメータは $\beta_1 = 1$，$\beta_2 = 2$ とします。観測データ $\{Y_i\}$ を $Y_i = 1 + 2X_{2i} + u_i$ より 500 セット発生させ，次のモデルから $\{X_{2i}\}$ の係数推定値をそれぞれ 500 セット計算します。

$$\begin{array}{rl} \text{真のモデル［B］} & Y_i = \alpha + \beta X_{2i} + u_i \\ \text{過剰定式化モデル［A］} & Y_i = \beta_1 + \beta_2 X_{2i} + \beta_3 X_{3i} + u_i \end{array}$$

［B］の推定量 $\hat{\beta}$ の分散は $V(\hat{\beta}) = \dfrac{\sigma^2}{S_{22}} = 0.1$，過剰定式化モデルの推定量 $\hat{\beta}_2$ の分散は，式 (7.9) より

$$V(\tilde{\beta}_2) = \sigma^2 \frac{S_{33}}{S_{22}S_{33} - S_{23}^2} = \frac{48.8}{10 \cdot 48.8 - (-18)^2} = 0.298$$

なので，過剰定式化モデルの推定量は有効性が失われます。図 7.2 は 500 回の実験による推定値の分布を示しています。過剰定式化モデル［A］の推定値は，真のモデルに比べて分散が大きくなっていることがわかります。

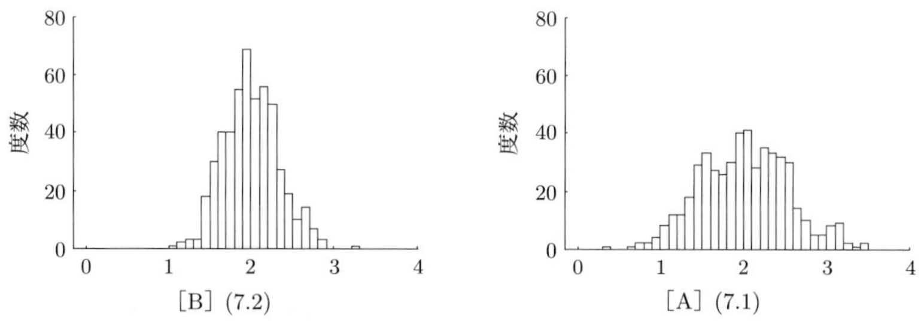

図 7.2　真のモデル［B］と過剰定式化モデル［A］の推定値

♦ 変数の過不足についてのまとめ

過少定式化による誤りがあるとき，推定量には不偏性がありません。その一方で，過剰定式化による誤りがある場合は，推定量には不偏性がありますが，真のモデルに比べて有効性がありません。どちらの誤りも好ましくない結果をもたらしますが，過少定式化より過剰定式化による誤りのほうがまだましだと言えます。実際の推定において，不偏性を得るために関連があると期待される変数を増やしていくことは，変数選択において意味のある戦略と言えますが，有効性が失われてしまう点に注意する必要があります。

過少定式化になっているかどうかを調べる方法が，ラムゼイ（James Bernard Ramsey）によって提案されています。過少定式化が疑われる場合，除外された変数が利用可能でないならば，除外変数の代理変数を利用し，その係数推定値の有意性から除外変数の有無を判断します。代理変数の候補として，ラムゼイは過少定式化モデルの残差を理論値 $\hat{Y}_i$ とそのべき乗 $\hat{Y}_i^2$, $\hat{Y}_i^3$, $\hat{Y}_i^4$ などに回帰したときの残差の理論値を勧めています。理論値とそのべき乗変数の係数がすべて 0 であるという仮説を F 検定によってチェックし，棄却できない場合は除外変数が存在している疑いが強くなります。

7.1.2　説明変数間の強い相関

説明変数を過剰に持つモデルを推定作業の出発点におくことは，真のモデルを探索する上での一つの戦略であると言えます。ただし，多数の説明変数を利用する際の回帰分析の欠点として，**多重共線性**に陥る問題が挙げられます。定数項や説明変数間に完全な線形関係がある場合，推定値を計算できなくなりますが，完全な線形関係とは言わないまでも強い相関関係があると，推定値や標準誤差に悪影響が出ることが知られています。

たとえば，式 (7.1) において $\{X_{2i}\}$ と $\{X_{3i}\}$ の相関係数を

$$r_{23} = \frac{S_{23}}{\sqrt{S_{22} \cdot S_{33}}} \tag{7.10}$$

と定義します。β_2 の最小 2 乗推定量の分散は

$$V(\hat{\beta}_2) = \sigma^2 \frac{S_{33}}{S_{22}S_{33} - S_{23}^2} = \sigma^2 \frac{S_{33}}{S_{22}S_{33}(1 - r_{23}^2)}$$

なので，相関係数 r_{23} が 1 に近づくと分母は 0 に近づき，標準誤差は極端に大きい値をとることになります。したがって，t 値が小さくなるので $\beta_2 = 0$ を棄却しづらくなります。

相関関係の強さを原因とする多重共線性の有無を診断するために，**分散膨張因子**（variance inflation factor; VIF）を用いる方法があります。$\{X_{2i}\}$ を定数項と $\{X_{3i}\}$ に回帰して得られる決定係数を R_2^2 として，次を計算します。

$$\mathrm{VIF}(\hat{\beta}_2) = \frac{1}{1 - R_2^2}$$

$\{X_{2i}\}$ と $\{X_{3i}\}$ の相関がまったくなければ，VIF は 1 になります。逆に相関が強ければ，VIF は大きい値をとります。多数の説明変数がある場合には，対象となる変数を他のすべての変数に回帰して決定係数を求め，それらの VIF の平均値を多重共線性の判断材料にします。

しかしながら，この手法は理想的な状況（$\mathrm{VIF} = 1$）との比較ができるだけで，どの変数を削るべきか，あるいは採用すべきかについて具体的な対処法を示すものではありません。

●●● 例 7.3 ●●●

表 7.2 のデータは，相関係数 0.953 という高い相関関係がある二つの説明変数 $\{X_{2i}\}$, $\{X_{3i}\}$ を持つ回帰モデルのデータセットです。図 7.3 のように，$\{X_{2i}\}$ と $\{Y_i\}$，$\{X_{3i}\}$ と $\{Y_i\}$ には強い相関があります。単純回帰分析の結果は次のようになります。

$$\hat{Y}_i = \underset{(2.55)}{19.09} + \underset{(15.15)}{15.15}\, X_{2i},\quad R^2 = 0.912$$

$$\hat{Y}_i = \underset{(0.63)}{0.96} + \underset{(79.06)}{3.40}\, X_{3i},\quad R^2 = 0.997$$

表 7.2 説明変数間に強い相関があるデータ

i	Y_i	X_{2i}	X_{3i}	i	Y_i	X_{2i}	X_{3i}
1	49	2	15	11	80	5	22
2	114	7	32	12	126	7	37
3	96	3	28	13	123	6	35
4	56	3	16	14	88	6	26
5	177	10	52	15	112	6	33
6	120	6	36	16	33	1	10
7	101	5	29	17	156	9	46
8	168	10	49	18	116	6	33
9	179	10	52	19	99	6	29
10	179	10	53	20	104	7	31

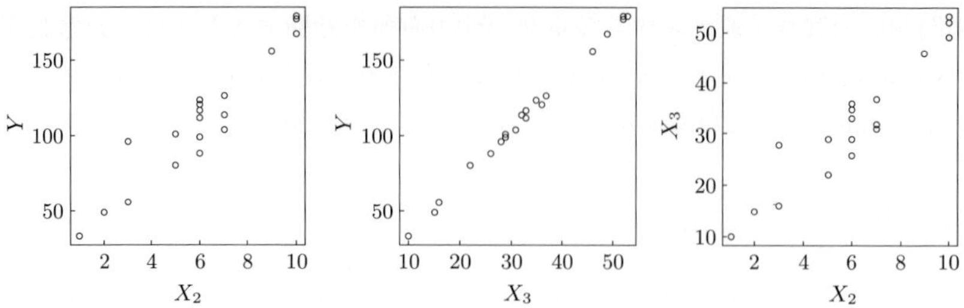

図 7.3　表 7.2 のデータの散布図

$\{Y_i\}$ を定数項と $\{X_{2i}\}, \{X_{3i}\}$ に回帰させると，次が得られます。

$$\hat{Y}_i = \underset{(0.82)}{1.28} + \underset{(0.91)}{0.60}\ X_{2i} + \underset{(22.97)}{3.28}\ X_{3i}, \quad R^2 = 0.997$$

多重回帰モデルでは，$\{X_{2i}\}$ の有意性が失われてしまいます。

7.2　操作変数法と 2 段階最小 2 乗法

第 6 章において，説明変数と誤差項が独立でない場合の問題点を明らかにしました。本節では，これに対する具体的な対処方法を説明します。

7.2.1　操作変数法

◆ 観測誤差

傘の売上高を分析するために，次のモデルを推定するものとしましょう。

$$Y_i = \alpha + \beta X_i^* + u_i \tag{7.11}$$

ここで，Y_i は傘の売上，X_i^* は降水量を表します。いま，降水量のデータが得られず，湿度 X_i を式 (7.11) で利用するとしましょう。ただし，湿度データは降水量に大きく依存しており，その関係が

$$X_i = X_i^* + v_i \tag{7.12}$$

であるとします。ここで，v_i は確率誤差項を示します（$E(v_i) = 0$，$E(v_i^2) = \sigma_v^2$）。真のモデルが式 (7.11) であるとき，X_i^* の代理変数として湿度 X_i を用いた回帰式は

$$Y_i = \alpha + \beta X_i + u_i = \alpha + \beta\left(X_i^* + v_i\right) + u_i \tag{7.13}$$

となり，説明変数 X_i は確率変数として扱われます。もし，$\mathrm{Cov}(v_i, u_i) \neq 0$ ならば，$\mathrm{Cov}(X_i, u_i) \neq 0$ となり，推定量の不偏性と一致性が失われます。すなわち，式 (7.13) の最小 2 乗推定量は

$$\hat{\beta} = \beta + \frac{\sum \left(X_i^* - \bar{X}^*\right) u_i + \sum (v_i - \bar{v}) u_i}{\sum \left\{\left(X_i^* - \bar{X}^*\right) - (v_i - \bar{v})\right\}^2}$$

であり，期待値は 0 になりません。

なお，観測誤差がある場合でも $\mathrm{Cov}(X_i, u_i) = 0$ であれば不偏性に問題はなく，これまでどおりの分析が行えます。重要な点は説明変数と誤差項が相関を持つか否かです。

♦ 操作変数

このように代理変数による観測誤差が生じてしまうケースは，計量経済分析において多々あります。説明変数と誤差項の間に相関がある場合の対処方法の一つとして，**操作変数法**（instrumental variable method）があります。操作変数法を用いると，推定量は一致性を持ちます。

操作変数法で用いられる操作変数 $\{Z_i\}$ には，次の性質があります。

［外生性］ $\{Z_i\}$ と誤差項 $\{u_i\}$ は無相関： $\mathrm{Cov}(Z_i, u_i) = 0$
［関連性］ $\{Z_i\}$ と説明変数 $\{X_i\}$ は相関を持つ： $S_{zx} \neq 0$

このとき，**操作変数推定量** $\hat{\beta}_{IV}$, $\hat{\alpha}_{IV}$ は，次のように定義されます。

$$\hat{\beta}_{IV} = \frac{S_{zy}}{S_{zx}}, \quad \hat{\alpha}_{IV} = \bar{Y} - \hat{\beta}_{IV}\bar{X} \tag{7.14}$$

操作変数推定量が一致性を持つことを確かめるために，式 (7.14) の $\hat{\beta}_{IV}$ について誤差項を含む式に書き換えると

$$\hat{\beta}_{IV} = \beta + \frac{S_{zu}}{S_{zx}} = \beta + \frac{\dfrac{S_{zu}}{n}}{\dfrac{S_{zx}}{n}} \tag{7.15}$$

が得られます。ここで，$\dfrac{S_{zu}}{n}$ は $\{Z_i\}$ と $\{u_i\}$ の相関を示しており，n が十分に大きいとき $\mathrm{Cov}(Z_i, u_i)$ に一致します。したがって，操作変数の［外生性］の性質 $\mathrm{Cov}(Z_i, u_i) = 0$ により，n が増大すると $\dfrac{S_{zu}}{n}$ は 0 に近づきます。$\dfrac{S_{zx}}{n}$ は $\{Z_i\}$ と $\{X_i\}$ の標本共分散であり，［関連性］の仮定より，n が増大すると真の共分散に近

づき，その値はゼロ以外のある値になります。結局，n が増大すると $\hat{\beta}_{IV}$ は β に一致します（一致性）。

操作変数法では，適切な操作変数を探し出せるかどうかが重要です。たとえば時系列データであれば，当該変数の1期前のデータを利用する方法があります。そうでない場合でも，できるだけ $\{X_i\}$ との相関が高い $\{Z_i\}$ を見つけ出す必要があります。$\{X_i\}$ を定数項と $\{Z_i\}$ に回帰した予備方程式を推定し，$\{Z_i\}$ の係数推定値の有意性から $\{Z_i\}$ を［関連性］のある操作変数と考えることもできます。ただし，この予備方程式の誤差項が $\{u_i\}$ と無相関である必要があります。

操作変数推定量の標準誤差は，次のようにして計算します。n が十分に大きければ $\hat{\beta}_{IV}$ は β に一致します。その場合の分散および標準誤差は

$$V(\hat{\beta}_{IV}) = \hat{\sigma}_{IV}^2 \cdot \frac{S_{zz}}{S_{zx}^2}, \quad s_{\hat{\beta}_{IV}} = \frac{\hat{\sigma}_{IV}\sqrt{S_{zz}}}{S_{zx}} \tag{7.16}$$

より計算します。ここで，$\hat{\sigma}_{IV}^2$ は残差分散

$$\sigma_{IV}^2 = \frac{\sum \hat{u}_i^2}{n-2} = \frac{1}{n-2}\sum\left(Y_i - \hat{\alpha}_{IV} - \hat{\beta}_{IV}X_i\right)^2$$

より求めます。

●●● 例 7.4 ●●●

年齢，勤務先の企業規模，業種が同一の30人の労働者に関して，彼ら個人の能力が賃金 $\{Y_i\}$ にどう影響するのかを分析しましょう（表7.3）。しかし，能力そのものを数値化したデータは得にくいので，これを教育年数 $\{X_i\}$ で代理することにします。教育年数 $\{X_i\}$ は能力の代理変数であり，観測誤差を持つ可能性があります。そこで，労働者本人の教育年数との関連性が高いと考えられる両親の教育年数の和 $\{Z_i\}$ を操作変数として利用します。

労働者本人の教育年数 $\{X_i\}$ と両親の教育年数の和 $\{Z_i\}$ の関係は，次のようになります。

$$\hat{X}_i = \underset{(1.38)}{3.718} + \underset{(3.78)}{0.374}\,Z_i, \ \ R^2 = 0.338$$

$\{Z_i\}$ の係数推定値は有意なので，関連性があると考えてよいでしょう。操作変数を用いない場合と用いた場合の推定結果を表7.4に示します。両親の教育年数の和が賃金に与える影響は，本人の教育年数が与える影響よりも若干大きいことがわかります。

表 7.3 賃金と能力

i	賃金〔万円/月〕 Y_i	教育年数 X_i	両親の教育年数の和 Z_i	i	賃金〔万円/月〕 Y_i	教育年数 X_i	両親の教育年数の和 Z_i
1	24	9	24	16	37	12	21
2	22	12	24	17	37	16	30
3	20	12	24	18	37	16	32
4	23	9	21	19	37	12	24
5	26	12	26	20	37	16	30
6	27	12	23	21	37	16	32
7	29	12	28	22	39	16	24
8	32	15	24	23	39	14	24
9	33	12	28	24	42	12	24
10	33	12	28	25	44	12	26
11	34	12	28	26	44	16	32
12	35	16	21	27	45	18	34
13	35	18	28	28	49	12	21
14	36	16	32	29	50	16	28
15	36	12	32	30	65	18	32

表 7.4 最小 2 乗法と操作変数法による推定結果

	最小 2 乗法			操作変数法		
	推定値	t 値	p 値	推定値	t 値	p 値
定数項	7.350	0.933	0.359	3.926	0.292	0.771
教育年数	2.091	3.713	0.001	-	-	-
両親の教育年数の和	-	-	-	2.340	2.406	0.016
決定係数	0.330			0.330		

7.2.2 連立方程式モデル

♦ 需給均衡モデル

需給均衡モデルは，市場経済が価格メカニズムによって売り手と買い手の調整を図る様子を簡明に説明します。経済学では最も基本的なモデルであっても，実証分析を行う場合にはいくつかの問題をクリアしていく必要があります。

ある財の需要関数は，その財の価格と他の要因（買い手の所得，代替財や補完財の価格，季節など）によって決まります。単純化された線形の需要関数をたとえば次のように書きます。

$$[\text{需要関数}]\quad Q = a_1 + a_2P + a_3I \tag{7.17}$$

ここで，Q は数量（需要量），P は価格，I は可処分所得です。需要曲線は価格に対して右下がりなので $a_2 < 0$ とし，正常財であれば所得の増加は需要を増大させるので $a_3 > 0$ とします。

供給量には，当該財の価格のほかに生産要素や中間財の価格，技術水準，季節などが関連しています。単純化された供給関数は次のように書けます。

$$[\text{供給関数}] \quad Q = b_1 + b_2 P + b_3 M \tag{7.18}$$

ここで，Q は数量（供給量），P は価格，M は原材料価格です。供給曲線は価格に対して右上がりなので $b_2 > 0$ とし，原材料価格の上昇は売り手の利潤を圧迫して供給を減少させるので $b_3 < 0$ とします。

一般に需給均衡は，式 (7.17) と式 (7.18) の連立（同時）方程式の解として与えられます。つまり，2 本の方程式に対して未知の解 (Q, P) を導きます。変数 Q, P, I, M のうち，Q, P はモデルの中で決定される変数なので，**内生変数**とよびます。また，I, M はモデルの外側ですでに決定されている変数なので**外生変数**とよびます。連立方程式を解くと，次の均衡価格方程式と均衡数量方程式が得られます。

$$[\text{均衡価格方程式}] \quad P = \alpha_1 + \alpha_2 I + \alpha_3 M \tag{7.19}$$

$$\text{ただし}\ \ \alpha_1 = \frac{-a_1 + b_1}{a_2 - b_2}, \quad \alpha_2 = \frac{\overbrace{-\,a_3}^{(-)}}{\underbrace{a_2 - b_2}_{(-)}} > 0, \quad \alpha_3 = \frac{\overbrace{b_3}^{(-)}}{\underbrace{a_2 - b_2}_{(-)}} > 0$$

$$[\text{均衡数量方程式}] \quad Q = \beta_1 + \beta_2 I + \beta_3 M \tag{7.20}$$

$$\text{ただし}\ \ \beta_1 = \frac{-a_1 b_2 + a_2 b_1}{a_2 - b_2}, \quad \beta_2 = \frac{\overbrace{-a_3 b_2}^{(-)}}{\underbrace{a_2 - b_2}_{(-)}} > 0, \quad \beta_3 = \frac{\overbrace{a_2 b_3}^{(+)}}{\underbrace{a_2 - b_2}_{(-)}} < 0$$

ここで，$a_2 < 0$，$a_3 > 0$，$b_2 > 0$，$b_3 < 0$ の符号条件から均衡価格および均衡数量のパラメータの符号 $\alpha_2 > 0$，$\alpha_3 > 0$，$\beta_2 > 0$，$\beta_3 < 0$ も決まります。式 (7.17) や式 (7.18) のように経済理論に基づいて記述される式の形を**構造型**，式 (7.19) や式 (7.20) のように内生変数 Q, P を外生変数だけからなる式で表現した形を**誘導型**とよびます。

◆ 連立方程式モデルの問題点

式 (7.17) の需要関数と式 (7.18) の供給関数を推定モデルと考えて，次のように書き直します。

$$Q_i = a_1 + a_2 P_i + a_3 I_i + u_i^D \qquad (i = 1, 2, \cdots, n) \tag{7.21}$$
$$Q_i = b_1 + b_2 P_i + b_3 M_i + u_i^S$$

ここで，u_i^D は需要関数の誤差項，u_i^S は供給関数の誤差項を示します。式 (7.21) における供給関数を価格 P_i について解くと

$$P_i = \underbrace{-\frac{b_1}{b_2} + \frac{1}{b_2}Q_i - \frac{b_3}{b_2}M_i}_{\text{真の価値}} + \underbrace{\left(-\frac{1}{b_2}u_i^S\right)}_{\text{誤差}} = P_i^* + v_i$$

が得られます。すなわち，価格データは供給関数で示唆される真の価格 P_i^* と誤差 v_i からなる式で表現されます。これを需要関数に代入すると，

$$Q_i = a_1 + a_2\left(P_i^* + v_i\right) + a_3 I_i + u_i^D \tag{7.22}$$

なので，$\mathrm{Cov}\left(u_i^D, u_i^S\right) = 0$ でない限り，式 (7.22) の説明変数 P_i と u_i^D は相関を持ち，推定量の不偏性だけでなく，一致性も失われます。このことは，需要関数と供給関数を別々に推定したのでは，推定量に偏りが生じてしまうことを意味します。この偏りを**同時方程式バイアス**とよんでいます。

これを回避するための手段として，間接最小 2 乗法があります。式 (7.19) および式 (7.20) における誘導型を別々に最小 2 乗推定して $\hat{\alpha}_1$, $\hat{\alpha}_2$, $\hat{\alpha}_3$, $\hat{\beta}_1$, $\hat{\beta}_2$, $\hat{\beta}_3$ を求め，構造型のパラメータ a_1, a_2, a_3, b_1, b_2, b_3 を計算するという方法です。しかし，この方法は現在あまり用いられていません。連立方程式モデルで頻繁に用いられる手法は，次に解説する 2 段階最小 2 乗法です。

♦ 2 段階最小 2 乗法

需要関数を推定するための **2 段階最小 2 乗法**（two-stage least squares (2SLS) method）は，以下のように行います。まず，第 1 段階として，需要関数の右辺の内生変数である価格 P_i を，

1. 定数項
2. モデル内（需要関数）の外生変数 $\{I_i\}$
3. モデル外（供給関数）の外生変数 $\{M_i\}$

に回帰します（均衡価格方程式の推定）。第 2 段階では，得られた（価格の）理論値を需要関数の価格と置き換えて，再度推定を行います。

これを式で表現します。

［第 1 段階］ $P_i = \alpha_1 + \alpha_2 I_i + \alpha_3 M_i + v_i^P$

$$[\text{第 2 段階}]\quad Q_i = a_1 + a_2\hat{P}_i + a_3 I_i + u_i^D$$

ここで，$\hat{P}_i = \hat{\alpha}_1 + \hat{\alpha}_2 I_i + \hat{\alpha}_3 M_i$ は第 1 段階の理論値を示しています。第 2 段階で得られる $\hat{a}_1^{2SLS}$, $\hat{a}_2^{2SLS}$, $\hat{a}_3^{2SLS}$ が，**2 段階最小 2 乗推定量**になります[*1]。

供給関数を推定するための 2 段階最小 2 乗法も，手順は同様です。第 1 段階として，供給関数の右辺の内生変数である価格 P_i を，

1. 定数項
2. モデル内（供給関数）の外生変数 $\{M_i\}$
3. モデル外（需要関数）の外生変数 $\{I_i\}$

に回帰します。これは需要関数の第 1 段階の推定と同じものです（均衡価格方程式の推定)。第 2 段階では，得られた（価格の）理論値を供給関数の価格と置き換えて，再度推定を行います。

これを式で表現します。

$$[\text{第 1 段階}]\quad P_i = \alpha_1 + \alpha_2 I_i + \alpha_3 M_i + v_i^P$$
$$[\text{第 2 段階}]\quad Q_i = b_1 + b_2\hat{P}_i + b_3 M_i + u_i^S$$

ここで，$\hat{P}_i = \hat{\alpha}_1 + \hat{\alpha}_2 I_i + \hat{\alpha}_3 M_i$ は第 1 段階の理論値を示します。第 2 段階で得られる $\hat{b}_1^{2SLS}$, $\hat{b}_2^{2SLS}$, $\hat{b}_3^{2SLS}$ が，2 段階最小 2 乗推定量になります。

●●● 例 7.5 ●●●

表 7.5 のガソリン需給に関するデータを用いて，次のガソリンの需要関数，供給関数

$$Q_i = a_1 + a_2 P_i + a_3 I_i + u_i^D$$
$$Q_i = b_1 + b_2 P_i + b_3 M_i + u_i^S$$

を 2 段階最小 2 乗法で推定しましょう。第 1 段階では均衡価格方程式を推定します。すなわち，内生変数である価格を定数項と外生変数 $\{I_i\}$, $\{M_i\}$ に回帰します。推定結果は次のとおりです。

$$\hat{P}_i = 18.474 + 0.139 I_i + 1.284 M_i$$

得られた理論値 $\left\{\hat{P}_i\right\}$ を用いて，まず需要関数を推定します。

$$Q_i = 177.232 - 0.628\hat{P}_i + 0.707 I_i$$

[*1] 2SLS は 2 stage least squares の頭文字を取った略記号です。

表 7.5　ガソリンの需要と供給

年次	数量〔億 kℓ〕 Q_i	価格〔円/ℓ〕 P_i	可処分所得〔万円/月〕 I_i	原油価格〔円/ℓ〕 M_i
2001	449	103	466	15
2002	428	111	454	23
2003	424	109	441	23
2004	406	117	446	29
2005	403	133	441	41
2006	405	137	441	45
2007	397	152	443	56
2008	403	136	443	44
2009	398	140	428	48
2010	392	137	430	46
2011	393	135	421	45

データ出所：『家計調査』（総務省），『普通貿易統計』（財務省）

価格の係数は負，可処分所得の係数は正であり，理論どおりの結果が得られています。次に供給関数を推定します。

$$Q_i = 83.127 + 4.466\hat{P}_i - 6.539M_i$$

価格の係数は正，原油価格の係数は負であり，こちらも理論どおりの結果が得られています。図 7.4 において，右下がりの直線は可処分所得を平均値とした需要曲線であり，右上がりの直線は原油価格を平均値とした供給曲線です。

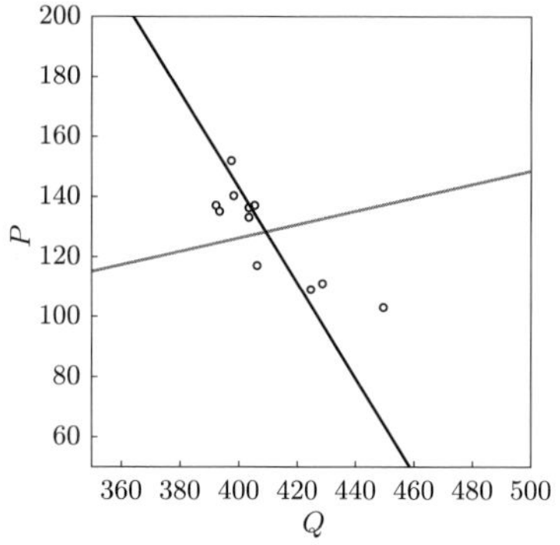

図 7.4　2 段階最小 2 乗法による需要曲線と供給曲線

7.3 分散不均一と系列相関への対処

第6章において，誤差項の分散・共分散についての仮定が崩れることの最小2乗推定量への影響を検討しました。分散不均一や系列相関がある場合，最小2乗推定量はもはや最小分散ではなく，t 値にも信憑性がありません。本節では，分散不均一や系列相関の有無を検出する方法，検出された場合の対処方法について説明します。

7.3.1 分散不均一の検定

♦ ブルーシュ＝ペイガン検定

分散不均一の有無を調べるには，**ブルーシュ＝ペイガン検定**（Breusch-Pagan testing）を利用します。これは，最小2乗残差の2乗値が，回帰分析で使用した説明変数と関係を持つかどうかを調べることで分散不均一の有無を判断する検定です。$K-1$ 個の説明変数を持つ多重回帰モデルを

$$Y_i = \beta_1 + \beta_2 X_{2i} + \cdots + \beta_K X_{Ki} + u_i \quad (i = 1, 2, \cdots, n) \tag{7.23}$$

とします。ここで i 番目の誤差項の分散が $(1, X_{2i}, \cdots, X_{Ki})$ の大きさに応じて変化する分散不均一の構造を持っていると仮定します。実際には誤差項の分散は未知なので，最小2乗法で得られる残差の2乗値 $\hat{u}_i^2$ を定数項および説明変数 $X_{2i}, \cdots, X_{Ki}$ へ回帰する式（補助回帰式）

$$\hat{u}_i^2 = \gamma_1 + \gamma_2 X_{2i} + \cdots + \gamma_K X_{Ki} + v_i \quad (i = 1, 2, \cdots, n) \tag{7.24}$$

を設定し，次の仮説検定を行うことで，分散均一の仮定を検証できます。

$$\begin{array}{ll} [\text{分散均一}] & H_0 : \gamma_2 = \cdots = \gamma_K = 0 \\ [\text{分散不均一}] & H_1 : H_0 \text{でない} \end{array}$$

式(7.24)ではすべての説明変数を利用していますが，常にそうしなければならないわけではありません。逆に，どの説明変数を補助回帰式で利用したのかを検定では報告する必要があります。式(7.24)を推定して得られる決定係数を R^2 とするとき，nR^2 は H_0 のもとで自由度 $K-1$ のカイ2乗分布（表7.6）に従うことが知られています。式(7.23)は帰無仮説 H_0 が棄却されるとき分散不均一であり，棄却できないとき分散均一と判断します。

♦ ホワイト検定

ブルーシュ＝ペイガン検定は**ホワイト検定**（White testing）の特殊ケースと言えます。ホワイト検定では，式(7.23)の最小2乗残差の2乗値 $\hat{u}_i^2$ を定数項およ

表 7.6 カイ 2 乗分布

自由度 m	下側確率 $p = \Pr(A < \chi_m^2)$									
	p =0.005	0.01	0.025	0.05	0.1	0.5	0.9	0.95	0.975	0.99	0.995
1	0.00004	0.00016	0.00098	0.0039	0.0158	0.455	2.710	3.84	5.02	6.63	7.88
2	0.01003	0.02010	0.0506	0.1026	0.211	1.386	4.61	5.99	7.38	9.21	10.6
3	0.07172	0.1148	0.2158	0.352	0.584	2.37	6.25	7.81	9.35	11.3	12.8
4	0.2070	0.2971	0.484	0.711	1.06	3.36	7.78	9.49	11.1	13.3	14.9
5	0.4117	0.554	0.831	1.15	1.61	4.35	9.24	11.1	12.8	15.1	16.8
6	0.676	0.872	1.24	1.64	2.20	5.35	10.64	12.6	14.5	16.8	18.6
7	0.989	1.24	1.69	2.17	2.83	6.35	12.02	14.1	16.0	18.5	20.3
8	1.34	1.65	2.18	2.73	3.49	7.34	13.4	15.5	17.5	20.1	22.0
9	1.73	2.09	2.70	3.33	4.17	8.34	14.7	16.9	19.0	21.7	23.6
10	2.16	2.56	3.25	3.94	4.87	9.34	16.0	18.3	20.5	23.2	25.2
11	2.60	3.05	3.82	4.57	5.58	10.3	17.3	19.7	21.9	24.7	26.8
12	3.07	3.57	4.40	5.23	6.30	11.3	18.6	21.0	23.3	26.2	28.3
13	3.57	4.11	5.01	5.89	7.04	12.3	19.8	22.4	24.7	27.7	29.8
14	4.07	4.66	5.63	6.57	7.79	13.3	21.1	23.7	26.1	29.1	31.3
15	4.60	5.23	6.26	7.26	8.55	14.3	22.3	25.0	27.5	30.6	32.8
16	5.14	5.81	6.91	7.96	9.31	15.3	23.5	26.3	28.9	32.0	34.3
17	5.70	6.41	7.56	8.67	10.1	16.3	24.8	27.6	30.2	33.4	35.7
18	6.26	7.01	8.23	9.39	10.9	17.3	26.0	28.9	31.5	34.8	37.2
19	6.84	7.63	8.91	10.1	11.7	18.3	27.2	30.1	32.9	36.2	38.6
20	7.43	8.26	9.59	10.9	12.4	19.3	28.4	31.4	34.2	37.6	40.0
21	8.03	8.90	10.3	11.6	13.2	20.3	29.6	32.7	35.5	38.9	41.4
22	8.64	9.54	11.0	12.3	14.0	21.3	30.8	33.9	36.8	40.3	42.8
23	9.26	10.2	11.7	13.1	14.9	22.3	32.0	35.2	38.1	41.6	44.2
24	9.89	10.9	12.4	13.9	15.7	23.3	33.2	36.4	39.4	43.0	45.6
25	10.5	11.5	13.1	14.6	16.5	24.3	34.4	37.7	40.7	44.3	46.9
26	11.2	12.2	13.8	15.4	17.3	25.3	35.6	38.9	41.9	45.6	48.3
27	11.8	12.9	14.6	16.2	18.1	26.3	36.7	40.1	43.2	47.0	49.6
28	12.5	13.6	15.3	16.9	18.9	27.3	37.9	41.3	44.5	48.3	51.0
29	13.1	14.3	16.1	17.7	19.8	28.3	39.1	42.6	45.7	49.6	52.3
30	13.8	15.0	16.8	18.5	20.6	29.3	40.3	43.8	47.0	50.9	53.7
40	20.7	22.2	24.4	26.5	29.1	39.3	51.8	55.8	59.3	63.7	66.8
50	28.0	29.7	32.4	34.8	37.7	49.3	63.2	67.5	71.4	76.2	79.5
60	35.5	37.5	40.5	43.2	46.5	59.3	74.4	79.1	83.3	88.4	92.0
80	51.2	53.5	57.2	60.4	64.3	79.3	96.6	101.9	106.6	112.3	116.3
100	67.3	70.1	74.2	77.9	82.4	99.3	118.5	124.3	129.6	135.8	140.2
120	83.9	86.9	91.6	95.7	100.6	119.3	140.2	146.6	152.2	159.0	163.7
200	152.2	156.4	162.7	168.3	174.8	199.3	226.0	234.0	241.1	249.5	255.3
500	422.3	429.4	439.9	449.2	459.9	499.3	540.9	553.1	563.9	576.5	585.2

注：左側から覆ったときの面積が下側確率 p に対応する。上側有意水準 5％ のときの臨界値は，$p = 0.95$ で考える。

び説明変数 $X_{2i},\cdots,X_{Ki}$，説明変数の 2 乗項 $X_{2i}^2,\cdots,X_{Ki}^2$，説明変数間の交差項 $X_{2i}X_{3i}$, $\cdots$, $X_{2i}X_{Ki}$, $X_{3i}X_{4i}$, $\cdots$, $X_{3i}X_{Ki}$, $\cdots$ へ回帰する式を推定します。そして，補助回帰式の決定係数とサンプルサイズを用いて検定統計量 nR^2 を計算し，カイ 2 乗分布で検定します。カイ 2 乗分布の自由度は補助回帰式に含めた変数の数によります。

●●● 例 7.6 ●●●

表 7.7 のデータを用いて，次の回帰式を推定します。

$$Y_i = \beta_1 + \beta_2 X_{2i} + \beta_3 X_{3i} + u_i$$

最小 2 乗残差を用いて分散不均一性についての検定を行いましょう。残差の 2 乗値 $\hat{u}_i^2$ も表 7.7 に記述されています。補助回帰式の推定結果は次のとおりです。

［ブルーシュ＝ペイガン検定］（X_{2i}, X_{3i} を利用）

$$\hat{u}_i^2 = 0.338 - 0.001X_{2i} + 0.130X_{3i}$$

$$R^2 = 0.170,\ \ n = 10$$

$$nR^2 = 1.70$$

［ホワイト検定］（X_{2i}, X_{3i}, X_{2i}^2, X_{3i}^2, $X_{2i}X_{3i}$ を利用）

$$\hat{u}_i^2 = 5.806 + 0.048X_{2i} - 11.498X_{3i} + 0.000002X_{2i}^2 + 3.068X_{3i}^2 - 0.016X_{2i}X_{3i}$$

$$R^2 = 0.269,\ \ n = 10$$

$$nR^2 = 2.69$$

表 7.7　エンゲル係数と世帯年収

年収階級	エンゲル係数〔%〕 Y_i	世帯年収〔万円〕 X_{2i}	世帯人員 X_{3i}	残差の 2 乗 $\hat{u}_i^2$
I	25.5	126	1.18	0.11596
II	24.6	214	1.55	0.74932
III	26.0	279	1.90	0.64284
IV	25.6	337	2.13	0.42325
V	25.2	396	2.42	0.24675
VI	24.9	465	2.73	0.23836
VII	23.6	546	2.88	0.19635
VIII	22.6	654	3.13	0.91728
IX	22.8	813	3.25	0.00016
X	20.6	1,317	3.37	0.03319

データ出所：『家計調査』（総務省）

ここで，$\hat{\hat{u}}_i^2$ は残差の 2 乗 $\hat{u}_i^2$ を定数項と説明変数に回帰して得られる理論値です。

ブルーシュ＝ペイガン検定の統計量は，帰無仮説のもとで自由度 2 のカイ 2 乗分布に従います。表 7.6 より有意水準 5％（$(1-p)\times 100$％）臨界値は $\chi^2_{2,0.05}=5.99$ です。したがって，$nR^2=1.70$ はこの値よりも小さいので棄却域には入らず，帰無仮説（分散均一）を棄却しません。

ホワイト検定の統計量は，帰無仮説のもとで自由度 5 のカイ 2 乗分布に従います。表 7.6 より有意水準 5％ 臨界値は $\chi^2_{5,0.05}=11.1$ なので，$nR^2=2.69$ はこの値よりも小さく，分散不均一であるとは言えません。

なお，Excel でカイ 2 乗分布を用いた検定の p 値を求めるには，CHISQ.DIST.RT 関数を利用します。入力するオプションは

```
=chisq.dist.rt(検定統計量，自由度)
```

です。たとえば，ホワイト検定の場合は

```
=chisq.dist.rt(2.69,5)
```

より，p 値は 0.748 となります。p 値が 0.05 未満であれば，有意水準 5％ で帰無仮説を棄却します。

7.3.2 分散不均一への対処

♦ 分散不均一一致標準誤差

第 6 章の式 (6.46) において，分散不均一の場合の推定量の分散は

$$V(\hat{\beta})=\frac{\sum\left(X_i-\bar{X}\right)^2\sigma_i^2}{S_{xx}^2}$$

となります。分散均一であれば $\dfrac{\sigma^2}{S_{xx}}$ を分散と考え，σ^2 の不偏推定量として残差分散を選び，$\dfrac{\hat{\sigma}}{\sqrt{S_{xx}}}$ を標準誤差として t 検定を行います。分散不均一の場合，$\dfrac{\hat{\sigma}}{\sqrt{S_{xx}}}$ は正しい標準誤差とならないので，修正が必要です。分散不均一でも一致性を持つ標準誤差が，ホワイトによって次式の**分散不均一一致標準誤差** (heteroskedasticity-consistent standard error) として提案されています。

$$s_{\hat{\beta}}^*=\sqrt{\frac{\sum\left(X_i-\bar{X}\right)^2\hat{u}_i^2}{S_{xx}^2}} \tag{7.25}$$

ここで，$\hat{u}_i$ は Y_i を定数項と X_i に回帰したときに得られる最小 2 乗残差です。$s^*_{\hat{\beta}}$ を利用して t 値は $t^*_{\hat{\beta}} = \dfrac{\hat{\beta}}{s^*_{\hat{\beta}}}$ となり，分散不均一のもとでも頑健な t 検定が行えるようになります。

♦ 重み付き最小 2 乗法

誤差項の分散についての情報が完全にわかっている場合は，回帰モデルに適切な重みを付けることで最小分散線形不偏推定量を得ることができます。以下で説明する手法は**重み付き最小 2 乗法**（weighted least squares（WLS）method）とよばれています。いま，i 番目の誤差分散について，次がわかっているものとします。

$$\sigma_i^2 = \omega_i^2 \sigma^2 \quad (i = 1, 2, \cdots, n) \tag{7.26}$$

右辺の σ^2 はすべての i について共通であり，ω_i^2 については具体的な値を知っているものとします。単純回帰モデルの両辺に重み $\dfrac{1}{\omega_i}$ を乗じます。

$$\frac{Y_i}{\omega_i} = \alpha \frac{1}{\omega_i} + \beta \frac{X_i}{\omega_i} + \frac{u_i}{\omega_i} \quad (i = 1, 2, \cdots, n) \tag{7.27}$$

ここで，$Y_i^* = \dfrac{Y_i}{\omega_i}$，$X_{1i}^* = \dfrac{1}{\omega_i}$，$X_{2i}^* = \dfrac{X_i}{\omega_i}$，$u_i^* = \dfrac{u_i}{\omega_i}$ と定義すると，式 (7.27) は次のように書き換えることができます。

$$Y_i^* = \alpha X_{1i}^* + \beta X_{2i}^* + u_i^* \quad (i = 1, 2, \cdots, n) \tag{7.28}$$

つまり，重みを乗じた式 (7.28) は X_{1i}^*，X_{2i}^* を説明変数とする定数項のない回帰モデルになっていることがわかります。ここで，式 (7.26) を利用して式 (7.28) の誤差項の分散 u_i^* を調べてみます。

$$V(u_i^*) = E\left[\left(\frac{u_i}{\omega_i}\right)^2\right] = \frac{1}{\omega_i^2}\sigma_i^2 = \sigma^2 \quad (i = 1, 2, \cdots, n) \tag{7.29}$$

式 (7.29) は，重みを付けた誤差項の分散が均一の分散 σ^2 になることを示しています。なお，式 (7.28) の（重み付き）最小 2 乗推定量は

$$\hat{\alpha}_{\mathrm{WLS}} = \frac{\left(\sum X_{2i}^{*2}\right)\sum X_{1i}^* Y_i^* - \left(\sum X_{1i}^* X_{2i}^*\right)\sum X_{2i}^* Y_i^*}{\left(\sum X_{1i}^{*2}\right)\left(\sum X_{2i}^{*2}\right) - \left(\sum X_{1i}^* X_{2i}^*\right)^2}$$

$$\hat{\beta}_{\mathrm{WLS}} = \frac{\left(\sum X_{1i}^{*2}\right)\sum X_{2i}^{*}Y_i^{*} - \left(\sum X_{1i}^{*}X_{2i}^{*}\right)\sum X_{1i}^{*}Y_i^{*}}{\left(\sum X_{1i}^{*2}\right)\left(\sum X_{2i}^{*2}\right) - \left(\sum X_{1i}^{*}X_{2i}^{*}\right)^2}$$

となります。

●●● 例 7.7 ●●●

グループごとに集計されたデータにおいて，各グループの集計人数が異なれば分散は異なります。表 7.8 は年収階級別の年間総支出額および食費を示しています。また，集計世帯数（各階級の度数）が示されており，データはこれらの世帯の階級ごとの平均値になっています。

表 7.8　年収階級別の年間総支出と食費〔万円〕

階級〔万円〕	階級番号 j	総支出 $\bar{X}_j$	食費	集計世帯数
〜 200	1	114.7	49.3	241
200 〜 250	2	180.6	66.1	344
250 〜 300	3	187.9	68.6	519
300 〜 350	4	210.3	76.1	705
350 〜 400	5	227.4	78.4	713
400 〜 450	6	238.9	81.2	649
450 〜 500	7	254.6	82.3	584
500 〜 550	8	266.8	83.7	527
550 〜 600	9	271.1	85.6	453
600 〜 650	10	277.1	88.7	421
650 〜 700	11	304.5	93.3	338
700 〜 750	12	303.6	94.3	306
750 〜 800	13	322.5	95.8	287
800 〜 900	14	342.2	103.4	441
900 〜 1,000	15	359.9	104.3	322
1,000 〜 1,250	16	397.8	113.1	421
1,250 〜 1,500	17	414.0	118.2	194
1,500 〜	18	489.2	135.0	211

データ出所：『家計調査』（総務省）

第 j 階級に属する世帯 i の総支出を X_{ij}，食費を Y_{ij} として，世帯レベルにおいて次の関係性を回帰分析で検討するものとします。

$$Y_{ij} = \alpha + \beta X_{ij} + u_{ij} \quad (j = 1, 2, \cdots, 18,\ \ i = 1, 2, \cdots, N(j))$$

ここで，誤差項について $E(u_{ij}) = 0$，$V(u_{ij}) = E\left[u_{ij}^2\right] = \sigma^2$，$\mathrm{Cov}(u_{ij}, u_{k\ell}) = 0$ が成り立っているとします。階級ごとに集計して平均値をとると，次が得られます。

$$\bar{Y}_j = \alpha + \beta \bar{X}_j + \bar{u}_j \quad (j = 1, 2, \cdots, 18) \tag{7.30}$$

ただし

$$\bar{Y}_j = \frac{\sum_i Y_{ij}}{N(j)}, \quad \bar{X}_j = \frac{\sum_i X_{ij}}{N(j)}, \quad \bar{u}_j = \frac{\sum_i u_{ij}}{N(j)}$$

とします。式 (7.30) はまさに表 7.8 のデータを利用して分析できましたが，誤差項の分散に注意が必要です。$\bar{u}_j$ の期待値は 0 ですが，分散は次のようになります。

$$V(\bar{u}_j) = E\left[\left(\frac{\sum_{i=1}^{N(j)} u_{ij}}{N(j)}\right)^2\right] = \frac{1}{N(j)^2} E\left[\left(\sum_{i=1}^{N(j)} u_{ij}\right)^2\right] = \frac{\sigma^2}{N(j)} = \sigma_j^2 \tag{7.31}$$

式 (7.31) は階級ごとに分散が異なることを示しています。そして，式 (7.26) の形式で考えると，$\omega_i^2 = \dfrac{1}{N(j)}$ になっていることがわかります。

そこで，重み付き最小 2 乗法を利用します。ここでは重みに $\sqrt{N(j)}$ を利用します。

$$Y_j^* = \alpha X_{1j}^* + \beta X_{2j}^* + u_j^* \tag{7.32}$$

ただし，$Y_j^* = \sqrt{N(j)} \cdot \bar{Y}_j$，$X_{1j}^* = \sqrt{N(j)}$，$X_{2j}^* = \sqrt{N(j)} \cdot \bar{X}_j$，$u_j^* = \sqrt{N(j)} \cdot \bar{u}_j$ です。

式 (7.32) の推定結果は

$$\hat{Y}_j^* = \underset{(19.98)}{28.119}\, X_{1j}^* + \underset{(43.44)}{0.216}\, X_{2j}^*, \ \ R^2 = 0.999, \ \ \text{adj.}R^2 = 0.937$$

となります。

♦ 集計ロジットモデルの分散不均一性

なお，第 3 章で学んだロジット関数も集計データによる分析になっているため，誤差項に分散不均一が生じます。グループ j における集計数を $N(j)$，比率データを $y_j \left(= \dfrac{\sum_i y_{ij}}{N(j)}\right)$，ロジットを $Y_j = \ln\left(\dfrac{y_j}{1-y_j}\right)$ とするとき，集計ロジットモデル $Y_j = \alpha + \beta X_j + u_j$ の誤差項の分散は $\sigma_i^2 = \dfrac{1}{N(j)\, y_j\,(1-y_j)}$ となります。この場合，重みを $\sqrt{N(j)\, y_j\,(1-y_j)}$ として，重み付き最小 2 乗法を実行できます。

7.3.3 系列相関の検出

♦ 系列相関とは

第 6 章で学んだように，誤差項が互いに相関を持つ場合 (自己相関)，正しい標準誤差は通常の計算では得られません。そうとは知らずに t 検定を行うと，誤った結果をもたらす可能性が出てきます。不偏性に問題はありませんが，有効性はなく，有意性については正確に判定できません。また，残差分散は誤差項の分散の不偏推定量にはなりません。

系列相関の「系列」とは，一定の順序に従って並べられた状態を指しています。時系列データは時間の順序に従って並べられたデータであることから，系列相関とは主に時系列データにおける現象です。近年では，空間データにおいてこのような相関（空間自己相関）がもたらす問題も研究されています。以下では，時系列データを念頭に説明します。

誤差項に系列相関が生じてしまう理由は，時系列データにおいて過去からの持続的・傾向的な動き（トレンド）や循環的（サイクル）な動きがデータに含まれるからであると言われています。トレンドやサイクルの当該期への影響は，1 期前あるいはそれより過去の時期の変数で説明する必要があります。もし，モデルからそれらの変数が除外されていれば，それらの情報は誤差項に押し込められたままになってしまい，これが系列相関の原因になります。

♦ 1 階の自己回帰モデル

系列相関を簡明に示す確率モデルについて説明します。

$$u_i = \rho u_{i-1} + \varepsilon_i \quad (|\rho| < 1) \tag{7.33}$$

ここで，ρ は自己回帰係数とよばれるパラメータで，その絶対値は 1 未満であるとします。ε_i は確率変数で，$E(\varepsilon_i) = 0$，$E\left(\varepsilon_i^2\right) = \sigma_\varepsilon^2$，$E(\varepsilon_i \varepsilon_j) = 0$ を仮定します。当該期の誤差は 1 期前の影響と当期に発生した別の誤差の和で示されています。これを **1 階の自己回帰モデル** (first order autoregressive model; AR(1) model) とよびます。

AR(1) モデルは以下で説明するような特徴を持っています。右辺の 1 期前の誤差は $u_{i-1} = \rho u_{i-2} + \varepsilon_{i-1}$ となります。これを式 (7.33) に代入すると，$u_i = \rho^2 u_{i-2} + \rho\varepsilon_{i-1} + \varepsilon_i$ が得られます。さらに，$u_{i-2} = \rho u_{i-3} + \varepsilon_{i-2}$ なので，これも代入します。このような逐次的な代入を繰り返していくと，

$$u_i = \rho^N u_{i-N} + \sum_{j=0}^{N-1} \rho^j \varepsilon_{i-j}$$

が得られます。N が十分に大きいとき，$|\rho| < 1$ より ρ^N は 0 になるので

$$u_i = \sum_{j=0}^{N-1} \rho^j \varepsilon_{i-j} \tag{7.34}$$

が得られます。このことから，誤差項 u_i の期待値，分散，共分散は

$$\begin{aligned} E\left(u_i\right) &= \sum_{j=0}^{N-1} \rho^j E\left(\varepsilon_{i-j}\right) = 0 \\ E\left(u_i^2\right) &= \frac{\sigma_\varepsilon^2}{1-\rho^2} \\ \operatorname{Cov}\left(u_i, u_{i-1}\right) &= \frac{\rho\sigma_\varepsilon^2}{1-\rho^2} \end{aligned} \tag{7.35}$$

となり，ρ は u_i と u_{i-1} の相関係数に等しいことも確かめられます。u_i は分散均一ですが，$\rho = 0$ でない限り共分散は 0 にはなりません。

♦ ダービン＝ワトソン検定

式 (7.33) の構造に注目すると，系列相関の有無を調べることができます。たとえば，最小 2 乗残差を求め，これを式 (7.33) の推定に利用して $\rho = 0$ を検定するという方法です。式 (7.33) に最小 2 乗法を適用した場合の推定量は

$$\hat{\rho} = \frac{\displaystyle\sum_{i=2}^{n} \hat{u}_i \hat{u}_{i-1}}{\displaystyle\sum_{i=2}^{n} \hat{u}_{i-1}^2}$$

となりますが，この検定はサンプルサイズが小さい場合に問題があることが知られています。一般的には次の**ダービン＝ワトソン統計量**（Durbin-Watson（DW）statistic）が用いられます。

$$\mathrm{DW} = \frac{\displaystyle\sum_{i=2}^{n} \left(\hat{u}_i - \hat{u}_{i-1}\right)^2}{\displaystyle\sum_{i=1}^{n} \hat{u}_i^2} \tag{7.36}$$

式 (7.36) と $\hat{\rho}$ との関係は近似的に $\mathrm{DW} \cong 2\,(1-\hat{\rho})$ であることが知られています。

AR(1) モデル (7.33) の仮定 $|\rho| < 1$ より，DW の値も自ずと範囲が決まってきます。表 7.9 に系列相関の有無と DW 統計量がとりうる値の範囲を示します。系列相関があるかないかを調べるには，帰無仮説 H_0： $\rho = 0$ を DW 統計量で検定します。

表 7.9　系列相関と DW 統計量 $(\mathrm{DW} \cong 2(1-\hat{\rho}))$

	$\hat{\rho}$	DW
負の系列相関	$-1 < \hat{\rho} < 0$	$2 < \mathrm{DW} < 4$
系列相関なし	$\hat{\rho} = 0$	$\mathrm{DW} = 2$
正の系列相関	$0 < \hat{\rho} < 1$	$0 < \mathrm{DW} < 2$

問題は，DW 統計量がどのような分布に従っているかという点です。分布については $n \geq 15$ のときだけわかっており，次の特徴を持ちます。

- 分布はサンプルサイズ n と説明変数の数 m に依存して変わる。
- 説明変数の内容によって異なる分布を持つ。
- 2 を中心とする対称な分布である。
- 0 から 4 までの値をとる。

サンプルサイズや説明変数の数だけでなく，その内容からも分布は影響を受けてしまいます。そのため，内容によって臨界値も異なる値をとります。しかしながら，臨界値の下限 D_L と上限 D_U の値はわかっています。これを表 7.10 に示しています。

表 7.10 の使い方を説明します。正の系列相関を持つということは，ダービン＝ワトソン統計量が $0 < \mathrm{DW} < 2$ の範囲にあるということであり，0 に近いほどその傾向は強くなります。特に $0 < \mathrm{DW} < D_L$ の範囲の場合，有意に正の系列相関があると判断されます。一方，負の系列相関を持つということは，$2 < \mathrm{DW} < 4$ の範囲にあるということであり，4 に近いほどその傾向が強くなります。特に $4 - D_L < \mathrm{DW} < 4$ のとき，有意に負の系列相関があると判断されます。系列相関がないことを主張するには，ダービン＝ワトソン統計量が $D_U \leq \mathrm{DW} \leq 4 - D_U$ の範囲にある必要があります。また，$D_L \leq \mathrm{DW} < D_U$ あるいは $4 - D_U < \mathrm{DW} \leq 4 - D_L$ の場合は判定不能になります。

以上より，ダービン＝ワトソン検定の判定は，表 7.11 のようにまとめることができます。

表 7.10　ダービン＝ワトソン統計量（有意水準 5％）

n	$m=1$		$m=2$		$m=3$		$m=4$		$m=5$	
	D_L	D_U	D_L	D_U	D_L	D_U	D_L	D_U	D_L	D_U
15	1.08	1.36	0.95	1.54	0.82	1.75	0.69	1.97	0.56	2.21
16	1.10	1.37	0.98	1.54	0.86	1.73	0.74	1.93	0.62	2.15
17	1.13	1.38	1.02	1.54	0.90	1.71	0.78	1.90	0.67	2.10
18	1.16	1.39	1.05	1.53	0.93	1.69	0.82	1.87	0.71	2.06
19	1.18	1.40	1.08	1.53	0.97	1.68	0.86	1.85	0.75	2.02
20	1.20	1.41	1.10	1.54	1.00	1.68	0.90	1.83	0.79	1.99
21	1.22	1.42	1.13	1.54	1.03	1.67	0.93	1.81	0.83	1.96
22	1.24	1.43	1.15	1.54	1.05	1.66	0.96	1.80	0.86	1.94
23	1.26	1.44	1.17	1.54	1.08	1.66	0.99	1.79	0.90	1.92
24	1.27	1.45	1.19	1.55	1.10	1.66	1.01	1.78	0.93	1.90
25	1.29	1.45	1.21	1.55	1.12	1.66	1.04	1.77	0.95	1.89
26	1.30	1.46	1.22	1.55	1.14	1.65	1.06	1.76	0.98	1.88
27	1.32	1.47	1.24	1.56	1.16	1.65	1.08	1.76	1.01	1.86
28	1.33	1.48	1.26	1.56	1.18	1.65	1.10	1.75	1.03	1.85
29	1.34	1.48	1.27	1.56	1.20	1.65	1.12	1.74	1.05	1.84
30	1.35	1.49	1.28	1.57	1.21	1.65	1.14	1.74	1.07	1.83
31	1.36	1.50	1.30	1.57	1.23	1.65	1.16	1.74	1.09	1.83
32	1.37	1.50	1.31	1.57	1.24	1.65	1.18	1.73	1.11	1.82
33	1.38	1.51	1.32	1.58	1.26	1.65	1.19	1.73	1.13	1.81
34	1.39	1.51	1.33	1.58	1.27	1.65	1.21	1.73	1.15	1.81
35	1.40	1.52	1.34	1.58	1.28	1.65	1.22	1.73	1.16	1.80
36	1.41	1.52	1.35	1.59	1.29	1.65	1.24	1.73	1.18	1.80
37	1.42	1.53	1.36	1.59	1.31	1.66	1.25	1.72	1.19	1.80
38	1.43	1.54	1.37	1.59	1.32	1.66	1.26	1.72	1.21	1.79
39	1.43	1.54	1.38	1.60	1.33	1.66	1.27	1.72	1.22	1.79
40	1.44	1.54	1.39	1.60	1.34	1.66	1.29	1.72	1.23	1.79
45	1.48	1.57	1.43	1.62	1.38	1.67	1.34	1.72	1.29	1.78
50	1.50	1.59	1.46	1.63	1.42	1.67	1.38	1.72	1.34	1.77
55	1.53	1.60	1.49	1.64	1.45	1.68	1.41	1.72	1.38	1.77
60	1.55	1.62	1.51	1.65	1.48	1.69	1.44	1.73	1.41	1.77
65	1.57	1.63	1.54	1.66	1.50	1.70	1.47	1.73	1.44	1.77
70	1.58	1.64	1.55	1.67	1.52	1.70	1.49	1.74	1.46	1.77
75	1.60	1.65	1.57	1.68	1.54	1.71	1.51	1.74	1.49	1.77
80	1.61	1.66	1.59	1.69	1.56	1.72	1.53	1.74	1.51	1.77
90	1.63	1.68	1.61	1.70	1.59	1.73	1.57	1.75	1.54	1.78
100	1.65	1.69	1.63	1.72	1.61	1.74	1.59	1.76	1.57	1.78

データ出所：J. Durbin and G. S. Watson (1951), "Testing for Serial Correlation in Least Squares Regression", Biometrika, 38.

表 7.11 ダービン=ワトソン検定の棄却域 (H_0： $\rho=0$)

領域	判定	
$0 < \mathrm{DW} < D_L$	正の系列相関	H_0： $\rho=0$ を棄却
$D_L \leq \mathrm{DW} < D_U$	判定不能	
$D_U \leq \mathrm{DW} \leq 4-D_U$	系列相関なし	H_0： $\rho=0$ を受容
$4-D_U < \mathrm{DW} \leq 4-D_L$	判定不能	
$4-D_L < \mathrm{DW} < 4$	負の系列相関	H_0： $\rho=0$ を棄却

●●● 例 7.8 ●●●

表 7.12 のデータを利用して，マクロ消費関数 $Y_i=\alpha+\beta X_i+u_i$ を推定します。推定結果は次のようになります。

$$\hat{Y}_i = \underset{(5.34)}{5.463} + \underset{(171.48)}{0.656}\ X_i \quad (i=1960,\cdots,1998\ (n=39))$$

系列相関について H_0： $\rho=0$，H_1： $\rho>0$ を有意水準 5% で検定します。残差 $\hat{u}_i$ を利用してダービン=ワトソン統計量を計算します。

表 7.12 消費と所得（実質値）〔兆円〕

年次	家計最終消費支出 Y_i	国民可処分所得 X_i	年次	家計最終消費支出 Y_i	国民可処分所得 X_i
1960	46	64	1980	170	253
1961	51	71	1981	174	259
1962	54	76	1982	182	267
1963	60	83	1983	187	273
1964	65	91	1984	192	284
1965	69	96	1985	199	297
1966	77	105	1986	206	305
1967	84	118	1987	214	319
1968	92	132	1988	225	339
1969	102	147	1989	235	353
1970	109	163	1990	245	369
1971	115	169	1991	251	383
1972	127	184	1992	254	385
1973	134	201	1993	259	385
1974	137	197	1994	262	386
1975	142	203	1995	270	392
1976	146	213	1996	278	413
1977	152	222	1997	274	417
1978	160	234	1998	276	405
1979	169	247			

データ出所：『国民経済計算 68SNA，平成 2 年基準』（内閣府）

$$\mathrm{DW} = \frac{\displaystyle\sum_{i=2}^{n} (\hat{u}_i - \hat{u}_{i-1})^2}{\displaystyle\sum_{i=1}^{n} \hat{u}_i^2} = \frac{357.953}{259.581} = 1.379$$

$n = 39$，$m = 1$ より臨界値の下限と上限は $D_L = 1.43$，$D_U = 1.54$ となります。

$$\mathrm{DW} = 1.379 < 1.43 = D_L$$

より H_0：$\rho = 0$ を棄却します。すなわち，この回帰モデルは正の系列相関を持つと言えます。

7.3.4　系列相関への対応

系列相関があると判定された場合，まずはサンプル期間，説明変数，関数型などを再検討する必要があります。それでもなお系列相関が残る場合には，回帰モデルと同時に AR(1) モデル（誤差項の確率モデル）を推定する必要があります。代表的な方法として**コクラン＝オーカット**（Cochrane-Orcutt）法があります。

$i - 1$ 期の回帰モデルの ρ を乗じると

$$\rho u_{i-1} = \rho Y_{i-1} - \rho\alpha - \rho\beta X_{i-1} \tag{7.37}$$

が得られます。誤差項が式 (7.33) の AR(1) モデルに従うとき，i 期の回帰モデルは $Y_i = \alpha + \beta X_i + \rho u_{i-1} + \varepsilon_i$ となります。これに式 (7.37) を代入して整理すると

$$Y_i - \rho Y_{i-1} = \alpha - \rho\alpha + \beta (X_i - \rho X_{i-1}) + \varepsilon_i \tag{7.38}$$

となります。ここで，$Y_i^* = Y_i - \rho Y_{i-1}$，$\alpha^* = \alpha - \rho\alpha$，$X_i^* = X_i - \rho X_{i-1}$ と定義すると $Y_i^* = \alpha^* + \beta X_i^* + \varepsilon_i$ であり，ε_i が $E(\varepsilon_i) = 0$，$E\left(\varepsilon_i^2\right) = \sigma_\varepsilon^2$ および $E(\varepsilon_i \varepsilon_j) = 0$ であれば，最小 2 乗法をそのまま適用して推定できます。ただし，$Y_i^* = Y_i - \rho Y_{i-1}$ や $X_i^* = X_i - \rho X_{i-1}$ において ρ が適切に推定されなければなりません。

コクラン＝オーカット法は，はじめに $Y_i = \alpha + \beta X_i + u_i$ を最小 2 乗推定して残差 $\hat{u}_i$ を計算し，$\hat{u}_i$ を $\hat{u}_{i-1}$ に回帰します (定数項は使用しません。$\hat{u}_i = \rho\hat{u}_{i-1} + \varepsilon_i$ を最小 2 乗推定します)。得られた推定値 $\hat{\rho}$ を式 (7.38) に代入し，再び最小 2 乗推定を行います。

●●● 例 7.9 ●●●

表 7.12 のデータを利用して，回帰モデルにコクラン＝オーカット法を適用しましょう。$\hat{u}_i$ を $\hat{u}_{i-1}$ に回帰すると，次が得られます。

$$\hat{\hat{u}}_i = \underset{(1.735)}{0.287}\, \hat{u}_{i-1}$$

これを用いて，$Y_i^* = Y_i - \hat{\rho} Y_{i-1}$，$X_i^* = X_i - \hat{\rho} X_{i-1}$ と変換し，$i = 1961, \cdots, 1998$ $(n = 38)$ を対象に式 (7.38) を最小 2 乗推定します。推定結果は次のとおりです。

$$\hat{Y}_i^* = \underset{(3.890)}{4.110} + \underset{(121.24)}{0.655}\ X_i^*,\ \ R^2 = 0.998$$

この推定で得られた残差を利用してダービン＝ワトソン統計量を計算すると，DW $= 1.737$ が得られます。$n = 38$，$m = 1$ のとき有意水準 5% 臨界値は $D_L = 1.43$，$D_U = 1.54$ なので

$$D_U = 1.54 \leq \mathrm{DW} \leq 2.46 = 4 - D_U$$

となり，$H_0 : \rho = 0$ は棄却できません。すなわち，コクラン＝オーカット法で系列相関は消えたことになります。

7.4 第 7 章の例題

過少定式化

例題 39

真のモデルが ［A］ $Y_i = \beta_1 + \beta_2 X_i + u_i$ であるにも関わらず，誤って過少定式化モデル ［B］ $Y_i = \alpha + u_i$ を推定するケースを考えます。サンプルサイズは $n = 5$，説明変数は $\{X_i\} = \{2, 4, 6, 8, 10\}$，誤差項は $u_i \sim N(0, 1)$（標準正規分布），パラメータは $\beta_1 = 1$，$\beta_2 = 2$ とします。観測データをモデル ［A］

$$Y_i = 1 + 2X_i + u_i, \quad u_i \sim N(0, 1)$$

に基づいて 500 セット作成し，$\hat{\beta}_1$ の分布と $\hat{\alpha}$ の分布を比較しなさい。

解答例

Excel の「分析ツール」の乱数発生を利用して，$N(0, 1)$ に従う誤差 u_1, u_2, u_3, u_4, u_5 を 500 個ずつ作成します。$\{X_i\} = \{2, 4, 6, 8, 10\}$ を 500 セット用意しておきます。$Y_i = 1 + 2X_i + u_i$ より同じく Y_1, Y_2, Y_3, Y_4, Y_5 を 500 セット作成します。Excel の `INTERCEPT` 関数を利用して，モデル ［A］ の β_1 を最小 2 乗推定します。$\hat{\beta}_1$ は 500 個作ることができます。モデル ［B］ の α の最小 2 乗推定値は $\hat{\alpha} = \bar{Y}$ となるので，`AVERAGE` 関数を用いて計算できます。

題意より ［B］ $Y_i = \alpha + u_i$ の最小 2 乗推定量は

$$\hat{\alpha} = \bar{Y} = \frac{1}{n} \sum (\beta_1 + \beta_2 X_i + u_i) = \beta_1 + \beta_2 \bar{X} + \frac{1}{n} \sum u_i$$

となります。つまり，期待値は $E(\hat{\alpha}) = \beta_1 + \beta_2 \bar{X} = 1 + 2 \cdot 6 = 13$ となり，過少定式化モデルにおいて大きなバイアスが生じます。真の値 $\beta_1 = 1$ に対して，500 個の推定値より，表 7.13 の結果が得られます。

表 7.13　例題 39 の実験結果

	推定値の平均	推定値の分散
真のモデル［A］	1.0018	1.0487
過少定式化モデル［B］	13.0130	0.2247

例題 40　過剰定式化

真のモデルが［B］$Y_i = \alpha + u_i$ であるにも関わらず，誤って過剰定式化モデル［A］$Y_i = \beta_1 + \beta_2 X_i + u_i$ を推定するケースを考えます。サンプルサイズは $n = 5$，説明変数は $\{X_i\} = \{2, 4, 6, 8, 10\}$，誤差項は $u_i \sim N(0, 1)$，パラメータは $\beta_1 = 1$，$\beta_2 = 2$ とします。観測データをモデル［B］

$$Y_i = 1 + u_i, \quad u_i \sim N(0, 1)$$

に基づいて 500 セット作成し，$\hat{\beta}_1$ の分布と $\hat{\alpha}$ の分布を比較しなさい。

解答例

$Y_i = \beta_1 + \beta_2 X_i + u_i$ における β_1 の最小 2 乗推定量は

$$\hat{\beta}_1 = \bar{Y} - \hat{\beta}_2 \bar{X} = \sum w_i^* Y_i = \sum w_i^* (\alpha + u_i)$$

と書けます。ここで，

$$w_i^* = \frac{1}{n} - \bar{X} w_i, \quad w_i = \frac{X_i - \bar{X}}{S_{xx}}$$

です。式 (6.28) より $\sum w_i^* = 1$ なので $\hat{\beta}_1 = \alpha + \sum w_i^* u_i$ が得られます。すなわち，$E(\hat{\beta}_1) = \alpha + \sum w_i^* E(u_i) = \alpha$ より，過剰定式化モデルであったとしても，モデル［B］における α の不偏推定量を計算できます。仮定 iii, iv が満たされていれば，分散は

$$V(\hat{\beta}_1) = \sum w_i^{*2} E\left(u_i^2\right) + \sum_{i \neq j} \sum_{j \neq i} w_i^* w_j^* E(u_i u_j) = \sigma^2 \frac{\sum X_i^2}{n S_{xx}} = 1.1$$

です。真のモデルの推定量の分散は

$$V(\hat{\alpha}) = \frac{\sigma^2}{n} = 0.2$$

なので，過剰定式化モデルの分散は大きくなります。実験結果を比較すると，表 7.14 のようになります。

表 7.14 例題 40 の実験結果

	推定値の平均	推定値の分散
真のモデル［B］	1.0051	0.2053
過剰定式化モデル［A］	1.0358	1.0511

2 段階最小 2 乗法

例題 41

表 7.15 のデータを利用して，次の需給均衡モデルを 2 段階最小 2 乗法で推定しなさい。

［需要関数］ $Q_i = a_1 + a_2 P_i + a_3 I_i + u_i^D$

［供給関数］ $Q_i = b_1 + b_2 P_i + b_3 M_i + u_i^S$

ただし，Q_i は数量，P_i は価格，I_i は所得，M_i は中間財価格です。

表 7.15 需要と供給

i	Q_i	P_i	I_i	M_i	i	Q_i	P_i	I_i	M_i
1	79	20	46	15	16	43	26	38	34
2	73	24	45	23	17	67	26	40	33
3	56	20	44	23	18	62	28	43	32
4	62	28	44	29	19	60	28	42	31
5	65	32	44	41	20	55	25	42	30
6	44	40	44	45	21	66	22	41	25
7	52	48	43	56	22	71	30	45	29
8	38	33	42	44	23	67	31	48	31
9	46	38	42	48	24	72	23	49	22
10	39	40	43	46	25	91	31	55	24
11	49	33	42	39	26	87	29	56	23
12	52	32	41	38	27	93	30	60	22
13	41	29	37	37	28	103	29	60	17
14	52	30	38	36	29	88	26	58	20
15	40	27	38	35	30	99	30	59	22

解答例

内生変数である価格 P_i を定数項と I_i, M_i に回帰します。

$$\hat{P}_i = \underset{(-5.49)}{-19.44} + \underset{(9.97)}{0.57}\, I_i + \underset{(18.17)}{0.72}\, M_i,\ \ R^2 = 0.925,\ \ \text{adj.}R^2 = 0.919$$

次に理論値 $\hat{P}_i$ を利用して，需要関数および供給関数を推定します。

［需要関数］　$\hat{Q}_i = -14.78 - 1.00P_i + 2.37I_i,\ \ R^2 = 0.883$

［供給関数］　$\hat{Q}_i = 65.54 + 3.13P_i - 2.98M_i,\ \ R^2 = 0.883$

例題 42　分散不均一

表 7.16 のデータを利用して

$$Y_i = \beta_1 + \beta_2 X_{2i} + \beta_3 X_{3i} + u_i$$

を最小 2 乗推定し，残差を利用してブルーシュ＝ペイガン検定およびホワイト検定を実行し，分散不均一について検証しなさい。さらに，左辺のみを対数変換したモデル

$$\ln Y_i = \beta_1 + \beta_2 X_{2i} + \beta_3 X_{3i} + u_i$$

を最小 2 乗推定し，ブルーシュ＝ペイガン検定およびホワイト検定を行いなさい。

解答例

最小 2 乗推定すると，次の結果が得られます。

$$\hat{Y}_i = \underset{(2.81)}{57.13} + \underset{(8.09)}{0.35}\, X_{2i} \underset{(-2.06)}{-3.82}\, X_{3i},\ \ R^2 = 0.827,\ \ \text{adj.}R^2 = 0.807$$

残差の 2 乗値 $\hat{u}_i^2$ を利用して，ブルーシュ＝ペイガンおよびホワイトの検定統計量を計算します。

［ブルーシュ＝ペイガン検定］ X_{2i}, X_{3i} を利用（自由度 2）

$$\hat{\hat{u}}_i^2 = 913.93 + 4.32X_{2i} - 122.91X_{3i}$$

$$R^2 = 0.360,\ \ nR^2 = 7.20$$

［ホワイト検定］（自由度 5）

$$\hat{\hat{u}}_i^2 = -1,283.21 + 10.63X_{2i} + 153.97X_{3i} + 0.01X_{2i}^2 - 1.16X_{3i}^2 - 1.06X_{2i}X_{3i}$$

$$R^2 = 0.523,\ \ nR^2 = 10.46$$

表 7.16 土地取引価格

i	土地取引価格〔万円/m^2〕 Y_i	土地面積〔m^2〕 X_{2i}	駅までの時間距離〔分〕 X_{3i}
1	42	100	13
2	43	85	14
3	230	740	12
4	150	320	13
5	110	230	4
6	48	85	14
7	40	170	5
8	89	180	8
9	42	100	8
10	50	90	8
11	20	30	9
12	150	300	6
13	63	120	11
14	60	100	9
15	150	250	2
16	300	480	2
17	88	155	2
18	170	480	3
19	140	200	6
20	56	105	9

有意水準 5％ 臨界値はそれぞれ $\chi^2_{2,0.05} = 5.99$，$\chi^2_{5,0.05} = 11.1$ なので，ブルーシュ＝ペイガン検定では分散均一の帰無仮説を棄却しますが，ホワイト検定では棄却しません。有意水準 1％ 臨界値は $\chi^2_{2,0.01} = 9.21$，$\chi^2_{5,0.01} = 15.1$ なので，どちらの検定でも分散均一を棄却しません。

半対数モデルの最小 2 乗残差を利用して分散不均一の検定を行うと，

［ブルーシュ＝ペイガン検定］X_{2i}, X_{3i} を利用（自由度 2）

$$R^2 = 0.0004,\ nR^2 = 0.0084$$

［ホワイト検定］（自由度 5）

$$R^2 = 0.111,\ nR^2 = 2.218$$

であり，有意水準 5％ でも分散均一の帰無仮説を棄却できません。一般に，変数変換（特に両対数や半対数モデル）によって分散不均一が改善される場合があります。

例題 43　重み付き最小2乗法

表7.17のデータを利用して，年間収入を定数項，保健・医療支出に回帰します。集計世帯数を重みとした重み付き最小2乗推定を行いなさい。

表 7.17　階級別の年収と保健・医療支出〔万円〕

階級	階級番号 j	年間収入	保健・医療支出	集計世帯数
〜 200	1	159	9.4	233
200 〜 250	2	225	12.6	376
250 〜 300	3	275	12.3	516
300 〜 350	4	324	14.0	736
350 〜 400	5	374	16.1	713
400 〜 450	6	423	14.0	697
450 〜 500	7	473	16.3	578
500 〜 550	8	522	14.2	543
550 〜 600	9	573	14.7	455
600 〜 650	10	621	13.3	425
650 〜 700	11	673	15.6	356
700 〜 750	12	723	14.6	321
750 〜 800	13	772	15.0	263
800 〜 900	14	844	16.9	436
900 〜 1,000	15	943	17.0	312
1,000 〜 1,250	16	1,105	20.1	437
1,250 〜 1,500	17	1,354	22.8	193
1,500 〜	18	2,073	23.9	200

データ出所：『家計調査』（総務省）

解答例

$\sqrt{N(j)}$ を重みとして最小2乗推定を行います。

$$Y_j^* = \alpha X_{1j}^* + \beta X_{2j}^* + u_j^*$$

ただし，$Y_j^* = \sqrt{N(j)} \cdot \bar{Y}_j$，$X_{1j}^* = \sqrt{N(j)}$，$X_{2j}^* = \sqrt{N(j)} \cdot \bar{X}_j$，$u_j^* = \sqrt{N(j)} \cdot \bar{u}_j$ です。定数項を除外して推定すると，次が得られます。

$$\hat{Y}_j^* = \underset{(-4.57)}{-1,141.473}\, X_{1j}^* + \underset{(7.07)}{113.615}\, X_{2j}^*$$

例題 44　系列相関（電力消費量の推定）

表7.18のデータを利用して

$$Y_i = \beta_1 + \beta_2 X_i + u_i \quad (i = 1, \cdots, 31)$$

を推定し，系列相関の有無（$H_0 : \rho = 0$）を検定しなさい。ただし，Y_i は電力消費，

表 7.18 気温と電力消費

月日	最高気温〔°C〕	電力消費〔万 kwh〕	曜日	月日	最高気温〔°C〕	電力消費〔万 kwh〕	曜日
7 月 1 日	26.4	1,648	日	7 月 17 日	34.9	2,497	火
7 月 2 日	30.9	2,058	月	7 月 18 日	33.4	2,516	水
7 月 3 日	26.0	1,995	火	7 月 19 日	32.5	2,524	木
7 月 4 日	29.6	2,077	水	7 月 20 日	31.3	2,364	金
7 月 5 日	25.4	1,992	木	7 月 21 日	32.9	2,052	土
7 月 6 日	28.5	2,099	金	7 月 22 日	32.2	1,852	日
7 月 7 日	27.9	1,791	土	7 月 23 日	32.5	2,264	月
7 月 8 日	29.1	1,598	日	7 月 24 日	34.1	2,423	火
7 月 9 日	32.3	2,063	月	7 月 25 日	33.6	2,490	水
7 月 10 日	32.2	2,182	火	7 月 26 日	35.5	2,599	木
7 月 11 日	30.7	2,139	水	7 月 27 日	35.7	2,628	金
7 月 12 日	29.7	2,194	木	7 月 28 日	35.9	2,339	土
7 月 13 日	31.2	2,283	金	7 月 29 日	35.9	2,168	日
7 月 14 日	32.2	2,012	土	7 月 30 日	35.8	2,605	月
7 月 15 日	34.1	1,944	日	7 月 31 日	35.8	2,586	火
7 月 16 日	33.6	2,094	月				

データ出所：関西電力ホームページ

X_i は最高気温を表します。さらに，データの日付が土曜日の場合に 1，それ以外は 0 となるダミー変数 $D1_i$，日付が日曜日の場合に 1，それ以外は 0 となるダミー変数 $D2_i$，トレンド変数 $\{T_i\} = \{1, 2, \cdots, 31\}$ を追加した

$$Y_i = \beta_1 + \beta_2 X_i + \beta_3 D1_i + \beta_4 D2_i + \beta_5 T_i + u_i \quad (i = 1, \cdots, 31)$$

を推定して，系列相関の有無（$H_0 : \rho = 0$）を検定しなさい。

解答例

推定結果は

$$\hat{Y}_i = \underset{(0.34)}{136.40} + \underset{(5.15)}{64.38}\, X_i,\ \ R^2 = 0.477$$

となります。残差を利用してダービン=ワトソン統計量を計算します。

$$\mathrm{DW} = \frac{\displaystyle\sum_{i=2}^{n} (\hat{u}_i - \hat{u}_{i-1})^2}{\displaystyle\sum_{i=1}^{n} \hat{u}_i^2} = \frac{1,378,761}{1,245,403} = 1.107$$

$n = 31$，$m = 1$ より，臨界値の下限と上限は $D_L = 1.36$，$D_U = 1.50$ となります。

$$0 < \mathrm{DW} = 1.107 < 1.36 = D_L$$

なので，正の系列相関が疑われます。

ダミー変数やトレンド変数を追加したモデルの推定結果は

$$\hat{Y}_i = \underset{(4.23)}{1,343.31} + \underset{(1.95)}{22.43}\,X_i \underset{(-5.44)}{-281.94}\,D1_i \underset{(-9.22)}{-435.32}\,D2_i + \underset{(3.95)}{15.10}\,T_i$$

$$R^2 = 0.901,\ \ \text{adj}.R^2 = 0.886$$

であり，残差を利用すると，

$$\text{DW} = \frac{\displaystyle\sum_{i=2}^{n}\left(\hat{u}_i - \hat{u}_{i-1}\right)^2}{\displaystyle\sum_{i=1}^{n}\hat{u}_i^2} = \frac{319,298}{234,871} = 1.359$$

となります。$n = 39$，$m = 5$ より，臨界値の下限と上限は $D_L = 1.09$，$D_U = 1.83$ となります。

$$1.09 = D_L \leq 1.359 < D_U = 1.83$$

なので，この場合のダービン＝ワトソン統計量は判定不能領域に落ちます。

7.5 練習問題

7.1 過少に定式化されたモデルの推定量が不偏性を持たないことを説明しなさい。

7.2 過剰に定式化されたモデルの推定量が効率的でなくなることを説明しなさい。

7.3 操作変数が持つ性質を説明しなさい。

7.4 2段階最小2乗法によって需要関数あるいは供給関数を推定する手順を説明しなさい。

7.5 ブルーシュ＝ペイガン検定によって分散不均一を検出する方法について説明しなさい。

7.6 1階の自己回帰モデルにおいて，誤差分散が $E\left(u_i^2\right) = \dfrac{\sigma_\varepsilon^2}{1-\rho^2}$ となることを証明しなさい。

練習問題の解答例

♦ 第 1 章

1.1 省略（1.1 節の内容を参照） 1.2 省略（1.1 節の内容を参照） 1.3 省略

1.4 省略 1.5 $55 = 50\,(1+0.0025)^{2t}$ より $t = \dfrac{\log 1.1}{2\log 1.0025} \cong 19.1$ 1.6 省略

♦ 第 2 章

2.1 $\displaystyle\sum_{j=1}^{M} Z_j p_j = \sum \left(\frac{X_j - \bar{\bar{X}}}{s}\right) p_j = \frac{1}{s}\sum \left(X_j - \bar{\bar{X}}\right) p_j = \frac{1}{s}\left\{\sum X_j p_j - \bar{\bar{X}}\sum p_j\right\} = 0$

$\displaystyle\sum_{j=1}^{M} Z_j^2 p_j = \sum \left(\frac{X_j - \bar{\bar{X}}}{s}\right)^2 p_j = \frac{1}{s^2}\sum \left(X_j - \bar{\bar{X}}\right)^2 p_j = \frac{1}{s^2}s^2 = 1$

2.2 省略 2.3 省略

2.4 $\sum \left(X_i - \bar{X}\right)\left(Y_i - \bar{Y}\right) = \sum \left\{X_i\left(Y_i - \bar{Y}\right) - \bar{X}\left(Y_i - \bar{Y}\right)\right\} = \sum \left(Y_i - \bar{Y}\right) X_i - \bar{X}\sum \left(Y_i - \bar{Y}\right) = \sum \left(Y_i - \bar{Y}\right) X_i$

2.5 省略

♦ 第 3 章

3.1 式 (3.24a) より $\sum Y_i = n\hat{\alpha} + \hat{\beta}\sum X_i \leftrightarrow \dfrac{1}{n}\sum Y_i = \hat{\alpha} + \hat{\beta}\dfrac{\sum X_i}{n}$

式 (3.24b) より

$$\begin{aligned}
&\sum X_i Y_i = \hat{\alpha}\sum X_i + \hat{\beta}\sum X_i^2 = \left(\bar{Y} - \hat{\beta}\bar{X}\right)\sum X_i + \hat{\beta}\sum X_i^2 \\
&\quad\leftrightarrow\quad \sum X_i Y_i - \bar{Y}\sum X_i = \hat{\beta}\left(\sum X_i^2 - \bar{X}\sum X_i\right) \\
&\quad\leftrightarrow\quad \sum \left(X_i Y_i - \bar{Y} X_i\right) = \hat{\beta}\sum \left(X_i^2 - \bar{X} X_i\right) \\
&\quad\leftrightarrow\quad \sum \left(Y_i - \bar{Y}\right) X_i = \hat{\beta}\sum \left(X_i - \bar{X}\right) X_i \\
&\quad\leftrightarrow\quad S_{xy} = \hat{\beta} S_{xx}
\end{aligned}$$

3.2 x における 1% の変化率に対する y の変化率

3.3 x における 1 単位の変化に対する y の変化率

3.4 $-2\sum (Y_i - \hat{\beta}_1 - \hat{\beta}_2 X_{2i} - \hat{\beta}_3 X_{3i}) = 0$ より，直ちに式 (3.32) が得られる。
$-2\sum X_{2i}(Y_i - \hat{\beta}_1 - \hat{\beta}_2 X_{2i} - \hat{\beta}_3 X_{3i}) = 0$ および式 (3.32) を用いて

$$\sum X_{2i} Y_i - \bar{Y}\sum X_{2i} = \hat{\beta}_2\left(\sum X_{2i}^2 - \bar{X}_2\sum X_{2i}\right)$$

$$
+\hat{\beta}_3\left(\sum X_{2i}X_{3i} - \bar{X}_3\sum X_{2i}\right)
$$

$$
\leftrightarrow \quad S_{2y} = \hat{\beta}_2 S_{22} + \hat{\beta}_3 S_{23} \tag{1}
$$

$-2\sum X_{3i}(Y_i - \hat{\beta}_1 - \hat{\beta}_2 X_{2i} - \hat{\beta}_3 X_{3i}) = 0$ および式 (3.32) を用いて

$$
\sum X_{3i}Y_i - \bar{Y}\sum X_{3i} = \hat{\beta}_2\left(\sum X_{2i}X_{3i} - \bar{X}_2\sum X_{3i}\right)
$$

$$
+\hat{\beta}_3\left(\sum X_{3i}^2 - \bar{X}_3\sum X_{3i}\right)
$$

$$
\leftrightarrow \quad S_{3y} = \hat{\beta}_2 S_{23} + \hat{\beta}_3 S_{33} \tag{2}
$$

式 (1), (2) より次の連立方程式が得られる。

$$
\begin{pmatrix} S_{22} & S_{23} \\ S_{23} & S_{33} \end{pmatrix}\begin{pmatrix} \hat{\beta}_2 \\ \hat{\beta}_3 \end{pmatrix} = \begin{pmatrix} S_{2y} \\ S_{3y} \end{pmatrix}
$$

これを解いて式 (3.30), (3.31) が得られる。

3.5　省略

♦ 第 4 章

4.1　省略（4.1 節を参照）　4.2　省略（4.2 節を参照）

4.3　推定値の標準誤差は $s_{\hat{\beta}} = \sqrt{\dfrac{\hat{\sigma}^2}{S_{xx}}}$ であり，題意より $\hat{\sigma}^2 = 25.92/18 = 1.44$, $S_{xx} = 720$ であることから

$$
s_{\hat{\beta}} = \sqrt{\frac{1.44}{720}} = \sqrt{0.002} = 0.0447, \quad t_{\hat{\beta}} = \frac{0.43}{0.0447} = 9.62
$$

が得られる。自由度 18 の t 分布において有意水準両側 5％ の臨界値は 2.101 なので，推定値は有意である。

4.4　自由度は $n - K = 36 - 4 = 32$ であり，両側 1％ の臨界値は 2.738 である。したがって，$\hat{\beta}_1$, $\hat{\beta}_3$ は有意であるが，$\hat{\beta}_2$, $\hat{\beta}_4$ は有意でない。

4.5　F 値は次のように計算できる。

$$
F = \frac{(48 - 32)/2}{32/32} = 8
$$

臨界値は `F.INV.RT(0.01, 2, 32)` を使用して $F_{2,32,0.01} = 5.3363$ であることがわかる。よって，帰無仮説を有意水準 1％ で棄却する。

♦ 第 5 章

5.1　省略（5.2 節参照）

5.2　他の事情が等しければ，X_{2i}1 単位の変化は $\hat{\beta}_2 + \hat{\beta}_5 D_i$ で示される。また，X_{3i}1 単位の変化は $\hat{\beta}_3 + \hat{\beta}_6 D_i$ で示される。

5.3　2010 年から 2011 年にかけて，$\exp(0.05)-1=0.0513$ より，およそ 5.13% 上昇している。2010 年から 2012 年にかけては，$\exp(-0.12)-1=-0.1131$ より，11.31% 下落している。2011 年の値に対する 2012 年の値の比は $\exp(-0.12-0.05)=0.8437$ であるから，2011 年から 2012 年にかけて 15.63% 下落していることがわかる。

♦ 第 6 章

6.1　省略　6.2　たとえば，$\tilde{\alpha}=0.1Y_1+0.1Y_2+0.1Y_3+0.3Y_4+0.4Y_5$　6.3　2.5

6.4　省略　6.5　省略（6.3 節を参照）

6.6　$V(\hat{\beta})=\sum_i w_i^2 E\left(u_i^2\right)+\sum_{i\neq j}\sum_{j\neq i} w_i w_j E\left(u_i u_j\right)=\sum_i w_i^2\sigma_i^2+\sum_{i\neq j}\sum_{j\neq i} w_i w_j \sigma_{ij}$

♦ 第 7 章

7.1　省略（7.1 節を参照）　7.2　省略（7.1 節を参照）　7.3　省略（7.2 節を参照）

7.4　省略（7.2 節を参照）　7.5　省略（7.3 節を参照）

7.6　分散は $E\left(u_i^2\right)=\sum_{j=0}^{N-1}\rho^{2j}E\left(\varepsilon_{i-j}^2\right)=\sigma_\varepsilon^2+\rho^2\sigma_\varepsilon^2+\rho^4\sigma_\varepsilon^2+\cdots$ と計算できる。この式の両辺に ρ^2 を乗じると $\rho^2 E\left(u_i^2\right)=\rho^2\sigma_\varepsilon^2+\rho^4\sigma_\varepsilon^2+\rho^6\sigma_\varepsilon^2+\cdots$ であるから，$E\left(u_i^2\right)-\rho^2 E\left(u_i^2\right)=\sigma_\varepsilon^2$ より式 (7.35) が得られる。

索引

〈著者略歴〉
唐 渡 広 志 （からと　こうじ）
1971 年 12 月 25 日生、1996 年青山学院大学経済学部卒、2001 年電力中央研究所に入所、2002 年富山大学経済学部に着任、2003 年大阪大学大学院経済学研究科修了、博士（経済学）、2011 年より富山大学経済学部教授。現在、富山大学経済学部および大学院経済学研究科にて計量経済学、統計学などの講義を担当。

〈著書〉
「不動産市場の計量経済分析」（朝倉書店、2007 年）共著

44 の例題で学ぶ計量経済学

2013 年 9 月 12 日　　第 1 版第 1 刷発行
2022 年 5 月 30 日　　第 1 版第 6 刷発行

著　者　唐 渡 広 志
発行者　村 上 和 夫
発行所　株式会社 オーム社
郵便番号　101-8460
東京都千代田区神田錦町 3-1
電話　03(3233)0641(代表)
URL https://www.ohmsha.co.jp/

組版　グラベルロード　　印刷・製本　広済堂ネクスト
ISBN978-4-274-06931-4　Printed in Japan